Weimar am Pazifik

Weimar am Pazifik

Literarische Wege
zwischen den Kontinenten

Festschrift für Werner Vordtriede
zum 70. Geburtstag

Herausgegeben von
Dieter Borchmeyer und Till Heimeran

Max Niemeyer Verlag
Tübingen

CIP-Kurztitelaufnahme der Deutschen Bibliothek

Weimar am Pazifik : literar. Wege zwischen d. Kontinenten ; Festschr. für Werner Vordtriede zum 70. Geburtstag / hrsg. von Dieter Borchmeyer u. Till Heimeran. – Tübingen : Niemeyer, 1985.
NE: Borchmeyer, Dieter [Hrsg.]; Vordtriede, Werner: Festschrift

ISBN 3-484-10521-6

© Max Niemeyer Verlag Tübingen 1985
Alle Rechte vorbehalten. Ohne ausdrückliche Genehmigung des Verlages ist es nicht gestattet, dieses Buch oder Teile daraus photomechanisch zu vervielfältigen.
Printed in Germany
Satz und Druck: Allgäuer Zeitungsverlag GmbH, Kempten
Einband: Heinr. Koch, Tübingen

Inhaltsverzeichnis

Einleitung IX

I

DOROTHEA HÖLSCHER-LOHMEYER, München
»Verteilet euch nach allen Regionen«. Über Goethes *Weltseele* 1

JÖRG ULRICH FECHNER, Universität Bochum
1800: Weimar–Paris und zurück. Erwägungen zum Verhältnis von National- und Weltliteratur am Beispiel eines Briefs Goethes 14

HEIDE EILERT, Universität Augsburg
». . . den göttlichen Namen von Weimar in einem Atem zu nennen mit dem des Donnerers von Manhattan«.
Thomas Manns Demokratieverständnis im Kontext seiner Deutungen der *Zauberflöte* 29

SIGRID BAUSCHINGER, University of Massachusetts, Amherst
Ein Amerikaner in Italien. Ralph Waldo Emerson auf Goethes Spuren 38

JOHN FRANCIS FETZER, University of California at Davis
From the »Blue Flower« to the »True Blue«. Anna Seghers' Variations on a Romantic Theme from her Exile Years in Mexico 50

ROLAND HOERMANN, University of California at Davis
Hesse and Huxley: At the Spiritual Limits of Language 61

JOST HERMAND, University of Wisconsin, Madison
Versuch, den Erfolg von Erich Maria Remarques *Im Westen nichts Neues* zu verstehen 71

PAUL STÖCKLEIN, Universität Frankfurt
Zur Psychologie des Hasses. Josef Roths Deutung des Judenhasses, mit einem Blick auf Freud 79

BRIAN COGHLAN, University of Adelaide, Australien
»Bist nicht nur eig'nen Nutzens voll?« – *Mathis der Maler* und der Weg in die Emigration 90

ERICH HELLER, Northwestern University, Evanston, Illinois
Knut Hamsun — Character indelebilis 103

VICTOR ŽMEGAČ, Universität Zagreb
Kafka-Deutungen im Umkreis der Frankfurter Schule 116

EHRHARD BAHR, University of California, Los Angeles
Neu-Weimar am Pazifik. Los Angeles als Hauptstadt der deutschen Exilliteratur 126

WALTER HINDERER, Princeton University
Inferno am Pazifik oder die heimliche Flucht in den ästhetischen Mehrwert: Bert Brechts kalifornische Alpträume 137

WOLFGANG FRÜHWALD, Universität München
Antigones Tat — Die Weiße Rose und der Traum vom anderen Deutschland 146

DONALD CROSBY, University of Connecticut, Storrs
A Changing Image: America on the Post War German Stage 163

PAUL MICHAEL LÜTZELER, Washington University in St. Louis
Vom Wunschtraum zum Alptraum. Das Bild der USA in der deutschsprachigen Gegenwartsliteratur 173

VICTOR LANGE, Princeton University
Illyrische Betrachtungen. Die Funktion der Literatur in Amerika 190

II

ERNESTO GRASSI, Universität München
Das heimatliche Unheimliche — Über die ursprüngliche Funktion von Metapher und Ironie 199

UVO HÖLSCHER, Universität München
Vier Pindarische Siegeslieder 212

ALBERT VON SCHIRNDING, München
Die Rede des Aristophanes aus dem *Gastmahl* (Übers.) 235

WERNER VON KOPPENFELS, Universität München
Love's (Ex)change. Eine Übersetzungsnachlese zu John Donne and Andrew Marvell 241

FRITZ ARNOLD, München
William Blakes *Sprüche der Hölle* (Übers.) 264

FRIEDHELM KEMP, München
Joseph Joubert: »Hohle Gedanken...« 268

CHRISTIAN ENZENSBERGER ET AL., Universität München
Die pädagogische Erfahrung von Donald Barthelme (Übers.) 278

III

RUDOLF HIRSCH, Frankfurt a. M.
»... einem unheimlichen Beruf verfallen« — Drei unveröffentlichte Briefe
Borchardts an Hofmannsthal 283

WILHELM DEINERT, München
Der Turm. Aus dem unveröffentlichten Prosaband *Über den First hinaus* . . . 295

KUNO RAEBER, München
Der Garten. Erzählung 301

SUSANNE SCHAUP, München
Unter dem Rücken Ben Bulbens 306

CHRISTIANE HOFMANNSTHAL-ZIMMER, New York/München
Erinnerung an Hermann Broch 316

TILL HEIMERAN, Karlslust
Dichterträume 318

IV

RICHARD ALEWYN †
Tagebuch aus dem Exil. *Das verlassene Haus* von Werner Vordtriede 321

EIKE-WOLFGANG KORNHASS, München
»Lebensferne ohne Lebensflucht«. Über Werner Vordtriedes Roman *Geheimnisse an der Lummer* 324

DIETER BORCHMEYER, Universität München
Ort ohne Welt — Über Werner Vordtriedes Roman *Der Innenseiter* 336

V

WERNER VORDTRIEDE
Lied der Lais 348

PETER KLITSCH
Umschlagbild zu Werner Vordtriedes Libretto *Der Nekromant* 349

PETER FÖRTIG
Aus der Partitur zur Oper *Der Nekromant* 350

INGE SCHNETZLER
»Viel später erst . . .« 352

WERNER VORDTRIEDE
Vier Gedichte von Jules Laforgue 354

WERNER VORDTRIEDE
Ghaselen. Kapitel aus einem unveröffentlichten Roman 372

Bibliographie der Publikationen Werner Vordtriedes 396

Einleitung

In seinem Essay *Der Berliner Saint-Simonismus* (1975) hat Werner Vordtriede am Beispiel von August Varnhagen von Ense den Typus des *Homme de Lettres* zu definieren versucht.

> »Ein Homme de Lettres braucht viele, ganz bestimmte Bedingungen, um entstehen und sich entfalten zu können. Er muß frei sein von äußeren Dingen [...], darf nicht nur Dichter, nicht nur Philosoph, nicht nur Journalist, nicht nur Gelehrter in irgendeiner Ausschließlichkeit sein, sondern eine spezifische Mischung aus all diesem. Der Homme de Lettres, ein heißhungriger Leser, ergreift alles um sich herum und macht daraus andauernd reflektierende Prosa. [...] Er wird sich dauernd selbst geschichtlich, denn er ist immer Zeitgenosse mit vollem Bewußtsein. [...] Er ist kein Ideologe, weil er immer kritisch ist, immer vergleichend, immer abwägend. Der Homme de Lettres ist von Haus aus liberal. [...] Der Homme de Lettres ist ein berufsmäßiger Herumwanderer in den Straßen einer Weltstadt, in Paris, Berlin, Wien. [...] Er ist meist ein beliebter Gastgeber, weil man gut bei ihm spricht, ist oft auf Reisen, ist teilweise Reiseschriftsteller, unermüdlicher Briefschreiber und gewissenhafter Tagebuchnotierer. Im Tagebuch wird er seine bis zur Leidenschaft aufgetriebene Liebe zur Erkenntnis voll entfalten. Er scheint von allem Anfang an entwurzelt, eben berufslos, außenstehend, in Bewegung, immer in der Welt, aber nie nur ein Mann von Welt. Er lebt gewissermaßen nicht in seinem Zimmer, sondern auf der Fensterbank, einem prekären Sitz, wo *ein* Augenblick der Unachtsamkeit den Sturz in die Tiefe bedeuten kann.« (Heine-Jahrbuch 1975, S. 95f.)

Der Homme de Lettres ist nach Vordtriede eine Schöpfung des 19. Jahrhunderts, spezifisch französischen Gepräges. »Die wenigen deutschen Hommes de Lettres haben daher alle eine starke Bindung an Frankreich. In unserem Jahrhundert sind die vielleicht deutlichsten Beispiele für den Homme de Lettres Karl Kraus und Walter Benjamin.« Heute dagegen – und das begründet Vordtriede ausführlich – »gibt es den Homme de Lettres nicht mehr«. Schon diese apodiktische Feststellung erlaubt es nicht, auch Werner Vordtriede ohne weiteres als Homme de Lettres zu bezeichnen. Er selbst würde mit einer Reihe von Gegenargumenten opponieren.

Das schlagkräftigste ist die Tatsache, daß er den Beruf des Universitätsprofessors und Literaturwissenschaftlers ausgeübt hat. Und doch — manche Züge jenes Idealtypus, den Vordtriede beschreibt, treffen für ihn unverkennbar zu. Auch er ist eine »spezifische Mischung« von Gelehrtem und Dichter, ja — seine zahllosen Zeitungsartikel dokumentieren es — selbst eine Art Journalist ist er zu manchen Zeiten seines Lebens gewesen. Der Beruf des Universitätsprofessors war ihm oft eine Last. Zu Beginn der 60er Jahre beendigte er seine vierzehnjährige Lehrtätigkeit an der Universität von Madison/Wisconsin mit dem Ziel, als freier Schriftsteller in München zu leben. Er wurde dann doch wieder Professor, um nach abermals vierzehn Jahren vorzeitig in den Ruhestand zu treten. Seit 1978 hat er kaum mehr Philologisches publiziert, sondern stattdessen eine reiche literarische Ernte eingebracht.

Aus Anlaß seines 70. Geburtstages am 18. März 1985 ist diese Festschrift entstanden, in der Freunde, Schüler und Kollegen — ja auch der Jubilar selbst — mit Beiträgen sehr unterschiedlicher Gattungen vertreten sind, die den so verschiedenen Seiten seiner Persönlichkeit entsprechen: streng philologische Abhandlungen, Essays, Übersetzungen und literarische Beiträge. Dadurch überschreitet dieses Buch gewiß die Grenzen, in denen sich Festschriften für Wissenschaftler ansonsten bewegen. Werner Vordtriede ist Germanist und Komparatist, Übersetzer und Essayist, Dichter und Schriftsteller in einer Person. Sein Oeuvre reicht von philologischen Untersuchungen — die wichtigste davon ist sein Buch *Novalis und die französischen Symbolisten* (1963) — über Editionen und Übersetzungen — wie die beiden Bände *Achim und Bettina in ihren Briefen* (1961) und die deutsche Yeats-Ausgabe (1970ff.) — bis zu rein literarischen Werken: zumal dem Tagebuch *Das verlassene Haus* (1975), den Romanen *Geheimnisse an der Lummer* (1979), *Der Innenseiter* (1981) und *Ulrichs Ulrich* (1982), nicht zu vergessen die Operndichtung *Der Nekromant* (1968), zu der Peter Förtig die Musik geschrieben hat. Ein dichtender Gelehrter und gelehrter Dichter — gewiß ein Sonderfall in der literaturwissenschaftlichen Landschaft. Dem sucht diese Festschrift durch die Verschiedenartigkeit ihrer Beiträge gerecht zu werden; dadurch ist auch sie in gewisser Weise ein Unikum geworden.

Ihr Titel (der das Thema eines Beitrags von Ehrhard Bahr abwandelt) spielt auf das Spannungsfeld an, in dem Vordtriede — der 1933 mit achtzehn Jahren aus politischen Gründen zunächst in die Schweiz, 1938 dann in die USA emigriert und bis heute amerikanischer Staatsbürger geblieben ist — seine eigene geistige Existenz aufgebaut hat. Weimar am Pazifik — in diesem Titel drückt sich die durch den Nationalsozialismus geschaffene geschichtliche Paradoxie aus, daß ein Zentrum deutscher Literatur an einem Ort entsteht, der von seinen geographischen, zivilisatorischen und kulturellen Bedingungen her ihren traditionellen Fundamenten in nahezu jeder Beziehung widerspricht. »Neu-Weimar« (Ehrhard Bahr) wurde daher nicht nur für Bert Brecht wiederholt zu einem »Alptraum am Pazifik« (Walter Hinderer). – Mit diesem Namen Weimar assoziierte die gebildete Welt bis zum Ende des ersten Weltkriegs die Namen Goethes, Schillers oder auch Franz Liszts. Weimar war die Stadt der Klassik. Nun sollte aus dem Symbol weltbürgerlicher oder nationaler Kultur der Name einer scheiternden Demokratie werden, deren Trümmer die Exilautoren in die Neue Welt hinüberretteten.

Durch die Emigration wurde die deutsche Literatur gewaltsam in weltliterarische Zusammenhänge hineingerissen, deren friedliche Bildung Goethe einst erhoffte, als er den Begriff »Weltliteratur« prägte. Im Rahmen des ersten Teils der Festschrift wurden daher nicht nur Probleme der Exilliteratur und darüber hinaus die Rolle der Literatur im Vorfeld und während des Nationalsozialismus behandelt, sondern auch die Wirkung »Weimars«, der klassisch-romantischen Literaturperiode in weltliterarischem, komparatistischem Rahmen, zumal natürlich die weltliterarischen Wechselbeziehungen zwischen Deutschland und Amerika, von Ralph Waldo Emerson bis zum »Bild der USA in der deutschsprachigen Gegenwartsliteratur« (Paul Michael Lützeler). Daß hier vor allem die amerikanischen (und die in Amerika wirkenden deutschen) Germanisten zu Wort kommen, ist das Zeichen des Danks und der Erinnerung an Vordtriedes zwanzigjährige Lehrtätigkeit an amerikanischen Universitäten.

Der zweite Teil versammelt Beiträge und Beispiele aus dem Bereich, der stets im Mittelpunkt von Werner Vordtriedes philologisch-poetischem Interesse gestanden hat: der Übersetzung. Eingeleitet wird dieser Teil durch einen philosophischen Beitrag von Ernesto Grassi, der im Rekurs auf die Philosophie des italienischen Humanismus den Vorrang der poetischen, metaphorischen vor der rationalen Sprache zum Gegenstand hat. In diesem Zusammenhang gewinnt auch das Problem des Übersetzens besondere Bedeutung (vgl. Abschnitt II).

Der dritte Teil leitet zu dem ›anderen‹ Vordtriede, dem Dichter und Schriftsteller über. Er beginnt mit der erstmaligen Veröffentlichung von drei Briefen Borchardts an Hofmannsthal, die u. a. ein kurioses Stück Münchner Universitätsgeschichte berühren: die Wiederbesetzung des Lehrstuhls von Franz Muncker. Borchardt setzte sich vehement für die

Berufung Josef Nadlers ein und suchte auch Hofmannsthal in dieser Hinsicht zu beeinflussen, Thomas Mann hingegen engagierte sich für Ernst Bertram; den Ruf erhielt schließlich Walther Brecht, nicht zuletzt aufgrund der Intervention von Hofmannsthal. Daß drei der bedeutendsten Schriftsteller ihrer Zeit sich für eine germanistische Lehrstuhlnachfolge eingesetzt haben, erfüllt den heutigen Betrachter angesichts der Entfremdung zwischen Universität und Gegenwartsliteratur mit Staunen. Werner Vordtriede freilich, das sei hier angemerkt, hat stets die Brücke von der Philologie zur lebendigen Literatur zu schlagen verstanden. Das bezeugen nicht nur seine persönlichen Beziehungen zu manchen amerikanischen Schriftstellern und deutschen Exilautoren (wie zu Hermann Broch und Richard Beer-Hofmann), das zeigte auch etwa jenes legendäre Münchener Seminar zur Gegenwartsliteratur, zu dem Woche für Woche die behandelten Autoren sich im germanistischen Institut einfanden. So ist es recht und billig, daß diese Festschrift auch einen ›belletristischen‹ Teil enthält, in dem u. a. zwei hier erstmals veröffentlichte Erzählungen Münchener Autoren (Wilhelm Deinert, Kuno Raeber) zu lesen sind.

Der Schluß der Festgabe für Werner Vordtriede ist seinem eigenen literarischen Werk, seinem Tagebuch und den Romanen gewidmet. Deren letzter liegt noch unveröffentlicht in seiner Schublade. Wir haben die Gelegenheit ergriffen, ein Kapitel daraus, das er schon öfter zum Ergötzen der Zuhörer vorgelesen hat, hier zu veröffentlichen – ein Stück hinreißender Fabulierlust und zugleich hintergründigen Spiels der Literatur mit sich selbst und ihrer Geschichte. – Um auch noch einmal eine Probe der Übersetzungskunst Werner Vordtriedes zu bieten, die bei ihm stets die Brücke zwischen Philologie und Poesie bildete, haben wir zudem einige seiner bisher ebenfalls (mit drei Ausnahmen) unveröffentlichten Laforgue-Übersetzungen im Paralleldruck mit den Originalgedichten wiedergegeben.

Ein Beitrag des vorliegenden Buches ist eine unveränderte Zweitveröffentlichung, um deren Genehmigung wir den Autor nicht mehr bitten konnten, die er uns auch, lebte er noch, nicht erteilt hätte, da er mit Sicherheit einen Originalbeitrag beigesteuert hätte. Es handelt sich um Richard Alewyns Rezension von Werner Vordtriedes Tagebuch aus dem Exil im *Merkur* des Jahrgangs 1976. Alewyn und Vordtriede sind sich in den Jahren der Emigration oft begegnet, wie auch das Tagebuch bezeugt, und die hier wiederabgedruckte Rezension spiegelt diskret Alewyns eigene Exilerfahrungen. Werner Vordtriede hat sich am Schluß seines *Verlassenen Hauses* mit Telemach verglichen, der seinem Vater nachreist, seine Abenteuer nacherlebt, zu eigenen Erlebnissen unfähig. Der Vergleich soll bedeuten, daß er, der sich zum Dichter berufen fühlte, mehr und mehr das Fehlen einer schöpferischen Begabung erkennt. Die Philologie, das Übersetzen empfindet er daher als den ihm gemäßen, ›telemachischen‹ Umgang mit der Dichtung. An dieser Selbsteinschätzung übt Alewyn am Schluß seiner Besprechung Zweifel. »Ist er ein Dichter oder doch ein Schriftsteller? Die freigiebig eingestreuten Gedichte, deutsche und englische, eigene und übersetzte, die Bruchstücke und Entwürfe eines Romans, das ganze Buch gibt die Antwort: Zweimal Ja.« Alewyn hat die späte literarische Ernte Vordtriedes — seine drei Romane, die zeigen, daß aus Telemach im Alter doch noch ein Odysseus geworden ist — nicht mehr erlebt. Wie hätte er sich über diese Bestätigung des »Zweimal Ja« gefreut!

In dem von Alewyn rezensierten *Verlassenen Haus* kommt er selber öfter vor. Die wesentlichste Stelle ist das »Deutschlandgespräch mit Alewyn«, das Vordtriede am 10. Januar 1943 wiedergibt. Es geht um das »versuchte und verdorbene Deutschland und die Möglichkeit, dort wieder nach einer Niederlage Hitlers zu leben. Alewyn sagte, er sähe für Deutschland keine andre Möglichkeit, als ein langes Schweigen, da, weil der Nationalsozialismus so widerlich eklektisch ist, alle Worte und Begriffe beschmutzt seien und ihren ursprünglichen Sinn verloren hätten.« Dieses Gespräch hat Vordtriede zu einem Gedicht angeregt, das er unter dem gleichen Datum mitteilt:

> *Für Richard Alewyn*
>
> Seit Verführte sich im steten
> Jubel vor den Worten neigen,
> Sind Bedeutungen zertreten,
> Schande heißt ein Volk zu schweigen.
>
>   Schweigen sieben lange Jahre,
> Da uns jedes Wort vergiftet,
> An der Sprache Totenbahre
> Sei ein stiller Bund gestiftet.
>
>   Reinheit fordert lange Buße,
> Bis sich endlich kurz und zage
> Mit dem ferngewesnen Fuße
> Auch das Wort zu rühren wage.
>
>   Und nicht Rufe noch Choräle,
> Daß nichts Lautes uns mehr bliebe,
> Daß kein Wortbetrug uns quäle,
> Stammeln wir von neuer Liebe.

Nichts war Werner Vordtriede wichtiger — als er nach einem Vierteljahrhundert aus den USA nach Deutschland heimkehrte —, als seine Schüler vor dem »Wortbetrug« zu bewahren.

»Lesen Sie Lessing!« pflegte er die Studenten aufzufordern, bevor sie eine schriftliche Arbeit anfertigten, und die ihm verhaßten falschen, leeren und modischen Wörter setzte er auf einen *Index verborum prohibitorum*, der bis auf den heutigen Tag fortgeführt wird.

Die Sensibilität gegenüber den Worten ist ein Hauptthema auch seiner Romane, ja die Sprache ist der eigentliche ›Held‹ seines zweiten Romans *Der Innenseiter*. Was den Poeten und den Wissenschaftler Vordtriede, die vielen Seiten seiner Persönlichkeit verbindet, ist die Liebe zum Wort: *Philologie*.

München 1985   Dieter Borchmeyer

I

Dorothea Hölscher-Lohmeyer

„Verteilet euch nach allen Regionen"

Über Goethes *Weltseele*

»Weimar am Pazifik« — Sie meinen, verehrter Werner Vordtriede, nun müßte, zu Ihren Ehren, wenigstens vom Susquehanna die Rede sein: »der durch Wüsten fließt, wo zum ird'schen Manna geist'ges man genießt«? Auch wäre Pennsylvanien und sein Herrnhuter Pastor ein geselligeres Thema? Immerhin, die Weltseele, die überall und nirgendwo zu Haus ist, hat uns Unbehausten inzwischen manche verwandte Züge gezeigt; doch damit gesellt sie auch dem Nächsten das Fernste, und so wollen wir froh sein, so lange sie sich uns zeigen mag.

I

Es war im Mai 1821, daß man sich in Weimar im Haus am Frauenplan zum Mittagessen versammelte. Friedrich Förster, der Historiker und Freund Augusts von Goethe wie auch seine Frau Laura, eine Schülerin Zelters, waren als Gäste anwesend; aus Berlin gekommen, hatten sie die Grüße des befreundeten Musikers überbracht samt einer Rolle noch ungedruckter Kompositionen Goethischer Lieder, die Laura an den Abenden zuvor in Goethes Hause vorgesungen hatte. Heute nach beendetem Essen zeigte man Lust, noch eine Spazierfahrt anzuschließen; während es die einen nach Belvedere zog, brachten andere Tiefurt, noch andere Ettersburg in Vorschlag, bis Goethe seine Stimme erhob und »in gebieterischer Haltung« »den nach so verschiedenen Himmelsgegenden Hinstrebenden« zurief:

> Verteilet euch nach allen Regionen
> Von diesem heil'gen Schmaus!

Für Ottilie, die Schwiegertochter, schien dies der Moment, wo sie sich endlich über das »geheimnisvolle Gedicht« einen Aufschluß erwarten konnte, und so fragte sie rasch: »Also du selbst [...] bist der Allgebietende, welcher an die ihm dienenden Geister diesen Zuruf ergehen läßt, und so werden wir denn heute auch erfahren, weshalb jenes Gedicht die Überschrift *Weltseele* führt.« — »Das nehm' ich an«, erwiderte Goethe, »daß ich den Aufruf ergehen lasse, und somit seid ihr es, an die ich mich wende, und mögt ihr euch nun als Cherubim, Aeone oder dergleichen weltschöpferische Urgeister bezeugen und nach vollbrachtem Werke, worauf wir doch wohl mehr als sechs Tage zubringen dürften, vom All ins All zurückkehren; dann werdet ihr wohl innegeworden sein, was unter der Weltseele gemeint ist«; und indem er »eine gesegnete Mahlzeit« wünschte, zog er sich mit dem entschuldigenden Worte: »Am siebenten Tage ruhte er«, in sein Zimmer »zum Mittagsschläfchen« zurück. — »Da sind wir nun so [...] klug wie vorher«, meinte Ottilie, »nachdem sich der Papa entfernt hatte«[1] — und wir können ihr nur beistimmen.

Er wollte offenbar keinen Aufschluß über die Verse geben; denn auch die wenigen Äußerungen an Zelter zu dem ›wahrhaft enthusiastischen Lied‹ — fünf Jahre später — sind von ähnlich ausweichender Art: »Es ist seine guten dreyßig Jahre alt und schreibt sich aus der Zeit her, wo ein reicher jugendlicher Muth sich noch mit dem Universum identificirte, es auszufüllen, ja es in seinen Theilen wieder hervorzubringen glaubte.«[2] Goethe war 1802, als er die Verse vermutlich niederschrieb, über fünfzig Jahre alt; konnte da ein Selbstgefühl, vergleichbar dem jugendlichen der Entstehungszeit des »Prometheus« oder des »Ganymed«, mehr als die Geste des Gedichts erklären? War es nicht gerade durch seine objektive Aussage von der Dichtung der Jugend unterschieden? Sprachen sich nicht inzwischen in den poetischen Bildern genaue Einsichten in das Naturleben aus? — Schließlich verrätselte Goethe die Strophen vollends, indem er sie in der Werkausgabe von 1815 in die neugebildete Gruppe der *Geselligen Lieder* einordnete, wo er sie auch in der Ausgabe letzter Hand (1827) beließ. Was war es wohl für eine Gesellschaft, aus der sich die im Gedicht Versammelten ›in alle Regionen verteilen‹ sollten, und zu welchem »heil'gen Schmaus« waren sie überhaupt zusammengekommen?

Da ist das Entstehungsjahr des Gedichts — 1802 — vielleicht nicht ohne Bedeutung; es beendet ein Jahrzehnt intensiver Beschäftigung Goethes mit osteologischen und morphologischen Studien, die 1790 zur Wirbeltheorie des Schädels wie zum Metamorphosegesetz der Pflanzen geführt hatten

---

WA = Weimarer Ausgabe (römische Ziffer: Reihe I–IV, arabische: Band).
LA = Goethe, Die Schriften zur Naturwissenschaft, hrsg. i. A. der Deutschen Akademie der Naturforscher zu Halle. Weimar 1947ff. (römische Ziffer: Reihe I).

[1] Hans Gerhard Gräf, Goethe über seine Dichtungen, III. Teil 2, 1, S. 368f. Darmstadt 1967
[2] 20.5.1826, WA IV 41, S. 36

und denen 1795 die Aufstellung eines Typus bei den höheren Säugetieren folgte. Daneben waren optische Phänomene wie Beobachtungen die Farbe betreffend von immer größerem Interesse geworden; schon 1791 war das erste Stück zu den *Beiträgen zur Optik* erschienen, das in den folgenden Jahren – 1792–1795 – von zwei weiteren ergänzt wurde. Schließlich entstand unter Schillers lebhafter Anteilnahme – 1798 – der erste Entwurf zu einem Schema der Farbenlehre, der die Masse des Einzelmaterials zu systematisieren versuchte und im Ansatz schon die Schematisierung der ganzen späteren dreiteiligen Farbenlehre enthielt. Briefe aus diesem Jahrzehnt lassen denn auch keinen Zweifel über den gewichtigen Anteil dieser Studien am Ganzen der damaligen Goethischen Lebenstätigkeit. »Mein Gemüth treibt mich mehr als jemals zur Naturwissenschaft«,[3] so an Knebel am 9. Juli 1790 und an Carl August am 18. April 1792: »Das Licht- und Farbenwesen verschlingt immer mehr meine Gedankensfähigkeit«.[4]

Goethe war also ein in den verschiedensten Naturbereichen Erfahrener, den es zum Erkennen allgemeiner, die Teilbereiche übergreifender Naturgesetzlichkeiten drängte, als er Ende der 90er Jahre auf den 23jährigen Schelling traf – einen »sehr klare[n]«, wie er urteilte, »energische[n] und nach der neuesten Mode organisierte[n] Kopf«,[5] zu dem er sogleich ›einen entschiedenen Zug verspürte‹.[6] Schon Anfang 1798 hatte er dessen vorjährige Abhandlung über die *Ideen zu einer Philosophie der Natur* mit Zustimmung gelesen; hatte dann unmittelbar nach Erscheinen der neuen Schrift *Von der Weltseele* zur Ostermesse 1798 deren Lektüre angeschlossen – sie »beschäftigte unser höchstes Geistesvermögen«[7] – und befürwortete daraufhin noch im Sommer den Fichtischen Plan einer Berufung Schellings an die Universität Jena auf das wärmste. »Schellings kurzer Besuch«, so sein Empfehlungsbrief an den ministeriellen Kollegen Voigt, »war mir sehr erfreulich; es wäre für ihn und uns zu wünschen, daß er herbeygezogen würde [...] ich würde bey meinen Arbeiten sehr gefördert seyn«; und auf die beigelegte Abhandlung eingehend: »Ich nehme mir die Freyheit, sein Buch *von der Weltseele* Ihnen als eigen anzubieten, es enthält sehr schöne Ansichten und erregt nur lebhafter den Wunsch, daß der Verfasser sich mit dem Detail der Erfahrung immer mehr und mehr bekannt machen möge«.[8]

---

[3] 9.7.1790, WA IV 9, S. 213
[4] 18.4.1792, WA IV 9, S. 301
[5] 29.5.1798, WA IV 13, S. 168
[6] 27.9.1800, WA IV 15, S. 117
[7] Tag- und Jahreshefte 1798, WA I 35, S. 79
[8] 21.6.1798, WA IV 13, S. 188

— Die Berufung gelang. Schelling siedelte noch im Herbst nach Jena über, und es entwickelten sich dort sehr bald fruchtbare Beziehungen.

Die Anziehung auf Goethe ging nicht allein von Schelling aus, ihn belebte der ganze Kreis junger Jenenser Philosophen, Physiker, Mediziner und Dichter, denen sich Schelling angeschlossen hatte: Fichte, Hegel, Ritter, Steffens, Friedrich Schlegel, Tieck, Novalis wie auch August Wilhelm und Caroline Schlegel, in deren Haus man meist zusammen kam. Goethe war unter ihnen ebenso als Dichter geachtet wie als Naturforscher geschätzt. Die Anerkennung betraf nicht nur Einzelnes wie das Metamorphosengesetz der Pflanze, auf das sich Schelling in der *Weltseele* berufen hatte; sie gründete in einer ganz allgemeinen Übereinstimmung in der Anschauung von der Natur, wie sie von der mechanistisch-atomistischen und von der rein empirischen Naturauffassung der zeitgenössischen Wissenschaft entschieden abgelehnt wurde und die auch mit der Kantischen Bestimmung der empirischen Natur als der Summe sinnlicher Erscheinungen nichts gemein hatte. An die Tradition von Bruno, Spinoza, Leibniz, Herder anknüpfend, erkannte man hier — gemeinsam mit Goethe — in der Natur einen allumfassenden, rastlos tätigen Organismus von beseelter Materie, der sich immer wieder selbst schuf im Widerstreit polarer Kräfte und der sich verwirklichte indem er sich individuierte.

Aus dieser allgemeinen Übereinstimmung, die sich gleichfalls auf die großen bewegenden Kräfte des Naturganzen: auf Kontraktion und Expansion, Magnetismus und Polarität erstreckte, entstand dann zwischen Goethe und Schelling — wohl noch im selben Winter 98 — der Plan eines umfassenden Naturgedichts; ohne Zweifel wollte man in der poetischen Mitteilungsform die antike Tradition des Lehrgedichts wiederaufnehmen, wie sie von Empedokles und Lukrez ausgebildet war und auf die Goethe ja gerade wenige Monate zuvor — Juni 1798 — mit der Elegie über die Pflanzenmetamorphose zurückgegriffen hatte; auch Knebels derzeitige Übersetzungsarbeit an Lukrez' *De rerum natura* gehörte zweifellos in dieselbe Bemühung um Wiederbelebung des antiken Genus. Aber zugleich eröffnete die Vermittlung von Naturerkenntnis *als* Dichtung Schelling wie Goethe eine neue Möglichkeit angemessenen Sprechens; denn im Unterschied zur philosophischen Abhandlung in abstrakter oder metaphorischer Rede *über* die Natur und ihr Wirken konnte im Gedicht die wirkende Natur *sich selber* aussprechen, eine Naturmythologie konnte von dem neu erkannten dynamischen Weltleben unmittelbar Mitteilung machen. — Daß Schelling in dieser Zeit auch sonst mit derartigen Gedanken umging, davon zeugt schon die frühe Abhandlung: *Das älteste Systemprogramm des deutschen Idea-*

lismus aus dem Jahre 1796, an der er mindestens beteiligt war: Da finden sich Sätze zur Poesie wie: »sie wird am Ende wieder, was sie am Anfang war — Lehrerin der Menschheit; denn es gibt keine Philosophie, keine Geschichte mehr, die Dichtkunst allein wird alle übrigen Wissenschaften und Künste überleben«.[9]

Auch Goethes damalige Überlegungen zum Verhältnis von Dichtung und Wissenschaft gingen in ähnliche Richtung, wenn er gelegentlich des Metamorphosegedichts und seines Wiederabdrucks im wissenschaftlichen Zusammenhang des ersten morphologischen Heftes 1817 schrieb: »Nirgends wollte man zugeben, daß Wissenschaft und Poesie vereinbar seien. Man vergaß daß Wissenschaft sich aus Poesie entwickelt habe, man bedachte nicht daß, nach einem Umschwung von Zeiten, beide sich wieder freundlich, zu beiderseitigem Vorteil, auf höherer Stelle, gar wohl wieder begegnen könnten«.[10]

Dennoch zerschlug sich der Plan; in Briefen an Knebel vom Januar[11] und März des folgenden Jahres 1799 scheint Goethe zwar noch immer auf Ausführung zu hoffen. »Jenes große Naturwerk habe ich auch noch nicht aufgegeben«; aber ihn schreckte doch wohl die Größe des Unternehmens: »Freylich ist es im Ganzen ein fürchterlicher Anblick«,[12] und so überließ er am Ende Schelling vermutlich den ganzen Plan. In einem undatierten Brief von 1800 teilte Caroline Schlegel jedenfalls Schelling mit: »Goethe tritt dir nun [...] das Gedicht ab, er überliefert dir seine Natur«.[13]

Aber knapp dreißig Jahre später realisierte Goethe das Vorhaben dann doch noch, wenn auch auf andere Weise; anläßlich der letzten Ausgabe seiner Werke sammelte er eine Anzahl philosophischer Gedichte zu einzelnen Naturphänomenen in einer Gruppe und ordnete sie zu einem Ganzen. *Gott und Welt* wurde zu dem neuen Universalgedicht, das, statt das Ganze der Natur in Einem Gedicht zu fassen, in der Reihe der einzelnen Gedichte das Naturganze faßbar machte. *Weltseele* ist eins der dieser Gruppe zugehörigen Gedichte, das, hier zum zweitenmal abgedruckt, durch die Zuordnung zugleich eine Art Deutung erfährt.

Es ist daher ein kosmologisches Gedicht, sein geselliger Charakter, auf den seine andere Zugehörigkeit zu den *Geselligen Liedern* hinweist, bestimmt sich von daher: von dem Verständnis des Kosmos als eines Allver-

---

[9] s. Friedrich Hölderlin, Sämtliche Werke, Bd. 4. Stuttgart 1961
[10] »Schicksal der Druckschrift«, LA I 9, S. 67
[11] 22.1.1799, WA IV 14, S. 9
[12] 22.3.1799, WA IV 14, S. 52f.
[13] Caroline, Briefe, Bd. 2, Leipzig 1913, S. 6

eins. Versuche, die Verse biographisch zu verstehen, sie von dem geselligen Zirkel her, der »cour d'amour«, den Goethe im Winter 1801 gründete, dem Sich-Losreißen und Finden der Paare zu erklären, führen in die Irre.[14]

Und als kosmologischer ist *Weltseele* ein durchaus Goethischer Entwurf; die einzelnen Aussagen entsprechen eigenen Naturerkenntnissen, die er auch in anderen Zusammenhängen geäußert hat. Goethe hätte das Gedicht niemals in diese Gruppe eingereiht, wenn er hier Schellingsche Weltvorstellungen adaptiert oder dessen Weltentwurf als solchen reproduziert hätte.[15] Eher ist eine gelegentliche Verwandtschaft zu Platonischen Vorstellungen zu bemerken, die sicher schon früh ausgebildet, sich durch die Beschäftigung mit Platon im Zusammenhang mit der Geschichte der Farbenlehre erneut befestigt hat.

Denn bei aller Nähe zu Schellings Naturkonzeption im allgemeinen, zu der sich Goethe gelegentlich offen bekannte:

> Seitdem ich mich von der hergebrachten Art der Naturforschung losreißen und, wie eine Monade, auf mich zurückgewiesen, in den geistigen Regionen der Wissenschaft umherschweben mußte, habe ich selten hier- oder dorthin einen Zug verspürt; zu Ihrer Lehre ist er entschieden[16] –

Goethe war sich doch wohl zugleich auch immer schon des Unterschiedlichen bewußt. Schon in den ersten Briefen, Schelling betreffend an Voigt und Schiller aus dem Januar und März 98, merkte er zu dessen Lehre kritisch an, daß sie mit dem »Detail der Erfahrung«[17] zu wenig bekannt sei, ja daß sie »das, was den Vorstellungsarten, die [sie] in Gang bringen möchte widerspricht, gar bedächtig verschweigt«. »Und was habe ich denn an einer Idee die mich nöthigt meinen Vorrath von Phänomenen zu verkümmern«[18] – so der unwillige Schluß des Briefpassus. – Es war doch wohl das Postulat der Identität von absolutem Geist und bewußtlos wirkender Natur, der Primat der Idee vor der Empirie, des deduktiv Gesetzten vor dem beobachtend und experimentierend Erfahrenen, was Goethe nicht nur von Schelling unterschied, sondern von ihm trennte. »Es ist so ein unendlich seltner Fall daß man sich mit und an einander bildet«, bekennt er schon bald, noch im selben Winter 98, zu Schiller, »daß es mich nicht mehr wundert wenn eine Hoffnung, wie die auf eine nähere Communication mit

---

[14] Entgegen Emil Staiger, Goethe, Gedichte Bd. 2, Zürich 1949, S. 462
[15] Entgegen Erwin Jäckle, Goethes Morphologie und Schellings Weltseele, Dt. Vjs. 15, 1937, S. 311
[16] 27.9.1800, WA IV 15, S. 117
[17] 21.6.1798, WA IV 13, S. 189
[18] 25.2.1798, WA IV 13, S. 77

Schelling, auch fehl schlägt«.[19] Und so war alles Bemühen um Aneignung, ja »Vereinigung« mit der Schellingschen Lehre, das Goethe auch weiterhin nicht aufgab, doch immer von der Art, daß die Auseinandersetzung mit ihr ihn nötigte, »je getreuer [der] eigenen Denkart [...] zu bleiben«.[20]

II

Zu dem »Mißverständnis« über das Gedicht trug vermutlich nicht wenig sein Titel bei, der aber nicht ursprünglich zu den Versen gehörte. Bei dem ersten Druck im Wieland-Goethischen Taschenbuch von 1804 hießen sie noch *Weltschöpfung,* und wenn Goethes Tagebuchnotiz vom 20. März 1802 zurecht auf sie bezogen wird, so entstanden sie unter der sprechenden Überschrift *Palingenesie* — das meint, einen Titel des Biologen Bonnet[21] in eigenem Verständnis benutzend: Wiedergeburt im Sinne von sich immer wiederholender Schöpfung. Erst die Ausgabe der Werke von 1806 nennt das Gedicht *Weltseele,* mit dem Namen also für das — seit Platon so bezeichnete — bewegende Weltprinzip als eines allumfassenden Lebewesens. Name und Begriff sind in der Naturphilosophie der Zeit verhältnismäßig geläufig, die ausschließliche Beziehung auf Schelling also nicht zwingend; beides begegnet außer bei Schelling unter anderen auch bei Herder *(Gott)*, Maimon *(Über die Weltseele),* Jacobi *(Über die Lehre des Spinoza).* Auch Goethe selbst verwandte »Weltseele« noch zweimal: einmal im Zusammenhang seiner meteorologischen Theorie, wenn er von der Elektrizität, »diesem durchgehend allgegenwärtigen Element«, erklärt: »man kann sie sich unbefangen als Weltseele denken«;[22] zum anderen in dem philosophischen Gedicht, das er *Eins und Alles*[23] überschrieb und das damit das Thema benennt, das auch das des Weltseelengedichts ist.

Denn auch dieses spricht vom Alleben — dem »Eins« — und der Verteilung der einzelnen Lebenskräfte in die Welt — ins »Alles«.

> Verteilet euch nach allen Regionen
> Von diesem heil'gen Schmaus!
> Begeistert reißt euch durch die nächsten Zonen
> Ins All und füllt es aus!

---

[19] 22.12.1798, WA IV 13, S. 353
[20] 27.9.1800, WA IV 15, S. 117
[21] Charles Bonnet, Idées sur l'état futur des êtres vivants, ou Palingénésie philosophique. Genf 1769
[22] »Versuch einer Witterungslehre«, LA I 11, S. 254
[23] »Eins und Alles«, WA I 3, S. 81

Diese Verteilung meint hier nicht den Augenblick der Urschöpfung am Weltanfang, sondern die Wiedergeburt des Kosmos als den immer währenden, rhythmisch pulsierenden Lebensprozeß des Alls. Indem das Gedicht aber das Gegenwärtige als das immer Geschehende aussagt, spricht es zugleich von dem Prinzipiellen, und in diesem Sinne von dem ›Ersten‹. — Die zum Aufbruch vom Mahle Rufende, die Weltseele, ist das All als beseeltes Ganzes gedacht, in jugendlicher Produktivität, das sich immer wieder selber gebiert, indem es sich als Eines in die vielen ›das All ausfüllenden‹ Lebenszentren individuiert. Goethe bezeichnet diese Individuationen häufig mit dem Leibnizischen Ausdruck Monaden und faßt in ihnen das »Höchste, was wir von Gott und der Natur erhalten haben«, nämlich: »das Leben« als »die rotierende Bewegung der Monas um sich selbst, welche weder Rast noch Ruhe kennt«.[24] Er sieht diese Lebenszentren in einer Art »Rangordnung«[25] und unterscheidet kleine und große Monaden, schwache und energische. Er faßt sie hier im Gedicht nicht als Formprinzipien, sondern als vitale Einheiten, bestimmt durch ihre Lebenskraft. Sie sind das »Ihr«, denen der Befehl zur Verstofflichung in den verschiedenen Regionen, je nach ihrer Beschaffenheit, gilt. Und in der ›Begeisterung‹, mit der es sie ›hinausreißen‹ soll, ist ihr schöpferischer Liebesdrang in den Weltstoff bezeichnet. Unter ›Begeisterung‹, dem Synonym zu ›Enthusiasmus‹, verstand ja schon Platon das Wesen des Eros als der Kraft, die die Seele beflügelt und zur Schau des Göttlichen emporreißt; sie erweitert sich im pantheistischen Neuplatonismus des 18. Jahrhunderts nun in den kosmischen Eros, der die ganze Natur erfüllt.

Der Augenblick, der dem Auseinander der Individuationen vorausliegend gedacht werden muß, ist ihr Zusammen-sein beim göttlichen Mahl, dem »heil'gen Schmaus«. In diesem rhythmischen Wechsel pulsiert die Weltseele. Die heilige Speise, mit der sich die Geistergesellschaft zu ihrer neuen Verstofflichung stärkt, benennt die Schlußszene des *Faust II* — auch dort in den »Bergschluchten« eine Versammlung kosmischer Geister — als ›Liebe‹:

> Denn das ist der Geister Nahrung,
> Die im freisten Äther waltet:
> Ewigen Liebens Offenbarung,
> Die zur Seligkeit entfaltet. (V. 11922—25)

— die Liebe als die den Kosmos bildende und ihn zu einem Ganzen zusammenschließende Kraft, die zugleich die zu höheren Erscheinungen steigernde, zwischen den Stufen verbindende ist.

---

[24] Goethe, Maximen und Reflexionen, hrsg. von Max Hecker, Weimar 1907, Nr. 391
[25] Goethes Gespräche, Bd. 2, S. 771. Zürich 1969

Beim ›heiligen Schmaus‹ also erneut mit der kosmischen Liebeskraft sich sättigend, beleben nun die begeisteten Kräfte das All von neuem. Dabei folgen sie unterschiedlichen Weisungen. Denn auch innerhalb des Kosmos und seiner Erscheinungen gibt es – wie zwischen den Monaden – eine Stufung; sie bemißt sich in der siderischen Welt am Licht, als der höchsten Wirkungsweise der Weltseele, und reicht von den selbstleuchtenden Gestirnen, den Fixsternen, über die feurig-flüssigen, die Kometen, zu den erkalteten beleuchteten Wandelsternen, den Planeten mitsamt der Erde. Ziel des ersten mächtigsten Monadenschwarms sind daher die mächtigsten Erscheinungen des Kosmos, die selber Licht gebenden Fixsterne am entferntesten Ort des Alls.

>   Schon schwebet ihr in ungemeßnen Fernen
>   Den sel'gen Göttertraum
>   Und leuchtet neu, gesellig, unter Sternen
>   Im lichtbesäten Raum.

Von ihrem Dasein heißt es, daß sie den ›sel'gen Göttertraum schweben‹; das meint – in Anlehnung an Platonische Vorstellungen von den Sternen, die um ihres ›vernünftigen‹ Kreisens in mathematisch geregelten Bahnen willen als sichtbare Götter gelten[26] – daß auch hier den Fixsternen – aber nun um ihrer eigenen Lichtkraft willen – ein göttliches Dasein zugesprochen wird; ›traum‹-haft wird es genannt, weil es im Gegensatz zum menschlichen ohne Bewußtsein ist, und ›selig‹, weil es, sich selbst genügend, keiner anderen Sonne bedarf. Werk der Monaden wird es sein, deren Leuchten neu zu beleben (»leuchtet neu, gesellig«).

Die Kometen, Ziel des nächsten Monadenschwarms, sind hier als die mittleren Gestirne zwischen den selbstleuchtenden Fix- und den beleuchteten Wandelsternen verstanden; dank ihrem flüssig-feurigen Zustand zwar selber Licht gebend, sind sie doch, nach Goethe, zu den »werdenden« und das heißt zu den erkaltenden Sternen, den Planeten, zu zählen. In einem Schema, das er sich zu seinen physikalischen Vorträgen in der Mittwochsgesellschaft über die »Bildung der Erde« anlegte (1807), notiert er: »Die Kometen, die man ehemals als Weltenzerstörer ansah, betrachtet man als werdende Erdkörper«.[27]

>   Dann treibt ihr euch, gewaltige Kometen,
>   Ins Weit' und Weitr' hinan.
>   Das Labyrinth der Sonnen und Planeten
>   Durchschneidet eure Bahn.

---

[26] Platon, Timaios, p.40d
[27] »Bildung der Erde«, LA I 1, S. 313

Als Einzelsterne — die Individualitäten gewissermaßen am Sternenhimmel — verfolgen sie, von den Monaden angetrieben, die eigene ungeregelte Bahn — unabhängig vom geregelten Kreisen des Sonnen- und Planetensystems, das sich von ihnen aus wie ein »Labyrinth« ausnimmt.

Innerhalb des im ständigen Werden begriffenen Universums ist es Aufgabe wieder anderer Lebenskräfte, kosmische Massen um eine Mitte zu zentrieren und sie zur Kugelgestalt neuer planetarischer Körper zu formieren. Das selbe eben zitierte Schema zur »Bildung der Erde« bemerkt: »Die neuern Erfahrungen zeigen das Universum selbst nicht als fertig. Die Nebelsterne sieht man als Massen werdender Welten an«.[28]

> Ihr greifet rasch nach ungeformten Erden
> Und wirket schöpfrisch jung,
> Daß sie belebt und stets belebter werden,
> Im abgemessnen Schwung.

Im Unterschied zu ihrer Umdrehung um die Sonne wird die Selbstumdrehung der Planeten (»Im abgemessnen Schwung«) hier als Wirkung eigener monadischer Regsamkeit verstanden, die die neu gebildeten Planeten immer »belebter« macht, und das meint: zu Vorstufen der Erde.

Denn zur Erde, als dem durch Selbstzeugung von Leben ausgezeichneten Planeten, streben nun auch die nächsten monadischen Kräfte; es treibt sie zunächst ins Element der Luft zur Bildung ihrer einzelnen Formen.

> Und kreisend führt ihr in bewegten Lüften
> Den wandelbaren Flor.

Denn der »wandelbare Flor«, eine Metapher für Wolkenbildung und Umbildung in der Erdatmosphäre, ist, nach Goethe, der Tätigkeit einer der Erde eigenen monadischen Kraft, ihrer Schwerkraft im Erdinnern, zuzuschreiben. Im »Versuch einer Witterungslehre« schreibt er über sie und ihre Wirkung auf die Atmosphäre: »Die erhöhte Anziehungskraft der Erde, von der wir durch das Steigen des Barometers in Kenntnis gesetzt sind, ist die Gewalt die den Zustand der Atmosphäre regelt«;[29] und an anderer Stelle setzt er wiederum den Barometerstand ausdrücklich in Relation zu den Wolkenformen: »Zirrus deutet auf hohen Barometerstand, Kumulus auf mittleren, Stratus auf niedern, Nimbus auf den niedrigsten Zustand«.[30]

---

[28] »Bildung der Erde«, LA I 1, S. 312
[29] »Versuch einer Witterungslehre«, LA I 11, S. 265
[30] »Versuch einer Witterungslehre«, LA I 11, S. 253

Weitere Lebenskräfte streben in die Erde und zur Gestaltung ihres Gesteins.
>   Und schreibt dem Stein in allen seinen Grüften
>   Die festen Formen vor.

Auch die Formierung des Erdgesteins (»die festen Formen«) geht, für Goethe, von der monadischen Formgewalt der Erde, im besonderen ihrer Kristallisationskraft aus. »Wir sagen also« — liest man in einer Nachlaßskizze, »Neigung des Materiellen, sich zu gestalten« überschrieben — »es gibt ein allgemeines Gesetz nach welchem alle materiellen Massen sich gestalten, und dieses Gesetz offenbaren uns die Gebirge«.[31]

Das Wasser aber, zu dem die nun folgenden Lebenszentren hindrängen, ist als bildendes Element von anderer Art als Luft und Erde. In ihm entsteht einfachstes pflanzliches Leben (Algen); wie schon der uranfängliche Kosmos alle bildende Energie aufbieten mußte, um das Anorganische auf der Erde ins organische Leben zu steigern, so bedarf es zu dessen Bildung auch immer wieder höchster Anstrengung. ›Göttliches Erkühnen‹ und ›sich übertreffen‹ sind Bezeichnungen für das Steigerungsvermögen der tellurischen Lebenskraft.

>   Nun alles sich mit göttlichem Erkühnen
>   Zu übertreffen strebt;
>   Das Wasser will, das unfruchtbare, grünen
>   Und jedes Stäubchen lebt.

Daß das Wasser, genauer gesagt, seine Mischung mit der Erde: der Schlamm oder die Feuchte, der Ursprungsort organischen Lebens ist, gehört zu Goethes festen physikalischen Einsichten, von denen er immer wieder spricht: »Da, wo das Wasser sich entzweit,/Wird zuerst Lebendigs befreit«;[32] oder: »Alles ist aus dem Wasser entsprungen«.[33] »Grünen«, hier synonym zu »gruneln« verwandt, gebraucht Goethe nicht nur im mundartlichen Sinne, »nach frischem Grün riechen«,[34] sondern fast terminologisch im erweiterten Sinne von ›lebendig werden des Vegetabilen‹; so in »Alleben« im »Divan«[35] oder auch im Meeresfest der »Klassischen Walpurgisnacht«.[36]

---

[31] »Neigung des Materiellen sich zu gestalten«, LA I 11, S. 204
[32] »Gott, Gemüt und Welt«, WA I 2, S. 216
[33] Faust II, V. 8435
[34] »Grüneln, Gruneln«: Deutsches Wörterbuch von Jakob und Wilhelm Grimm, Bd. 9, München 1984, Sp. 938
[35] »Alleben«, WA I 6, S. 26f.
[36] Faust II, V. 8266

Nun bedarf es zur Entwicklung des Lebens auf der Erde nur noch des Lichts und der Farben. Auch ihr Entstehen, hier als Wechsel von ›qualmiger‹ Nacht zur farbigen Tageswelt beschrieben, ist monadischen Kräften und ihrer liebevollen Vermittlung im Streit zwischen Finsternis und Licht aufgegeben, wie es der Goethischen Farbentheorie entspricht.

> Und so verdrängt mit liebevollem Streiten
> Der feuchten Qualme Nacht;
> Nun glühen schon des Paradieses Weiten
> In überbunter Pracht.

Denn statt die Finsternis zu vernichten, sind die Lebenskräfte gewiesen, sie zugunsten des Lichts zu verdrängen, damit sie als geschiedene, in Gemeinsamkeit mit dem Licht, die Bildung der Farben bewirke. Indem nämlich das Licht durch die Atmosphäre scheint und sie erhellt, bilden sich an der Körperwelt die gelben, orangenen und roten: die Licht-Farben; indem aber die Finsternis andrerseits durch die beschienene Atmosphäre dringend sich durchsetzt und Rotblau, Violett und Blau: die Nachtfarben entstehen läßt, leuchtet die Welt in ihrer ganzen »überbunten Pracht«.

Mit dem Licht am Morgen stellen sich indes nicht nur die Farben wieder ein, es erwacht auch alles Animalische zu neuem Leben; in dieser erneuten Regsamkeit und der Orientierung am Licht sind wiederum monadische Kräfte am Werke, die schließlich auch wirken, wenn sich unter der »gestaltenreichen Schar« das Menschenpaar einfindet, das dadurch ausgezeichnet ist, daß es ›staunt‹; ›Staunen‹, das schon in dem Aristophanischen Mythos des Platonischen Symposions das freudige Erschrecken des sich erkennenden Paares charakterisiert,[37] verwendet Goethe fast terminologisch für das Innewerden des Göttlich-Gesetzlichen.[38] In der Fähigkeit zum Staunen aber erreicht die Lebendigkeit der Erde ein Maximum; denn das Staunen unterscheidet den Menschen von allen anderen Lebewesen und zeigt an, daß er Bewußtsein hat.

> Wie regt sich bald, ein holdes Licht zu schauen,
> Gestaltenreiche Schar
> Und ihr erstaunt auf den beglückten Auen
> Nun als das erste Paar.

Worüber sie aber staunen, ist nicht die »beglückte« Welt um sie herum, sondern ihr Paar-sein; als solche einander Erkennende heißen sie »das er-

---

[37] Symposion, p. 192b
[38] Zu »Staunen« vgl. u. a. Faust II, V. 8245; 9258; 7969; dsgl. LA I 6, S. 15; LA I 9, S. 68; M. u. R. Nr. 417

ste«. Staunend werden sie sich des Gleichen im Andern, ihrer Ergänzung durch die andere Hälfte bewußt; es erfaßt sie das Sehnen nach Vereinigung zu einem Ganzen; sie werden ihrer wechselseitigen Liebe inne. Im Innewerden der Liebe aber erlischt das »unbegrenzte Streben«, das bisher das All erfüllte und zu immer gesteigerterem Leben trieb. Im Innewerden ihres Gefühls wird sich das Menschenpaar selbst genug, wird ihr Inneres − in Wiederholung der anfänglichen Einheit − zum neuen All.

> Und bald verlischt ein unbegrenztes Streben
> Im sel'gen Wechselblick.

Was bei den leuchtenden, bewußtlos schwebenden Gestirnen begann und über Kometen und Planeten zu der beleuchteten Erde führte, steigt dort wieder vom dumpfen Anorganischen zum Organischen auf und gipfelt in dem mit Bewußtsein begabten Menschen. Die Liebe als kosmische Kraft bildet und erhält, verbindet und steigert dies alles; aber erst im Liebe fühlenden Menschen kommt das Universum zu sich selbst und sein Streben an ein Ende. Denn indem der fühlende Mensch dies Leben nicht nur besitzt, sondern seiner als einer Gabe inne wird, gibt er schließlich als Lebensdank ans All zurück, was ihm vom All gegeben wurde − die All-Einheit des Anfangs stellt sich wieder her.

> Und so empfangt mit Dank das schönste Leben
> Vom All ins All zurück.

»Danken« ist das religiöse, ›zurückbindende‹ Verhalten des Lebendigen zum Ganzen als seinem Ursprung. »Mit Dank empfangen« enthält bereits die reziproke Bewegung »vom All ins All zurück«.

Ein Hymnus auf die kosmische Liebe, in seinem Ton an die Gedichte der Jugend anknüpfend, durch die Objektivität seiner Aussage die naturphilosophische Altersdichtung vorwegnehmend. Ein Goethe eigner Entwurf des Kosmos; doch wenn etwas ihn mit Schelling verbindet, so ist es die mythische Sprache, die Schelling für das Naturgedicht intendierte. Hier redet das Universum selber, wie es auch Schelling sich wünschte; niemals wieder hat sich Goethe zu dieser Unmittelbarkeit entschlossen. Das Gedicht ist ein Unicum.

Jörg-Ulrich Fechner

1800: Weimar – Paris und zurück

Erwägungen zum Verhältnis von National- und Weltliteratur am Beispiel eines Briefs Goethes

»Eine jede Literatur ennuyirt sich zuletzt in sich selbst, wenn sie nicht durch fremde Theilnahme wieder aufgefrischt wird.« Goethes 1828 aphoristisch so formulierte Überlegung ist bis heute ohne Fortune geblieben; sie ist gerade von den neuphilologischen Fächern nur wenig genutzt worden. Deren romantischer Ursprung verknüpfte sich mit einer Aufwertung der Muttersprache als eines gemütvollen Mediums der Identifikation oder der emotionalen Selbstfindung, und das nicht ohne politische und auch ideologische Implikationen. Daraus entstand die bis heute andauernde Abgrenzung der neuphilologischen Teilgebiete nach den jeweiligen Kultur- bzw. Nationalsprachen. Eine solche Beschränkung auf nur je eine Sprache pflegende Gartenbeete erlaubte bloß selten den Blick auf den ganzen Garten oder gar noch über dessen Zaun hinaus.[1] Dadurch, daß den einzelnen Sprachen seit der Romantik eine je andere, einzigartige und charakteristische ›Seele‹ unterstellt wurde, verlor sich eben die Bereitschaft, die verschiedenen Sprachen als gleichrangige Mittel einer gemeinsamen europäischen Kultur zu sehen und auch einzusetzen.

Während die Philologie sich, wenn überhaupt, dem Nachweis von Quellen und Entsprechungen bloß für einzelne Stellen im Werk eines Autors mit Rückbezug auch auf die ›ausländische‹ Literatur zuwandte, blieb der von Goethe ins Auge gefaßte, allgemeine Gedanke weitgehend uneingelöst. Dabei gehört es zu den Grundtatsachen des historischen Denkens auch in der Philologie, daß die Literaturen in einem dynamischen Wechselverhältnis zueinander stehen und daß dessen geschichtlicher Wandel die Aspekte des Kanons, der Einschätzung und der Wirksamkeit spiegelt und dokumentiert. Daß auch die deutsche Literatur in ein solches lebendiges

---

[1] Die ›Garten‹-Metaphorik bildet eine Parallele zu der bekannteren Verwendung des ›Waldes‹ oder ›Wäldchens‹. Als Beispiel diene hier nur der Hinweis auf die petrarkistische Anthologie *Veneres Blyenburgicae Sive Amorum Hortus*, die die gesammelten neulateinischen Gedichte nach thematischen Gesichtspunkten zu ›Blumenbeeten‹ (areolae) unterteilt. Damasus Blyenburg veröffentlichte diese Anthologie in Dordrecht 1600

Verhältnis der Aneignung von außen und der Weitergabe nach außen gehört, wurde so gut wie nie berücksichtigt. Noch die bahnbrechende Marbacher Ausstellung von 1982 und ihr Katalog *Weltliteratur — Die Lust am Übersetzen im Jahrhundert Goethes*[2] beschränkt sich auf die Einwirkungen nach Deutschland und behandelt somit das weitaus komplexere Phänomen nur als eine Einbahnstraße.

Dabei hatte der alte Goethe keineswegs bloß die Rolle der kulturellen und literarischen Mittler im Blick, jene Wertschätzung »nicht wie bisher von einzelnen, besonders gewogenen Personen, sondern in einem sich immer weiter ausbreitenden Kreise«.[3] Eben in dieser doppelten Richtung liegen die Aufgaben, die mit geschichtlicher, philologischer Forschung fast alle noch zu lösen sind: die Rolle der europäischen kulturellen Mittlerschaft und die ihrer individuellen Träger, dann die Dimension der Wirksamkeit für ›sich immer weiter ausbreitende Kreise‹. Das ist eine große und umfängliche Aufgabe, die ihm Rahmen des hier Anstehenden nicht zu leisten ist. Statt dessen beschränkt sich der folgende Beitrag auf ein pragmatisches Einzelbeispiel, um dabei anfallende Fragen und Möglichkeiten von deren Beantwortung zu erwägen. Es handelt sich um die erste Übersetzung überhaupt von Goethes *Hermann und Dorothea*.

Goethes Projekt eines Versepos in antikisierender Form entwickelte sich in vielerlei Hinsicht unter einem guten Stern. Nach Abschluß seines großen Romans plante Goethe seit dem Frühsommer 1796 mancherlei »kleinere Arbeiten«, wollte »nur den reinsten Stoff wählen, um in der Form wenigstens alles tun zu können, was meine Kräfte vermögen«. Unter solchen Plänen erscheint neben *Hero und Leander* alsbald »eine bürgerliche Idylle [...], weil ich doch so etwas auch muß gemacht haben«.[4] Angeregt und aufgestachelt durch die Lektüre der *Luise* von Voß, bleibt auch in weiteren Briefbemerkungen das gattungsmäßige Bezugswort der ›Idylle‹ erhalten, erscheint bald als ›große Idylle‹, bald in bezug auf »das verwandte epische Fach« mit seinen Forderungen an »die poetische sowohl als prosodische Organisation des Ganzen«. Die Mischgattung eines bürgerlichen, epischen oder großen Idylls wird in den systematischen und theoretischen Gesprächen und Briefen mit Schiller weiterhin kritisch kontrolliert. »Schillers Umgang und Briefwechsel bleibt mir in diesen Rücksichten [...] immer

---

[2] Marbach 1982 / Kommission: München 1982; = Marbacher Kataloge, Nr. 37. Hrsg. v. Bernhard Zeller
[3] Weimarer Ausgabe, 1. Abt., Bd. 41. 2. Weimar 1903, S. 177. — Im folgenden wird auf diese Ausgabe mit der Sigle »WA« verwiesen
[4] An Schiller, Anfang Juli 1796; WA, Briefe, Bd. 11. Weimar 1892, S. 324

höchst schätzbar«.⁵ Knapp ein Dreivierteljahr nach der ersten Erwägung des Plans kann Goethe in Jena am 15. März 1797 in sein Tagebuch eintragen: »Früh das Gedicht geendigt«.

Zu den formalen, metrisch-prosodischen und gattungsbezogenen Aspekten fügten sich gleichermaßen glückliche Umstände des Inhaltlichen. Wohl 1794 hatte Goethe bei seiner Lektüre jene Anekdote kennengelernt, die er noch nach Abschluß seines Werkes im Brief an Heinrich Meyer vom 28. April 1797 auszeichnend hervorhob als »ein Sujet, wie man es in seinem Leben vielleicht nicht zweimal findet«.⁶ Goethes Andeutungen führen über die Wendung vom ›vorgefundenen Sujet‹ nicht hinaus; erst um die Mitte des 19. Jahrhunderts ist bestimmt worden, daß es sich dabei um die Geschichte der aus dem Erzbistum Salzburg vertriebenen Lutheraner handelt.⁷ Das war das Authentische, Wirkliche, ja, Wirklichkeitssatte, das Goethe freilich nicht in der von ihm vorgefundenen Weise poetisch beibehielt und gestaltete. Vielmehr wird die Eheschließung des alleinstehenden Mädchens in der Fremde mit einem bislang in bezug auf das schöne Geschlecht spröden jungen Mann als eine menschliche Grundsituation und daher als zeitlos hingenommen. Alle weiteren Bestimmungen zeitlicher und örtlicher Verankerung aber werden verändert. Goethe huldigt dabei einer grundsätzlichen Aktualisierungstendenz, wenn er die Zeit der Handlung auf »ohngefähr im vergangenen August«, also 1795, festlegt,⁸ als Raum eine rechtsrheinische südwestdeutsche Stadt wählt, ohne sie jedoch namentlich zu benennen und damit seine dichterische Imagination zu zügeln. Am wichtigsten aber war es, daß Goethe die Handlung der sich begegnenden Vertriebenen und Bodenständigen auf die Kriege nach der Französischen Revolution bezog. In den Ereignissen von 1789 und ihren Folgen sieht Goethe keinen Fortschritt für die Werte des Bürgerlichen, vielmehr deren Gefährdung. Das entspricht ganz dem Xenion:

---

[5] An Heinrich Meyer, 5. Dezember 1796; WA, Briefe, Bd. 11. Weimar 1892, S. 273

[6] An Heinrich Meyer, 28. April 1797; WA, Briefe, Bd. 12. Weimar 1893, S. 110

[7] Die von Goethe benutzte Anekdote findet sich in [anonym]: Ausführliche Historie derer Emigranten oder vertriebenen Lutheraner aus dem Erzbistume Salzburg. Leipzig 1732, dann bei Gerhard Gottlieb Günther Göcking: Vollkommene Emigrationsgeschichte von denen aus dem Erzbistum Salzburg vertriebenen [...] Lutheranern. Frankfurt und Leipzig 1734. Welches Exemplar welcher Quelle Goethe wann, wo und vielleicht bei wem kennenlernte, ist bisher nicht ermittelt. Die genannten Titel fehlen im Katalog zur Auktion der väterlichen Bibliothek, in Goethes eigener Büchersammlung und auch unter den Entleihungen aus der Herzoglichen Bibliothek in Weimar. — Zur Bestimmung der »Quelle« vgl. E. F. Yxzem, Über Goethes »Hermann und Dorothea«. Berlin 1848, ferner Heinrich Düntzer, Goethes »Hermann und Dorothea«. Erläutert. Jena 1855 u. ö.

[8] An Heinrich Meyer, 5. Dezember 1796; vgl. Anm. 5

Revolutionen
Was das Luthertum war, ist jetzt das Franztum in diesen
Letzten Tagen, es drängt ruhige Bildung zurück.

So stellt Goethe der erzwungenen Dynamik der Flüchtenden und Vertriebenen die in sich beschränkte Ordnung einer Bürgerlichkeit im deutschen Ancien Régime als ruhenden Pol gegenüber.

Im Oktober 1797 erschien das Werk im *Taschenbuch für 1798* bei Vieweg in Berlin, und zwar in mehreren Papier- und Einbandqualitäten, gefolgt von etlichen Einzelausgaben seit 1798.[9]

Auf diesem Hintergrund beruht die Rezeption der ersten Stunde. Die Zeugnisse der im Druck erschienenen deutschen Anzeigen und Besprechungen sind nur im Ansatz bei Braun gesammelt.[10] Vergleichbare Sammlungen aus den nicht-deutschsprachigen Nachbarkulturen fehlen bisher. Besonderes Interesse darf dabei für Frankreich veranschlagt werden, hatte Goethe doch durch die Umgestaltung der Handlungselemente einen deutlichen Bezug auf Vorgänge der französischen Revolutionskriege genommen. Die ersten Hinweise waren offenbar uneingeschränkt positiv. Schweighäuser zeigte den Erstdruck noch 1797 im *Magasin encyclopédique* an und nannte *Hermann und Dorothea* ein »petit poème qui, des nombreux ouvrages de Goethe, est peut-être le plus achevé et celui qui porte le plus éminemment l'empreinte de son génie«.[11] Im *Spectateur du Nord* von 1798 stellte sich ein weiterer Rezensent auch dem gattungsbezogenen Rahmen und führte aus: »De tous les nouveaux poèmes, aucun n'a fait autant de sensation qu'Hermann et Dorothée de M. Goethe. Il est du genre épique; mais le plan en est très simple. Le ton, loin de s'élever à celui d'Homère et de Klopstock, est conforme au sujet, qui entre dans la vie ordinaire et domestique.«[12]

Damit wird der Blick auf den allgemeingültigen Umstand gelenkt, daß der Bezugsrahmen ein und desselben Werkes in zwei verschiedenen Litera-

---

[9] Waltraud Hagen, Die Drucke von Goethes Werken. Berlin 1971, S. 146–154, Nr. 231–267

[10] Julius W. Braun, Goethe im Urtheile seiner Zeitgenossen. Berlin 1855. 3 Bde.; Reprint: Hildesheim 1969; hier: Bd. 2, S. 252ff.

[11] S[chweighäuser], Poésie allemande. In: Magasin encyclopédique, 3ᵉ année, 1797, V, S. 216. – Zitiert nach Fernand Baldensperger, Bibliographie critique de Goethe en France. Paris 1907, S. 181f. Nr. 1428. – Auf diese Bibliographie wird im folgenden mit der Sigle »FB« verwiesen. – Nicht zugänglich war mir der Aufsatz von L. Morel, Hermann et Dorothée en France. In: Revue d'histoire littéraire de la France 12, 1905

[12] D'Esch, Nouvelles productions de la littérature allemande. In: Spectateur du Nord 1798, n° 11, S. 369. – Zitiert nach FB, S. 182 Nr. 1430

turen wohl niemals völlig identisch sein kann. Goethes *Hermann und Dorothea* stand, wenn man von der für die zeitgenössische Leserschaft noch verborgenen Rückbezüglichkeit auf die Geschichtsquelle der Salzburger Glaubensflüchtlinge absieht, in Zusammenhang mit der ästhetischen Frage nach den Möglichkeiten eines modernen Epos. Die *Luise* von Voß hatte in der erneuten Buchausgabe von 1795 Goethes Interesse geweckt und ihn zu einer eigenen, das Vorbild überbietenden literarischen Produktion angeregt. Goethes Versuch einer großen, bürgerlichen, epischen Idylle als Lösung in einem gemischten Genre konnte aber in Frankreich nicht auf dieselben Rahmenbedingungen der literarischen Situation rechnen wie in Deutschland: Klopstocks *Messias* war trotz mannigfacher Übersetzungsversuche kein Gegenstand der literarischen Diskussion. Die *Luise* von Voß war in Frankreich damals unbekannt geblieben. Überlegungen zum Epos beschränkten sich in Frankreich entweder auf das klassische Altertum oder auf die Renaissance. In der aktuellen Poetik besaß das Epos für Frankreich also kaum einen produktiven Stellenwert. So lag es nahe, die von den Rezensenten hervorgehobenen Züge des alltäglichen und häuslichen Lebens in Goethes *Hermann und Dorothea* auf jenes Beispiel zurückzubeziehen, das in deutscher Sprache wie auch in gesamteuropäischen Übersetzungen nach der Kritik der Zeit eben diese Qualitäten aufgewiesen hatte: Salomon Gessner. So konnte man bereits 1800 im *Magasin encyclopédique* lesen: »Cette production littéraire du sol presque vierge encore de la Germanie est digne de la langue de Gessner, digne de son auteur [...]. C'est une peinture naïve et fidèle de la vie domestique, des épanchements d'une famille, de la confiance d'un voisinage [...].«[13] Heißt das aber, daß die Rezeption von *Hermann und Dorothea* in Frankreich unter dem Zeichen Gessners und also der Gattung der traditionellen Idylle erfolgte?

Das Bild ändert sich sofort, wenn man feststellt, daß die erste Übersetzung überhaupt von diesem Werk Goethes eben eine französische ist. In außergewöhnlich kurzem Abstand zu dem seit Ende 1797 auf deutsch vorliegenden Werk erschien im Sommer 1800 in Buchform die folgende Übersetzung:

HERMAN / ET / DOROTHÉE, / EN IX CHANTS; /
Poëme allemand de GŒTHE, /
TRADUIT / Par BITAUBÉ, Membre de l'Institut / national de France, et de

---

[13] Collin Harleville, Notice des travaux de la classe de littérature et beaux-arts [de l'Institut national] pendant le trimestre écoulé. In: Magasin encyclopédique, 6ᵉ année, 1800, IV, S. 251. – Zitiert nach FB, S. 182 Nr. 1433

l'Acadé- / mie royale des Sciences et Belles- / Lettres de Prusse. /
[Zierstück]
A PARIS, / Chez TREUTTEL et WURTZ, libraires, / quai Voltaire, n°. 2.
[Doppelstrich]
1800.
a, 1–14^6; $ 3 – a; a.; xii + 168 Seiten; mit einem unbezeichneten Kupferstich, ›à
l'onglet‹ eingefügt zwischen Blatt 1 und 2 des Vorstoßbogens.

So lauten die bibliographischen Angaben eines mir vorliegenden Exemplars. Ob es sich dabei um die Erstausgabe handelt oder ob von der Erstausgabe gleichzeitige Parallelausfertigungen mit nur geringen Abweichungen vorliegen, ist nicht einmal klar. Baldensperger nennt als Erstausgabe eine mit der Angabe »Strasbourg, an IX (1800), in-12«[14], der Katalog der Bibliothèque Nationale, Paris, eine andere »Paris et Strasbourg, Treuttel et Wurtz, 1800. In-32°, XIX + 226 p., planche«, der Katalog der British Library, London, hingegen eine von 1800 in Duodez. Verlassen wir dieses bibliographische Wirrwarr; es kann nur das bereits betonte Defizit der Forschungslage unterstreichen!

Abgesehen von der unbestreitbaren Tatsache, daß dies die Erstübersetzung überhaupt ist, liegt ihr Wert bezüglich ihrer anzusetzenden Wirksamkeit in der Anzahl nachweisbarer Ausgaben und Auflagen. Neben den bereits angeführten steht eine in Oktav von 1801; eine nicht näher bezeichnete in-18° mit einem hübschen Kupfer (so Baldensperger in seiner Bibliographie, deren Meriten nicht eben die bibliographische Seite betreffen...); der Wiederabdruck in Bitaubés Œuvres complètes, Band IX, Paris 1804; sodann 1865 (BN); 1866 (BN); 1875 (BL; BN); 1880 (BL); 1881 (BL); 1887 (BN); 1888 (BN); 1890 (BN); 1893 (BN); 1894 (BN). Auch wenn diese Zusammenstellung auf Grund der Londoner und Pariser Bestände keineswegs erschöpfend sein dürfte, läßt sich doch eins an ihr ablesen: Bitaubés Übersetzung bestimmte für ein Jahrhundert die Kenntnis von *Hermann und Dorothea* in Frankreich.

Das reicht, um die nötigen Fragen wenigstens anzuschneiden: Wer war dieser Mittler? Wie wurde seine Leistung in der französischen Kritik aufgenommen? Gab es auch einen Rückhall auf diese Übersetzung im Ursprungsland des Originals?

Paul-Jérémie Bitaubé wurde als Angehöriger einer hugenottischen Emigrantenfamilie am 24. November 1732 in Königsberg in Preußen geboren.

---

[14] FB, S. 180 Nr. 1411

Nach juristischen Studien in Frankfurt a. d. Oder wechselte er zur Theologie über und wurde durch das Studium der Bibel zur klassischen Philologie geführt. 1760 veröffentlichte er in Berlin einen *Essai d'une nouvelle traduction d'Homère* und ließ dann während einer Paris-Reise seine *Ilias*-Übersetzung drucken, der bald eine der *Odyssee* folgte. Beide Werke wurden verschiedentlich nachgedruckt und trugen Bitaubé die Mitgliedschaft in der Berliner Akademie 1766 und in der Pariser Académie des inscriptions 1786 ein. In persönlicher Bekanntschaft mit Friedrich II. von Preußen wie mit Voltaire, veröffentlichte Bitaubé eine Rousseau-Kritik aus theologischer Perspektive: *Examen de la confession de foi du Vicaire Savoyard contenue dans Émile* (Berlin 1763 u. ö.) oder auch Lobreden auf Gestalten des ›grand siècle‹ wie sein *Éloge de Pierre Corneille qui a concouru à l'Académie de Rouen en 1768* (Berlin 1769). Durch seine Homer-Übersetzungen hatte sich Bitaubé in der seit der ›querelle des anciens et des modernes‹ anstehenden Frage auf die Seite derjenigen geschlagen, die eine Prosaübersetzung gegenüber einer Versübersetzung vorzogen. Um die Möglichkeit der Prosa auch bei selbsterfundenen poetischen Gegenständen unter Beweis zu stellen, verfaßte er ein biblisches Epos in neun Gesängen: *Joseph* (Berlin 1767; Paris 1767 u. ö.). Bitaubé steht mit seinem Epos so zugleich im Hintergrund der späteren Gattung des »poème en prose«. Der Erfolg des Werkes, das wennschon offenbar nicht ins Deutsche, nicht nur ins Englische und Portugiesische, sondern 1857 sogar noch ins Armenische übersetzt wurde, veranlaßte Bitaubé, in der Folge ein weiteres Prosaepos vorzulegen, diesmal über eine der Gründergestalten des politischen Calvinismus: *Guillaume de Nassau ou la fondation des Provinces-Unies* (Paris 1775 u. ö.).

Bitaubé, der sich immer als Franzose gefühlt hatte, wechselte in den 70er Jahren endgültig nach Frankreich über. Er war ein Anhänger der revolutionären Ideen, wurde aber dennoch 1794 als Verdächtiger verhaftet. Nach dem 9. Thermidor, dem Sturz Robespierres, wieder auf freien Fuß gesetzt, wurde Bitaubé bei Gründung des Institut national de France zum Mitglied für die Klasse der Literatur und Schönen Künste, später dann zusätzlich für die Klasse der Geschichte und antiken Literatur ernannt. Paul-Jérémie Bitaubé starb am 22. November 1808.[15]

---

[15] Der Abriß der Lebensumstände fußt auf dem Artikel von M. Prévost im *Dictionnaire de Biographie Française*, publié [...] sous la direction de M. Prévost et de Roman d'Amat. Paris 1954, Bd. 6, Spalte 533f. – Zu den dortigen weiterführenden Angaben ergänze *Joseph*, par Bitaubé, précédé d'une notice historique sur la vie et les œuvres de l'auteur [par Lefour, du Loiret], et d'une relation de sa captivité au Luxembourg, par Madame Bitaubé. Paris 1826 (nouvelle édition), dasselbe. Paris 1837; = Bibliothèque de la jeunesse chrétienne

Im Blick auf die Goethe-Übersetzung ist festzuhalten, daß Bitaubé durch seine Herkunft aus Deutschland die sprachlichen Voraussetzungen für seine Mittlerschaft besaß. Mit Goethe war er persönlich nicht bekannt. Bitaubé war 1800 bereits 68 Jahr alt, also siebzehn Jahre älter als Goethe. So gehört Bitaubé nicht zu dem häufigeren Typus des jungen Übersetzers zu Beginn einer literarischen Karriere. Er war ein wenn schon nicht uneingeschränkt, so doch durchaus anerkannter Mann des literarischen und wissenschaftlichen Lebens, der auf beachtliche Erfolge zurückblicken konnte. Sein Interesse an Goethes idyllischem Versepos beruhte auf eigenen früheren Arbeiten, in denen Bitaubé die Form der poetischen Prosa bevorzugt hatte.

Bei dieser Ausgangslage kann es nicht weiter verwundern, daß Bitaubé auch Goethes Werk in eine poetische Prosa übertrug. In dieser Form machte *Herman et Dorothée* seinen Eindruck auf das französische Lesepublikum. Nicht an dieser Form entzündete sich die Einschätzung der Leistung. Die Kritik hob zunächst die inhaltlichen Aspekte der Charaktere und der Sitten hervor. So lautet die Anzeige im *Magasin encyclopédique* bereits 1800: »Ce petit livre sera un manuel de morale, de philantropie, de sentiments doux et tendres; il sera aussi un modèle de poésie noble et élevée, sans prétention et sans enflure [...].«[16] Erst 1809 erhebt sich ein Protest dagegen, daß Bitaubé trotz der Standesunterschiede und trotz der Aktualitätsbezüge Goethe und Homer auf einen Rang gestellt hatte: »Hermann et Dorothée sont les héros de ce poème, et ces héros sont le fils d'un aubergiste et une jeune orpheline, que les victoires de l'armée française ont forcés, ainsi que les habitants de leur village, à s'enfuir de la rive gauche du Rhin. M. Bitaubé, séduit par quelques imitations des formes et des mœurs homériques, s'enthousiasma pour le poème, ne balance pas à l'honorer du titre d'Epopée, à comparer le poète avec Homère. [...] Et peut-on, sans confondre les genres et sans blesser les premiers principes du goût, vouloir élever à la dignité de l'Epopée, et mettre en parallèle avec l'Iliade ou l'Énéide, un ouvrage dont les éléments et l'ensemble sont si roturiers?«[17] Bei diesen Einwänden in bezug auf immer noch normativ vordefinierte Gattungen blieb es — trotz der gleichlaufenden Wirksamkeit beim französischen Lesepublikum des neunzehnten Jahrhunderts, wie sie von den auch weiterhin folgenden Ausgaben dokumentiert ist. Dazu kommen noch Analogien und Einwirkungen auf die französische Literatur. Sie beginnen mit Lamartines *Jocelyn* (1836), ei-

---

[16] Magasin encyclopédique, 6ᵉ année, 1800, III, S. 284. – Zitiert nach FB, S. 182f. Nr. 1436
[17] Dacier, Notice historique sur la vie et les ouvrages de Bitaubé, lue dans la séance publique du 7 juillet 1809. In: Magasin encyclopédique 1809, IV, S. 122. – Zitiert nach FB, S. 183 Nr. 1441

nem Werk, das L. Gautier mit Rückblick auf *Hermann und Dorothea* für die Herausbildung dieses »genre transformé« als »le chef-d'œuvre de cette épopée nouvelle« bezeichnete.[18] Und gleich bei Erscheinen von *Jocelyn* begrüßte kein Geringerer als Sainte-Beuve den Verfasser Lamartine als den »Homère d'un genre domestique, d'une épopée de classe moyenne et de famille, de cette épopée dont le bon Voss a donné l'idée aux Allemands par *Louise*, que le grand Goethe s'est appropriée avec perfection dans *Hermann et Dorothée*.«[19] Zu Gattung und Inhalt trat noch der Stil, die »poetische Prosa«. Wie André Monglond in seinem einschlägigen Aufsatz ausführt,[20] bestand die klassische Forderung nach einer Prosa eben ohne markierte Rhythmen. Rousseau setzte zum stilistischen Ausdruck der gesteigerten Leidenschaft erstmals eine rhythmische Prosa ein. Gegen 1800 entstand daraus »une querelle sur la prose poétique et le poème en prose«.[21] Bitaubé schloß sich dem Vorbild Rousseaus an. Da beide — Rousseau wie Bitaubé — Franzosen von außerhalb Frankreichs sind, wagt Monglond dann sogar die Hypothese eines »style de refugié«![22] Sei dem, wie ihm wolle; nachdrücklich wird so nochmals unterstrichen, daß ein Werk der Literatur und seine Übersetzung in unterschiedlichen kulturellen und situativen Rahmenbedingungen stehen und daß eben diese Differenz im Fall der Übersetzung die Wertung und Wirkung wesentlich beeinflußt, wenn nicht gar bestimmt.

Wenigstens kursorisch muß sich der Blick von heute in einem Zwischenschritt auf die Übersetzung selbst richten. Eine Verlagsanzeige — seit wann gibt es eigentlich diese Werbeform für ein Buch in seinem Abdruck? — leistet dem Zuspruch wie dem Widerspruch, über den zu berichten war, bereits Vorschub und lautet:[23]

> La nation française connoît déjà Gœthe comme un des génies supérieurs de l'Allemagne; son roman de *Werther* lui a valu les suffrages de tous les cœurs sensibles. Cette nouvelle production de sa plume éloquente mérite, sous tous les rapports, le succès brillant et rapide qu'elle a eu dans tous (*sic!*) le nord. L'auteur a su donner au récit d'un événement de famille, à-la-fois la marche et la dignité d'un poëme épique, le vif intérêt d'un drame, et le coloris de l'idylle; c'est, en un

---

[18] Léon Gautier, Portraits du XIXe siècle. I. Poètes et Romanciers. Paris 1894, S. 208. — Zitiert nach FB, S. 186 Nr. 1467
[19] Charles-Augustin Sainte-Beuve, Jocelyn. In: Revue des Deux Mondes 1836, I, S. 610. — Zitiert nach FB, S. 186 Nr. 1465
[20] André Monglond, Le rôle littéraire d'un refugié: Jérémie Bitaubé et la »prose poétique«. In: Revue de littérature comparée 3, 1923, S. 264–275
[21] A. Monglond: a.a.O., S. 267
[22] A. Monglond: a.a.O., S. 267f.
[23] In der S. [5] angegebenen Ausgabe, Blatt [a[verso]]

mot, un ouvrage *homérique*. Aussi le célebre traducteur de l'Iliade et de l'Odyssée, le cit.[oyen] *Bitaubé*, a mis tant de soins et de zele à copier ce tableau intéressant, que le lecteur français ne perdra pas une seule des beautés de l'original.

Damit ist die metrische Form ihres Anteils an der Schönheit des Originals enthoben, das in seiner Beschreibung als ›homerisch‹ und zugleich als Mischung von ›Epos‹, ›Drama‹ und ›Idylle‹ offenbar ins Vorfeld des Denkens über das ›Gesamtkunstwerk‹ zu rechnen ist, wie das neunzehnte Jahrhundert diesen Gedanken dann in anderer Richtung weiterspinnen wird.

In einem Vorwort des Übersetzers werden diese werbenden Ansätze weiter ausgeführt: *Hermann und Dorothea* ist das »épopée d'un nouveau genre«.[24] Die Personen aus einfachem Stande werden durch die Umstände der Handlung und durch die Abbildung ihrer Charaktere für den Leser interessant. Die Handlung ist auf einen halben Tag begrenzt und erfüllt so die Forderung einer der traditionellen ›Einheiten‹. Dramatische Wirkungen entstehen zudem dadurch, daß der Autor nur überaus selten aus seiner Allwissenheit heraus spricht. Das ›tableau‹ folgt wirklichen Sitten und Gebräuchen getreu; es ist sogar lokalisiert. Der Stil ist einfach, die Leidenschaftsschilderung naiv, die der Natur energisch. Das ›poëme‹ ist darüberhinaus moralisch; alle Altersstufen können hier etwas lernen. Die Mischung des Pathetischen mit dem Komischen wird beim Leser gleichermaßen Gefühl wie auch Heiterkeit ansprechen. (Die Hexameterform des Originals wird hingegen nur einmal beiläufig erwähnt.) — Nach seinen Homer-Übersetzungen habe sich Bitaubé weiterer solcher Arbeiten enthalten wollen; die Lektüre von *Hermann und Dorothea* habe ihn jedoch umgestimmt. Allerdings ist sich der Übersetzer durchaus der Schwierigkeiten seines Unternehmens bewußt, zu denen nicht zuletzt der unterschiedliche Geist beider Sprachen beiträgt. So begnügt sich Bitaubé mit der Hoffnung, eine »approximation« geleistet zu haben[25] — das ist eine Formel, die später Charles du Bos aufgreifen wird. Bitaubé versteht sie in Parallele zu dem Tun der Astronomen, die auch nur annähernd die Bahn der fernen Gestirne berechnen können ... — Den möglichen Einwand, daß sich französische Leser an der Wahl der geschilderten Ereignisse in bezug auf ihre jüngere Nationalgeschichte stoßen könnten, wehrt Bitaubé mit dem treuherzigen Hinweis darauf ab, daß ja die weitere Folge der Geschehnisse Frankreich zur Gerechtigkeit und zum Frieden zurückgeführt habe ...

---

[24] Ebd., S. [v]–xi. — Eine anschließende Bemerkung, S. xii, verweist bereits auf Wilhelm von Humboldts Abhandlung und auf den in Anm. 11 zitierten Aufsatz von Schweighäuser
[25] Ebd., S. vii

An anderer Stelle verweist Bitaubé in seiner Vorrede auf die besonders interessante Szene des Laubenganges im achten Gesang, nach seinen Worten ein Musterbeispiel für eine sonst nie besser geleistete Schilderung des »amour vertueux et délicat«. Diese Szene stellt auch der Kupferstich des anonymen Künstlers vor. So doppelt hervorgehoben, mag die Stelle (VIII, Vv. 84ff.) dazu dienen, Bitaubés übersetzerische Leistung zu veranschaulichen:[26]

> Il la conduit sur les pierres nombreuses et informes, degrés du berceau. Elle descend à pas lents, les mains appuyées sur l'épaule de son guide: la lune, dont la lumiere fugitive vacilloit à travers le berceau, jette sur [eux?] ses derniers regards, et bientôt environnée de nuages orageux, elle laisse ce couple dans les ténèbres. Herman, plein de force, est attentif à soutenir la jeune fille, penchée sur lui pour assurer sa marche: mais, comme elle ne connoît pas ce sentier et ces pierres de masses inégales, le pied lui manque, il éprouve un craquement léger, elle est près de s'abattre; soudain le jeune homme intelligent, se tournant vers elle, a étendu le bras et soutenu sa bien-aimée; elle tombe doucement sur son épaule; leurs seins, leurs joues se touchent. Immobile comme le marbre, contenu par les ordres séveres de sa volonté, il ne la presse pas sur son sein d'une plus forte étreinte, et se borne à ne pas céder au poids. Chargé de ce précieux fardeau, il éprouve un sentiment plein de charme; il sent les battemens et la chaleur du cœur de son amante, il recueille l'haleine embaumée qu'elle épanchoit sur ses levres, et il porte en homme sensible la jeune personne, l'ornement de son sexe par sa beauté et par la richesse de sa taille.

Jede Übersetzung verliert gegenüber dem Original. Muß man die Abstände und Abweichungen im einzelnen aufzählen, auf Differenzen nicht nur der Form, sondern des Satzbaus, des narrativen Präsens oder der poetischen Auszierungen hinweisen? Muß man wie Fernand Baldensperger harsch urteilen und von einer »prose un peu plate, assez facile« sprechen? Bitaubé war der allererste Übersetzer von *Hermann und Dorothea* in irgendeine andere Sprache. Das ist sein erstes Verdienst. Die Kürze der Zeit seit dem Erscheinen des Originals bildete gewiß einen gewichtigen Faktor; wichtiger noch waren die Erfahrungen des Homer-Übersetzers und Experimentators im Genre eines neuen Epos. Versübertragungen ins Französische blieben noch für geraume Zeit aus: 1863 erschien eine fragmentarische, 1878 eine vollständige Übersetzung in Alexandrinern mit bzw. ohne Reim.[27] Das gilt gleichermaßen für andere Sprachen, ganz zu schweigen

---

[26] Ebd., S. 141–143
[27] FB, S. 180f. Nr. 1415, 1419

von dem Versuch eines Sonderlings in London, der – noch zu Lebzeiten Goethes – seinen Ruhm darin sah, das originale Versgebilde in deutsche Prosa umgegossen zu haben ...[28]

Wie jedoch stand es um den Rückhall dieser Übersetzung in Deutschland? Damit sind nicht so sehr die beiden nachgewiesenen Anzeigen in periodischen Veröffentlichungen gemeint[29] als vielmehr die Wirkung im Weimarer Kreise und bei Goethe selbst. Eine Teilabschrift der noch ungedruckten Übersetzung hatte Goethe durch F. A. G. Campe von Hand erhalten und alsbald darüber an Knebel eine Nachricht gegeben, denn dieser bat bereits mit seinem Brief vom 18. März 1800 um Einsichtnahme.[30] Vom 6. September 1800 datiert dann ein Brief Bitaubés an Goethe, den ein Exemplar des kürzlich erschienenen Drucks begleitete, das noch heute in Weimar erhalten ist.[31] Am 10. Oktober 1800 meldete Wilhelm von Humboldt aus Paris die Neuigkeiten vom Erfolg der Übersetzung beim Publikum und auch in einer Sitzung des Institut national.[32] Goethes erste bekannte Reaktion gilt wiederum dem »Urfreund«, dem er am 3. November 1800 mitteilte:[33]

> [...] Erregt sonst etwas Neues deine Aufmerksamkeit, so schreibe mir, ich finde vielleicht Gelegenheit es dir zum Durchlesen zu verschaffen.
> So könnte ich dir die Übersetzung von Hermann und Dorothea durch Bitaubé schicken. Die Übersetzung selbst sowohl als seine Äußerungen in der Vorrede, und einige Bemerkungen eines Recensenten, in der *Decade Philosophique*, sind deshalb merkwürdig, weil die französische Nation hier in einem bedeutenden Gegensatz gegen die deutsche erscheint. Es zeigt sich, daß wir durch Schätzung des Mittelstandes ächt republikanische Gesinnung verrathen, an Statt daß die Republikaner davon gar nichts wissen wollen, sondern sich noch immer, nach dem Zeugniß ihrer eignen Landsleute, als eingefleischte Aristokraten beweisen. [...]

---

[28] Goethe, Hermann und Dorothea. Gedicht in neun Gesängen; aus den Versen in Prosa umgebildet von Carl Theodor von Kersten. London: Gedruckt für den Verfasser 1823
[29] Neue Bibliothek der schönen Wissenschaften 64, 1802, S. 298–304; Neue allgemeine deutsche Bibliothek. Anhang. 1803, 2, S. 833
[30] Karl-Heinz Hahn, Hrsg. / Irmtraut Schmid, Redaktor, Briefe an Goethe. Gesamtausgabe in Regestform. Weimar 1983, Bd. 3: 1799–1801, S. 184 Nr. 620. – Die Ausgabe ist im folgenden mit der Sigle »BaG« bezeichnet
[31] BaG, Bd. 3, S. 244ff. Nr. 866. Der vollständige Wortlaut des Briefes von Bitaubé wurde von Fernand Baldensperger veröffentlicht; vgl. Revue de littérature comparée 12, 1932, S. 206ff. – Das zugehörige Exemplar ist verzeichnet bei Hans Ruppert, Bearbeiter, Goethes Bibliothek. Katalog. Weimar 1958, S. 264 Nr. 1844
[32] BaG, Bd. 3, S. 261f. Nr. 930
[33] WA, Briefe, Bd. 15. Weimar 1894, S. 137

Kein Zweifel; das ist ein beachtenswerter Selbstkommentar, besagt das Urteil doch, daß Goethe beansprucht, in literarischer Gestaltung ein politisches wie staatsbürgerliches Ideal vorgeführt zu haben. Diese ästhetische Gestaltung soll zugleich der nationalen Haltung in Deutschland entsprechen, und zwar dergestalt, daß hier die Ziele einer »ächt republikanischen Gesinnung« gelebt werden, deren Forderung in Frankreich trotz der Revolution und ihrer Folgeerscheinungen bloß theoretisch geblieben war. Es versteht sich, daß Knebel am 20. November 1800 um die Übersetzung und um die von Goethe angeführte Rezension bat.[34]

Erst auf diesem Hintergrund und nach dem Durchgang des bisherigen Umweges gerät nun auch Goethes Dank- und Antwortschreiben an Bitaubé vom 19. November 1800 ins rechte Licht. Der Brief, von dem nur das Weimarer Konzept erhalten ist, so daß kleine Änderungen in der abgesandten Form nicht ausgeschlossen sind, kommentiert sich nun fast von selbst und lautet:[35]

> Wenn es rühmlich für einen Schriftsteller ist von fremden Nationen gekannt zu seyn, so ist es, dünkt mich, noch ehrenvoller, von Männern geschätzt zu werden, welche die Muster kennen nach denen er sich zu bilden gesucht hat.
>
> Sie haben, würdiger Mann, mein Gedicht der Übersetzung nicht unwerth geachtet, nachdem Sie, in früherer Zeit, Ihr Gefühl für unsere Lehrer, die Griechen, und für den Reiz patriarchalischer Sitten, durch Übersetzung und eigne Arbeit an den Tag gelegt hatten.
>
> Sie lassen, durch diesen Antheil an meinem Gedicht, dem Bestreben Gerechtigkeit wiederfahren, das in mir immer lebendig war, mich von den Formen der Alten so viel als möglich zu durchdringen.
>
> Ich wünsche Ihrer Arbeit in Frankreich um so mehr Beyfall, als schon der Inhalt für den Leser nicht ohne Nutzen bleiben kann. In jedem Staat, besonders aber in einer Republik, ist es höchst wichtig daß der Mittelstand geachtet werde und sich selbst achte; welches bey Ihren Landsleuten nicht immer der Fall zu seyn scheint.
>
> Wäre ich jünger, so würde ich den Plan machen Sie zu besuchen, die Sitten und Localitäten Frankreichs, die Eigenheiten seiner Bewohner, so wie die sittlichen und geistigen Bedürfnisse derselben nach einer so großen Crise näher kennen zu lernen. Vielleicht gelänge es mir alsdann ein Gedicht zu schreiben, das, als

---

[34] BaG, Bd. 3, S. 273f. Nr. 978. – Die weiteren, zumeist absprechenden Erwähnungen von Bitaubés Übersetzung in den Briefen an Goethe können hier übergangen werden, seien jedoch kurz aufgelistet: Wilhelm von Humboldt, 6. Dezember 1800, ebd., S. 279f. Nr. 1003; Cotta, 9. Dezember 1800, ebd., S. 281 Nr. 1007; Thomas Holcroft, 13. Februar 1801, ebd., S. 309f. Nr. 1120; Peter Albert Samuel von Gualtieri, 9. November 1801, ebd., S. 386f. Nr. 1420

[35] WA, Briefe, Bd. 15. Weimar 1894, S. 148f.

Nebenstück zu Herrmann und Dorothea, von Ihrer Hand übersetzt, nicht ohne Wirkung bleiben sollte; die, wenn sie auch nur beschränkt wäre, doch dem Übersetzer wie dem Verfasser genug thun könnte.

Doch ein solches Unternehmen erfordert Kräfte, die ich mir nicht mehr zutraue. Ich werde wohl auf die Hoffnung Paris und Sie zu sehen Verzicht thun müssen; dagegen ich mich, mit wiederholtem Dank, Ihrem geneigten Andenken empfehle.
Weimar am 19. Nov. 1800.

Das ist nochmals ein Selbstzeugnis des Verfassers, wie es von den Deutungen zu *Hermann und Dorothea* zumeist unberücksichtigt bleibt. Kein Wort zur Form, der mühsam, nicht ohne Hilfe errungenen. Sie ist letztlich zweitrangig. So lautet auch der mehr oder minder ausgesprochene Tenor in Briefen, mit denen Goethe auf entsprechende Vorwürfe Dritter in der Folge antwortete.[36] Aus der Haltung des Briefschreibers ist weitaus wichtiger die bewußte Gemeinsamkeit der »Muster«, der weltliterarische Rahmen als die immer noch »lebendig(en)« »Formen der Alten«. Der literarische Inhalt ist unter solcher Voraussetzung nicht Selbstzweck, sondern geformter Ausdruck einer gemeinschaftlichen, gesellschaftlichen Gesinnung. Darin erfüllt *Hermann und Dorothea* jene Reisemetapher, die für diesen Beitrag zum Obertitel gewählt wurde. Goethes ›Gedicht‹ antwortet auf die Forderungen der Französischen Revolution und deren anschließende, faktische Geschehnisse mit der literarischen Imagination von Charakteren und Handlungen. Das literarische Werk spiegelt im Anspruch des Verfassers eine bürgerliche, mittelständische Haltung des traditionellen oder, wenn man so will, spät-absolutistischen Deutschland, das mit solcher Wirklichkeit die theoretischen Hintergründe des nach-revolutionären Frankreich überbietet. Darin liegt der potentielle Nutzen, den die vermittelnde Übersetzung nun auch für eine Leserschaft dort anbietet. Gewiß macht Goethe sich keine falschen Hoffnungen über die zu erwartende Wirkung. Vielmehr erwägt er die Möglichkeit, vielleicht die Notwendigkeit, eines parallelen »Nebenstücks« mit direktem Bezug auf die französische Wirklichkeit der Gegenwart, »die Sitten und Localitäten Frankreichs, die Eigenheiten seiner Bewohner, so wie die sittlichen und geistigen Bedürfnisse derselben nach einer so großen Crise«.

Das spiegelt zugleich die Grenzen des damals noch durchaus national eingeschränkten Anspruchs Goethes für den Rückhalt, die Wirkungsmög-

---

[36] WA, Briefe, Bd. 15. Weimar 1894, S. 211f., Goethes Antwort vom 2. April 1801 auf den unter Anm. 34 angeführten Brief von Th. Holcroft; ebd., S. 287f., Goethes Antwort vom 25. November 1801 auf den unter Anm. 34 angeführten Brief von P. A. S. von Gualtieri

lichkeiten von Literatur. Es markiert eben den Abstand zu den weltliterarischen Hoffnungen des späten Goethe, enthält nur im Keim eine Auffassung von der über die nationalsprachlichen Grenzen hinaus nötigen wie möglichen Auffrischung als Abwehr jenes ›ennui‹, der aus der Selbstbeschränkung einer, ja, jeder Literatur nur auf sich selbst folgt. Die fortdauernd nationalsprachlich bezogenen Einzelphilologien haben diesen ›ennui‹ verdrängt. Neben aller methodischen Abstraktion und Akrobatik der Zwischenzeit bleibt so ein offenes, weites Feld, dessen Aufgaben leichter zu umreißen als einzulösen sind. Es ist an der Zeit, daß die Philologen und Philologien sich den Mittlern, der Mittlerschaft und den komplexen Produkten solcher Vermittlung aufmerksam zuwenden!

Heide Eilert

»... den göttlichen Namen von Weimar in einem Atem zu nennen mit dem des Donnerers von Manhattan«

Thomas Manns Demokratie-Verständnis im Kontext seiner Deutungen der *Zauberflöte*

Als die Yale University 1938 ein Thomas-Mann-Archiv einrichtete, hielt der kurz zuvor in die USA übergesiedelte Autor eine Dankrede. Knapp charakterisierte er dabei sein bisheriges ›Künstlerleben‹ als einen ›Boheme-Zustand‹, als ›soziale Unordentlichkeit‹, von der er sein derzeitiges politisches Engagement scharf abzuheben suchte. Er stehe gerade »am Anfang einer Vortragsreise durch die Vereinigten Staaten«, auf der er »in zahlreichen Städten, in Universitäten und town-halls über Demokratie sprechen« wolle, von ihrer »zeitlos-menschlichen Jugendlichkeit«, von seinem Glauben an ihren »zukünftigen Sieg«. Damit aber trete er ja wohl »aus der Sphäre der Kunst und des Künstlertums heraus, greife agitatorisch in die Welthändel ein, beziehe Stellung darin«, als sei er »zum Moral-Magister bestellt statt zum Künstler«.[1] Er, der einst in den *Betrachtungen eines Unpolitischen* so haßerfüllt gegen eine »ästhetizistische Politik« polemisiert, so dezidiert für eine strikte Trennung von Politik und Kunst plädiert hatte, glaubt sich nun herausgefordert, seine eigene »werbende Parteinahme in politischen Dingen« rechtfertigen zu müssen. Und er tut dies, indem er sich — unvermittelt genug — auf Mozarts *Zauberflöte* beruft:

»Er ist ein Prinz!« sagt in Mozarts *Zauberflöte* jemand von Tamino, und die verweisende Antwort lautet: »Er ist mehr als das, er ist ein Mensch.« So darf und muß es heute auch heißen: Er ist ein Künstler? — Er ist mehr als das, er ist ein Mensch. Und wenn er in dieser Eigenschaft versagte und verstummte, was wäre er noch in der anderen?[2]

Daß Thomas Mann hier freilich nicht nur die *Zauberflöte*, sondern in gewisser Weise sich selbst, nämlich seinen frühen Roman *Königliche Hoheit*

---

[1] Thomas Mann, Werke. Das essayistische Werk. Taschenbuchausgabe in acht Bänden. Hrsg. von Hans Bürgin. MK 119. Frankfurt/M. 1968. S. 309. — Das essayistische Werk Thomas Manns wird im folgenden nur mit der Sigle MK (= Moderne Klassiker) sowie Band- und Seitenzahl zitiert

[2] Ebd. S. 310

(1909) zitiert, in dem auf eben diesen Passus aus Mozarts Opernlibretto mehrfach beziehungsreich angespielt wird, dürfte denjenigen seiner Zuhörer, die mit seinem Werk vertraut waren, nicht entgangen sein, ja mit der überraschenden Analogie von Prinz und Künstler spekuliert der Redner nachgerade auf die Erinnerung an die Romangestalt des Prinzen Klaus Heinrich. Ihn selbst beschäftigte der Jugendroman eben zu dieser Zeit aufs neue, da er ein Vorwort zu einer amerikanischen Ausgabe zu konzipieren hatte, in dem er auf diese Analogie prononciert abhob. Der Inhalt von *Königliche Hoheit* sei, so formuliert er bei dieser Gelegenheit, »die anspielungsreiche Analyse des fürstlichen Daseins als eines formalen, unsachlichen, übersachlichen, mit einem Worte artistischen Daseins [...]«[3]

In diesem Roman ist es bekanntlich der Lieblingslehrer des Prinzen Klaus Heinrich, Doktor Überbein, der den Blick seines Zöglings für den ›Sonderfall‹ einer formalen Existenz, das Außergewöhnliche seines ›hohen Berufs‹ immer aufs neue zu schärfen sucht, dem vor allem der in Frage stehende Passus aus der *Zauberflöte* willkommener Anlaß zu noch entschiedeneren Belehrungen wird: Die Zöglinge des Konvikts ›Fasanerie‹ fahren gelegentlich, so wird berichtet, in die Residenz, »um den Aufführungen klassischer Opern und Dramen im großherzoglichen Hoftheater beizuwohnen«.[4] Erwähnenswert aber ist dem Erzähler nur ein Besuch der *Zauberflöte*, der Doktor Überbein zu einer parodistischen Solonummer animiert:

> [...] auf dem Heimweg nach Station ›Fasanerie‹, in dem Abteil erster Klasse, brachte Doktor Überbein das ganze Konvikt zum Lachen, indem er nachahmte, wie Sänger sprechen, wenn ihre Rolle sie nötigt, in den Prosa-Dialog überzugehen. »Er ist ein Prinz!« sagte er salbungsvoll und entgegnete sich selbst in einem ziehenden und singenden Pastorenton: »Er ist mehr als das; er ist ein Mensch!« Selbst Professor Kürtchen amüsierte sich so sehr, daß er meckerte. (II, 87)

Wie in Thomas Manns Ansprache in der Yale University handelt es sich um ein nicht ganz exakt zitiertes Dialogfragment aus dem ersten Auftritt des zweiten Aufzugs der Oper. Der Sprecher macht hier seine Bedenken gegenüber Taminos, eines Prinzen, Eignung zu der mit Gefahren verbundenen Aufnahme in den Kreis der ›Eingeweihten‹ geltend:

> [...] allein wird Tamino auch die harten Prüfungen, so seiner warten, bekämpfen? Verzeih, daß ich so frei bin, dir meinen Zweifel zu eröffnen! Mir bangt es um den Jüngling. Wenn nun, im Schmerz dahingesunken, sein Geist ihn verließe

---

[3] Ebd. S. 313
[4] Thomas Mann, Gesammelte Werke in dreizehn Bänden. Band II. 2. Aufl. Frankfurt/M. 1974. S. 87. – Band- und Seitenzahl dieser Ausgabe werden den Zitaten aus *Königliche Hoheit* künftig im Text in Klammern nachgestellt

und er dem harten Kampf unterläge? Er ist Prinz«, woraufhin Sarastro ihm entgegnet: »Noch mehr — er ist Mensch!«[5]

Gegen diese »humane Gemütlichkeit«, wie er Sarastros Humanitätsethos verächtlich etikettiert, war Überbein indessen schon vor dem Theaterbesuch in einer bezeichnenden Szene zu Felde gezogen. Die Wirtskinder Stavenüter nämlich hatten ihm und Klaus Heinrich zu Ehren Volkslieder gesungen, darunter »ein Lied mit dem Anfang: ›Menschen, Menschen sind wir alle‹« (II, 85), das Überbein ›faul‹, ›ordinär‹ und ›schlampig‹, eine »schafsgemütliche Wegleugnung des Sonderfalles« (II, 86) nennt, um Klaus Heinrich anschließend seiner Rührung den »erlesene[n] und schwermütig isolierte[n] Lebensformen«, der »Hoheit« gegenüber zu versichern. (II, 87) In dem Privatissimum, das er ihm am Morgen nach dem Besuch der Zauberflöte hält, wiederholt er seine Parodie der Sarastro-Worte, erklärt das Humanitätspathos der Spätaufklärung für überholt, die Idee des ›principe uomo‹ als ein ›Greuel‹, um den Prinzen erneut auf das Dogma der elitären, scheinhaften, ›formalen‹ Existenz zu verpflichten: »›Mehr, als das?‹ Nein! [...] Repräsentieren ist selbstverständlich mehr und höher als einfach Sein, Klaus Heinrich, — darum nennt man Sie Hoheit...‹« (II, 88) Und wenn er sich Klaus Heinrich hinfort durch seine Lieblingswendung, daß dieser »auf der Menschheit Höhen wandle« (II, 89), noch enger zu verbinden trachtet, so spielt er mit diesem literarischen Zitat das idealistische Konzept der Weimarer Klassik gegen den ›schlampigen‹ Egalitäts-Enthusiasmus aus, den er dem Zauberflöten-Libretto polemisch unterstellt hatte, zielt doch die literarische Anspielung auf Schillers Jungfrau von Orléans und das Plädoyer, das König Karl im zweiten Auftritt des ersten Aufzugs zugunsten der »edlen Sänger« an seinem Hofe hält: »Sie stellen herrschend sich den Herrschern gleich,/ Aus leichten Wünschen bauen sie sich Throne,/ Und nicht im Raume liegt ihr harmlos Reich,/ Drum soll der Sänger mit dem König gehen,/ Sie beide wohnen auf der Menschheit Höhen!« Dieser ›ästhetische Staat‹ stellt ja in der Konzeption Schillers die herrschenden Machtverhältnisse nicht mehr in Frage — nur »im Reiche des ästhetischen Scheins« werde, so heißt es am Schluß der Briefe Über die ästhetische Erziehung des Menschen, »das Ideal der Gleichheit erfüllt, welches der Schwärmer so gern auch dem Wesen nach realisiert sehen möchte«[6] —,

---

[5] Wolfgang Amadeus Mozart, Die Zauberflöte. Stuttgart 1966 (= Reclams UB 2620). S. 39
[6] Friedrich Schiller, Werke in drei Bänden. Hrsg. von Herbert G. Göpfert. Band II. München 1966. S. 520. — Vor dem Hintergrund der Weimarer Klassik beleuchtet Königliche Hoheit vor allem die Studie von Dieter Borchmeyer, Repräsentation als ästhetische Exi-

und dementsprechend ist es auch für den Nietzscheaner und Anti-Demokraten Überbein kein Widerspruch, die ›unerbittliche‹ Würde des Geistes zu statuieren und gleichzeitig der schein- und schablonenhaften, auf bloße Repräsentanz reduzierten ›Hoheit‹ seine vorbehaltlose ›Verehrung‹ entgegenzubringen.

Auf diese frühen Unterweisungen durch Überbein ist nun der zweite Besuch der *Zauberflöte*, von dem *Königliche Hoheit* berichtet, unmittelbar zurückbezogen. Er markiert, zehn Jahre später, Klaus Heinrichs Distanz zur antihumanen Doktrin des einstigen Lehrers und hat schließlich seine völlige Abtrünnigkeit zur Folge. Als auf der Bühne nämlich die Dialogstelle gesprochen wird: »Er ist ein Prinz. Er ist mehr als das« — spürt Klaus Heinrich, wie es heißt, den »Wunsch, mit Doktor Überbein zu plaudern« (II, 204), eröffnet tags darauf dem erschrockenen und degoutierten Lehrer seine merkwürdige Abneigung gegen das bloße ›Repräsentieren‹, die Unlust zu seinem »sogenannten hohen Beruf«, und macht die sich abzeichnende Sinnesänderung erneut an dem nun schon hinlänglich oft zitierten Passus aus der *Zauberflöte* fest: »Aber gestern in der Oper«, so erklärt er Überbein, »habe ich bei einer bestimmten Stelle an Sie gedacht und mich gefragt, ob Sie eigentlich so ganz recht hätten in manchen Punkten...« (II, 205)

Der Besuch der *Zauberflöte* — auch dies muß Überbein mißliebig zur Kenntnis nehmen — weckt vor allem Klaus Heinrichs Interesse für jenen ›Sonderfall‹ ›rührender‹ Hoheit, als den er die reiche Imma Spoelmann interpretiert. Bereits wenige Tage zuvor hatte er die resolute Amerikanerin während ihrer Auseinandersetzung mit der Wachablösung vor dem Alten Schloß beobachten können, und als er im Hoftheater von seiner Loge aus »Fräulein Spoelmann neben der Gräfin Löwenjoul vorn auf der ersten Galerie« gewahrt, erschrickt er, wie es heißt, »bis zum Grund seines Herzens«. Wie Tamino in das ›bezaubernd schöne‹ Bildnis Paminas, so verliebt Klaus Heinrich sich nun in das Bild der fremdartigen Schönen, das er sich mit Hilfe seines Opernglases während des gesamten ersten Aufzugs nahe vor die Augen rückt:

> Während des Spiels konnte er sie aus dem Dunkel durch sein Glas betrachten, da das Licht von der Bühne auf sie fiel. Sie ließ ihr Köpfchen in der schmalen, ungeschmückten Hand ruhen, indem sie unbekümmert den bloßen Arm auf die

---

stenz. *Königliche Hoheit* und *Wilhelm Meister*. Thomas Manns Kritik der formalen Existenz. In: Recherches Germaniques. 1983. No. 13 (dort auch weitere Angaben zur Forschungsliteratur)

Sammetbrüstung stützte, und sah nicht mehr entrüstet aus. Sie trug ein Kleid aus seegrüner, glänzender Seide [...] und um Hals und Brust eine lange Kette aus lauter blitzenden Diamanten. Eigentlich war sie nicht so klein, wie es scheinen mochte, fand Klaus Heinrich, als sie am Aktschluß aufstand. (II, 203/04)

Der bedeutsame Besuch der *Zauberflöte* in *Königliche Hoheit* setzt die Reihe von Schilderungen anderer Opernbesuche in Thomas Manns erzählenden Dichtungen fort, in denen er — wie viele zeitgenössische Autoren — die Möglichkeit nutzte, die erzählte Handlung durch mehr oder minder offen ausgesprochene Bezüge zum Bühnengeschehen zu erweitern und indirekt zu kommentieren.

So vertieft sich die Hauptfigur der frühen Erzählung *Der Bajazzo* während einer Aufführung von Gounods *Faust*-Oper in den Anblick der behüteten Bürgertochter, in die er sich verliebt hat, deren ›stilles‹ und ›selbstverständliches‹ ›Glück‹ er, der ›deklassierte‹ ›Paria‹, indessen nicht stören wird wie Faust den ›Frieden‹ Gretchens: er kann nur aus der Entfernung, »aus dem Dunkel heraus«, den glücklicheren Rivalen beneiden, muß »grämlich beobachten«, wie jenes »kostbare und unerreichliche Geschöpf mit diesem Nichtswürdigen plauderte und lachte«.[7] Im *Kleinen Herrn Friedemann* erfährt Friedemann Macht und bewußte Grausamkeit der ›femme fatale‹ Gerda von Rinnlingen während einer *Lohengrin*-Aufführung, parallel zum Bühnengeschehen, in dem das ›fürchterliche Weib‹ Ortrud seine todbringenden Ränke spinnt. Hanno Buddenbrook wird, ebenfalls während einer *Lohengrin*-Aufführung, die schmerzhaft-tödliche Gewalt des Schönheits-Rausches bewußt, und in *Wälsungenblut* sehen die Geschwister Aarenhold im Schicksal der Wälsungen Siegmund und Sieglinde ihre eigene Außenseiterstellung, aber auch ihren Erwähltheitsanspruch gespiegelt, so daß sie die Aufführung der *Walküre* ihrerseits zum Inzest stimulieren kann.

Angesichts dieser Reihe mag es in der Tat verwundern, daß Mann, der während der Arbeit an *Königliche Hoheit*, wie er schrieb, mehrfach zu den *Meistersingern* ›emporgeblinzelt‹ habe,[8] die Annäherung zwischen Klaus Heinrich und Imma Spoelmann sich nicht im Zeichen eines Wagnerschen Musikdramas vollziehen läßt. Die Wahl der *Zauberflöte* hat jedoch nicht nur, wie Hans Mayer supponiert, den Zweck, »die Unvereinbarkeit von spätem Bürgertum und frühbürgerlicher Humanität« ›schmerzlich zu un-

---

[7] Thomas Mann, Werke. Taschenbuchausgabe in zwölf Bänden. Band I. Frankfurt/M. 1967. S. 98, 100

[8] Dichter über ihre Dichtungen. Thomas Mann. Hrsg. von Hans Wysling. Teil I. München 1975. S. 253

terstreichen‹,⁹ sondern das Handlungsmuster der Mozart-Oper war wie keines der Werke Wagners geeignet, diesem ›Lustspiel in Romangestalt‹ zur Folie zu dienen. Das mögen knappe Hinweise verdeutlichen: So ergänzt der Bezug zur *Zauberflöte* zunächst die Märchen-Motivik des Romans und läßt den glücklichen Ausgang, das ›happy-ending‹, vorausahnen. Wie Tamino und Pamina erst nach schweren Prüfungen miteinander vereinigt werden, so ist auch die Verbindung zwischen Klaus Heinrich und Imma Spoelmann das Ergebnis harten ›Ringens‹ und setzt die Überwindung größter Hindernisse voraus. Klaus Heinrich sieht sich wie Tamino kränkenden Zweifeln an seiner Tauglichkeit ausgesetzt: »Wenn er irgend etwas gelernt, eine ordentliche Beschäftigung hätte«, ›knarrt‹ der alte Spoelmann verdrießlich. »Aber ein junger Mensch, der nichts versteht, als sich hochleben zu lassen ...« (II, 345); in *Königliche Hoheit* geht es wie in der *Zauberflöte* um die ›Erziehung‹ eines Fürsten — auch Sarastro spricht ja von Taminos Wunsch, »einst als ein weiser Fürst zu regieren«¹⁰ —, bedeutet die Vereinigung des liebenden Paares nicht nur privates Glück, sondern zugleich Segen für die Gemeinschaft, Berücksichtigung des »Großen, Ganzen«. (II, 356)

Der ›Pakt mit dem Glück‹, den Klaus Heinrich schließt, indem er sich dem Leben zu verbinden sucht, sein Ausbruch aus der Sterilität entleerter Formen und Zeremonien, u. a. durch volkswirtschaftliche Studien, bedeutet natürlich die endgültige und kränkende Absage an den aristokratischen Rigorismus des ›väterlichen Erziehers‹ Überbein. Diese Trennung findet ihren drastischen Ausdruck in der Koinzidenz zweier Daten: der Nachricht vom Selbstmord Überbeins am selben Tag, an dem der »Staatsanzeiger« die Verlobung von Klaus Heinrich und Imma bekannt gibt. Im Bericht über den Tod des väterlichen Erziehers wird ein letztes Mal auf das Humanitätsethos der *Zauberflöte* angespielt, wenn Überbein als der »ungemütliche Mann« charakterisiert wird, »der niemals am Stammtisch ein Mensch unter Menschen gewesen war, der hochmütig alle Vertraulichkeit verschmäht, sein Leben kalt und ausschließlich auf die Leistung gestellt« hatte. (II, 352)

Auf die »demokratische Tendenz«, die sich in dieser Akzentsetzung seines Romans bekunde, verwies Thomas Mann schon in einem Brief vom Mai 1912,¹¹ und in den zahlreichen späteren Selbstdeutungen, in denen er immer aufs neue die »allegorische Konstruktion« des Werks gegen dessen

---

[9] Hans Mayer, Thomas Mann. Frankfurt/M. 1980. S. 78
[10] Die Zauberflöte (s. Anm. 5), S. 58
[11] Dichter über ihre Dichtungen (s. Anm. 8), S. 258

Abqualifikation als eines ›Familienblatt-Romans‹ ins Feld führte, hob er gerade diese politischen Implikationen hervor — daß die sinnentleerte Repräsentanz Klaus Heinrichs auch eine satirische Überzeichnung des theatralischen, ja ›opernhaften‹ Gestus Wilhelms II. darstellte, war ohnehin evident —, und profilierte vor allem die in die Zukunft weisenden Aspekte des Werks. Von den »*neuen* Forderungen, die man schon damals auf die Formel der ›Demokratie‹ hätte bringen können«, ist die Rede,[12] von der »sensitiven Beziehung zu kommenden Dingen«,[13] einer »Fabel, die damals, auf der Sonnenhöhe des Wilhelminischen Kaisertums, mehr vorwegnahm«, als die zeitgenössischen Leser ›herausgelesen‹ hätten,[14] und noch 1954, ein Jahr vor seinem Tod, ist ihm diese frühe »geistige Wendung zum Demokratischen, zur Gemeinsamkeit, zum Anschluß, zum Dienst am Menschen, am Leben, die zum Gebot der Stunde wurde«, wichtig, räumt er nicht ohne Selbstkritik — das Statement ist wohl als Anspielung auf die *Betrachtungen eines Unpolitischen* zu verstehen — ein, »daß einer als Dichter viel früher denn als Schriftsteller Bescheid wissen kann, was die Glocke geschlagen hat«.[15]

Aber auch, als er schließlich als Schriftsteller ›Bescheid weiß‹, bleibt ihm die *Zauberflöte* Anlaß, sein neu gewonnenes Demokratie-Verständnis mit Bezug auf das Humanitätsideal des 18. Jahrhunderts zu explizieren. Der ihn »zur Zeit eigentlich beherrschende Gedanke« sei der »einer neuen, persönlichen Erfüllung des Humanitätsgedankens«, schrieb er am 2. Februar 1922 an Ernst Bertram, er werde darüber »Ende des Monats im Frankfurter Opernhaus vor der *Zauberflöte* sprechen, gelegentlich der *Goethe-Woche*, [...]«[16] Dieser Vortrag fand am 1. März statt. Mann gab dieser Rede, für die er vor allem Ausschnitte aus dem wenige Monate zuvor entstandenen Essay *Goethe und Tolstoi* zusammenstellte, den Titel *Bekenntnis und Erziehung* und setzte sich in der Einleitung das Ziel, »Beziehungen aufzuzeigen zwischen der Welt der *Zauberflöte*« und dem ›Genius‹ Goethe, zu dessen Ehren man heute versammelt sei.[17] Dabei ging er nicht, wie vielleicht

---

[12] MK 119, S. 236
[13] Ebd. S. 313
[14] Dichter über ihre Dichtungen (s. Anm. 8), S. 273
[15] MK 120, S. 245
[16] Thomas Mann an Ernst Bertram. Briefe aus den Jahren 1910—1955. Hrsg. von Inge Jens. Pfullingen 1960. S. 108
[17] Thomas Mann, Bekenntnis und Erziehung. Ansprache, gehalten am 1. März 1922 im Frankfurter Opernhaus vor einer Aufführung der *Zauberflöte*. In: Frankfurter Opernhefte. 3. Jg. 1974. Nr. 3. S. 31. — Für diese bibliographische Angabe sowie für die freundliche Erstellung einer Kopie der Rede bin ich Herrn Professor Hans Wysling und dem Thomas-Mann-Archiv Zürich zu Dank verpflichtet

nahegelegen hätte, auf Goethes Fragment *Der Zauberflöte zweiter Teil* aus den Jahren 1795/98 ein, sondern hob als verbindendes Moment die Erziehung zur Humanität heraus, wie sie in der *Pädagogischen Provinz* der *Wanderjahre* vorgeführt werde:

> Erinnern wir uns einen Augenblick an diesen herrlichen und weisen, zugleich strengen und heiteren Traum von Erziehung und Jugendbildung, in dem von der Humanität des achtzehnten Jahrhunderts, vom Geist der *Zauberflöte*, vom Geist des Sarastro, von diesem »An Freundes Hand zum Guten wandeln« noch viel zu spüren ist, [...][18]

Zwar rückt Mann die Kontrastierung von Rousseaus humanitärem Radikalismus mit Goethes ›organischem‹ Humanitätsbegriff ins Zentrum seiner Ausführungen, darüber hinaus aber weist seine Deutung des pädagogischen als eines politischen Problems auf die ›allegorische Konstruktion‹ des Hofromans ebenso zurück, wie sie seine künftigen Thesen zur demokratischen Staatsform bestimmen wird. Schon in den *Wanderjahren* werde nämlich, so führt er aus, »das Problem des Staates, das politische Problem, als ein Problem der Erziehung, eine Angelegenheit des inneren Menschen« begriffen, bei Goethe sei — im Unterschied zu Rousseau — »auch das Politische von der Bildungsidee aufgenommen« und bewähre sich »eben hierin und hierdurch als die Sphäre der Humanität«.[19] Diese überraschende Auslegung scheint auf den ersten Blick die in den *Betrachtungen eines Unpolitischen* formulierte Ansicht auf den Kopf zu stellen, »die deutsche Humanität« widerstrebe »der Politisierung von Grund aus«, dem deutschen Bildungsbegriff fehle »das politische Element«.[20] Doch indem Mann die gewagte Verklammerung des Individuellen mit dem ›Politischen‹ durch den Rekurs auf das pädagogisch-philanthropisch orientierte Humanitätsideal von Lessing und Mozart, Herder und Goethe legitimierte, gelang ihm in der Tat das Kunststück, der Weimarer Republik Reverenz zu erweisen (immerhin war Reichspräsident Friedrich Ebert bei der Frankfurter Goethe-Woche zugegen!), ohne grundlegende individualistische Positionen seiner Streitschrift preisgeben zu müssen.

Aber nicht nur zu Mozarts *Zauberflöte* setzte Thomas Mann in diesen Jahren einer politischen Umorientierung Goethes Humanitätsdenken in Beziehung. 1922 sandte ihm Hans Reisiger seine Übersetzung einer Auswahl der Werke Walt Whitmans zu. Mann bedankte sich in einem offenen Brief in der *Frankfurter Zeitung* vom 16. April 1922 für die »Berührung mit dieser zukunftsmächtigen Humanität« und gestaltete diesen Dank zum per-

---
[18] Ebd. S. 34 [19] Ebd. [20] MK 116, S. 82

sönlichen Bekenntnis zu einer ›neuen Humanität‹: »Für mich persönlich«, so schreibt er,

> der ich innerlich um die Idee der *Humanität* seit Jahr und Tag mit der mir eigenen Langsamkeit bemüht bin, überzeugt, daß es für Deutschland keine aktuellere Aufgabe gibt, als diesen Begriff, der zur leeren Hülse, zur bloßen Schulphrase geworden war, neu zu erfüllen, – für mich ist dies Werk ein wahres Gottesgeschenk, denn ich sehe wohl, daß, was Whitman »*Demokratie*« nennt, nichts anderes ist, als was wir, altmodischer, »Humanität« nennen; wie ich auch sehe, daß es mit Goethe allein denn doch nicht getan sein wird, sondern daß ein Schuß Whitman dazu gehört, um das Gefühl der neuen Humanität zu gewinnen [...]²¹

In seiner folgenreichen Rede *Von Deutscher Republik* vom 15. Oktober 1922 kam Mann auf diesen offenen Brief zu sprechen, in welchem er »die Einerleiheit von Humanität und Demokratie« proklamiert habe, da das erste »nur ein klassizistisch altmodischer Name für das zweite« sei, und so habe er ›nicht Anstand genommen‹, »den göttlichen Namen von Weimar in einem Atem zu nennen mit dem des Donnerers von Manhattan, mit dem Namen dessen, der gesungen hatte: Für dich dies von mir, o Demokratie, dir zu dienen, ma femme,/ Für dich, für dich schmettre ich diese Lieder.«²²

Indem Thomas Mann somit die enthusiastische Daseinsbejahung Whitmans, seine Pan-Erotik und seinen allumfassenden ›Demokratismus‹ als eine Fortentwicklung des Humanitätsgedankens der deutschen Klassik zu jener ›neuen Humanität‹ interpretiert, die er mit ›Demokratie‹ in eins setzt, konstruiert er einen so weitmaschigen Demokratie-Begriff, daß er von ihm her nicht nur den kühnen »Brückenwurf hinüber nach Amerika« wagen,²³ sondern auch die Kontinuität seiner eigenen konservativen Vergangenheit hypostasieren kann. Allerdings: Noch in der 1938 in den USA gehaltenen Rede *Vom kommenden Sieg der Demokratie* definiert Mann Demokratie in einem »sehr weiten Sinn«, als »Gefühl und Bewußtsein der Würde des Menschen«, als »ein dem Leben und der Tat verbundenes Denken«,²⁴ und wenn er in der Rede von 1949 über *Goethe und die Demokratie* Goethes »Lebensverbundenheit« als »demokratisch im Gegensatz zum poetischen Aristokratismus des Todes« bezeichnet,²⁵ so kehren die gleichen Antinomien wieder, die schon den Roman von 1909 geprägt hatten, erscheint noch nach Jahrzehnten jener waghalsige ›Brückenschlag‹ zu Walt Whitman gerechtfertigt, mit dem Thomas Mann seinen eigenen ›Weg zwischen den Kontinenten‹ gleichsam im geistigen Entwurf vorweggenommen hat.

---

[21] MK 120, S. 81   [22] MK 117, S. 114/15   [23] MK 115, S. 231
[24] MK 118, S. 14/15, 18   [25] MK 115, S. 220

Sigrid Bauschinger

Ein Amerikaner in Italien
Ralph Waldo Emerson auf Goethes Spuren

Als sich der neunundzwanzigjährige Ralph Waldo Emerson am Weihnachtsmorgen 1832 im Hafen von Boston zu seiner ersten Europareise einschiffte, lagen bereits zwei Lebensabschnitte hinter ihm: neuenglische Lehrjahre mit der besten Ausbildung, die das Land in Institutionen wie der Bostoner Öffentlichen Lateinschule, dem Harvard College und seinem theologischen Seminar zu bieten hatte, sowie eine kurze Amtszeit in der Unitarischen Kirche, welche mit dem Rücktritt Emersons von seiner Pastorenstelle in Boston endete, bald nach seiner noch kürzeren Ehe, die ihn als Witwer zurückgelassen hatte.

Nach einer stürmischen Woche und qualvoller Seekrankheit begann sich Emerson zu erholen und dem neuen Kontinent mit der alten Welt voll Erwartung aber auch voll charakteristischen Selbstbewußtseins entgegenzusehen. Am 14. Januar trägt er in sein Tagebuch ein:

> Peeps up old Europe yet out of his eastern main? hospitably ho! Nay the slumberous old giant cannot bestir himself in these his chair days to loom up for the pastime of his upstart grandchildren as now they come shoal after shoal to salute their old Progenitor, the old Adam of all. Sleep on, old Sire, there is muscle & nerve & enterprise enow in us your poor spawn who have sucked up air & ripened in the sunshine of the cold West to steer our ship to your very ports & thrust our inquisitive American eyes into your towns & towers & keeping-rooms. Here we come & mean to be welcome. So be good now, clever old gentleman.[1]

Dieses Europa im Bild des schlauen aber schläfrigen alten Adam erhebt sich nicht einschüchternd am Horizont. Im Gegenteil, der junge amerikanische Bildungsreisende verlangt in großartiger Umkehr herkömmlicher Ehrfurchtsgesten der Jugend vor dem Alter und der Armut vor dem Reichtum

---

[1] Ralph Waldo Emerson, The Journals and Miscellaneous Notebooks. Hrsg. von Alfred R. Ferguson. Bd. IV. 1832–1834. Cambridge, Massachusetts 1964. S. 109. Im folgenden verweisen die Seitenzahlen im Text auf diesen Band

den Respekt, den die Vergangenheit der Zukunft zu zollen hat: hier kommen wir und beabsichtigen, willkommen zu sein.

So früh macht sich bereits Emersons Drang nach geistiger Unabhängigkeit von Europa bemerkbar, der ihm aber erst nach seiner Rückkehr voll bewußt wurde, als er seine Lebensaufgabe darin sah, der jungen amerikanischen Nation zu ihrer eigenen Kultur zu verhelfen. Amerika war bisher in die Schule Europas gegangen und auch für sein großes Bildungsunternehmen mußte sich Emerson europäischer Führer bedienen. Als Reiselektüre nahm er Goldonis Komödien, Byrons *Child Harold's Pilgrimage* und Goethes *Italienische Reise* mit.

Emersons Beschäftigung mit Goethe währte bereits einige Jahre. 1824 hatte sein Bruder William, der in Göttingen Theologie studierte, eine Fußwanderung nach Dresden unternommen und dabei auf einem Umweg über Weimar seine Karte in Goethes Haus abgegeben. Er war zu einem für den jungen Theologiestudenten schicksalsschweren Gespräch empfangen worden und so hatte Emerson aus erster Hand einen Bericht über Goethe bekommen. Zur selben Zeit las er die Aufsätze eines geheimnisvollen Unbekannten, welcher in Zeitschriften wie dem *London Magazine* und der *Edinburgh Review* über Schiller, Jean Paul, Novalis und, vor allem, Goethe schrieb, »my Germanick new-light writer whoever he be« (45) verzeichnete Emerson am 1. Oktober 1832 in seinem Tagebuch. (Inzwischen hatte er sich auch mittels einer Grammatik und eines Wörterbuchs deutsch zu lesen beigebracht.) Bald darauf stellt sich heraus, wer der anonymus war: Thomas Carlyle im schottischen Craigenputtockh, der bereits *Wilhelm Meisters Lehrjahre* übersetzt hatte und welchen zu besuchen Emerson sich fest vornahm.

Vorerst aber galt es, die sechswöchige Atlantiküberquerung zu bestehen, nach der Emerson am 3. Februar 1833 in Malta an Land geht, um sofort zwei Wochen in Quarantäne zu kommen. Aber am 21. Februar besteigt er mit seinen vier Bostoner Reisegenossen ein sizilianisches Schiff zur Überfahrt nach Syrakus.

Der Reisende aus Neu England muß die Reisebeschreibung seines Vorgängers, der 47 Jahre vor ihm von Norden nach Italien gekommen war, mit einigem Neid gelesen haben. Im Vergleich zu dem jungen Hofmann aus Weimar, der fast ständig in Begleitung guter Freunde reiste und oft Empfehlungen für die ersten Häuser mit sich trug, war Emersons Reise eine einsamere Angelegenheit. Privatbesuche macht er selten und dann haben sie oft halboffiziellen Charakter in den Residenzen amerikanischer Konsuln. Während seines Pariser Aufenthalts schreibt er klagend, daß er nur selten mit einem Menschen spreche und wenn er nicht Carlyle sehen werde, so führe er zurück, ohne sich mit irgendjemandem außer dem amerikanischen Kunststudenten John Cranch und dem englischen Dichter Walter Savage Landor, der bei Florenz lebte, unterhalten zu haben. »Alone in Rome!« beginnt ein Gedicht, daß er am 22. März in sein Reisejournal einträgt. (71)

Zunächst bleibt die kleine amerikanische Schiffsgesellschaft aber noch zusammen, und reitet von Syrakus, der melancholischen Metropolis, in der sich Emerson auf Schritt und Tritt an Cicero erinnert fühlt, nach Catania, der Lavastadt. Dort besucht er das Benediktinerkloster, aber im Vergleich zu den Kapuzinern in Syrakus, wo er am liebsten zwei Wochen geblieben wäre und wo ihm ein Mönch sofort seine eigene Zelle angeboten hatte — »my friend's whip cords hung by the bed side« (126) — sind ihm die Benediktiner zu reich. »Indeed, my holy Fathers, your vows of poverty & humility have cost you little.« (131) Wenn er jedoch die prächtige Kirche betritt, seufzt er auf: »Have the men of America never entered these European churches that they build such mean edifices at home?« (131)

Auch Goethe hatte dieses Kloster besucht, vor allem um dessen berühmte Orgel zu hören, die Emerson ebenfalls vorgeführt wurde. Ganz sachlich berichtet dieser von dem Wunderwerk des Orgelbaus, »the finest in Europe. It imitates sackbut, harp, psaltery & all kinds of music. The Monk Donatus who built it, begged that he might be buried under it, & there he lies. To my ignorance, however, the organ neither appeared very large nor very richly toned.« (131) Goethe dagegen macht aus der kleinen Episode ein unvergleichliches Erlebnis, wenn er den Klosterbruder schildert, »der kunstreiche Mann, der die ungeheure Orgel dieser Kirche allein zu bändigen wußte [...] Wir begaben uns in die sehr geräumige Kirche, die er, das herrliche Instrument bearbeitend, bis in den letzten Winkel mit leisestem Hauch sowohl als gewaltsamsten Tönen durchsäuselte und durchschmetterte.«[2]

Auch das Museum des Prinzen Biscari haben die beiden Italienreisenden gesehen. Emerson wurde von einer Portraitbüste des Scipio besonders gefesselt, Goethe vom Sturz des Jupiter. Außerdem führte ihn der Prinz persönlich durch die Münzsammlung und die Mutter des Fürsten zeigte ihm und seinen Reisegenossen ihre Bernsteinkollektion.

---

[2] Johann Wolfgang von Goethe, Italienische Reise. In: Hamburger Ausgabe. Bd. 11. 2. Aufl. Hamburg 1954. S. 292–293. Die den Zitaten folgenden Seitenzahlen beziehen sich auf diesen Band

Emerson fährt dann von Messina in einem Dampfschiff nach Palermo und sieht dort einige der 400 Kirchen und Klöster, was ihn zu dem resignierten Ausruf veranlaßt, »Art was born in Europe & will not cross the Ocean, I fear«. (139) Wieder besucht er die Kapuziner, die er besonders schätzt, weil sie betteln und den Armen Almosen geben. Er wird auf den Friedhof geführt, wo in langen Gängen sich Nische an Nische reiht und in jeder steht das Skelett eines Kapuziners, »Hundreds & hundreds of these grinning mortalities« (138—39), ein Anblick, von dem Goethe nichts zu berichten weiß. Die öffentlichen Gärten von Palermo, nach Goethe »der wunderbarste Ort von der Welt«, (240) der Monte Reale, den Emerson zu Fuß besteigt, »I suppose the world has not many more beautiful landscapes than the plain & the port of Palermo as seen therefrom«, (140) das sind Eindrücke, wie sie unzählige Italienreisende auch gehabt haben.

Dann aber nimmt Neapel den Amerikaner auf, die größte italienische Stadt, die er bisher gesehen hat, und hier scheiden sich die Geister Emersons und Goethes. Zwar durchwandert der Neu Engländer bildungsbeflissen Kirchen und Museen und bemerkt dabei, daß es offenbar keine lebenden Maler in Neapel mehr gebe. Vor den antiken Statuen aus Herculaneum und Pompeji wird ihm der Unterschied zwischen der Reinheit dieser feinen alten Köpfe und dem frivolen Pöbel, der sie anstarrt, bewußt. Was ihm aber nahezu unerträglich ist, sind die ihn ständig umlagernden Mengen von Straßenhändlern, Armen und Bettlern.

> Last night stayed at home at my black lodgings in the Croce di Malta & read Goethe. This morn [...] to the tomb of Virgil. But here the effect of every Antiquity is spoiled by the contrast of ridiculous or pitiful circumstances. The boy who guided me was assailed by men, women, & children with all manner of opprobrium. A gang of boys & girls followed me, crying, ›Signore, C'e un mariolo.‹ Yea the venerable silence of the poet's sepulchre must be disturbed with the altercation of these Lilliputians. (142)

An den Schwefelquellen von Pozzuoli wird es nicht besser, und es erscheint Emerson unmöglich, in der kleinen, schmutzigen Vorstadt voller Bettler, Ciceros »kleines Rom« wiederzuerkennen.
Der Mann aus Neu England hatte sich Italien ganz anders vorgestellt. »Long ago when I dreamed at home of these things, I thought I should come suddenly in the midst of an open country upon broken columns & fallen friezes, & their solitude would be solemn & eloquent.« (143—44) So sah Italien auf den Gemälden von Washington Allston aus, der nach dreijährigem römischem Aufenthalt nach Boston zurückgekehrt war, aber

nicht in Wirklichkeit. Emerson hat jedoch die Ursache der italienischen Realität erkannt, sie lagen in den sozialen Zuständen. Mit Verwunderung blickt er aus seinem Fenster auf das gegenüberliegende sechsstöckige Haus, in dem auf jedem Flur eine andere Familie mit ihren Haustieren lebt. Im vierten Stock sind die Bewohner den ganzen Tag von ihren Hühnern umgackert, im zweiten Stockwerk spaziert ein Truthahn im Schlafzimmer umher und jeden Tag kommt eine Ziege die Treppe hinauf, um gemolken zu werden.

> But the woes of this great city are many & conspicuous. Goethe says ›he shall never again be wholly unhappy, for he has seen Naples.‹ If he had said ›*happy*‹ there would have been equal reason. You cannot go five yards in any direction without seeing the saddest objects & hearing the most piteous wailings. Instead of the gayest of cities, you seem to walk in the wards of a hospital. Even Charity herself is glad to take a walk in the Villa Reale, & extricate herself from beggars for half an hour. Whilst you eat your dinner at a Trattoria, a beggar stands at the window, watching every mouthful. (145)

Goethe dagegen schreibt in Neapel: »Alles deutet dahin, daß ein glückliches, die ersten Bedürfnisse reichlich anbietendes Land auch Menschen von glücklichem Naturell erzeugt, die ohne Kümmernisse erwarten können, der morgende Tag werde bringen, was der heutige gebracht, und deshalb sorgenlos dahinleben. Augenblickliche Befriedigung, mäßiger Genuß, vorübergehendes Leiden, heiteres Dulden!« (199) Von letzterem gibt er »ein artiges Beispiel«, wenn er schildert, wie sich einige zerlumpte neapolitanische Gassenjungen wie kleine Indianer im Kreis auf das von einem Schmied durch eine heiße Radschiene erhitzte Pflaster hocken und sich erwärmen, eine Szene, die Emerson wohl nur bekümmert betrachtet hätte. Allerdings hat Goethe auch Pessimistisches von seiner Reise schreiben können, so über Sizilien an Herder am 17. Mai 1787 (322), eine Stelle, die sich Emerson angemerkt hat. Wenn der Amerikaner ein Jahr später aus seinen Tagebüchern zwei Vorträge über Italien zusammenstellt, so fügt er seinen Notizen vornehmlich über die Armut der Bewohner weitere Ausführungen hinzu.[3]

Goethe hat von vornherein ganz anders auf das italienische Volksleben reagiert als Emerson und sich hineingestürzt wie in ein erfrischendes Bad. »Zwischen einer so unzählbaren und rastlos bewegten Menge durchzuge-

---

[3] Ralph Waldo Emerson, The Early Lectures. Hrsg. von Stephen E. Whicher und Robert E. Spiller. Bd. I 1833–1836. Cambridge, Massachusetts 1959. S. 420

hen, ist gar merkwürdig und heilsam«, berichtet er aus Neapel. »Wie alles durcheinander strömt und doch jeder einzelne Weg und Ziel findet. In so großer Gesellschaft und Bewegung fühl' ich mich erst recht still und einsam; je mehr die Straßen toben, desto ruhiger werd' ich.« (211)

Die beiden Reisenden waren eben nicht nur nach Naturell und Temperament verschieden, sondern brachten auch ganz verschiedene Erfahrungen nach Italien mit. Das Großherzogtum Sachsen-Weimar-Eisenach war ein verarmter Kleinstaat im Vergleich zu dem wirtschaftlich aufblühenden Commonwealth of Massachusetts in dem sich ständig nach Westen ausbreitenden Amerika, nicht zu reden von dem übervölkerten Neapel verglichen mit dem Boston geradezu prosperierte.

Wenn Goethe inmitten der neapolitanischen Menschenmenge, »in so großer Gesellschaft«, sich »erst recht still und einsam« fühlen kann, so schlägt er damit ein Thema an, daß auch für Emerson lebensbestimmend war. *Society and Solitude* betitelte er 1870 eine Sammlung von Essays, die viele für seine besten hielten. Aber während es dem Neu Engländer um das Gleichgewicht des Individuums zwischen dem Handeln in der Gesellschaft und der dazu notwendigen Zurückgezogenheit aus der Gesellschaft geht – wobei sein eigener Hang zur Einsamkeit ganz unübersehbar ist – vermag Goethe in Italien Gesellschaft und Einsamkeit miteinander zu vermitteln.

Ein weiteres Beispiel für die verschiedenen Naturen der zwei Reisenden geben ihre Berichte vom Vesuv, den sie fast auf den Tag genau im Abstand von 46 Jahren bestiegen haben. Wiederum ein kurzer, sachlicher Report Emersons, der zunächst auf einem Esel und dann zu Fuß den Krater erreicht, den Erklärungen des Führers zugehört und Papierstückchen an den heißen Steinen entzündet hat. Goethe, zusammen mit dem etwas verdrießlichen Tischbein, war von seinem Führer an einem Ledergurt zum Krater emporgezogen worden und kam zu einer Eruption zurecht, und weil »eine gegenwärtige Gefahr etwas Reizendes hat und den Widerspruchsgeist im Menschen auffordert, ihr zu trotzen«, (193) beredet er sich mit seinem Führer, ob sie nicht zwischen zwei Eruptionen zum Krater hinauflaufen könnten. Das geschieht. »Der rüstige Jüngling« reißt ihn über glühendes Geröll hinauf, beide verweilen zu lange, um in den qualmenden Schlund zu spähen, der nächste Ausbruch schleudert mit Donnergetöse Steine empor und Goethe stürzt mit dem Italiener zum Fuß des Kegels zurück, wo er von Tischbein »aufs freundlichste empfangen, gescholten und erquickt« wird (194): ein Held.

Verschieden sind auch die Impressionen, die beide aus Pompeji mitnehmen. Während Emerson voll Respekt vor den römischen Städteplanern und Architekten die Ruinen durchwandert, muß sich Goethe, deutlich bedrückt, den »halb unangenehmen Eindruck dieser mumisierten Stadt« mit einem frugalen Mal aus dem Gemüt waschen. (199)

Am 26. März fährt Emerson in Rom ein. Diese Stadt wird auch ihm zum großen Erlebnis, wie man denn sagen kann, daß sich in seiner italienischen Reise im Kleinen eine Entwicklung vollzieht, die sich im Großen über mehrere Jahre hin erstreckt, eine Annäherung an Goethe, ein Wiedererkennen eigener Interessen und Gedanken in dem Deutschen, ein Sichbestätigt-finden und schließlich sogar Bewunderung, ohne jedoch jemals die kritische Distanz ganz aufzugeben.

Emerson in Rom: das ist der unermüdliche Wanderer durch Ruinen, Kirchen und Museen. Kunstwerke, die er nur in Reproduktion kannte wie die »Verklärung« von Raffael in den Vatikanischen Museen, »the first picture in the world« (150), inspirieren ihn zu wunderbaren Beschreibungen – »it seems almost to call you by name« – und dabei wiederholt sich das Erlebnis Goethes bei dessen Einzug in Rom: »es ist alles, wie ich mir's dachte, und alles neu«. (126)

Gewöhnlich sind Emersons Tagebuchnotizen sachlich nüchtern gehalten, aber wenn er nach dem Abendgottesdienst den Petersdom verläßt und den Mondschein auf Brunnen, Piazza und Kirche fallen sieht, ist er völlig bezaubert und bestätigt Goethes Bemerkung: »Von der Schönheit, im vollen Mondschein Rom zu durchgehen, hat man, ohne es gesehen zu haben, keinen Begriff [...] Und so haben Sonne und Mond, eben wie der Menschengeist, hier ein ganz anderes Geschäft [...] (168) Allerdings erscheint Emerson das Kolloseum im Mondlicht furchterregend, während es Goethe »einen vorzüglich schönen Anblick gewährt«, (168) und die Illumination von St. Peter zu Ostern macht Emerson »very melancholy to see an illumination in this declining church & impoverished country«. (157) Goethe dagegen erschien dasselbe Spektakel am Fest St. Peter und Paul wie ein »ungeheures Märchen«. (353)

Emerson und Goethe steigen auf die Kuppel des Petersdoms und genießen die Aussicht auf Stadt und Land und ins Innere der Kirche hinab. Dort ist es Michelangelo, der Emersons größtes römisches Erlebnis wird und sein Leben lang bleibt. Das Haupt der Justitia am Monument Pauls III. läßt ihn in den Ruf ausbrechen: »There is a heaven.« (160) Goethe war in der Sixtinischen Kapelle »in dem Augenblicke so für Michelangelo eingenommen, daß mir nicht einmal die Natur auf ihn schmeckt, da ich sie doch nicht mit so großen Augen wie er sehen kann«. (145) Vom Moses des Michelangelo ist Emerson nachgerade überwältigt, nur wünscht er sich die

Hörner fort: »So violent a type suits not us western Puritans«, schreibt er an seinen Bruder William.[4]

Emerson scheint sich wirklich zu bemühen, Goethes Spuren zu folgen. »Goethe says in a letter from Rome that a man's existence is enlarged is doubled by having seen the head of Medusa, an antique marble in the Rondandini Palace. I am sorry that I must remain only half myself, for I am told I cannot see that work, but he truly speaks of the sights of Rome«,[5] so an den Bruder Charles.

Emerson war in der Woche vor Palmsonntag in Rom angekommen und wie Goethe besuchte er fleißig die Gottesdienste, vor allem im Petersdom. Dort wohnt er der Palmenweihe durch Papst Gregor XVI. und 21 Kardinäle bei und am Gründonnerstag der Fußwaschung von 13 Pilgern, darunter einem aus Kentucky, durch den Papst. Er betrachtet den katholischen Pomp mit Indianeraugen und klagt, daß die Kirche keine Zeremonien erfunden habe, die so männlich im Geschmack seien wie ihre Bauten, Bilder und Musik. »To the eye of an Indian I am afraid it would be ridiculous.« (153) Am meisten bedauert er, daß der Papst die vorgeschriebenen Riten nicht einen Augenblick unterbrechen und aus eigenem Herzen sprechen kann. »One earnest word or act to this sympathetic audience would overcome them. It would take all hearts by storm.« (155) Ganz wie Goethe, der von dem »wunderbaren Verlangen« ergriffen wird, »das Oberhaupt der Kirche möge den goldenen Mund auftun und, von dem unaussprechlichen Heil der seligen Seelen mit Entzücken sprechend, uns in Entzücken versetzen«. (127) Er nennt auch den Grund seines Mißfallens an dem murmelnden Papst, »die protestantische Erbsünde«, die in Emerson ebenfalls aufbegehrt.

Der Amerikaner verläßt Rom am 23. April und auch auf der Weiterreise bleibt Goethe sein Begleiter. In Florenz, wo er fünf Tage später ankommt, fühlt sich Emerson trunken von Schönheit. Ehe er diese Stadt kannte, habe er keine Ahnung von Malerei gehabt, vor den Werken Michelangelos überläuft ihn ein Schauder. Hier unternimmt Emerson auch weitere Versuche, sich mit den dramatischen Künsten zu befreunden. Schon in Catania war er in der Oper gewesen, hatte darüber aber nur notiert, daß er sie zu teuer fand und »It is doubtless a vice to turn one's eyes inward too much, but I am my own comedy & tragedy«. (132) In Messina fühlt er zunächst Mitleid

---

[4] Ralph Waldo Emerson, The Letters of Ralph Waldo Emerson. Hrsg. von Ralph L. Rusk. Bd. I. New York 1939. S. 379
[5] Emerson, The Letters. Bd. I. S. 373

mit den Sängern in ihren Togen und Stirnbändern, die trotz aller Anstrengungen die armen Antonios und Johns bleiben. In Florenz nennt er zum ersten Mal den Titel einer Oper, die er hört, Bellinis *Straniera*, sie sehr geschmackvoll und so blendend aufgeführt wird, daß er sich gezwungen sieht, eine halbe Stunde auf seine Schuhe zu blicken, um den letzten Akt auszuhalten. Das Ballett in den Zwischenakten stößt aber auf völlige Ablehnung des Neu Engländers. Jedoch nach so vielen Wochen Italien und so viel Goethe-Lektüre, wozu ja auch *Wilhelm Meisters Lehrjahre* mit ihren Theatererfahrungen gehörten, fühlt er sein Gewissen schlagen.

> Goethe laughs at those who force every work of art into the narrow circle of their own prejudices & cannot admire a picture as a picture & a tune as a tune. So I was willing to look at this as a ballet, & to see that it was admirable, but I could not help feeling the while that it were better for mankind if there were no such dancers. I have since learned God's decision on the same, in fact that all the *ballerine* are nearly idiotic. (171)[6]

Ein weiterer Opernbesuch, *Ivanhoe*, wahrscheinlich das Werk von Giovanni Pacini, endet wiederum mit Emersons Abscheu, weil darin »a woman of dignity & talent« eine Hosenrolle spielt. »They had spoiled a fine woman to make a bad knight. I came home disgusted.« (176) Und so nimmt es nicht wunder, daß sich bald darauf folgende Szene in seinem Tagebuch findet: »›Comanda niente Signore?‹ — Niente. — ›Felice notte, Signore.‹ — Felice notte. Such is the dialogue which passes every evening betwixt Giga & me when the worthy woman lights my lamp, & leaves me to Goethe & Sismondi, to pleasant study hours, & to sound sleep.« (178)

Nach einem Monat geht es über Bologna und das gottverlassene Ferrara, wo Emerson das Grab des Ariost besucht, über den Po — so breit wie der Connecticut bei Hartford — nach Padua und Arqua zu Petrarkas Haus und Grab und zu den Villen Venetiens. Die glänzendste davon ist die Villa Imperiale von Palladio. Am 1. Juni erreicht er im Boot von Mestre aus Venedig, »it looked for some time like nothing but New York«, (183) und er kann sich nicht mit der Stadt befreunden, trotz aller Verzauberung aller Kirchen, die diejenigen von Florenz noch übertreffen. »It is a great oddity

---

[6] Emerson bezieht sich hier auf Buch VIII, Kapitel 7 der *Lehrjahre*: »Wie schwer ist es, was so natürlich scheint, eine gute Statue, ein treffliches Gemälde an und für sich zu beschauen, den Gesang um des Gesanges willen zu vernehmen [...] Nach ihren Neigungen, Meinungen und Grillen soll sich der gebildete Marmor sogleich wieder ummodeln [...] ein Gemälde soll lehren, ein Schauspiel bessern und alles soll alles werden.« Hamburger Ausgabe. Bd. 7. S. 573

—a city for beavers — but to my thought a most disagreeable residence. You feel always in prison, & solitary.« (186) »Du lieber Gott! was doch der Mensch für ein armes, gutes Tier ist!« (70) Diesen Ausruf Goethes über die Venezianer hat sich Emerson später in seiner Goethe-Ausgabe angestrichen. Für die Schönheit des Stadtbildes, die buntbekleideten Gondoliere leicht schwebend auf den Gondelrändern über die hellgrüne Fläche rudernd, die seinen Vorgänger so entzückte, hat Emerson keinen Blick.

Er wendet sich vielmehr über Verona nach Brescia, wo er dann aber Beobachtungen in sein Journal einträgt, die deutlich im Stil Goethes gehalten sind. Italien verdankt seine Schönheit der Lust seiner Bewohner, sich und die Dinge zu schmücken, bemerkt Emerson. Noch der schäbigste Junge trägt eine Pfauenfeder am Hut und selbst die Krücke eines Krüppels ist fein geschnitzt. Rot ist die Lieblingsfarbe der Menschen und an einem regnerischen Morgen in Messina flammen die Straßen von roten Schirmen.

Mailand war die letzte italienische Stadt, die Emerson sah. Hier stößt er wieder auf einen verwandten Gedanken Goethes, welcher in Bologna auf den Mangel an neuen Ideen in der Architektur zu sprechen gekommen war (109). Emerson erscheint angesichts des Mailänder Doms die gesamte Architektur als Imitation, amerikanische Kirchen wie europäische, letztere nur prächtiger. Was er verlangt, können ihm beide nicht geben: Überwältigung. Architektur existiere nur in der Seele, erklärt er, und daher wolle er auch nichts anderes so sehr kennenlernen als die Metaphysik der Architektur.

In der Nacht vom 11. auf den 12. Juni überquert Emersons Kutsche den Simplonpaß und seine italienische Reise ist zu Ende. Sie war von der Goethes in vielem sehr verschieden. Zunächst war sie viel kürzer. Goethe konnte zwei Monate in Neapel verbringen und dreimal den Vesuv besteigen, Emerson blieb zwei Wochen und kam einmal auf den Berg. Goethe war der weitaus begeistertere Italienfahrer als Emerson, der die sozialen Zustände mit anderen Augen sah. Dennoch gleichen sich beide in ihrer nimmermüden Wißbegierde, die sich auf Kunst, Natur und Technik erstreckt. Goethe läßt sich auf der Überfahrt nach Sizilien über Aquarellmalerei belehren, Emerson auf dem Atlantik in Astronomie und Navigation.

Goethes Reisebuch war für Emerson nicht nur ein Italienführer gewesen, sondern leistete den folgenreichsten Beitrag zu seiner ästhetischen Erziehung.[7] Nachdem er 1836 Goethes Werke in der Ausgabe letzter Hand

---

[7] Vgl. Viviana Hopkins, The Influence of Goethe on Emerson's Aesthetic Theory. In: Philological Quarterly. 1948. Bd. 27—28. Heft 4. S. 325—344

erworben hatte, las er die *Italienische Reise* wieder und versah sie mit zahlreichen Anstreichungen. Darunter fallen die häufigen Anmerkungen der Urpflanze auf, von Emerson »Archplant« genannt. Das Prinzip des »Alles in Einem« hat Emerson, der später selbst ein Gedicht »Each and All«[8] schrieb, fasziniert und die Korrespondenz von Natur- und Kunstformen sucht auch er zu entdecken. »Diese hohen Kunstwerke sind zugleich als die höchsten Naturwerke von Menschen nach wahren und natürlichen Gesetzen hervorgebracht worden. Alles Willkürliche, Eingebildete fällt zusammen, da ist die Notwendigkeit, da ist Gott«, (395) lautet eine der von Emerson angemerkten Passagen. Karl Philipp Moritz' Aufsatz »Über die bildende Nachahmung des Schönen«, den Goethe in die *Italienische Reise* aufnahm, hat Emerson vollständig übersetzt. Goethes »Lieblingsaufgabe«, die allem Beobachteten zugrunde liegende Theorie zu finden, tritt nirgends deutlicher zutage als in seinem Reisebuch. So erklärt er am Beispiel der Arena von Verona, wie solch ein Amphitheater zustandekommt (40). Die italienische Tageseinteilung (47), der Aquädukt von Spoleto, »eine zweite Natur, die zu bürgerlichen Zwecken handelt«, (122) sind Beispiele dieser Beobachtungsgabe, und Emerson, der große Zitator, hat solche Passagen übersetzt und gesammelt — es gibt ein ganzes *Goethe* betiteltes Heft — und für eigene Arbeiten benutzt. Wie er sich an Goethe, dem Beobachter, schulte zeigen seine eigenen Beobachtungen der sich und ihre Umwelt so gern schmückenden Italiener.

So hat Emersons Begegnung mit Goethe recht eigentlich in Italien stattgefunden. Alles, was er an ihm bewunderte, seine Meisterschaft in Geschichte, Philosophie und Mythologie, sein enzyklopädischer Stil, wie er ihn in dem Vortrag »Goethe or: The Writer« in der Serie *Representative Men*[9] darstellt, ist in der *Italienischen Reise* angelegt. Aber auch was er an ihm kritisiert, daß sein höchstes Ziel immer ein Bildungsziel war, ist in dem Reisebuch zu finden. Goethe sei ein Gesetzgeber der Kunst, kein Künstler, heißt es in dem Vortrag. »Perhaps he knew too much.« *Der* Künstler war für Emerson Michelangelo, *der* Dichter Shakespeare. Goethe war *der* Schriftsteller seiner Epoche. Als diesen hat Emerson Goethe in Italien erkannt und Goethe hat dort auch bereits auf ihn hingewiesen, als er Anfang Juni 1787 zwischen Neapel und Rom folgendes notiert und damit

---

[8] Ralph Waldo Emerson, Poems. Cambridge, Massachusetts 1904. S. 4—6
[9] Ralph Waldo Emerson, Representative Men. Seven Lectures. Centenary Edition Band 4. Cambridge, Massachusetts 1904. S. 259—290

sich und seine Nachfolger als einzelne Glieder in der langen Kette Italienreisender einreiht, was Emerson wiederum anmerkenswert fand:

> Überhaupt, wenn jeder Mensch nur als ein Supplement aller übrigen zu betrachten ist und am nützlichsten und liebenswürdigsten erscheint, wenn er sich als einen solchen gibt, so muß dieses vorzüglich von Reiseberichten und Reisenden gültig sein. Persönlichkeit, Zwecke, Zeitverhältnisse, Gunst und Ungunst der Zufälligkeiten, alles zeigt sich bei einem jeden anders. Kenn' ich seine Vorgänger, so werd' ich auch an ihm mich freuen, mich mit ihm behelfen, seinen Nachfolger erwarten und diesem, wäre mir sogar inzwischen das Glück geworden, die Gegend selbst zu besuchen, gleichfalls freundlich begegnen. (349)

John Francis Fetzer

From the »Blue Flower« to the »True Blue«

Anna Seghers' Variations on a Romantic Theme from her Exile Years in Mexico

In the concluding paragraph of his pioneering Novalis study of 1963, Werner Vordtriede laments the fact that those German contemporaries who regarded the »blue flower« only as the embodiment of »pure inwardness« likewise tended to consider its creator a mere dreamer, thereby overlooking Novalis' daring innovations, his quite unsentimental manner, and his technical prowess, recognized and appreciated later in the nineteenth century by more kindred spirits in France.[1] Recent research has tended to confirm these findings, and Novalis now emerges as a conscious craftsman and genuine purveyor of poetic symbols. In the course of this development, the blue flower has likewise undergone a transvaluation, acquiring more definitive contours of meaning, especially with regard to the color component.[2]

Whereas critics such as Walter Benjamin questioned the validity for our century of some of Novalis' cherished concepts (»Es träumt sich nicht mehr von der blauen Blume. Wer heut' als Heinrich von ›Ofterdingen‹ erwacht, muß verschlafen haben«),[3] there has been in recent decades a Romantic revival in general and a resuscitation of its distinctive blue palette in particular from a most unexpected quarter: the German Democratic Republic. Critics and creative artists alike in this once anti-Romantically oriented milieu[4] have begun to champion the cause of those Romanticists with whom they feel especially strong elective affinities.[5] One of the forerunners of this revisionist trend was Anna Seghers, whose rather unassum-

---

[1] Novalis und die französischen Symbolisten. Zur Entstehungsgeschichte des dichterischen Symbols. Stuttgart 1963, p. 182
[2] Hans Hegener, Metaphysik des Blau bei Novalis. In: Die Farbe. 24, 1975, pp. 131–144
[3] Schriften. Edited by Th. W. Adorno and G. Adorno, in collaboration with F. Podszus. Vol. I. Frankfurt am Main 1955, p. 423
[4] Klaus Peter, Einleitung. In: Romantikforschung seit 1945. Ed. Klaus Peter. Königstein/Taunus 1980, pp. 22–29
[5] Monika Totten, Zur Aktualität der Romantik in der DDR. Christa Wolf und ihre Vorläufer(innen). In: Zeitschrift für Deutsche Philologie. 101, 1982, pp. 244–262

ing but seminal novella of 1967, *Das wirkliche Blau*, has been pinpointed by some as a milestone in the Romantic renaissance among East German authors and scholars since the 1970s.[6] Consequently, an assessment of the quintessential role played by the color »blue« in *Heinrich von Ofterdingen* and in *Das wirkliche Blau* may, by incorporating insights from recent scholarship, not only help overcome the ambience of ambiguity previously associated with this chromatic symbol, but also reveal that »true blue« was as much a desideratum of the Romanticist in his world view on the threshold of the nineteenth century as it was for the Socialist Realist in the middle decades of the twentieth in her effort to portray the shifting social dynamics necessary for the evolution of a new state.

Novalis and Seghers, strange bedfellows indeed, and perhaps compatible only with respect to this mutual color preference. Yet as Werner Vordtriede discovered intellectual and spiritual correlations between Novalis and the French Symbolists, so this essay, in a volume paying tribute to Vordtriede, will, on a much less comprehensive and intensive scale, attempt to uncover correspondences between the »blue flower« of a confirmed Romanticist and the »true blue« of a committed Communist. Seghers' novella of 1967, somewhat ironically, flies in the face of the demands of the militant leftist faction at the Germanistentag of 1968 which not only parroted many of Novalis' ideas and ideals in its slogans, but also paraphrased his most famous concept with the injunction: »Macht die blaue Blume rot!«[7] But Anna Seghers did not only not make the blue flower red, she even had the courage to reinstate the Romantic color par excellence, to be sure, in a context which subsumed purely aesthetic considerations and socio-economic concerns.

There has been a trend in recent scholarship to trace the blue so favored by Novalis to Goethe's scientific experiments with optical phenomena, specifically to the discoveries in *Beiträge zur Optik* of 1791–1794.[8] Even though incontrovertible evidence of direct ties in the form of acknowledgements of influence is missing, the scientific bent of Novalis' mind together with his preoccupation with Goethe especially during the work on *Ofter-*

---

[6] Christiane Zehl Romero, The Rediscovery of Romanticism in the GDR: A Note on Anna Seghers' Role. In: Studies in GDR Culture and Society. 2, 1982, pp. 19–29
[7] Richard Faber, Novalis: Die Phantasie an die Macht. Stuttgart 1970, pp. 11–12
[8] Géza von Molnár, Another Glance at Novalis' ›Blue Flower‹. In: Euphorion. 67, 1973, pp. 272–286. Also: Traude-Marie Nischik, ›Himmlisches Leben im blauen Gewande...‹ Zum poetischen Rahmen der Farben- und Blumensprache in Novalis' Roman *Heinrich von Ofterdingen*. In: Aurora. 44, 1984, pp. 159–177

dingen, make the likelihood of such bonds entirely within the realm of possibility, if not probability. In particular, it was Goethe's studies with prisms, with light and dark surfaces in the form of black and white cards in close proximity which is of concern here. Goethe conjectured that at the tangential or confluence point where darkness and light collide or coalesce, four colors arose, two of which — blue and yellow (or gold) — are »true«, while the others, violet and red, like the remaining hues of the chromatic spectrum, are derivative, depending upon infusions of blue or yellow for their essence. Whereas modern, advanced technology has modified some of Goethe's contentions, his color theories and speculations did exert a strong influence on writers of the nineteenth century, as did the Ossian forgeries in the eighteenth. Scientific verifiability or philological veracity are not necessarily absolute criteria for artistic response.

The importance of the Goethean theory in this context is twofold: the origin of blue is contingent upon the presence of both light and dark, black and white; in addition, blue as well as the three other hues come into being at the median point or middle ground where the absence of all color and the presence of all color converge. When applying this principle to *Ofterdingen,* we note that blue functions as the symbol of a synthesis or symbiosis of such polar opposites as near and far, upper and lower worlds, heaven and earth, life and death, dreaming and waking, the ethereal and the sensual, and a host of other contrasts which must be seen as complementary and interdependent rather than monolithic and independent. Consequently, this color serves as an appropriate objective correlative for the process of Romanticization as envisioned by Novalis, a quasi mathematical operation by which such seemingly diametrically opposed entities as the commonplace and the uncommon, the ordinary and the extraordinary, the finite and the infinite are to be perceived in reciprocal illumination rather than in unilateral isolation.[9]

The color blue is intimately associated with all stages of Heinrich von Ofterdingen's evolution as a poet-singer, but most notably at the beginning and end of part I, »Die Erwartung«, and in the fragmentary Part II, »Die Erfüllung«. Variations in blue mark each important phase of Heinrich's aesthetic initiation: the dream, the journey, the encounter with a master poet and mentor, and the experience of love with the latter's daughter, in whom Heinrich finds not only the embodiment of love, but also the

---

[9] Novalis. Schriften. Die Werke Friedrich von Hardenbergs. Ed. Richard Samuel in collaboration with Hans-Joachim Mähl and Gerhard Schulz. Vol. II. Stuttgart 1960, p. 545

face which he glimpsed ever so briefly in the blue-flower dream with which the novel opens. According to Tieck's not too reliable account, Heinrich's ultimate »Verklärung« in part III was to culminate with his picking of the blue flower, thereby releasing Mathilde from a limbo-like state (and completing the symmetrical design of the color constellation blue). The following discussion will be confined to the extant text, and examine the four phases mentioned above, bearing in mind that the blue involved with each of them is, in some fashion, a product of the interplay of darkness (or, metaphorically speaking, the »darker« aspects of life) and light (conversely, the brighter side of existence).

In keeping with the fetish of the Romanticists for triads, tripartite structures, and triple rhythms, there are three dream sequences in Part I of the novel. To the extent that it constitutes an intermediary ground between our waking condition in the day and our sleeping state at night (and, as a result, mediates between the conscious and the subconscious mind), the dream belongs to that tangential or twilight zone which, in the chromatic spectrum, generates blue as a primary color. Heinrich's initial dream odyssey, the overtly sexual symbolism of which cannot concern us here, takes him into a cavern, the moist walls of which emit »ein mattes, bläuliches Licht«;[10] then, through a kind of telescoping process, Heinrich dreams within his dream, from which state he emerges to find himself near a mountain spring. »Dunkelblaue Felsen« (197) tower in the background, while the sky of the dawning day still retains vestiges of the night, appearing »schwarzblau«. (197) By contrast, Heinrich's eye is caught by a »lichtblaue Blume« (197) which stands out from among a throng of other brightly colored blossoms. Peering into the »blauen ausgebreiteten Kragen« (197) he catches sight of a delicate face — at which unfortunate juncture he ist unceremoniously awakened by his parents. By a not-so-strange coincidence, his father now recounts a similar dream he had had in his youth in Italy. Significantly, he has forgotten the exact color of the blossom he saw in his reverie, in spite of Heinrich's prodding inquiry: »War sie nicht blau?« (201) However, this second dream sequence concludes on a propitious note, since the father's guide and companion, another of those ubiquitous »old men« who populate the pages of Romantic tales dispensing sage advice, told the father to return to a certain spot on St. John's eve (the

---

[10] Novalis. Schriften. Die Werke Friedrich von Hardenbergs. Ed. Paul Kluckhohn and Richard Samuel in collaboration with Heinz Ritter and Gerhard Schulz. Revised by Gerhard Schulz. 3rd edition. Stuttgart 1977. All subsequent quotations from *Ofterdingen* are taken from this edition and given in the text

summer solstice, a temporal midpoint in the cycle of the seasons) where, by plucking »ein blaues Blümchen« (202) he would gain divine insight. Whereas his father failed to pick the flower of his dreams, Heinrich cannot fail but to do so. The third and last dream sequence, like the first in the novel, is a fusion of actual experience and premonitions of the future. Falling asleep at dawn, that transitional time between night and day, darkness and light, Heinrich envisions his newly found beloved, Mathilde, sailing in a small boat on the waters of a blue stream, only to be swallowed up by the turbulent waves as he watches with typical nightmare paralysis. After a futile attempt to rescue Mathilde, Heinrich awakens in her embrace, while the stream with its »blaue Wellen« (279) flows gently above them. This scene of death and transfiguration is framed chromatically by that blue color which, it will be recalled, originated at the point where black and white are seen in interrelation and interaction, as life and death must also be.

Heinrich's actual journey to his blue-flower beloved is preceded by an authorial account of the Romantic period per se as an interregnum between contrasting epochs:

> In allen Übergängen scheint, wie in einem Zwischenreiche, eine höhere, geistliche Macht durchbrechen zu wollen; [...] so hat sich [...] zwischen den rohen Zeiten der Barbarey und dem kunstreichen, vielwissenden und begüterten Weltalter eine tiefsinnige und romantische Zeit niedergelassen [...] Wer wandelt nicht gern im Zwielichte, wenn die Nacht am Lichte und das Licht an der Nacht in höhere Schatten und Farben zerbricht. (204)

If one were to equate the times indicated with the *dark* ages and the En*light*enment respectively, then Romanticism on the chronological-temporal plane would be akin to the blue color on the optical-visual level according to Goethe's experiment. Such a correlation is even inferred by Novalis in the closing clause describing how the light of day and the darkness of night are shattered by each other and fused into something new. That the unspecified »higher colors« constitute blue and yellow (gold), those »true« colors according to Goethe's theory, is borne out by the remainder of the novel in which the »blue flower« and the »golden age« dominate.

As if the above passage were not sufficient, Novalis augments the concept of Romanticism as a temporal interregnum by adding a personal dimension with reference to Heinrich. At the age of twenty, the threshold between childhood and adulthood, Heinrich passes through the gate of his native city (the line of demarcation between the known inside and the outside unknown) at dawn and, from a nearby knoll ponders his intermediate status between past and future, near and far, homeland and distant lands:

> Er sah sich an der Schwelle der Ferne, in die er oft vergebens von den nahen Bergen geschaut, und die er sich mit sonderbaren Farben ausgemalt hatte. Er war im Begriff, sich in ihre blaue Flut zu tauchen. Die Wunderblume stand vor ihm, und er sah nach Thüringen, welches er jetzt hinter sich ließ, mit der seltsamen Ahndung hinüber, als werde er nach langen Wanderungen von der Weltgegend her, nach welcher sie jetzt reisten, in sein Vaterland zurückkommen, und als reise er daher diesem eigentlich zu. (205).

So the journey is not »into the blue« at all, but rather so constituted, that the centrifugal forces drawing the individual away from the center are counteracted by centripetal powers pulling him »ever homeward«, as we learn later. Since travel falls between being homebound and homewardbound, it is appropriate that a color falling between chromatic opposites characterize such a state. In the fragment of Part II, we encounter a pilgrim, a wanderer between heaven and earth, hope and despair, so to speak, traversing a land- and soulscape indicative of brighter times to come (»blaue Luft«, 319) in the wake of dark events of the recent past (the death of Mathilde). Under skies holding similar promise (»dunkles Blau«, 325) Heinrich converses with a wise, elderly gentleman named Sylvester, a physician who, by a strange quirk of fate, is the same individual who, decades ago, had advised his father to pick the blue flower at the time of the summer solstice. Although it may be a bit far-fetched, one might speculate concerning the name of this perspicacious mentor that it relates in a symbolic way to that time of the calendar year when old and new meet, a reminder, as it were, of the fact that whereas Heinrich's father may not have picked the blue flower in the past, certainly Heinrich is destined to do so in the future.

With regard to Heinrich's other teacher, Klingsohr, who introduces the incipient poet to the craft of fiction in both theory and practice, the color blue comes to the fore in the complex symbolic-allegorical-mythological fairy tale telling of the redemption of the world by Fable. In this context, the color is closely allied with the figure of Sophie, the priestess of wisdom and love, who not only wears a »blauen Schleyer« (307) but also dispenses a beneficient »blauen Dunst« (294); her altar, quite significantly, provides Fable access to both the astral realm of Arcturus, a sphere of light and delight, as well as to the somber, subterranean cave of the three Parcae-like hags whose domain is illuminated by blackness and whose dominion must be curtailed. Hence it is appropriate that the veil of wisdom (Sophia) be blue, since true knowledge consists of an awareness of the essential interdependence — rather than independence — of positive and negative polarities, of the forces of darkness and light, life and death in the human condition. Klingsohr's fairy tale concludes with a scene which undergirds this premise: in a grandiose phantasmagoria of royal splendor with multiple wedding celebrations, the once omnipotent fate-spinning sisters of blackness are now rendered harmless as three caryatidic statues of dark porphyry (a reddish rock with purple = red plus blue, shadings, recalling the two other colors stemming from the tangency of black and white), which, nevertheless, perform a vital function by supporting the marriage bed.

The association of blue with love and the loved one is evident in the novel from the outset, when Heinrich first glimpses a female countenance in the calyx of the »blauen Blume«. But love, like the flower itself, is a delicate blossom which hovers precariously between life and death, between experiences which embody the purely sensual as well as spiritual purity. To be sure, both gold and red, two of the other colors originating at the tangential point are imbued with symbolic implications of the erotic in this work (the accounts of the gold miner, for instance, or the tale of the red ruby talisman which unites the daughter of the king of Atlantis and the son of the natural scientist), but it is primarily blue which signals love of the purest, most ideal kind. As one might anticipate, Mathilde has blue eyes, but these are of unique constellation: »Auf einem lichthimmelblauen Grunde lag der milde Glanz der braunen Sterne« (271). A second variation of the color blue, however (»von dem schlanken weißen Halse schlängelten sich blaue Adern in reizenden Windungen um die zarten Wangen«, 100), plants the seeds of danger and death, pointing to Mathilde's delicate constitution. Just as a fragile blossom stands poised between heaven and earth, its roots firmly planted in the soil and its corolla searching out sun and sky, so too, does Mathilde occupy a precarious intermediary position between life and death, something which the novel imparts to the reader only by innuendo and inference. Heinrich's third dream, already treated above, develops the Thanatos aspects of Eros when Mathilde drowns in the blue waves and then appears with Heinrich below the azure waters of the stream, a love-death in the best sense of the tradition.

Hardly has Klingsohr expounded upon the interrelationship between light and darkness with respect to the luminous quality of solid bodies, when Heinrich transfers this principle to Mathilde, calling her »einen köstlichen Sapphir« (280). The color attributes of the sapphire gem are not developed any further, but later, when the despondent pilgrim appears in Part II, he encounters a young maiden named Cyane, a *nomen est omen* if there ever was one, since the root of the term is the Greek »kyanos« meaning »dark blue«. According to the aforementioned report of Tieck, Heinrich was to pluck the blue flower which reveals itself to be Mathilde and Cyane in a magical transmigration of identities.

As one can readily ascertain from this cursory overview of key motifs from the novel, the color blue in *Heinrich von Ofterdingen* is prominent throughout the work in various gradations, even though it is not as ubiquitous as Novalis would have us believe from his aphoristic dictum: »Farbencharakter. Alles blau in meinem Buch«. (346) The color, however, is a »true blue« for the author since it embodies a truth about life and art: both must ultimately encompass or accommodate a host of seemingly dichotomous but, from the Romantic perspective, contiguous, if not harmonious, entities. The chromatic parameters of Anna Seghers' novella *Das wirkliche Blau* (written, interestingly enough, not during or immediately after her exile years in Mexico (1942–1947) but rather two decades later during a stay in the Soviet Union) seem, at first glance, much more monolithic and clearly delineated. The Mexican craftsman and artisan, Benito Guerrero, initially utilizes a unique blue pigment imported from a German conglomerate by local middle-men to produce a highly sought-after and salable form of tableware. At the outset, at least, blue evinces no deeply symbolic nuances or shading, it merely serves as a means to enhance the marketability of the potter's otherwise solid handiwork. However, in the course of the narrative, this color component acquires heightened dimensions of meaning, making it a kind of modern Socialist Realist counterpart to Novalis' Romantic concept. By tracing the evolution of blue from an ancillary role to central status in the same four areas treated with regard to *Ofterdingen*, some enlightening parallels as well as certain challenging divergencies make themselves manifest.

Significantly, the story does not open with a dream sequence, even though three sets of reveries and day-dreams serve as major stages in the protagonist's development. Instead, it is the journey, the quest for his »unnachahmlichen Blau«[11] which engages the reader's attention, once the

---

[11] Anna Seghers, Aufstand der Fischer von St. Barbara. Die Gefährtin. Das wirkliche Blau. Neuwied and Berlin 1968, p. 271. All subsequent references to this story are from this edition and are given directly in the text

dye is no longer available from war-mongering Germany: »das Land, aus dem Ihr Blau kommt, liegt mitten im Krieg«. (276) Benito's reply to this statement is indicative of the basic problem: »Was hat denn mein Blau damit zu tun?« (276) Only when his isolation from, and ignorance of the world outside the limited horizon of his hermetically sealed universe of artisan handiwork are overcome will the full implications of the »true blue« in the title become evident. In other words, the color will have to acquire for the skilled tradesman the layers of connotation above and beyond mere denotation which it imparted to the poet-singer Heinrich von Ofterdingen from the outset. The remainder of Seghers' novella is devoted to the process whereby the artisan becomes a full-fledged human being, just as the novel had been dedicated to the evolution of a sensitive human being into a full-fledged artist.

Benito's realistic »Reise bis zum Blau« (337) is punctuated by periodic allusions to home (the adverb »daheim«), so that even as he approaches the goal of his travels and travails, the workshop of Rubén Alvarez, where the blue pigment is produced, he has the impression »als käme er heim«. (315) In the course of his odyssey (1942–1945) Benito comes into contact with diverse echelons of society (from the exploited workers to the entrepreneurs and exploiters themselves) and he learns how interpersonal dynamics control the ways and means of production. He understands, for example, why the crippled and socially alienated Rubén, having mastered the secret process of deriving the blue dye from the waste products of silver mining by dint of hard work (»Rubén hat sich ja auch selbst durchgewühlt zu seinem Blau«, 301) wants to share in the euphoria of success: »Übersät wird das ganze Land sein, wo immer man Rubéns Blau gebraucht hat.« (333) There is, consequently, a subtle and significant shift in terminology in the course of the story from »mein Blau« to »unser Blau«, the implication being an altered perception from egocentric concerns (»Ich bin auf mein Blau aus«, 292) to societal considerations (»Er dachte schon ›unser Blau‹.« 297)

In contrast to Heinrich whose dream vision of the blue flower served as a catalyst for his journey, Benito, from beginning to end, links his blue with real contexts, as, for instance, near the goal of his arduous trip when he spots the tiles in a public fountain which »leuchteten in dem Blau, das er suchte«. (320) This convinces him that action, not dreams, is the stuff his world is made of: »Mit Träumen, mit Ausdenken war es vorbei.« (320) However, this is not to diminish the role that three key dream-sequences play in the novella. The first of these, very reminiscent of Heinrich's initial dream experience, finds Benito traveling down the »Schacht der Erinnerung« (291) to the center of the earth where his guide shows him something glowing in the moist walls of the cave: »das war das Blau, das er suchte«. (292) In the second of his dreams, Benito envisions his return home, where it appears that not he, but his oldest son, Andreas, has again loaded the mule with blue earthenware: »Durch jede Masche der Netze leuchtete von fertiggebranntem Geschirr das Blau, das man ihm plötzlich daheim verweigert hatte.« (308) The last of these reveries shows Benito and his family riding to the market in Mexico City, as customers flock around them seeking »ihr Lieblingsgeschirr mit dem blauen Muster« (315) and no one seems at all surprised to see Benito's »angestammtes Blau« (315) again. The basic thrust of this trio of dreams is remarkably akin to that of the Ofterdingen's triad: the milieu and the imagery of the first; the second, that of Heinrich's father, interchanges paternal failure and filial success; and the third, a scene of tragic death and joyous transfiguration in the novel, becomes, in the novella, one of personal trauma and triumph.

Corresponding to Heinrich's initiation into the secrets of poetic creativity by the merchants and Klingsohr is Benito's introduction by the workers and the Alvarez family (father and son) into mining and into the methods of converting the waste products of the silver mines into a unique indigo dye. The phrases used by the father to describe the almost frenzied desire of the people for Rubén's pigment (»auf nichts sind die Menschen so wild, wie auf einen Stoff, den es gar nicht gibt«, 302 et passim) underscores the aesthetically »through-composed« nature of this short prose work (as Novalis' longer narrative had been), for Benito's clientele had been »auf mein Blau versessen« (274) and some customers even maintained »Solch Blau gibt es nicht noch mal«. (271)

The linkage of blue with the sphere of Eros in *Ofterdingen* is transformed here to an altruistic »Caritas«, to a concern for the well-being of kith and kin. Benito expresses consternation because the missing pigment could undermine the welfare of his family: »Er hing an seinem Blau, als ob es sein Schicksal wäre.« (283) Only after he encounters obstacles on his trip due to his own analphabetic state does Benito learn to appreciate education and the desire of Andreas to attend school. Thus Benito, who had forbidden his son to go to classes on market day, now, after his »Reise bis zum Blau« (336) personally visits the teacher to thank him for imparting knowledge to Andreas. Finally, Rubén's passing reference to his color being »so blau, so blau, wie das Kleid der Jungfrau« (327) not only recalls Sophie's blue veil in Klingsohr's fairy tale, but also calls to mind the mediating role of the

Virgin, whose caritative love intercedes on behalf of mortal men on earth in their quest to find redemption with the godhead in heaven.

Some critics regard with jaundiced eye any attempt to find more than loose, cultural affiliations between Novalis' novel with its blue flower and Seghers' novella with the blue pottery,[12] and perhaps there is a grain of truth to this, given the fundamental distinction between a »useless« blue flower and utilitarian blue earthenware. And yet, as the preceding analysis has attempted to indicate, there are certain selective and elective affinities between the central color component of the respective works, as basically different they might be in intention and as diverse as they are in execution. On the surface, the truth of Novalis' blue seems to lie at several removes from Seghers' true blue. Yet for the Romanticist, blue, originating as it did at the tangential point where darkness and light merge and converge to produce higher colors, had a potent symbolic valence; for the Socialist Realist, on the other hand, »true blue« came into play and interplay at that crucial juncture where the darkness of a world at war and the obscure conflicts of a murky socio-economic system cede precedence to a clearer world view in which peace looms large on the horizon and the enlightened individual finds his proper place in the intricate network of society. At the outset of Seghers' story, Benito's blue may have retained vestiges of that »pure inwardness« once attributed to Novalis' azure hue; but in the course of her narrative, it is, in genuinely Romanticized fashion, »raised to a higher power«, thus emerging at the end as the »true« blue of which the title had foretold in the beginning.

---

[12] Werner Neubert, Novellistisches Meisterwerk. In: Neue Deutsche Literatur. 9, 1967, p. 67

Roland Hoermann

Hesse and Huxley: At the Spiritual Limits of Language

At first glance, any literary consideration joining Hermann Hesse (1877—1962) with Aldous Huxley (1894—1963) might seem somewhat contrived. For one thing, the withdrawn German writer's works concentrate, with an unrelieved sense of neo-Romantic and existential destiny, on the universal contest within his artist-protagonist's life between sensory drives or normal physical pleasures and his basic human spirituality. The encyclopedic British author's *oeuvre* treats, with elegant satire and roving wit, of the Victorian or the »lost generation's« boredom and their nihilistic or bigoted betrayal of Western cultural values in such areas as love, sex, and marriage relationships. Hesse lived his adult life in voluntary exile in Switzerland, while Huxley spent the last 25 years of his career as a cultural expatriate in Los Angeles, apparently neither particularly aware of the other's literary development — although Thomas Mann (during the Los Angeles *emigré* years), Bertrand Russell and T. S. Eliot were their common acquaintances. The only traces I could find of knowledge by either of the other's work are two brief, unenthusiastic reviews by Hesse, one dealing with the short story »After the Fireworks« (*Brief Candles*, 1932) and one of *Brave New World* (also 1932) dating from the following year.[1]

On Huxley's side, relevant unpublished documentation showing his knowledge of Hesse's work would not in any case have survived the disastrous home fire in May of 1961 that totally destroyed Huxley's library and personal effects. Subsequent to Hesse's award of the Nobel Prize in 1946, Huxley doubtlessly familiarized himself with Hesse's work, perhaps in the original language, for Huxley knew German fluently, having spent the year 1912 in study (including piano) at Marburg. Although suffering from Protestant-fundamentalist backgrounds, both attending private boarding schools (Hesse in Maulbronn, Huxley at Eton), being talented in painting

---

[1] Hermann Hesse, Gesammelte Werke. Suhrkamp Werkausgabe. Vol. 12: II. Frankfurt 1970, p. 539f. Subsequent citations in the text refer to this edition

and sketching despite acute eye afflictions requiring repeated surgery, and each travelling to India and the East Indies where their life-long fascination with the Oriental unitive religions received fresh impulses, the two novelists shared an even more substantive dimension. Both of their literary careers culminated in a synthesizing utopist *magnum opus*: Hesse's *Das Glasperlenspiel* (1943) and Huxley's too little-known *Island* (1962).

Manifestly, Hesse spent most of his literary life trying to keep his existential balance as an artist by casting in literary format the successive stages of his laborious struggle with self-alienation, seeking an integrated spiritual meaning in the disintegrating rubble of Western culture. Sharing similar but more societal attitudes, Huxley's refined sensibilities never ceased to be jarred by physical joy and beauty existing unavoidably in human experience alongside physical corruption, suffering and death (his »Ultimate Horror«). In retrospect, it was probably inevitable that both should end their literary careers with such a comprehensive design of utopian-like visionary synthesis in their last major statement — a final language-straining attempt to communicate as a narrative entity the psyche's rare and disjointedly glimpsed experience of eternity.

The progression of both Hesse's and Huxley's works, as they gravitated toward similar climaxes, focused on the same three topical complexes: aesthete withdrawal, encounter with natural life, and a quest for transcending resolution. But Hesse's writing, with remorseless self-concern, repeatedly spiralled upward through this triadic cluster; whereas Huxley's three-phased development took him in a linear movement, first through his aesthete »novels of ideas« during the early and mid-1920's, then into his »counterpointed novels« of the late 1920's to the mid-1930's, finally breaking out into his synthesizing *romans à thèse* from the mid-1930's onward. In the biographical context, the middle phase of »encounter with the natural life« suggests for Hesse the powerful but brief mentor impetus of Nietzschean influence as commemorated in the function of Demian and in the actual figure of Fritz Tegularius (*Glasperlenspiel*).[2] The mentor counterpart here, crucial in turning Huxley away from his all-too clever cynicism and fashionable refuge in art's dilettantist ivory tower, is the figure of D. H. Lawrence and his instinctual theories of »the natural life«. These have been assimilated into the Mark Rampion figure of *Point Counter Point* (1928) and are akin to Hesse's gnostic affirmation of all life drives in Demian's advocacy of the god Abraxas. We can locate a comparable pair of biographically

---

[2] Joseph Mileck, Hermann Hesse: Life and Work. Berkeley 1978, p. 272f.

influential figures in both authors' phase of surmounting resolution in Hesse's historian friend, Jacob Burckhardt, and in Huxley's colleague-mystic, Gerald Heard. Burckhardt's ideas of an inductive approach to the spiritual and cyclic continuum behind historical data are embodied in Pistorius (*Demian*, 1919), as well as within *Das Glasperlenspiel* in the effect that Pater Jacobus exerts on the defection of the hero, Joseph Knecht, from his mandarin role administering the spiritual utopia of Castalia.[3] Analogously, Gerald Heard helped Huxley, first in England and then in California, in finding his way to Buddhist-Taoist disciplines of enlightenment. Presumably some of Gerald Heard's qualities entered into Dr. Miller (*Eyeless in Gaza*, 1936), Mr. Propter (*After Many a Summer Dies the Swan*, 1939), Bruno Rontini (*Time Must Have a Stop*, 1944), and into Dr. Andrew MacPhail (*Island*) as the »non-attached« wise philosopher-scientist.[4]

In addition to such identifiable biographical parallels between Hesse's and Huxley's men of catalytic function, both authors never fail to include within their main writings (especially in the »encounter« and transcendent phases) their *persona* as either a spokesman or a guiding figural cluster. The mere presence of such a host of mediating mentor-guides demonstrates the extent to which Hesse and Huxley felt obsessed by the world's ubiquitous field of opposed forces plaguing their »heroes«. The taciturn mentor figure of Vasudeva in Hesse's *Siddhartha* (1922) is especially remarkable. By simply emulating this wordless guru in his meditative acceptance of the world, Siddhartha gradually and literally supplants his teacher's existence, as Sinclair re-absorbs Demian, and as H. H. becomes Leo in *Die Morgenlandfahrt* (1932). Vasudeva's wisdom, as echoed by the Magister Musicae in *Das Glasperlenspiel*, assumed that life's truth cannot be transferred from one human to another in the form of precepts but must be lived-through personally. This position is entirely consonant with the statements concerning life's mystical insights enunciated by Huxley in *The Perennial Philosophy* (1945), and by all of his mentor spokesmen, including even the Arch-Vicar pseudo shaman in *Ape and Essence* (1948).

Before his *Time Must Have a Stop*, Huxley felt frustrated especially by the paradoxical quality in life's dualism. In his journal (*Eyeless in Gaza*, Chap. 54), Huxley's Anthony Beavis emphasizes duality's paradox through an exercise in existential logic: »Evil is the accentuation of division ... Minds like ours can only perceive undifferentiated unity as nothing ...

---

[3] Theodore Ziolkowski, The Novels of Hermann Hesse. Princeton 1965, p. 315ff.
[4] Jerome Meckier, Aldous Huxley: Satire and Structure. London 1969, p. 215 (note #21)

Evil then is the condition of life, ... of knowing what is good and beautiful. That which is demanded is the actualization of goodness by creatures who, if they were not evil, would not exist. Impossibility — but none the less demanded.« Anthony gradually comes to realize that the horns of this paradox constitute precisely the point to living, its practical joke layered between the unified beginning and the unity at the end of being. And all that man has to guide him in this Sisyphus test is love, compassion and meditation, for intellect is of little use outside the world of conceptualized facts. Indeed, Huxley's *persona*, Philip Quarles, in the notebooks of *Point Counter Point* elaborates ironically that the intellectual's »Pursuit of Truth« is just one more amusement or easy distraction in contrast to genuine living (Chap. 26). In the same work, Rampion explains why this genuine, integral living (D. H. Lawrence's »life-worship«) is so tortuous, by comparing modern man's split consciousness with a tightropewalker's stabilizing pole: »Balanced. Which is damnably difficult ... the absoluteness of perfect relativity. Which is a paradox and nonsense intellectually. But so is all real, genuine, living truth ...« (Chap. 34).

However, Hesse's Magister Musicae perceives a unity behind the world's paradoxical dualism when he speaks of life's opposites as the Yin-Yang poles of life's oneness. Both authors in fact affirm a divine ground of eternal unity to all creation that annihilates the paradoxical dualism of time past and present. They allude to a kind of »extrapolability« of the universe from a memory of this immanent divine ground — which is like a hologram fragment in the human consciousness (*Demian*, V: 104f.; *Point Counter Point*, Chap. 19). Particularly Huxley noted the scientific need to view antitheses in time and being rather as examples of incongruous multiplicity. Thus, again in the Quarles notebooks (Chap. 14), he speaks of the simultaneity of multiple windows onto the world's realities as being the writer's ultimate goal. With disarming candour in the highly revealing final three paragraphs of his *Kurgast* account (1925), Hesse not only anticipates Rampion's »absoluteness of perfect relativity« but adds the structural analogy of musical polyphony and counterpoint (but still within the simple Manichean framework):

> Diese Zweistimmigkeit und ewig schreitende Antithese, diese Doppellinie möchte ich mit meinem Material, mit Worten, zum Ausdruck bringen [...]. Ich möchte einen Ausdruck finden für die Zweiheit, ich möchte Kapitel und Sätze schreiben, wo beständig Melodie und Gegenmelodie gleichzeitig sichtbar wären, wo jeder Buntheit die Einheit, jedem Scherz der Ernst beständig zur Seite steht. Denn einzig darin besteht für mich das Leben, im Fluktuieren zwischen [...] den

Werner Vordtriede †

Wenige Monate nach seinem siebzigsten Geburtstag, aus dessen Anlaß diese Festschrift entstand, ist Werner Vordtriede auf einer Reise durch die antiken Stätten der heutigen Türkei, in der Nacht vom 24. zum 25. September gestorben. Der Tod ereilte ihn gänzlich unerwartet nach einem von ihm euphorisch erlebten Tag in Sardis und Smyrna, dem heutigen Izmir. Die Reise von dort nach Ephesus, die er vor 25 Jahren in seinem Aufsatz »Clemens Brentanos Anteil an der Kultstätte in Ephesus« anschaulich beschrieben hat, konnte er nicht mehr wiederholen.

Es hätte nahegelegen, seine Festschrift, auf deren unmittelbar bevorstehendes Erscheinen er sich so sehr gefreut hatte und von der ihm nur das Inhaltsverzeichnis bekannt war, nun als Gedenkschrift zu veröffentlichen. Dazu konnten sich die Herausgeber und der Verlag jedoch nicht entschließen, da sich die Autoren immer wieder in persönlicher Anrede an den Jubilar wenden, mit ihm als erstem Leser ihres Beitrags rechnen. Deshalb erscheint die Festschrift ohne jede Veränderung. Einer ihrer Autoren, ein Freund des verstorbenen Gelehrten und Poeten Werner Vordtriede, hat ihm in der »Süddeutschen Zeitung« vom 28. Oktober 1985 einen Nachruf gewidmet, den wir hier noch einmal abdrucken.

Die Herausgeber und der Verlag

Unterwegs
Zum Tode von Werner Vordtriede

»Weimar am Pazifik« heißt die im November erscheinende, umfang- und inhaltsreiche Festschrift, die dem Siebzigjährigen seine vielen Freunde und Schüler zugedacht haben – nun ist die Geburtstagsgabe unversehens zur Totenspende geworden. Werner Vordtriede starb am Mittwoch auf einer Reise durch die Türkei. Daß dieses Leben unterwegs zu Ende ging, erscheint wie eine letzte Variation der »Nicht-Zugehörigkeit«, des Leitmotivs, von dem im amerikanischen Tagebuch des jungen Vordtriede die Rede ist. Er selbst hätte – der Übersetzer von John Donne und W. B. Yeats, der Herausgeber der Briefe Achims und Bettinas – für diese symbolische Interpretation durchaus Sinn gehabt.

Am 18. März 1915 in Bielefeld geboren, verließ der Abiturient (in zweifachem Wortsinn) freiwillig das Land seiner Herkunft und Sprache, weil er Goethe und Novalis, Heine und Nietzsche, Hofmannsthal und George in Nazi-Deutschland nicht lesen mochte. Zuerst in die Schweiz, dann, 1938, in die USA, wo er bis Anfang der sechziger Jahre in wechselnden Universitätsstädten lebte und lehrte, bis er 1964 ein Münchner Professor für Germanistik und Komparatistik wurde. Seine Schüler können ein Lied singen von Vordtriedes weltliterarischer Versiertheit, seinem unorthodoxen Gelehrtentum, der höchst anregenden Fähigkeit, Beziehungen zu stiften: zwischen Epochen, Büchern, Menschen.

Das Tagebuch, das er von 1938 bis 1947 im amerikanischen Exil führte, und spät, vor zehn Jahren erst, veröffentlichte, heißt bezeichnenderweise »Das verlassene Haus«; es selbst bot ihm Zuflucht, Unterkunft. Denn hier trug er seine Lektüreerlebnisse und Gesprächs-Erinnerungen ein, ein Odysseus unter »lauter Odysseusen«, wie er seine Mit-Emigranten nennt: Richard Beer-Hofmann, Albrecht Schaeffer, Richard Alewyn, Herbert Steiner und Christiane Zimmer, die Tochter Hofmannsthals, mit der ihn eine lebenslange Freundschaft verband.

Literatur als Gegenwelt zu einer unwohnlichen, Seßhaftigkeit verweigernden Wirklichkeit, Sprache als Heimat inmitten eines wüstenhaften Jahrhunderts, die Phantasie als Vehikel, einer trostlosen Normalität zu entrinnen: Es ist das Thema dieses Lebens und – von vier außergewöhnlich originellen, abgründig tragikomischen Romanen, deren erster (»Geheimnisse an der Lummer«) 1979, nach der Emeritierung, entstand und deren letzter noch unveröffentlicht ist. In ihren Helden, so verschieden sie sind, versteckt und enthüllt sich ihr Autor, der sich mit Geschichten gegen einen unerträglich farb- und glanzlosen Alltag zur Wehr setzt – freilich erfolgreicher als seine liebenswürdigste Figur, der sechzehnjährige Ulrich (in »Ulrichs Ulrich oder Vorbereitungen zum Untergang«, 1982).

Werner Vordtriede war gewiß ein Skeptiker im Hinblick auf die Zukunftschancen einer der technokratischen Barbarei verfallenen Welt (man vergleiche seinen Roman »Der Innenseiter« von 1981), aber es lag ihm fern, in den – gelegentlich recht wohlfeilen – Abgesang einzustimmen, mit dem Literatur von sich selber Abschied nimmt. Er war viel zu sehr mit der poetischen Überlieferung vertraut, um an der Lebendigkeit und den Zukunftsmöglichkeiten von Dichtung ernsthaft zu zweifeln. So ging von ihm, dem »Unzugehörigen«, bei jeder Begegnung ein ungewöhnliches Maß an ansteckend-jugendlicher Neugier und Heiterkeit aus. Sie werden uns fehlen.

Albert von Schirnding

beiden Grundpfeilern der Welt [...]. Beständig möchte ich zeigen, daß Schön und Häßlich, Hell und Dunkel, Sünde und Heiligkeit immer nur für einen Moment Gegensätze sind, daß sie immerzu ineinander übergehen [...]. Es läßt sich viel darüber sagen, lösen aber läßt es sich nicht. Die beiden Pole des Lebens zueinander zu biegen, die Zweistimmigkeit der Lebensmelodie niederzuschreiben, wird mir nie gelingen. Dennoch werde ich dem dunklen Befehl in meinem Innern folgen und werde wieder und wieder den Versuch unternehmen müssen.

Written during the gestation of his *Steppenwolf*, this admission also clarifies Hesse's persistent return to »stations« of his life in order to treat ever-escalating levels of primordial dualities, as we noted earlier. Hesse does in fact accomplish the polyphonic feat of double vision in *Der Steppenwolf*, attaining a continuously split level of objective and subjective story lines in Haller's eidetic perception (*Ziolkowski*, 195ff.). This extension of the Romantic symbolical principle, found already in E. T. A. Hoffmann's *Prinzessin Brambilla* (1820), with its four-tiered alternating vision of world-myth-carneval-theater, uses an »unbridged« counterpoint as a means of overcoming narration's entrapment in sequence and thus in time. The split-level stage of subjective truth and external correlative is framed by other time-negating techniques, so as to assimilate past event and future possibility into a unitary present within the psyches of the protagonist and his empathizing reader: the landlady's nephew, appearing within Harry Haller's manuscript, externally turns out to be the introductory editor and publisher of the abandoned manuscript; a »Tract«, with foreknowledge of the dénouement of the manuscript, originates within the manuscript as one of its chapters and prophesies the opium dream-reality of Haller's concluding »Magic Theater« experience.

Huxley's initial attempts to unify multiple but synchronous perspectives by collapsing or inverting time frames also originated with musical structure. In both *Point Counter Point*, published in 1928 one year following Hesse's *Steppenwolf*, and in *Eyeless in Gaza*, Huxley dated and arranged chapter entries in ostensibly random, contrasting segments to achieve a concentric impact from out of narrative linearism. In the first of these two novels, the main emphasis is on savagely juxtaposed contrast or paradox (such as Spandrell's assassination during the closing resonances of Beethoven's A-Minor Quartet), for which favorite effect Huxley is willing to sacrifice the traditionalist's unrealistically climaxing sequence of events. The author imposes concentric simultaneity even on the quartet performance by blending together in the total present the multiple realities of the deaf composer, the written score, the Budapest String Quartet performers, the spiral grooves of the phonograph recording, and the listener's mystical experience of spiritual unity. In *Time Must Have a Stop*, Huxley tried the bold experiment of alternating unbridged perceptions of the same events: first in the consciousness of the just deceased Eustace Barnack, whose spirit is resisting dissolution on the *bardo* plane of limbo (based on *The Tibetan Book of the Dead*); and then, unlinked, in the consciousness of the auctorial narrator — who reports a series of hypnotic séances showing the other side of the time-space barrier and designed to establish contact with Eustace. Like Eustace, the »Steppenwolf« and H. H. (*Morgenlandfahrt*) are also in love with their personality of suffering but, unlike him, they have the spiritual will to struggle toward the self-acceptance of their latent, opposed possibilities of being. H. H. is able to visualize the latter in his role as an author who, with time, fades out before the eternal vividness of his own well-drawn figures (i.e., the ephemeral artist is absorbed into the unity of his art). The more one insists on ones monolithic individuality, the more one suffers, Hesse-Leo tells us, for personalism is the source of all despair (*GW*, VIII: 341, 390).

Huxley justifies his need for the writer's ideal of multiple perspectives when Spandrell and Quarles agree that »Everything that happens is intrinsically like the man it happens to« (Cap. 21). By so externalizing the subjective affinities of perspective and by continuing to champion realistic complexity in place of simple dualism, Huxley challenges the entire mission and competence of the literary artist in favor of »the art of living responsibly in the present«. As a consequence, he has his utopian leader in *Island* declare that without duality, no good art is possible; but with duality, no good life is possible (Chap. 11). In his volume, *Themes and Variations* (1950), Huxley rejects an escape from the art-life paradox by means of the artist's reputed role of cultural synthesizer in the dialectic movement of history, for art only shows what man aspired to be in any given age (not what he actually was) and hence is historically irrelevant. Art's so-called synthesis is but »a mere brute collocation of opposites and incompatibles ...; the artist's talent is a gratuitous grace and not necessarily edifying«. Meanwhile Huxley, when asked why he continued writing his works after admitting that a writer's talent is gratuitous and irrelevant, replied that he saw nothing »incompatible« between understanding and writing. However Christopher Isherwood reported that Huxley was planning in 1940 to write a novel exploring »the utter inadequacy of all existing language«. Thus his Rampion states: »That's why I've almost given up writing for the moment. Writing's not much good for saying what I find I want to say now. And what a comfort to escape from words. Words, words, words, they shut one off from the universe« (Chap. 16). And from the summit of Huxley's final work, the founding Raja of *Island's* Mahayana utopia declares in his tract *What's What*: »In religion all words are dirty words. Anybody who gets eloquent about Buddha, or God, or Christ, ought to have his mouth washed out with carbolic soap« (Chap. 5: I).

Evidently all that remained for these two authors to still accomplish, as writers in an increasingly impotent language-reality, was to show somehow the process of surpassing language in order to achieve a wordless state of harmony with the divine consciousness. Hesse approached his final authorial challenge with the knowledge from his *Steppenwolf* period that his art had theretofore lacked the modality of humor. Hence, beginning with the »Magic Theater« device of the chess-game rearrangement of his personality's own figural types, his next »readership game« was entitled *Die Morgenlandfahrt*. Here Hesse translated the chess-game model into literary practice as a quest by a secret and universal artists' society in search of self verification and aesthetic-spiritual faith. The new humor lies in the narrator's »dying into« the ideal identity of Leo and his silent Order (as Hesse's faith-full act of self verification) *long after* H. H. has conceded the impossibility of representing in words the Order and its »Journey to the East« (*GW*, VIII: 350). In addition, Hesse serves up the savory paradox that only a member in good standing of this writer-artist's Order could possess the secret of its faith and thus be in a position to write about it; unfortunately, »good standing« also consists in not uttering a single word concerning the Order's secret faith. Thus any author engaged (like Hesse here) in writing about the Order and its journeyings through time and space must by definition be uttering only partial or distorted truth. Which is why the novelette could not have ended any later than it does; and this might logically have been the end of Hesse's writing career.

However, Hesse was unable to resist the temptation of institutionalizing his new-found faith into a utopist Castalian order of the spirit in *Das Glasperlenspiel*. Of course, through this account he *de facto* fell from grace and self-faith within that order and found himself, as a consequence, formulating one last time the »encounter« phase of his life-long struggle with polarity — namely, Joseph Knecht's »apostasy« and violent drowning death, which certainly is many turns higher in the spiral than the drowning in *Klein und Wagner*, 1920. In any case, the initial psychotherapeutic chess-game has surpassed its original »identity manipulation« of questing *persona* figures: the glass bead game (with its silicon-like computer chips, or

»beads«) is the ultimate and total spiritual act of culture apprehension, microcosmically analogous to Huxley's Shiva-Nataraja playing with entire galaxies in *Island*. At this point, both writers of course presuppose their protagonists' mastery of the art and discipline of self-obliterating mystical contemplation.

Huxley's final authorial challenge to language and its implicit polarities is embodied in his utopist *Island* novel, which shares features of both *Der Steppenwolf* and *Das Glasperlenspiel*. In addition, *Siddhartha's* entire world of Buddhist meditation and Shanti bliss, with their overcoming of time, death and personality (incorporated in Hesse's masterful handling of the river motif) furnish a parallel classical backdrop for the modern-day urgency of Huxley's utopian presentation. His *Island's* initiation of Palanese youth at the *moksha-maithuna* rites in the old mountain-top Shiva temple approximates the solemn spirituality of Hesse's Castalia, with its annual super-meditative exercise of the Magister Ludi's glass-bead ritual in Waldzell. And yet, these two works of final wisdom both contain dénouements that seem to echo overtones of failure. Even though Hesse's retrospective narrator has been assuring us sporadically that an even healthier Castalia has survived, Joseph Knecht's impulsively »unconscious« and violent death in his early forties in an era of serene longevity does not form the most convincing sacrificial bridge between the everyday world and Hesse's spiritual order. Unambiguously, in Huxley's last two pages, a corrupt neighboring dictatorship with the connivance of the Palanese heir-apparent, Murugan (who has been raised in the values of exploitative Western-style industrial consumerism), overthrows *Island's* utopian democracy with the assassination of its principal manager, Dr. Robert MacPhail. The only hope that Huxley leaves us is in the nature of the Nataraja Buddha's assurance: »I show you sorrow. But I also show you the ending of sorrow« (Chap. 10). Perhaps the spiritual discipline of the Palanese and their joy in each other that Huxley too has been showing us will, daily and in the long run, succeed in subverting the iron-fisted rule of their oppressors.

The most striking structural and stylistic resemblances, however, occur between *Island* and Hesse's *Steppenwolf* inasmuch as both have middle-aged, cynical »outsider« protagonists, who are sick with self hate, guilt, and with love of suffering. The journalist Will Farnaby's initial nightmare of the snake fright and his ensuing fall probably represent a non-Christian allusion to Will's failure at sex resolution with his wife Molly, in the sense of Tantric »kundalini« as it also appears in *Die Morgenlandfahrt*. Will's terror corresponds to Haller's »Goethe dream« in which Haller too is a journalist, who is panicked by a scorpion crawling up his leg (*GW*, VII: 280ff.). He also relates this vermin to a Molly figure, but Goethe placates him by showing that the scorpion is actually a charming porcelain miniature of a woman's leg. Neither protagonist has truly solved the puzzle of their sexuality by story's end. Haller, in his drug-induced »Magic Theater« trance, without humor and jealously stabs the beloved Hermine aspect of his own personality for engaging in »extramarital« relations with Pablo-Mozart, thereby committing the blunder that blocks his entry into the domain of the Immortals. At the end of *Island*, Farnaby's drug-enhanced experience of beatific Shanti is interrupted by the cannibalistic mating between two praying mantises being swallowed by a lizard.

Nevertheless, an early stage of both protagonists' healing occurs when they read an intercalated tract representing in each case a theoretical analysis of what is facing them. As an additional aid to their self-transcendence, each encounters a female guru — Haller his Hermine, Farnaby his Susila — and each is promptly lulled by his guru into a refreshing hypnotic sleep. In both cases the women gurus are destined to lead their »patients« not only to the verge of a higher recognition of love but likewise to a self-obliterating view of cosmic unity. The preliminary goal of both ideal, loving women is to imbue each disciple with love of self so as to instill genuine compassion (»karuna«) and love for their fellow man. Although Farnaby continually re-lives the shame of his animalistic attachment to Babs back in London (the counterpart of Haller's »Steppenwolf« state), Harry experiences his introduction to coherent sensual pleasure at the hands of Maria. While Will hears a great deal about Palanese Tantric *maithuna* (the yoga of love involving male continence), Harry is provoked, also without sexual fulfillment, by sustained erotic assault, commencing in the »Hell's Bar« of the Masked Ball and climaxing with the latter's bacchanalia and »Hochzeitstanz«. Both protagonists »jointly« partake of drugs to dissolve their sense of rational self-possession and to destroy their identity's historical exclusivity. Thereupon Haller is confronted by various doors of his potential being, recalling Huxley's well-known essays, *The Doors of Perception* and *Heaven and Hell* (1954), both dealing with hallucinogenic-mystical phenomena. From out of their hallucinogenic vision both perceive events of recent days as being located in another existence or »vor Jahrhunderten«. Pablo refers to his guest's ballast of a socially fixed identity as »eine Persönlichkeitsbrille« which should be cast away in favor of Pablo's magic mirror (*GW*, VII: 368), and Farnaby looks back upon the person bearing his name as »nothing but a muddy filter« (Chap. 15).

Both figures are able to surmount their schizoid misery by first facing with imagination and compassion, and then accepting, those latent guilt-producing identities warring within them. Haller's »war against the automobile drivers« and the savage presentation behind the door marked »Wunder der Steppenwolfdressur«, demonstrating the protagonist's potential for brutality, find their echoes in Will's »Molly fixation« that had driven his wife to her automobile-crash death while he was fornicating with Babs, as well as in his fascination with the endless ranks of marching insects that become brutish human armies. Reminding Harry of his latent identities yet to be accepted, the Buddhist *tat tvam asi* signature (»Thou art that«) appears prophetically on one of his victim's calling cards, while the same injunction is used by Dr. Robert to show the unity of being — »mind from Mind is not divided« (Chap. 8). In order to bring Will back out of his initial nirvana ecstasy, Susila puts on a recording of Bach's 4th Brandenburg Concerto to stimulate Will's total contemplation of the moral continuum between good and evil, beauty and brutality. Although Mozart's name and music appear throughout the works of both writers, here Hesse has »Mozart« tune-in the Händel Concerto Grosso in F-Major on the static-ridden radio to also remind his charge of the continuing dual levels of *noumenon* and *phenomenon*. At one point in this multi-tiered performance, Mozart expressly points out a *ritardando*, which is paralleled by Will's repeated noting of the *rallentandi* of the concluding Bach section. In sum, both authors use music to enhance the impact of the mind-expanding medicine — in Huxley's case rather elaborately correlated with the irresistible »tempo minus time« dimension of his visual imagery.

Perhaps, by extension, the reader too is being mildly proselytized in these two climaxes — to the point of a merest glimpse into the compassionate unity of the bright clear light of the Immortals' spatial and timeless infinitude. These closings are clearly a final, *Gesamtkunstwerk*-like attempt to rise above or beyond the literary experience of traditional language. Their time-destroying appeal to musical and psychic resonances seeks to share with the reader the way of each author's journey and the brief contemplative joy of the arrival ... before each again had to turn back one more time.

Jost Hermand

Versuch, den Erfolg von Erich Maria Remarques
Im Westen nichts Neues zu verstehen

Es wird heute nur allzu leicht vergessen, daß die meisten der sogenannten Kriegs- oder Frontromane zwischen 1929 und 1932 durchaus kriegsbejahender Natur waren. Viele dieser Werke sind Ausdruck jener völkischen Tendenzwende, welche im Oktober 1929 durch den Beginn der großen Weltwirtschaftskrise ausgelöst wurde und im September 1930 den Nationalsozialisten zum größten Wahlerfolg der Weimarer Republik verhalf (der ihnen im Reichstag 107 statt 12 Sitze bescherte). Im gleichen Sinne, wie der faschistische Wahlkampf im Zeichen des »Aufbruchs der Nation« gestanden hatte und mit geradezu militaristischer Schärfe über die Bühne gegangen war, wurden in diesen Romanen die ersten Augusttage des Jahres 1914 als nationaler Aufbruch hingestellt, der nur darum nicht zu einem Neuen oder Dritten Reich geführt habe, weil eine Clique undeutscher Verräter den deutschen Soldaten in den Rücken gefallen sei. Die Mehrzahl dieser Werke ist deshalb von einer halb völkischen, halb religiösen Todes- und Auferstehungsmetaphorik durchzogen. Die Toten des Ersten Weltkriegs dürfen nach Meinung ihrer Autoren nicht umsonst gefallen sein. Es sei an der Zeit, proklamieren sie, diesen tapferen Streitern heute jenen Sieg zu ermöglichen, den man ihnen damals vorenthalten habe. Und so marschieren diese Toten jetzt ›im Geist‹ der völkischen Bewegung endlich gegen die richtigen Gegner: die ›meuchelmörderischen Bolschewisten‹ und das ›vaterlandslose Judenpack‹.

Was in den völkischen Kriegs- und Frontromanen dieser Jahre im Vordergrund steht, sind darum vornehmlich Konzepte wie Nation, völkische Schicksalsgemeinschaft, Kameradschaft, Heroismus, Tatgesinnung, blindes Vertrauen, blutberauschter Instinkt, ja ekstatische Sehnsucht nach einem deutschbewußten Führerstaat. Man denke an Romane wie *Sperrfeuer um Deutschland* (1929) und *Gruppe Bosemüller* (1930) von Werner Beumelburg, Josef Magnus Wehners *Sieben vor Verdun* (1930), Franz Schauweckers *Aufbruch der Nation* (1930), Hans Zöberleins *Der Glaube an Deutschland* (1931) sowie die Kriegs- oder Frontromane von Walter Bloem, Edwin

Erich Dwinger, Georg Grabenhorst, Karl Wilke, Karl Bröger, Karl Benno von Mechow und vielen anderen, deren Auflagen schon vor 1933 schnell die Hunderttausendergrenze überschritten. In all diesen Werken geht es ständig um das ›Wir‹, das heißt um eine sehnlichst herbeigewünschte Gemeinschaft von Führer und Volk, wobei man sich in aller Schärfe von der materialistisch-egoistischen Gesellschaftsform des Wilhelminismus wie auch vom irregeleiteten Kapitalismus, Liberalismus und Kommunismus der Weimarer ›Systemzeit‹ absetzt.

Die kriegskritischen Liberalen und Linken hatten dieser Flut an kriegsbejahenden Romanen nur wenig entgegenzustellen. Und wenn sie Werke dieser Art schrieben, erreichten sie nur in den seltensten Fällen breitere Bevölkerungsschichten. So geht etwa Edlef Köppen in seinem *Heeresbericht* (1930) vom Sonderfall eines studentischen Kriegsfreiwilligen aus, der zum Leutnant avanciert, dann den Glauben an den Krieg verliert und schließlich in ein Irrenhaus eingeliefert wird. Außerdem wird das romanhafte Geschehen ständig mit kursiv gesetzten ›Dokumenten‹ durchschossen, was dem Ganzen ein merklich literarisiertes Aussehen verleiht. Ebenso erfolglos blieb der Roman *Vaterlandslose Gesellen* (1929) von Adam Scharrer, dessen Hauptfigur ein klassenbewußter Arbeiter ist, der als Linkssozialist von Anfang an gegen den Krieg agitiert und die gängige Kameradschaftsideologie als die »größte Lüge« bezeichnet, »die je erfunden wurde«. Während sich der *Heeresbericht* aufgrund seiner elitären Erzählhaltung von vornherein nach unten abgrenzt, grenzt sich dieser Roman durch seine KPD-Haltung von vornherein nach oben ab.

Etwas mehr Erfolg innerhalb dieser Gruppe hatte lediglich Ludwig Renn mit seinem Roman *Krieg* (1928), der noch vor dem Ausbruch der Weltwirtschaftskrise erschien und bis 1931 eine Auflage von 155000 verkauften Exemplaren erreichte. Hier wird der Erste Weltkrieg trotz aller Kritik höchst objektiv, ja geradezu neusachlich dargestellt, und zwar aus dem Blickwinkel jenes einfachen Soldaten Ludwig Renn, der sich trotz aller Zweifel an den dubiosen Kriegszielen nicht vom Gedanken der Pflichterfüllung abbringen läßt. Da der Offizier und Autor Arnold Vieth von Golssenau in dieser Figur sein autobiographisches Wunsch-Ich zu gestalten versucht, bleibt sie notwendig blaß. Sie hat weder ein Herkommen noch ein Innenleben, sondern ist lediglich ehrlich, anständig, sauber. Deshalb wirkt dieser ›Renn‹ zwar partikular, aber nicht subjektiv – und lädt somit nicht zur unmittelbaren Identifikation ein.

Der einzige kriegskritische Frontroman dieser Jahre, der einen großen, ja geradezu unvorstellbaren Erfolg für sich verbuchen konnte, war das Buch

Im Westen nichts Neues von Erich Maria Remarque, das bereits 1928 in der *Vossischen Zeitung* als Fortsetzungsroman erschien und dann am 31. Januar 1929 als Leinenband bei Ullstein herauskam. Von ihm wurden bereits in den ersten beiden Monaten 200 000 Exemplare und in den folgenden 14 Monaten weitere 300 000 Exemplare abgesetzt. 1930 lag dieses Buch schon in 24 Sprachen vor und erzielte im gleichen Jahr auch als Film einen Welterfolg. Ja, im Jahr 1931 stieg seine Gesamtauflage auf 3,5 Millionen an, während die heutige Verkaufsziffer auf über 20 Millionen Exemplare geschätzt wird. Bei diesem Roman haben wir es mit dem sensationellsten Erfolg in der Geschichte des deutschen Buchmarkts zu tun. Dies ist jener Bestseller, der alle anderen Bestseller übertrumpft hat.

All das macht selbstverständlich neugierig. Wer verbirgt sich eigentlich hinter diesem Remarque und wie kam es dazu, daß ausgerechnet dieses Buch einen so überwältigenden Erfolg hatte? Vor 1929 war von Remarque als Autor kaum die Rede gewesen. Sei Künstlerroman *Die Traumbude* verstaubte damals schon seit acht Jahren auf den Regalen. Auch sein neusachlicher Autoroman *Station am Horizont*, der 1927/28 in der Zeitschrift *Sport im Bild. Das Blatt der guten Gesellschaft* erschien, die zum Scherl-Konzern gehörte und in deren Redaktion Remarque als Journalist tätig war, hatte keinerlei Aufsehen erregt. Selbst seine engsten Freunde kannten ihn damals nur als monokeltragenden Kenner schneller Automobile und modisch herausgeputzter Damen, als Beiträger der Zeitschrift *Die elegante Welt* oder als Autor des Büchleins *Über das Mixen kostbarer Schnäpse*. Was also festzuhalten bleibt, ist lediglich, daß Remarque vom Journalismus und vom Technikkult der Neuen Sachlichkeit herkommt, das heißt bereits ein gewiefter Literat war, bevor er *Im Westen nichts Neues* verfaßte. Dieser Roman ist überhaupt in vielem ein Produkt jener betont reporterhaften Sachlichkeit, die weder »Bekenntnisse« noch »Anklagen« im Sinne hat, sondern nur »berichten« will, wie Remarque bereits in seinem kurzen Vorwort betont. Das Ganze gibt sich als bewußt unterkühlter, ja fast zynischer Reportageroman, der sich an die in der anglo-amerikanischen Literatur bereits bewährten Konzepte der geschlagenen, verlorenen oder zerstörten ›Generation‹ hält und somit einen durchaus modischen Eindruck erweckt.

Doch das allein erkärt noch nicht seinen sensationellen Erfolg. Mit einer halb sachlichen, halb zynischen Reportergesinnung schreibt man kein Millionenbuch. Dazu gehören ganz andere Spannungs- und Suggestionselemente, die den Identifizierungsbedürfnissen der sogenannten ›Durchschnittsleser‹ entgegenkommen, indem sie versuchen, diese Schichten nicht nur intellektuell anzusprechen, sondern durch spezifisch ›romanhafte‹

Elemente auch gefühlsmäßig mitzureißen und sie dann — wie in einem Kolportageroman — nicht wieder loszulassen. Eine solche Suggestion läßt sich, wie bekannt, am leichtesten mit dem Eindruck der ›Echtheit‹ erzielen. Für sogenannte ›Durchschnittsleser‹ ist echtes Erleben stets selbsterlebtes Leben, also ein Leben, das nicht erfunden, angelesen oder konstruiert, sondern absolut authentisch wirkt. Bei solchen Lesern zählt darum nur das direkte und nicht das indirekte Erleben. Und so ist Remarques Protagonist, den er Paul Bäumer nennt, ein Mensch wie Du und Ich, das heißt einer von jenen, die in den Ersten Weltkrieg geradezu unbewußt hineingestolpert sind, »weil das damals alle so taten« und »niemand genauer nachgedacht hat«. Dieses »weil das damals alle so taten« entkleidet Remarques Anti-Helden von vornherein jeder spezifischen Subjektivität. Sein Bäumer ist also ein besonderes ›Ich‹ und hat dennoch keine klar erkennbare Individualität. Auf diese Weise lädt er all jene Lesermassen, die sich ebenso gedankenlos in den Sog der Geschichte hineinziehen lassen wie er, ständig zu unittelbaren Nachfolgeerlebnissen ein. Überhaupt ist dieses Ich ein ausgesprochenes Gruppen-Ich. Und zwar versteht Remarque unter ›Gruppe‹ erst einmal die engeren Kameraden, dann jene Kompanie, die den Rahmen der geschilderten Fronterlebnisse bildet, und schließlich die Generation all jener Achtzehnjährigen, die wie sein Bäumer 1914 in diesen Krieg einfach so hineingestolpert sind. Es ist deshalb in diesem Roman (im Gegensatz zu Koeppen und Renn, die ausgeprägte Einzelschicksale gestalten), ebensooft von ›Wir‹ wie von ›Ich‹ die Rede. Trotz ihrer jeweils angegebenen Vor- und Nachnamen haben allerdings diese ›Wir‹ bei Remarque kein wirkliches Gesicht. Sie sind alle gleich »unerfahren«, gleich »hilflos«, gleich »unschuldig«. Es sind »arme Hunde« oder »Frontschweine«, die zwar auch schießen, aber mit denen man eigentlich nur Mitleid haben kann. Neben Schlafen, Essen, Skatspielen, Rauchen, Fluchen, auf der Latrine sitzen, dem Besuch eines Mannschaftsbordells und kurzen Affären mit französischen Mädchen, die sich ihre ›Freundlichkeiten‹ mit Kommißbroten bezahlen lassen, bleibt also das ›Positive‹ in diesem Roman lediglich die ›Gruppe‹, die ›Kameradschaft‹. »Wir Soldaten«, heißt es an einer Stelle, sind eine »große Brüderschaft« — und das, obwohl das »Solidaritätsgefühl« dieser Gruppe letztlich nur auf der allgemeinen Sträflingssituation beruht. Doch das scheint Remarque nicht weiter bekümmert zu haben. Und so werden selbst die persönlichsten Empfindungen in diesem Roman immer wieder ins Kameradschaftliche verallgemeinert. Nicht nur mit Paul Bäumer, sondern auch mit der ihn umgebenden Gruppe sollen sich die Leser dieses Romans identifizieren können.

Genauer besehen, ist diese Tendenz zur Verallgemeinerung des Subjektiv-Erlebten ins Gruppenhafte, Generationsmäßige, Allgemeinmenschliche, Massenhafte oder auch Nationale seit eh und je das offene oder versteckte Geheimnis aller wahrhaft populären (oder trivialen) Literatur gewesen. Das beweisen sowohl die Marlitt, Hedwig Courths-Mahler und die völkischen Frontromane als auch Heinz Günther Konsalik und die BILD-Zeitung. Was Remarque von solchen Schreibweisen unterscheidet, ist lediglich die spezifisch neusachliche Note, die den Roman *Im Westen nichts Neues* charakterisiert. Sein Verallgemeinerungsprinzip beruht nicht auf sentimental-verkitschten oder chauvinistischen Konzepten, sondern auf jener ins Massenhafte zielenden Demokratisierungstendenz der mittleren zwanziger Jahre, die sich bestimmter soziologischer Begriffe wie Gruppe oder Generation vor allem darum bediente, um so eine innere Angleichung der mittelständischen Leserschichten zu erreichen. Als Frontstellung gegen elitär überspannte Literaturvorstellungen ist das durchaus positiv, als Tendenz zur Standardisierung und Kommerzialisierung jedoch eher negativ zu bewerten. Diese Angleichung bewirkte nämlich jene ominöse Konformität, die man in den USA zum Zwecke einer möglichst raschen Integration der verschiedenen Einwandererschichten und zur Vermeidung möglicher Klassenkonflikte ebenfalls als ein ›homogenisierendes‹ Demokratiekonzept ausgegeben hatte. Das Ergebnis dieser Entwicklung war eine Standardisierung, die Adorno — und im Anschluß an ihn Helmut Lethen — als die innere Faschisierung der Weimarer Kulturindustrie im Zeichen des Fordismus und damit eines ›Weißen Sozialismus‹ interpretiert haben. Kracauer hat den gleichen Prozeß als die kommerzielle Angleichung an die Angestelltenmentalität der zwanziger Jahre beschrieben. Und so entstand in diesem Zeitraum eine neusachliche Literatur, die ihre Wendung zu den mittleren Leserschichten gern als eine Wendung ins Demokratische oder gar Allgemeinmenschliche hinzustellen suchte.

Kein Wunder also, daß dieser neusachlichen Homogenisierung auch in Remarques *Im Westen nichts Neues* alle individuellen Lernprozesse, ja überhaupt jede subjektive Profilierung oder gar Reflexionsfreudigkeit zum Opfer fallen. Hier ist — nach dem gängigen behavioristischen Modell dieser Jahre — Mann einfach Mann, ohne sich groß Gedanken über die eigene Situation oder das größere Ganze zu machen. Remarques Helden denken darum nie nach. Ja, Denken wird ihnen ausdrücklich als irritierende Gefahr abgewehrt. »Das Grauen läßt sich ertragen, solange man sich einfach duckt«, heißt es, »aber es tötet, wenn man darüber nachdenkt.« »Hier darf ich nicht weiterdenken«, lesen wir an anderer Stelle, »dieser Weg geht in den Abgrund.« Und so beschränken sich seine Soldaten weitgehend auf das »Notwendigste«, das heißt sie töten, um nicht selber getötet zu werden. »Krieg ist schließlich Krieg«, beteuern sie immer wieder. Die sich darin ausdrückende Haltung wird gern mit Adjektiven wie »müde«, »ausgebrannt« oder »wurzellos« charakterisiert. Überhaupt empfinden hier alle stets das gleiche: »Wir sehen die Zeit neben uns schwinden in den farblosen Gesichtern der Sterbenden, wir löffeln Nahrung in uns hinein, wir schießen, wir töten, wir liegen herum, wir sind schwach und stumpf, nur das hält uns, daß noch Schwächere, noch Stumpfere, noch Hilflosere da sind.« Jeder Zweifel an dieser Situation wird mit einem höhnischen Achselzukken, einem Fluch, einem Zynismus abgewehrt. Man hält einfach durch.

Selbst wenn die Frage nach der Schuld an der allgemeinen Misere einmal unabweislich wird, bleiben die Antworten darauf meist reichlich vage. Schuld an diesem Schlamassel, heißt es, sind die ›Alten‹, vor allem die Väter, Pastoren und Oberlehrer, deren schöne Worte sich angesichts der grausigen Realität des Krieges, das heißt der Gasschwaden und Tankangriffe, des Trommelfeuers, der Ruhrepidemien, Verstümmelungen und herausquellenden Gedärme, der Massengräber und Leichenratten, des allgemeinen Karbol- und Verwesungsgeruchs, als inhaltslose Phrasen erweisen. Über das gesellschaftliche System, das diese ›Alten‹ repräsentieren, erfährt man dagegen nichts. Auch vom Widerstand gewisser Gruppen, der zu den Matrosenrevolten und Soldatenräten von 1917/18 führte, ist nirgends die Rede. In den Greueln des Krieges offenbart sich für Remarque lediglich der »Bankrott« der bisherigen Erwachsenenwelt und der geistig-menschliche Ruin der jüngeren Generation. Das letzte Wort behält deshalb stets der Tod, während die Frage nach der Zukunft bewußt offenbleibt. Jene Reporter, die ihn nach dem Sinn des Ganzen fragten, hat Remarque immer wieder mit der Formel abgespeist: »Ich verstehe nichts von Politik. Ich habe keine Lehre zu verkünden.« Ihm sei es, sagte er, nur um das »rein menschliche Erleben« gegangen.

Kein Wunder also, daß der Erste Weltkrieg in diesem Roman ein unverstandenes Verhängnis oder Schicksal bleibt. Er wird weder von vorwärts (von seinen Ursachen her) noch von rückwärts (im Lichte späterer Erfahrungen) gedeutet. Er wird auch nicht von oben (aus der Offiziers- oder Intellektuellenperspektive) oder von unten (aus der Proletarier- oder Spartacusperspektive) gedeutet. Er wird letztlich überhaupt nicht gedeutet, sondern präsentiert sich nur als Faktum, als Gegebenheit, als chaotische, weil unverstandene Wirklichkeit.

Und damit kommen wir auf die Anfangsfrage, nämlich die Frage nach den Ursachen des sensationellen Erfolgs von *Im Westen nichts Neues* zurück. Dieses Buch wurde ein Weltbestseller, weil es allen Fragen, allen Reflexionen, allen Interpretationen aus dem Wege geht. Die meisten fortschrittlich orientierten Intellektuellen haben es darum abgelehnt: ob nun die parteigebundenen Linken der *Roten Fahne* und der *Linkskurve*, linksliberale *Weltbühne*-Autoren wie Tucholsky und Ossietzky oder Kritiker der Massenkultur wie Adorno und Kracauer. All diesen Kritikern erschien dieses Buch nicht parteilich, nicht aufklärerisch, nicht subjektivistisch genug. Eine positive Reaktion rief dieser Roman innerhalb der Intellektuellen anfänglich nur bei einigen völkisch-gesinnten Autoren oder gefühlsbetonten Pazifisten wie Toller und Fritz von Unruh hervor. Doch auf Intellektuelle hatte es Remarque ohnehin nicht abgesehen. Im ging es um die sogenannten kleinen Leute. »Wenn Lieschen Müller mich versteht«, betonte er immer wieder, »nur dann habe ich mein Ziel erreicht.« Doch »versteht« ist hier wohl nicht das richtige Wort. Schließlich gibt es in diesem Werk nichts zu verstehen. Hier kann man sich nur einfühlen, nur spontanes Mitleid empfinden, nur Mit-Betroffener oder Mit-Kumpel sein. Aber mit einer solchen Haltung war bei jenen Lesern, die man nie zu einem Denken in größeren Zusammenhängen ausgebildet hatte, doch einiges gewonnen. Denn auch bei einer unmittelbaren Identifikation mit ›ihrem‹ Bäumer und seiner Gruppe mußte diesen Leuten aufgehen, daß all diese armen Luder völlig umsonst gefallen waren. Und das war angesichts der gewaltigen Gegenpropaganda der Nazis ein nicht zu verachtender Effekt.

Relativ problematisch bleibt dagegen das von Remarque als ›Kumpelei‹ ausgegebene Kameradschaftskonzept. Einige der Völkischen standen daher, wie gesagt, diesem Roman anfangs gar nicht so ablehnend gegenüber. Im Gegenteil. Allerdings wurde dieses Kameradschaftskonzept ab 1929/30 durch Schauwecker, Beumelburg und Konsorten schnell von rechts überholt. Und so flog im Mai 1933 auch der Roman *Im Westen nichts Neues* Unter den Linden auf den allgemeinen Scheiterhaufen. Aber schon ein Jahr später versuchten die Nationalsozialisten, Remarque aus seinem Schweizer Exil wieder nach Deutschland zurückzulocken. Doch Remarque lehnte ab. Aus diesem Grunde lief 1935 in Nazi-Deutschland eine erneute Hetzkampagne gegen Remarque an. Ja, 1936 erschien im *Völkischen Beobachter* sogar ein anonym eingeschickter Frontbericht, der in einem redaktionellen Vorspann als ein echt deutsch-nationales und anti-remarquisierendes Dokument hingestellt wurde (bis man entdeckte, daß dieser Abschnitt aus dem Roman *Im Westen nichts Neues* stammte).

Ob Remarque in der Folgezeit politisch viel hinzugelernt hat, sei dahingestellt. Jedenfalls ist sein Roman *Zeit zu leben und Zeit zu sterben* von 1954, in dem es um den Zweiten Weltkrieg geht, wiederum ein Roman der kleinen Leute und sogenannten ›Frontschweine‹. Auch in ihm erfährt man fast nichts über das Vorher und das Nachher, das heißt über den Faschismus oder das Nachkriegsdeutschland. Selbst die ›Helden‹ dieses Werkes töten nur, um nicht getötet zu werden. Dennoch sollte man auch dieses Buch — wie schon *Im Westen nichts Neues* — nicht ohne weiteres verdammen. Schließlich ist es — im Gegensatz zu Konsaliks *Arzt von Stalingrad* aus derselben Zeit — kein Rechtfertigungsroman. Es ist wiederum ein Werk für jene kleinen Leute, die auch in den Zweiten Weltkrieg einfach ›so hineingestolpert‹ sind, ohne sich groß Gedanken über das Ganze zu machen. Welche Schlüsse solche Leute aus diesem Buch ziehen sollen oder können, bleibt allerdings unerfindlich. Doch eins ist auch hier klar: sicher keine chauvinistischen, keine militaristischen, keine neofaschistischen. Und das läßt sich als Grundeinstellung nicht einfach von der Hand weisen. Wenn man den *BILD*-Lesern unter den sogenannten kleinen Leuten mit Höherem, Anspruchsvollerem käme, auf das sie bildungsmäßig gar nicht konditioniert sind, würden sie vielleich nur mit den Achseln zucken. Beklagen wir darum nicht nur die Machart von Romanen wie denen von Remarque, sondern auch den niedrigen Bildungsstand all jener Menschen, die ihre kleinen Gesten der Betroffenheit oder gar Verweigerung nur aus solchen Büchern beziehen können, weil ihnen die anderen notwendig zu ›hoch‹ sind.★

★ Erstmals 1981 in New York auf einem Kongreß der Modern Language Association gehalten. Das Buch *Erich Maria Remarques »Im Westen nichts Neues«. Ein Bestseller der Kriegsliteratur* (1980) von Hubert Rüter war mir damals noch nicht bekannt. Es sei hiermit nachdrücklich auf diese höchst informative Studie hingewiesen.

Paul Stöcklein

Zur Psychologie des Hasses

Joseph Roths Deutung des Judenhasses — mit einem Blick auf Freud

Es muß in der New Yorker U-Bahn gewesen sein, vor vierzig Jahren etwa, da fiel der Blick eines Fahrgastes auf die Zeitung, die ein neben ihm sitzender Schwarzer las. Es waren hebräische Buchstaben! Und der Fahrgast, ein Gelehrtenkopf, in Berlin mochte er einmal zu Hause gewesen sein, wahrscheinlich Jude, beugte sich zu dem Lesenden hinüber und sagte: »Neger allein jenügt Ihnen wohl nicht.«

Ich habe diese schwebende Geschichte manchesmal erzählt, und als Mitte der siebziger Jahre Torbergs *Tante Jolesch* erschien, habe ich einmal, nachdem ich sie erzählt hatte, noch etwas dazu gesagt, etwas zitiert, nämlich jene unvergleichlichen Sätze, mit denen das Vorwort dieses zweibändigen Werkes, das einen Untergang beschreibt, schließt: »Vielleicht hätte ich ein Buch der Trauer schreiben sollen, aber die möchte ich doch lieber mit mir allein abmachen. Wehmut kann lächeln. Trauer kann es nicht. Und Lächeln ist das Erbteil meines Stammes.«

Aber da kam ich schlecht an. Die beiden Gesprächspartner, junge denkfreudige Kollegen, fanden weder die Anekdote noch diese Sätze gut und »richtig«, eher »resignativ«, im Grunde »stabilisierend« für das »Vorurteil«; das einzige erkenntnisfördernde Moment sei die Parallelisierung zweier »Mechanismen« der Minderheitenunterdrückung: des Schicksals der Juden und der Neger.

Damals nahm ich mir vor, einmal zu beschreiben, wie beispiellos, ohne geschichtliche Parallele, der braune Haß sein Werk vollbrachte. Die Juden wurden ja nicht nur getötet, sondern zu Tode gequält — und dies begann schon im österreichischen Frühjahr 1938, während welcher Monate über 6000 Juden allein in Wien Selbstmord begingen (natürlich besteht Mitschuld der Nachbarstaaten, die offiziell fast niemanden hereinließen; allenfalls zur Durchreise). Und dies bei einem Volk, dessen Selbstmordrate erstaunlich niedrig ist.

Nur vom Haß wollte ich sprechen. Die anderen Faktoren, z. B. die Gehorsamsmaschine, die sogenannte Ideologie, die politische Rechenkunst, das alles kennt man schon einigermaßen. Die höchst eigentümliche Farbe der bösen Flamme aber — dies allein mein Gegenstand! Was ich über die Entstehung dieser Flamme bei Roth und Freud gelernt habe, darauf stütze ich mich, ohne ihnen in allem und jedem zu folgen. So ist's schließlich ein Aufsatz über Roth geworden und ein wenig über Freud — Freud hat viel weniger über den speziellen braunen Haß geschrieben, eigentlich nur den Exkurs im *Mann Moses*.

Nichts braucht der Leser von heute dringender als Anschauung. Das anschauliche Detail, das kein begriffsloses sein muß! Deshalb zunächst zwei farbgebende Berichte, deren Einzelheiten später gedeutet werden sollen. Den ersten entnehme ich dem umfänglichen Überblickswerk von Lucy S. Dawidowicz (*Der Krieg gegen die Juden 1933—1945;* deutsch 1975); er betrifft östliche Vorgänge 1939—1945.

> Die ausgeklügeltsten Grausamkeiten wurden besonders für fromme Juden und Rabbiner aufgespart, deren traditionelle jüdische Kleidung — Hut und langer Kaftan — sowie ihr Bart und ihre Schläfenlocken sie als Inbegriff des Juden kennzeichneten [...] Die Deutschen suchten mit Absicht fromme Juden aus, um sie zu zwingen, die jüdischen Heiligtümer zu schänden und zu vernichten, sogar Synagogen in Brand zu stecken. An einigen Orten häuften die Deutschen die Thora-Rollen auf dem Marktplatz aufeinander und zwangen die Juden, den Haufen anzuzünden, zu umtanzen und zu singen: »Wir freuen uns, daß die Scheiße brennt« [...] Das beliebteste deutsche Spiel, das in zahllosen Varianten getrieben wurde, war »Bärte«.

Es folgen die grausigen Spiele. Was der Bart dem strenggläubigen Ostjuden bedeutet, darüber lese man etwa in *Juden auf Wanderschaft* nach, einem Werk Roths von 1927.

Daß andere Juden, z. B. alteingesessene Berliner, Assimilierte von hohem Ansehen, ganz anders, doch genau so höllisch behandelt wurden — die Qual war auf das Opfer zugeschnitten —, zeigt das Schicksal von Ernst Heilmann, der vorher lange Jahre (1921—1933) Fraktionsvorsitzender der Sozialdemokraten im Preußischen Landtag gewesen war, ein bekannter Redner, der von 1933 an durch verschiedene Konzentrationslager geschleppt, schließlich auf Himmlers Befehl 1940 erschossen wurde. Wir haben einen zuverlässigen Bericht, wie es ihm im Lager Börgermoor erging (E. Kosthorst, B. Walter: *Konzentrations- und Strafgefangenenlager im Dritten Reich: Beispiel Emsland*. 3 Bde. 1983). Er erhielt

> eine Kette um den Hals gelegt und wurde gezwungen, wie ein Hund auf Händen und Füßen zu laufen und gleichzeitig zu bellen. Alsdann wurde er bellend in die einzelnen Baracken geführt. In jeder Baracke mußte er rufen: ›Ich bin der jüdi-

sche Landtagsabgeordnete Heilmann von der SPD-Fraktion!‹ In der Baracke 6 wurde er gezwungen, einen das Nazi-System verherrlichenden Vortrag zu halten [...]

Es geht so weiter und endet bei ›Spielen‹ im Hundezwinger mit bissigen Schäferhunden. — Hoffentlich sind die beiden Beispiele einigermaßen repräsentativ und können dem heutigen Leser die genannte ›Farbe‹ vergegenwärtigen. Später will ich das Rothsche Bild des Hasses und diese zwei Exempel nebeneinander stellen, aneinander erläutern, und will untersuchen, ob jenes Bild der Wirklichkeit standhält. Bevor ich es nun in den Hauptstrichen nachzeichne, möchte ich dem Leser raten, sich von herkömmlichen oder bequemen Klischees zu lösen. Zu ihnen gehört die Erklärung, bei jeder Soldateska habe es Sadisten gegeben, die sich natürlich auch gerne an Juden vergingen; oder die beliebteste aller Erklärungen: der neue Antisemitismus stamme direkt vom alten ab — obwohl doch schon die Träger so verschieden sind: damals Christen, später Christenhasser wie Hitler, der in seinen »Tischgesprächen« verkündete, er werde nach dem Krieg die Kirchen »zertreten«.

Wie sieht aber nun Roth diesen Judenhaß? (Seine mitteleuropäischen Erscheinungsformen hebt er übrigens von den ihm wohlbekannten osteuropäischen scharf ab.) Seine einschlägigen Äußerungen reichen von den Jahren des *Spinnennetzes* und des *Berliner Bilderbuchs* bis zum Todesjahr (1939). Aus reichen Erfahrungen, schon mit den Völkischen gewonnen, wachsen Hunderte von Seiten. Als Hitler Anfang 1930 erklärte, er werde die Rechte der Juden, falls er ans Ruder komme, nicht antasten, ließ sich Roth nicht im geringsten täuschen; auch dann nicht, als Hitler seine antisemitischen Tiraden für ein paar Jahre einstellte. Wie war es nun nach Hitlers Machtantritt und den vorsichtig tastenden ersten Regierungsschritten? Roth schreibt 14 Tage nach dem Machtwechsel an Stefan Zweig:

[...] inzwischen wird es Ihnen klar sein, daß wir großen Katastrophen zutreiben. Abgesehen von den privaten — unsere literarische und materielle Existenz ist ja vernichtet — führt das Ganze zum neuen Krieg. Ich gebe keinen Heller mehr für unser Leben [...] Machen Sie sich keine Illusionen. Die Hölle regiert. — Herzlichst Ihr alter Joseph Roth.

Sechs Wochen später teilt er ihm mit: »Ich fürchte, daß ich in die Lage gerate, einen möglichst schnellen Krieg wünschen zu müssen«, und er unterstreicht das Wort »wünschen«. — Jetzt ist zu fragen: Welches Bild, welche Erkenntnisse über den Haß stehen hinter diesem Vorgefühl?

»Ich sage Ihnen, es sind die reinsten Tiere.« Dies ist das Wort eines

Freundes, eines Kampfgenossen Roths, Dietrich von Hildebrands, in dessen Zeitschrift *Der christliche Ständestaat* Roth später oft schreiben wird. Der Philosophieprofessor Hildebrand, der Sohn des Bildhauers, hat jenen Satz schon in den zwanziger Jahren zu einem seiner Münchner Doktoranden gesagt. Redet Hildebrand von »Tieren«, so Roth von »Bestien«, die freilich ihren Tierinstinkt mit der Verschlagenheit, ja der Wissenschaftsbegabung und Lügenkunst wahrer Teufelsbündner verquicken.

Nachdem sie einmal die Stufen zur Macht erklommen haben, so Roth 1933, werden sie sofort die Mittel der modernen Technik und die Kunst der »Medienbeherrschung«, wie man heute sagen würde, einsetzen und unüberwindlich werden, jedenfalls für jeden Widerstand aus dem Innern. Vor allem: niemand mehr wird die Bestien als Bestien erkennen. Viele Frauen finden sogar — um mit Worten aus Ionescos *Nashörnern* zu sprechen — die Tiere vitaler und schöner als uns blaßhäutige Menschen. Genau das ist auch die Sicht Roths.

Nun muß sich aber die sieghafte Bestie eine dunkle Folie, einen Untermenschen schaffen, um licht von Sieg zu Sieg über ihn hinwegzuschreiten. Wo findet man den Feind? Am locus minimae resistentiae, d. h. wo man ungestraft quälen kann. Ungestraft: Das Ausland wird sich nicht viel kümmern, die Nachbarvölker, selbst mehr oder weniger antisemitisch, werden die Grenzen schließlich zusperren; die Kirchen werden warten. Roth schreibt 1937 über die Lage der Juden in Deutschland:

> Es gibt keinen Rat, keinen Trost, keine Hoffnung [...] Millionen von Plebejern brauchen dringend ein paar armselige hunderttausend Juden, damit sie bestätigt erhalten, daß sie bessere Menschen sind [...] Der Nationalsozialismus gibt sich selbst auf, sobald er irgendeinen Kompromiß mit Juden schließt. Er zielt ja weiter, in eine Richtung, die Juden gar nicht unmittelbar angeht.

Er zielt also »weiter«. Wohin? — Roth hat im selben Jahr 1937 einen großen prinzipiellen Aufsatz über *Emigration* — so der Titel — geschrieben, in dem er das Endziel des Hasses nennt:

> Man hat den Davidstern angespien, um das Kreuz anzugreifen ... Man kann nicht — auch wenn man sich dessen schämt — oft genug wiederholen, daß die heutigen Deutschen die Juden nicht deshalb hassen, weil sie Jesus Christus gekreuzigt haben, sondern, weil sie ihn hervorgebracht haben.

Es ist Parabelsprache. Dem Sinn der angedeuteten Parabel hinter diesen Zeilen — der Essayist Roth schreibt absichtlich farbig und fast narrativ, weil er die Kinder einer verworren-mythophilen Zeit erreichen will — soll noch nachgegangen werden.

Aber der Haß »zielt« immer noch »weiter«. Goebbels hat schon 1933 seinem Tagebuch anvertraut: »Wir werden selbst eine Kirche werden.« Natürlich ist eine Kirche gemeint, zu deren Zwangsglaubenssätzen gehören würde: Schwachsein ist Verbrechen, der Fremde ist rechtlos; wer Fremder ist, bestimme ich. Jedenfalls deutet Roth als ein Ziel des Hasses die Vernichtung der Menschlichkeit an, vor allem der Liebe, die Ausmerzung der weltgeschichtlichen Wirkung des »Jammerlappens von Nazareth« (mit diesem Wort parodiert er die Sprache des Hasses in seinem Essay *Österreich atmet auf*). — Wichtig ist ein Aufsatz, den Roth wenige Monate vor seinem Tode, wohl Anfang 1939, geschrieben hat: *Le ›dynamisme‹ eternel*. Darin heißt es über den Judenhaß in Deutschland:

> Dieser Haß hat tiefere Gründe, als die Hassenden selbst es wissen [...] es hieße den Antisemitismus der Deutschen mißverstehen, wenn man ihn etwa lediglich als eine Abart des bei allen Völkern verständlichen, wenn auch nicht selbstverständlichen, Antisemitismus auffassen wollte [...] Sie selbst glauben, sie haßten den Zionsstern, aber sie hassen in Wirklichkeit das Kreuz. Sie selbst glauben, sie haßten an den Juden die Neigung zum Geld und zum Wucher und zur Ausbeutung. Aber sie hassen in Wirklichkeit das Leiden, das Leid, das die Liebe ist.

Er erläutert noch kurz: »Nur das Leid, das sie nicht kennen«, könnte in Zukunft einmal die Hassenden »erlösen«, nur das Leid »mag sie eines Tages besser machen«.

Er unterscheidet »Leid« und »Leiden«; das erstere meint sicher das — bewußt oder unbewußt — gottergebene, das akzeptierte Leiden, das dann auch »Verständnis« für fremden Schmerz hervorbringen kann, das Barmherzigkeit und »Liebe« ermöglicht.

Der Aufsatz sollte ins Französische übersetzt werden — was dann nicht geschah, als Roth starb. Der Arbeit haftet, wohl schon in dieser deutschen Urform, etwas lakonisch Pointierendes, gleichsam etwas Französisches an, so auch in der hochgespielten Unterscheidung von Leiden und Leid, deren Sinn beim Übersetzen wohl noch verdeutlicht und entfaltet worden wäre.

Damit hat sich das Bild gerundet, so sah Roth den Affekt und sein Werden. Aber da waren doch die beiden Beispiele! Taugt eigentlich Roths Erklärungsschema für sie? Man spürt sofort: es ist hilfreich für das erste Beispiel, für das zweite kaum.

Der Schlag, der auf die Ostjuden niedersauste, empfing seine Wucht, seine Bosheit aus einer doppelten Motivation. Gehaßt wurde offenbar nicht nur der Jude; zwei Haßströme flossen zusammen: Geschlagen wurde im »Rabbi« wohl auch der »Pfaffe«. Verwüstet wurde im Bethaus die Sakralität überhaupt. Und mit der Thora wurde heimlich die Bibel dem Feuer übergeben; wollten doch schon 1933 Heißsporne auch das Alte Testament auf den brennenden Bücherhaufen schleudern. Mit dem Alten sollte aber gewiß zugleich das Neue Testament getroffen werden. Ein Teil des alten nur halbbewußten Christushasses, sozusagen ein Haßstrahl, hat sich »verschoben« — um aus Freuds Wortschatz ein treffliches Wort zu holen — auf den Juden verschoben, zumal da er den locus minoris resistentiae bildet.

In einem Roman Roths findet man das alles psychologisch auseinandergefaltet: im *Tarabas* von 1934, wo auch die Quälereien der Zukunft frappant vorausgesagt werden.* Zum Begriff des jüdischen »Prügelknaben« schrieb Roth 1937:

> Zum erstenmal in der Geschichte wird das Unglück der Juden mit dem der Christen identisch [...] Man prügelt den Moritz Finkelstein aus Breslau, und man meint in Wirklichkeit jenen Juden aus Nazareth.

Die Wahrscheinlichkeit solcher Deutung verstärkt sich, wenn man an den Augenblick denkt, als die Synagogen in Flammen aufgingen. Alle Schulungsleiter hatten doch jahrelang verbreiten müssen, daß die Juden wurzellose, zersetzende, keines Glaubens oder gar Gebets fähige, tief materialistische, gottlose Existenzen seien. Plötzlich nun alle ihre Gotteshäuser anzuzünden, das war ein diabolisches Paradox. Roth hat schon 1934 die »Pyromanie« der Nationalsozialisten vorausgeahnt. Im Grunde hatte sie zum Ziel, alle Gotteshäuser landauf, landab in lebendige Feuersäulen zu verwandeln, ob jüdische oder christliche. — Kurz und gut: Für das erste der beiden Beispiele bieten Roths Gedanken Erklärungshilfen.

Nicht so für das zweite. Ich erinnere an die ganz andere Form des Quälens in diesem Fall. Opfer war ein bekannter, in die preußische Welt längst hineingewachsener assimilierter jüdischer Politiker und Redner, ein »liberaler Hund«, wie der braune Jargon lautete. So zwang man ihn denn in der Tat, als Hund aufzutreten! Gewiß waren diese Peiniger, moderne Oliviers ex infima plebe, »schlecht getaufte« Burschen; ohne blasphemische Vorübungen ist solche sadistische Perfektion kaum zu erreichen. Dennoch bleibt der Zweifel am Rothschen Erklärungsschema; wollte man es direkt anwenden, es griffe sicher zu kurz. Vielleicht kann ich die Lage durch eine Analogie erläutern, durch Heranziehung des österreichischen Frühjahrs 1938. Die Christlich-Sozialen, sie waren seit Lueger antisemitisch infiziert,

---

* Zum *Tarabas* siehe meinen Aufsatz: *Woher der Haß? Die unbeachtet gebliebene Antisemitismusdeutung Joseph Roths aus den dreißiger Jahren.* Internationale katholische Zeitschrift 1984, Heft 5. Dort auch weiteres Material zu Roths Antisemitismusdeutung.

wie vor allem ihre *Reichspost* demonstriert. Und die Juden: die alteingesessenen oder schnell aufgestiegenen, sie waren fast synagogenfremd geworden, »liberal«. Scheinheilige Christen griffen sie auch gerade deswegen an; sie seien ohne »Bindung« im Religiösen, im Sexuellen, und wie die üble Litanei weitergeht. Freud und Roth, wenig später auch Werfel, haben zwar angedeutet: diese »schwarzen« Antisemiten seien in ihrem Unterbewußtsein ihrem christlichen Gott fremd und gram, es seien »schlecht getaufte« Christen. Aber selbst wenn das so sein sollte — es spricht manches dafür —, so bleibt das Erklärungsprinzip »Verschiebung« in diesem Falle doch nur bedingt anwendbar. Als Schlüsselprinzip ist es erst recht für den Fall Heilmann unbrauchbar. Die Aufstellung eines Urgegensatzes — braun gegen schwarz — führt nicht weiter. Sollte das Roth nicht selbst gespürt haben?

Vergegenwärtigen wir uns jedoch die politisch-publizistische Situation, das Publikum, für das Roth schrieb, damals in der Emigration. Ich beanspruche jetzt die Geduld des Lesers; ein größeres Stück aus Annette Kolbs Erinnerungsbuch *Memento* schalte ich ein — es gibt nichts Anschaulicheres, Instruktiveres, um sich die Lage der schreibenden Emigranten im Paris der Jahre 1933 bis 1936 klar zu machen.

> Und von den sieben Jahren, die ich hier verbrachte, verliefen die drei ersten glücklich. Die Nachrichten aus Deutschland waren sehr widersprechend [...] Früh emigrierte Israeliten, die es wagten, nochmal zurückzukehren, hatten es fertiggebracht, Deutschland wieder heil zu verlassen. Es war also alles nicht so schlimm. Ausländische Juden übrigens konnten sich dort noch lange sicher wähnen wie in Abrahams Schoß, ach, und geradezu niederdrückend war die gute Presse Hitlers in Paris. ›Je ne comprends pas‹, sagte mir eine Madame de L., ›que vous ayez quitté l'Allemagne.‹ Im *Temps*, dem damals größten Pariser Blatt, erschien, von einem namhaften Autor gezeichnet, jener lange Artikel über Hitler, der mit den Worten schloß: ›Est-ce Parsifal?‹ Ich zeigte ihn Schickele, und wir fragten uns, ob es den Franzosen nicht vielleicht zur Ehre gereicht, daß sie sich den Typ Hitler so gar nicht vorstellen konnten [...] Seine Natur war mit der jenes unheimlichen Subjektes verwandt, eines nahen Landsmannes von ihm, der Jahre hindurch seine vielen finsteren Mordtaten verübte, ohne Verdacht zu erregen, weil er alljährlich in der Fronleichnamsprozession, scheinbar in Andacht versunken, mitging [...] Die Deutschen aber, die aus dem Konzentrationslager entlassen wurden, erzählten nichts von ihren Erfahrungen [...] Das Schlagwort ›Kraft durch Freude‹ fand ein internationales Echo, die Jugend ahnte nicht entfernt, was ihr bevorstand, von Krieg war weit und breit keine Rede.

Die Lage Roths — »ich habe nie wieder einen Menschen gekannt, der so viel reiner Empörung fähig war«, so Irmgard Keun — war verzweifelt. Ihm, dem verwöhntesten Journalisten »im ganzen Reich«, ihm hat sich keine der großen Zeitungen des Auslands geöffnet, keine in seiner neuen Heimat Frankreich, erst recht nicht in der oft besuchten Schweiz; die Ausnahmen sind spärlich. Die Zeitschriften und Wochenzeitungen aber, die ihm geblieben waren oder neu auf ihn zukamen, und die er fleißig belieferte, sie hatten wenig Strahlungskraft und meist wenig Leser. Ein paar kleine Ausnahmen gibt es auch hier: Einmal schrieb er in den *Cahiers Juifs*; oft publizierte er in *Der christliche Ständestaat*. Diese Wochenzeitung hatte zwar nur wenige Leser, doch in den Jahren 1934 und 1935 einen gewissen Einfluß auf führende Kreise in Österreich.

Ihm — und nicht nur ihm — war die Feder aus der Hand geschlagen. Die politische Feder. Dem Leser dieser Seiten kann ich sofort einen Beweis vorlegen. Alle Texte, die er von Roth bis jetzt gelesen hat, sind in jenen Jahren nie gedruckt worden! Sie fanden sich im Nachlaß, sie entstiegen Redaktionsschubläden, sie kamen Gott weiß woher. Viele solcher Manuskripte wanderten dann in das Leo-Baeck-Institut, der wichtigste Teil gelangte glücklicherweise in die jetzt fünfbändige Ausgabe. Das Verdienst kommt seinen Freunden zu (zu denen ich nicht Cziffra rechne), die sofort nach seinem Tode zu suchen und zu sammeln begannen, aber auch spürsinnigen Gelehrten.

Die berufliche Beengung Roths hat natürlich auch seine Themen eingeschränkt, hat bewirkt, daß er politische Themen eine Zeitlang mehr im Erzählwerk (z. B. in *Tarabas*) behandelte, daß sich seine ganze ›Strategie‹ etwas änderte. Natürlich erklären sich so auch jene Abbreviaturen, jene fast verzerrenden Zusammenziehungen von Gedanken, die der Leser bemerkt haben wird.

Ich will als letztes Roth-Zitat eine Passage aus einer 1933 publizierten glanzvollen Arbeit bringen. Die genannten *Cahiers Juifs* hatten für den Herbst 1933 ein gewichtiges Heft über den »Apport« der Juden zur deutschen Kultur geplant. Das Heft erschien tatsächlich, eingeleitet von Albert Einstein. Und hier war neben Aufsätzen von L. Schwarzschild und E. Fraenkel auch ein Artikel von Roth zu lesen — über die Bücherverbrennung. Es war ein langer französischer Essay, der natürlich auch den Judenhaß berührte.

Roth arbeitete, an sein neues Publikum denkend, geschickt mit dem Begriff des Furor Teutonicus, des Zertrümmerers der Kathedralen im Heineschen Sinne, hoffte er doch im stillen auf die mächtige kämpferische Gegenkraft der Kirchen, auch der von der kommenden Expansion der Barbaren bedrohten katholischen Kirche Frankreichs. Er interpretiert den modernen Judenhaß, wie man sehen wird, durch den neuen Christenhaß.

Auch die Form ist geschickt gewählt: Häufiges Pointieren und Verkürzen, doch dabei alles bunt, einprägsam. Einige Sätze daraus:

> L'invasion sanglante des barbares à la technique perfectionée, la migration formidable des orangs-outangs mécanisés, armés des bombes à mains, de gaz asphyxiants, d'ammoniaque, de nitroglycérine, de masques à gaz et d'avions, la révolte des descendants [...] des Cimbres et des Teutons, tout cela signifie bien plus que ne voudrait le croire le monde menacé et terrorisé [...] L'Europe spirituelle capitule [...] En battant les Juifs, on poursuit le Christ. Pour une fois, on n'assomme pas les Juifs parce qu'ils ont crucifié Jésus, mais parce qu'ils l'ont engendré. Quand on brûle les livres des auteurs juifs ou supçonnés tels, on met le feu, en réalité, au Livre des livres: à la Bible. Quand on expulse et qu'on enferme des juges et des avocats juifs, on s'attaque, en esprit, au droit et à la justice.

Nach dieser Arbeit hat Roth seine politisch-journalistische Feder für eine Weile niedergelegt; er schrieb die beiden krypto-politischen Erzählwerke: den Roman *Tarabas* und das Parabelwerk *Der Antichrist*, das ihm leider nicht glückte. Dasselbe Ergebnis: Der neue Haß ist viel umfassender und sitzt viel tiefer als der alte Judenhaß (oder als der osteuropäische). Er richtet sich gegen jede Form der Pietas und Menschlichkeit, greift sich aber den Juden als willkommenen Prügelknaben heraus. Dem Judenhasser von heute wächst seine Kraft aufgrund der Tatsache zu, daß er — wie Tarabas, der seinen widerwärtigen katholischen Vater haßt — immer schon ein gelernter Christenhasser gewesen ist. Über den neuen Judenhaß kann man also abgekürzt sagen, er sei im Grunde Christenhaß.

Das ist wörtlich Freud. Wenn ich den bekannten Exkurs aus dem *Mann Moses* (1939) nun auszugsweise zitiere, liegt mir freilich jener Philologismus fern, welcher danach sucht, wer von wem abgeschrieben haben könnte. Die wichtigsten Sätze Freuds lauten:

> Die tieferen Motive des Judenhasses [...] wirken aus dem Unbewußten der Völker [...] Und man sollte nicht vergessen, daß alle diese Völker, die sich heute im Judenhaß hervortun, erst in späthistorischen Zeiten Christen geworden sind [...] Man könnte sagen, sie sind alle ›schlecht getauft‹, unter einer dünnen Tünche von Christentum sind sie geblieben, was ihre Ahnen waren [...] Sie haben ihren Groll gegen die neue, ihnen aufgedrängte Religion nicht überwunden, aber sie haben ihn auf die Quelle verschoben, von der das Christentum zu ihnen kam [...] Ihr Judenhaß ist im Grunde Christenhaß.

Die angenehme, historisch ausholende Sprach- und Erörterungsgebärde Freuds — man versteht sie in diesem Werk als Ausdruck des erfahrenen, schwermütig lächelnden Narrators; tiefsinniges wunderliches Erzählen will ja wohl das ganze Buch sein. Freud sucht hier nicht historisch zu belehren, trotz der vielen Rekurse auf Geschichte und Urgeschichte; er will nicht streng historisch unseren Rätseln beikommen. Er erzählt Mythen, Vorgänge, Möglichkeiten, oft sind es Gleichnisse, mit denen er uns über brennende Probleme ein Licht aufstecken will. Eine alte jüdische Kunst! Das sanfte, diffuse Licht dieser späten Geschichten und Anspielungen beleuchtet leise wesentlichere Dinge, als es diejenigen gewesen sind, die Freud seinerzeit in seinem wohl vorschnellen Buch über die Zukunft einer Illusion herausgegriffen hat. Er scheint jetzt viel mehr zu sehen, auf der Stufe des hohen Alters. Er gibt jetzt auch, nebenher, den Verfolgten zwischen den Zeilen einen guten Rat: sie sollten auf unserem gottverlassenen Kontinent – man schrieb 1939 –, falls sie ihn nicht mehr verlassen könnten, bei den nicht so »schlecht« getauften Völkern, etwa den längst christlich entbarbarisierten Italienern, Unterschlupf suchen. Ein Ratschlag, der sich bewähren sollte.

Freud hatte schon lange solche Gedanken erwogen. Im Frühjahr 1934 erschien ein Buch – *Bilanz der Judenheit* –, dessen Verfasser ein Freund Freuds war: der Schriftsteller Arnold Zweig. Dort liest man:

> Gelegentlich einer Unterhaltung stellte S. Freud den Satz auf: ›Nicht die Kreuzigung Christi verzeihen die Völker den Juden nicht, damit würden sie sich abfinden; die Person Christi selbst ist es, die sie zu Antisemiten macht. Sie wollen diesen Gott nicht, der allen ihren Instinkten zuwiderläuft, sie rächen sich für [...] all die Verzichte auf Triebbefriedigung an den Juden‹. Und das ist der Kern der Sache. Man ordne einmal die Völker nach dem Raume, den der Antisemitismus in ihrem Seelenhaushalt einnimmt: und man erhält eine Rangordnung, in welchem Ausmaße christliche Sittenlehre und christlicher Glaube ihnen fremd und zuwider ist.

Also auch hier das Lob der Romania. Was Arnold Zweig im letzten Satz sagt, hat er sicher von seinem Meister übernommen.

Freud und Roth wollten ihre Leser auf die Zukunft vorbereiten: Der Jude wird diesmal mit dem Christen in einem Boot sitzen. *Vorbereiten* war also das Ziel. Einprägsam, aufrüttelnd mußte die Botschaft sein! Also haben sie in ihren Darlegungen eine grelle Zusammenfassung, eine griffige Verkürzung nicht gescheut: Judenhaß sei eben »im Grunde Christenhaß«.

Verkürzung. Was ist, so frage ich noch einmal, weggefallen? Einmal die Tatsache, daß es nicht nur ein Haß auf Juden und auf Christen, sondern ein umfassender, elementarer Haß auf alle Form der Humanität war, der unter dem Boden Mitteleuropas glühte. Roth hat die beschriebene Verkürzung in seinen Essays – nicht im Erzählwerk – wohl deshalb vorgenommen, weil das kommende Grauen das Vorstellungsvermögen der Leser überfordert und nur Kopfschütteln erregt hätte. Weggefallen ist bei Roth und

Freud natürlich auch die Tatsache, daß der neue Haß die Juden nicht nur indirekt (Schema: Sündenbock, Prügelknabe), sondern ebenso direkt angezielt hat. Allzu sehr vereinfacht wird bei Roth auch die antisemitische Anfälligkeit des österreichischen Katholizismus. – Fazit: Die Welt von damals war leider so, wie sie Annette Kolb beschrieb: schläfrig-vergnügt, unerweckbar. Diese Welt glaubte sogar, die Juden seien Leute, welche »immer gleich schreien«, nichts werde »so heiß gegessen wie gekocht«. Diesem Publikum war publizistisch nicht beizukommen, allenfalls mit grellen Abbreviaturen, Vereinfachungen des allzu Komplizierten! Das also war das Schicksal unseres Themas im Blätterwald jener Zeit. Verständlich, daß viele der schreibenden Emigranten zwar nicht zu kämpfen aufhörten, aber schließlich mehr zum narrativen Element hinüberwechselten.

Auch ich möchte zu einer Geschichte greifen, um zum Schluß noch einmal deutlich zu machen, was notgedrungen damals ausgeblendet worden ist. Ich denke an eine altösterreichische Geschichte; sie handelt vom edlen Liberalen. Sie findet sich im *Altweibersommer* der Ebner-Eschenbach.

Zwei Ungläubige betraten eine Kirche, in der eben das Meßopfer abgehalten und zur Wandlung geläutet wurde. Der eine blieb aufrecht stehen, der andere kniete mit den Betenden nieder.
»Wie konntest du knien?«, fragte ihn beim Fortgehen sein Gefährte, »du glaubst ja nicht.« »Ich beugte mich vor dem Glauben der anderen«, erhielt er zur Antwort.

Ich bin überzeugt, daß dieser sich beugende Ungläubige eines Tages den »Haß« reizen wird, eben weil er sich beugt; daß er in Krisenzeiten, auch weil er so ›nonkomformistisch‹, so vornehm handelt (ich denke daran, wie Roth z. B. den ›Gelehrten‹ Walther Rathenau 1924 zeichnete: agnostisch, von Pietas geprägt, unerschrocken, leise), Haß und Hohn ernten wird. Sollte die See wieder stürmisch werden, wird der Christ mit ihm in einem Boot sitzen.

Brian Coghlan

›Bist nicht nur eignen Nutzens voll?‹

Mathis der Maler und der Weg in die Emigration

Die rückblickende Fantasie stößt mitunter auf merkwürdige Konstellationen: Marx und Metternich im gleichzeitigen Londoner Exil sind ein berühmtes Exempel für das Eingreifen des politischen Geschehens in das Leben des Einzelmenschen. Es gibt auch *causes célèbres* dieser Art in der Welt der Literatur: man denke etwa an Ovid, Voltaire, Victor Hugo, Bertolt Brecht, Alexander Solženicyn, wo jeweils das öffentliche Gesicht des mehr oder weniger selbstbewußten, manchmal auch selbsternannten Präzeptors, Vorbilds und ›Nationalgewissens‹ (»Wo ich bin, ist die deutsche Kultur«, meinte Thomas Mann) mit dessen eigentlichem Künstlertum weitgehend eins war. Der sich sodann auftuende Weg ins Exil, ob nun freiwillig oder erzwungen (geht man aber im Grunde freiwillig in die Emigration?) war in diesen Fällen auf den jeweiligen Inhalt des dichterischen Werks, auf dessen ›Aussage‹ und auf die öffentliche Haltung des schaffenden Künstlers zurückzuführen.

Der bewußte, der beredte Herold seiner Zeit ...[1] – Der bekannteste und wohl angesehenste deutsche Komponist seiner Generation, Paul Hindemith (1895–1963), scheint in derart volksheldenhafte Erwägungen schwer hineinzupassen.

Nicht, daß er so ganz harmlos gewesen wäre: als *enfant terrible* der deutschen Musik in den Weimarer Jahren ließe er sich sicher mit Weill, Křenek und Wellesz vergleichen. Benn, Brecht und Kokoschka waren nicht nur Zeitgenossen, sondern auch Mitarbeiter, was ein immerhin weites Feld zum Nachdenken darbietet. Kurzum: die zwanziger Jahre sind eine aufsehenerregende Sturm- und Drang-Zeit Hindemiths gewesen. Man denke etwa an *Sancta Susanna* (1921) – mit dem Text von August Stramm –, an

---

Mathis-Zitate im Text wurden folgender Ausgabe entnommen: Paul Hindemith, Mathis der Maler. Oper in sieben Bildern. B. Schott's Söhne, Mainz 1935/1966

[1] Hofmannsthal, Der Dichter und diese Zeit (1906). Prosa II, S. 289. Das Zitat bezieht sich auf Schiller

Hin und Zurück (1927), wo ein zurückgedrehtes Filmszenarium die eigentliche Handlung darstellt, oder *Neues vom Tage* (1929), wo die Hauptdarstellerin, nackt im Hotelbad liegend, einen Lobgesang auf die Vorteile der elektrischen Heizung zum Besten gibt — was die Breslauisch-Städtische Gasgesellschaft dazu bewegt haben soll, ein übrigens erfolgreiches Gesuch um einen gerichtlichen Unterlassungsbefehl einzureichen: »Opera is taken seriously in Germany«, bemerkte der Engländer Edward J. Dent.[2] *Neues vom Tage* wirkte auch bekanntlich auf die etwas merkwürdig gefügte Psyche des Josef Goebbels ein, was dann einige Jahre später unheilvolle Auswirkungen zur Folge hatte.[3]

Immerhin: Bis zum Anbruch der tausendjährigen Ära galt Paul Hindemith als die ›junge Hoffnung‹ der deutschen Musik:

> Hindemith was the young hope of German music ... A young, unaffected and gifted man, he was the prototype of the best kind of musician, and never let himself be thrown off balance. In spite of the attacks made on him by the Nazis, he remained the idol of the young musical generation.[4]

Dabei war Hindemith einwandfrei gesellschaftsfähig: virtuoser Bratschist, unangefochtener Lehrer und Autor (was 1937 seine *Unterweisung im Tonsatz* bestätigen sollte) — und, wie gesagt, angesehenster Komponist der jüngeren bzw. mittleren Generation. Jeglichem politischen Aktivismus abhold, selbst wo sich ihm die Tagespolitik und deren Vertreter aufzwingen wollten, sticht er uns nicht gerade ins Auge, wo es sich um Exilkandidaten in den bewußten »Zeiten der Wirren«[5] handelt. Daß er sich dann ab 1933 als ›Gerade-heraus‹-Mensch[6] erweisen sollte, hätte man schwer erahnen können.

Und doch: Entschiedener als etwa Thomas Mann (in den ersten Jahren nach der Machtergreifung jedenfalls), von Gerhart Hauptmann oder Richard Strauss ganz zu schweigen, und ohne rassistische Zwangsgründe, wie beispielsweise Arnold Schönberg, Kurt Weill, Bruno Walter und Otto Klemperer, von wesentlich anderer Weltanschauung auch als Bertolt Brecht, bereitete Hindemith sich doch ohne jegliche histrionische Gebärde auf die Emigration vor.

---

[2] Opera. Pelican (Harmondsworth) 1940, S. 129
[3] Vgl. Berta Geissmar, The Baton and the Jackboot. London 1944, S. 128ff.
[4] A.a.O. S. 129
[5] Stefan George, Der Dichter in Zeiten der Wirren: Dem Andenken des Grafen Bernhard Uexküll. Aus: Das Neue Reich (1928). Werke: Ausgabe in zwei Bänden. Düsseldorf/München 1968. I, S. 416
[6] Berta Geissmar, Musik im Schatten der Politik (Deutsche Fassung, siehe Anm. 3). Vgl. Andres Briner, Paul Hindemith. Zürich 1971, S. 115

Von dem ersten Zusammenstoß mit der NS-Obrigkeit im Zusammenhang mit *Mathis der Maler* (1934) bis zum endgültigen Entschluß, dem Hitler-Deutschland den Rücken zu kehren, dauerte es volle drei Jahre, obwohl bei diesem lang anmutenden Gärungsintervall von politischer Zweideutigkeit oder Unschlüssigkeit nichts zu spüren ist. Der Entschluß wurde also in aller Nüchternheit gefaßt, weitab von jeglicher Öffentlichkeitswirkung. Dabei blieb es aber, volle zehn Jahre lang (1937–1947), ohne daß dem Anschein nach die Kontinuität der kompositorischen Laufbahn und Lehrtätigkeit Hindemiths erheblich gestört worden wäre.

Die äußeren Ursachen und erst recht die von der NS-Presse vorgetragenen Beweggründe dürften noch wohlbekannt sein: Das Drama begann mit dem Vorhaben Furtwänglers, *Mathis* in den Spielplan der Berliner Staatsoper aufzunehmen, steigerte sich zu seiner Auseinandersetzung mit Goebbels und der NS-Obrigkeit und gipfelte in der Schrift *Der Fall Hindemith* (1934). Hinzu kam die Antipathie Hitlers und die seiner Trabanten gegen die Neue Musik. Das Ende war der vorübergehende Rückzug Furtwänglers und der endgültige Weggang Hindemiths.

Das war der Vordergrund. Die psychologisch-menschliche Wirklichkeit war etwas schwieriger. Der eigentliche Text des *Mathis*-Dramas, der Lebensweg und die *via dolorosa* von Mathis selber, dürften bei aller geschickten – ja genialen – Verschleierung der persönlichen Lage Hindemiths doch seine innere Entwicklung, gerade zu der Zeit, die seinem Entschluß voranging, widerspiegeln. Sein Text deutet nämlich auf grundsätzliche Wesenszüge des Menschen Hindemith selber hin. Verschiedene Aussagen seiner Charaktergestalten und ihre Handlungen verleihen seinem Entschluß, aus dem Hitler-Deutschland zu scheiden, das Gepräge einer unentrinnbaren Notwendigkeit. Man wird einer geradezu unaufhaltsamen Folgerichtigkeit gewahr, die mit dem eher ›Zufälligen‹ etwa dieses oder jenes kulturpolitischen Zusammenstoßes mit der Obrigkeit wenig zu tun haben dürfte. Ein weiterer Beweis für diese Auffassung des Textes ist wohl auch die Tatsache, daß die Endfassung in manchen Teilen von früheren Entwürfen und Skizzen bedeutend abweicht.[7] Wo Hindemith ursprünglich ein großes, bunt bewegtes historisches Bild vorschwebte – Martyrium des Heiligen Sebastian, Wallfahrtsort am Rhein, Große Volksszene, Kardinal Albrecht als Kaiser Diokletian, Kreuzgang beim Mainzer Dom, Lutherszene[8] – bezeugt die Endfassung einen deutlichen Konzentrationsprozeß,

---

[7] Vgl. Briner a.a.O. S. 122–138
[8] A.a.O. S. 123f.

wobei der Lebensweg des Künstlers Mathis zwar noch immer in die breit angelegte historische Handlung mit ihrer spätgotischen Kulisse eingebettet ist, gleichzeitig aber in immer stärkerem Maße von diesem farbenfrohen Panorama absticht. Andres Briner bemerkt z. B.:

> Der Vergleich von Entwurf und Endgestalt läßt erkennen, wie durch die Identifizierung von Mathis mit dem Antonius der Tafel und die dadurch bewirkte Zentralstellung von Grünewalds Bildvisionen in Hindemiths Oper das reale Geschehen eine neue, durch die Künstlerschaft des Mathis von Anfang geprägte Ausrichtung erhielt.[9]

Hindemith selber schien diese Individuation des Mathis gutzuheißen, als er sich Ende Mai 1938 anläßlich der Zürcher Uraufführung der Oper folgendermaßen äußerte:

> Er gerät in die damals gewaltig arbeitenden Maschinerien des Staates und der Kirche, hält mit seiner Kraft dem Drucke dieser Mächte wohl stand, in seinen Bildern berichtete er jedoch deutlich genug, wie die wildbewegten Zeitläufte mit all ihrem Elend, ihren Krankheiten und Kriegen ihn erschüttert haben.

Es erübrigt sich die Frage, was aus Hindemith geworden wäre, wenn man (d. h. die NS-Obrigkeit) ihn hätte gewähren lassen, wo doch kein äußerer, sprich ›rassenhygienischer‹ bzw. ideologischer Anlaß zur Verpönung vorlag. Aber gerade bei seiner geistig-psychologischen Beschaffenheit, die so grundlegend von jeglicher irgendwie nazistisch gefärbter Kunsteinstellung abwich — auch wo Hindemith selber Ideen bezüglich eines ›Wegs zum Volk‹ entwickelte — vermochte ihm das Nazi-Deutschland keine geistige Heimat mehr zu bieten. Ich erlaube mir, eine Einsicht Hans Magnus Enzensbergers zu zitieren, eine Bemerkung aus dem Stegreif im Rahmen einer englischen Vortragsdiskussion:

> Under a dictatorship you can try to turn your back on things and write about the usual non-political eternals — moon and June, and roses and love — but somehow it won't come out right.[10]

Hindemiths Mathis stellt ganz schlicht fest:

> Meiner Brüder Angstgeschrei
> Lähmt mir die Hand, mit rotem Blut bedecken sich
> Die Tafeln.

---

[9] A.a.O. S. 132
[10] State Library of South Australia: Öffentlicher Vortrag im Rahmen des ›Adelaide Festival of Arts‹, März 1968

Die Tatsache, daß sich der Werdegang Mathis' mit Hindemiths eigener Überzeugung, wie sie sich in den frühen dreißiger Jahren entwickelt, weithin deckt, wird klug, sogar raffiniert getarnt. Da ist einerseits die historische Fabel, die durch das gewaltsame Geschehen der Reformationszeit und der Bauernkriege bedingt ist: Mathis (Grünewald) im Dienste des guten, doch wankelmütigen Kardinals Albrecht, Erzbischofs von Mainz. Selbstzweifel des Mathis; darf ich bei all dem Aufruhr so weiter schaffen, als ob nichts passiert wäre? Er geht zu den Soldaten; wird ernüchtert und schließlich völlig desillusioniert. Mathis zweifelt am Leben. Große Vision: In der Form der Gestalten des Isenheimer Altars erscheinen ihm die verschiedenen Lebensmöglichkeiten und Versuchungen. Diese Gestalten tragen aber jeweils die Züge von Zeitgenossen, d. h. von denen seiner unmittelbaren, ihn bestimmenden Umgebung: Geliebte, Aufwiegler, Kardinal u.s.w. Von dem Heiligen Paulus des Altars (Kardinal von Mainz) sanftmütig zurechtgewiesen, kehrt Mathis zu seiner Kunst zurück: »Dem Volke entzogst / Du dich, als du zu ihm gingst, deiner Sendung entsagtest. / Kehre zurück zu beidem: [...]« Mathis scheidet aus der Welt: »Mein Geist, zu matt, der Kunst zu dienen: mein Leib, der / Schweren Mühen satt, [...]« Mathis nimmt Abschied von weltlicher Ehre, von seiner Kunst, seiner Liebe.

Eine überschaubare Handlung also, die sich mit konsequenter Schlichtheit von dem einen Pol über zwei Höhepunkte zum anderen fortbewegt, d. h. von der Frage:

> Wie soll
> Ich, allem Wachsen eng verbunden,
> Dem zarten Ruf zu Willen sein,
> Wenn mir des Zweifels Pein
> Tagtäglich aufreißt neue Wunden?
> [...]
> Ist, daß du schaffst und bildest, genug?
> Bist nicht nur eignen Nutzens voll? (I,4)

bis hin zu dem Entschluß:

> Auf denn zum letzten Stück des Weges. Leicht
> Will ich die Schwelle übertreten. Wie
> Sich alle Frucht von mir löste, sei auch das letzte Blatt
> aus reifem Herbst dem Boden übergeben.
> *(Er öffnet eine Truhe und beginnt, seine Habe hineinzulegen, bei jedem Gegenstand liebevoll verweilend.)*
> Hohl
> Wie das Grab die Truhe. Dem Schlaf reicht
> Die Hand die kleinen Leichname. Sie

> Mögen noch bewahren, wenn man mich begraben hat
> Einen Hauch dessen,
> *(legt eine Papierrolle in die Truhe)*
> > Was ich an Gutem übte,
> *(versenkt Maßstab und Zirkel)*
> > Was ich erstrebte,
> *(legt Farben und Pinsel hinein, nachdem er sie gestreichelt hat)*
> > Was ich erschuf,
> *(eine goldene Kette)*
> > Was mir an Ehren ward,
> *(einige Bücher)*
> > Was mich bedrängte,
> *(küßt das bunte Band)*
> > Was ich liebte.

Was dazwischen liegt, eine breitgefächerte, stürmisch bewegte Handlung, zeichnet sich, wie gesagt, durch zwei relativ weit auseinanderliegende Höhepunkte verschiedener Art ab. Beim ersten, der einzigen Liebesszene in dem Stück, herrscht der Grundton tiefer Resignation vor, er ist geprägt von einem leidenschaftlich ausgelassenen Zueinander-Müssen (der lutherischen Bürgerstochter Ursula Riedinger und Mathis') und sodann von der sich steigernden Überzeugung Mathis', er müsse der Liebe entsagen und ein anderes, dunkles Land suchen.

Diese Szene ist eine theatralische *tour de force*: Im Vordergrund der nicht mehr jugendliche Mathis (»Mit der roten Glut / Eines Alternden liebe ich dich [...]«) und die auch nicht mehr ganz junge, erfahrene Ursula Riedinger (»Was bin ich anders in dieser Männerwelt / Als Werkzeug oder Spielball? Ich soll mich / Opfern dem Glauben, muß ohne Fühlen mich ergeben [...]«). Sie führen ihr verliebtes, verzweifeltes Gespräch zuende. Indessen, im Hintergrund, draußen auf dem Markt, trifft man die »Zurüstungen der [Bücher-]Verbrennung«, die dann, nachdem Mathis schmerzerfüllt wegtaumelt und Ursula gebrochen auf einen Stuhl niedersinkt, ihren johlenden Höhepunkt erreicht. Der reife Verdi hätte es nicht besser gemacht!

Der zweite Höhepunkt wird zum Abschluß der langen Versuchungsszene erreicht, jener bewußt tableauartigen, dramatischen Übersetzung des Isenheimer Altars, der seinerseits zu den inbrünstigsten, expressionistisch-theatralischsten Beispielen der deutschen Malkunst überhaupt gehört. Paulus (Kardinal Albrecht) führt Mathis aus den Tiefen der Enttäuschung zum schöpferischen Leben zurück. Die verschiedenen, miteinander kontrastierenden, auf farbenprächtigste Art und Weise dargestellten ›Versuchungen‹ gleiten nacheinander an Mathis vorüber, wie die ›Stationen‹ im mittelalterlichen Drama. Und dann die Aufforderung des Paulus: »Mein Bruder, entreiße dich der höllentiefen Qual.« Alle Stufen aus dem Leben Mathis' kehren nun in den mahnend-tröstenden Worten wieder — bis hin zu dem Wendepunkt, wo ihm der Befehl erteilt wird:

> Im eigensten Können wirst du gebunden und frei
> Ein starker Baum im Mutterboden stehen. Stumm,
> Groß, ein Teil des Volkes, Volk selbst [...]

So verläuft das Drama im Vordergrund. ›Vordergrund‹ setzt aber einen ›Hintergrund‹ voraus. Hofmannsthal sprach einmal von dem tieferen Wesen des Dramas schlechthin:

> [...] es handelt sich darum, daß ein Vorderes, Greifbares da sei, eine Action ganz faßlicher Art — und zugleich, daß hinter dieser sich ein Höheres, Geistiges, Allgemeines, schwer Sagbares, gleichermaßen von Schritt zu Schritt enthülle und beglaubige [...][11]

Der Vordergrund hier im *Mathis* ist offensichtlich eine spezifisch deutsche Handlung: die im Grunde nie bis in ihre letzten Konsequenzen ausgetragenen Konflikte, welche dem Bauernkrieg und der Reformation Antrieb gaben, der andauernde Kampf um die ›deutsche Seele‹. Hindemith greift somit ein vertrautes, mitunter sicher auch abgenutztes Thema auf, dem er aber im Rahmen der »Wirren der Zeit«[12] — der NS-Zeit also — neues Leben einzuhauchen, das er in ein unbequem lebensnahes Licht zu rücken vermag.

Daß man dabei öfters an Thomas Mann — an den *Zauberberg* und erst recht an *Doktor Faustus* denkt, ist kein Zufall. In der umstürmten Mitte der Handlung, bei Hindemith wie bei Thomas Mann, steht die Gestalt des deutschen Künstlers, jenes geradezu mythenhaft gewordenen deutschen Künstlers, der bekanntlich — historisch gesehen — viele welt- und lebensanschauliche, gesellschaftlich-politische Strömungen in sich verkörpert. Dieses Phänomen, nebenbei bemerkt, ist in dem Maße, wie es im deutschen Sprachraum anzutreffen ist, anderen Sprach- und Kulturkreisen viel weniger bekannt, ja weithin kaum verständlich.[13] Nichtdeutsche Betrachter mutet es öfters rätselhaft an, daß dem schaffenden Künstler in deutschen Landen derart viel ›Bedeutung‹ beigemessen wird. Was natürlich nicht

---

[11] H. v. Hofmannsthal, Carl J. Burckhardt. Briefwechsel. Frankfurt a. M. 1956, S. 140. Brief vom 9. November 1923
[12] Abwandlung des Zitats Anm. 5
[13] Vgl. den ersten Absatz der vorliegenden Arbeit

ohne weiteres im Sinne abschätziger Kritik zu verstehen ist, erst recht nicht, wenn man die für die dreißiger Jahre nicht gerade typische Zivilcourage Hindemiths bedenkt.

Die historische Fabel, die Darstellung der Zeitwirrnisse und deren Kernproblematik werden, wie gesagt, wirklichkeitsgetreu und einigermaßen wahrheitsgemäß wiedergegeben. Hindemith faßt selber sein Vorhaben trocken-nüchtern zusammen — eine Eigenschaft, die für ihn bezeichnend ist. Seine Worte, überlegt man sie sich aus der Perspektive seiner politisch wie auch menschlich gequälten Zeit heraus, muten herb rührend an:

> So möge denn dieser aus Historie und Phantasie geborene Mathis im Rahmen seiner Gegenspieler die Bühne betreten. Sie alle außer dem Mädchen Regina haben ihre historischen Vorbilder: Der so oft von Cranach und Dürer dargestellte Kardinal, ein Mann von hohen Fähigkeiten aber schwankendem Charakter, vom Schicksal im Alter von 25 Jahren an den Platz des obersten deutschen Kirchenfürsten gestellt, wo ein Stärkerer den nächsten hundert Jahren mitteleuropäischer Geschichte einen anderen Lauf hätte aufzwingen können; der Rebell Schwab, den man als Verfasser von gereimten Flugblättern aus der Bauernkriegszeit findet; der wendige Capito, dessen politische Ränke selbst den wankelmütigen Kardinal eines Tages abstießen; der Domdechant Pommersfelden, vom Kardinal wegen seines Starrsinns verhaftet und in Ungnade versetzt; und Ursula Riedinger, deren Grabmal noch heute in der Aschaffenburger Stiftskirche zu sehen ist. Was sie reden, scheint mir Gesinnung und Meinung von Menschen wiederzugeben, die ich aus meiner Heimat kenne; und auch was sie singen, ist nicht durchweg freie Erfindung ...[14]

So viel also zum besagten Vordergrund. Wie soll man nun jenen ›Hintergrund‹ bezeichnen, das also, was ›sich hinter dieser [Action] gleichermaßen von Schritt zu Schritt enthülle und beglaubige‹? Der Grundgehalt, und zwar jenseits der geschichtlichen Handlung des Stücks, jenseits aller ›Altnürnbergromantik‹ (um es respektlos auszudrücken), deutet auf einen ganz besonderen Werdegang und Entwicklungsprozeß hin; es enthüllt sich nämlich — Schritt für Schritt — ein Grunddilemma, und zwar ein zweifaches: die Zwangslage des schaffenden Künstlers, dem Staat und überhaupt denen gegenüber, die herrschen, lenken, bestimmen, Aufträge zu vergeben haben, die jeweiligen Gesetzestafeln aufstellen bzw. nach Willkür umschreiben. Und dann, ein wohl tieferes Dilemma: der Künstler sich selbst gegenüber; kann er, soll er, darf er weitermachen — und wenn schon: wo und unter welchen Bedingungen?

---

[14] Aufsatz für das Programmheft der Zürcher Uraufführung am 28. Mai 1938. Vgl. Briner a.a.O. S. 137f.

Drang- und Mühsal der dreißiger Jahre unseres Jahrhunderts wirken auf die Handlung des *Mathis* unauffällig, aber doch entscheidend ein. Vor einem halben Jahrhundert stand man vor dem heute noch unentwirrbaren Rätsel: Wie konnte es dazu kommen, daß im »Lande der Dichter und Denker«, wo nicht nur Ordnung, sondern auch ›Das Schöne und das Wahre‹ (denen nach der Inschrift am Eingangsportal die Alte Oper in Frankfurt am Main gewidmet ist) als höchste Tugenden galten, wo das Goethesche Humanitätsideal als Inbegriff deutschen Wesens in höchstem Ansehen stand, der johlende braune Pöbel bei der Bücherverbrennung gleichfalls zum typischen — wenn auch vorübergehenden — Ausdruck des deutschen Geists wurde? Mit stählern beherrschter Bitterkeit, die wegen des verhaltenen Tons noch überzeugender wirkt, steckt Hindemith im *Mathis*-Drama den Weg ab, der vom Liberalismus (man denkt an Serenus Zeitblom), über die Staatsvergottung bis zur feigen Selbstpreisgabe führt. Der Führer und Sprecher der Mainzer Lutheraner lehnt sich gegen die nun unmittelbar bevorstehende Untat auf:

> *Riedinger:*
> Voll Entrüstung vernimmt der Bürger: Einen
> Scheiterhaufen soll er errichten. Eine Stadt, die
> Allezeit durch freies Denken sich hervortat,
> Soll Bücher verbrennen! Man nennt sie ketzerisch, doch sie
> Sind voll Gottesfurcht, wie irgendeine fromme Schrift.

Und Mathis' Kardinal, schwankend zwischen der Allmacht der Kirche (bei Hindemith, wie unter anderen Vorzeichen wenig später auch bei Brecht im *Galilei*, verkörpert die kirchliche Macht Roms die allmächtige Obrigkeit schlechthin), dem Drängen der neuen ›liberalen‹ Freidenker und der Territorialmacht der Fürsten, reagiert anfangs entschieden, durchaus aufgeklärt:

> Man
> Wagt es! Wer befiehlt das?

Und er bekommt die Antwort:

> Der römische Legat.

Noch bleibt der Kardinal gefaßt und für den Augenblick unerschüttert:

> Es unterbleibt —

Wird aber von dem starr linientreuen Dechanten Pommersfelden zurechtgewiesen: Die absolutistische Macht duldet keine Ausnahmen; alles muß ›gleichgeschaltet‹ werden. Worauf der Kardinal — schon spürt man den

Geist der sich machtlos auflehnenden inneren Emigration (verräterischer Gedanke gerade in diesem Zusammenhang: Furtwängler!):

> Ich kann mich nicht gegen den Geist vergehen.

Wo es aber um die Macht geht, um die nüchternen Erfordernisse der Realpolitik, ist der reine Geist belanglos:[15]

> Ein
> Geist nur ist: der des Gehorsams. Ein Priester, der sich
> Widersetzt, muß fallen.

Worauf der Kardinal das Pilatuswort spricht:

> Dann wider Willen und Wissen:
> Verbrennt die Bücher.

Wider *Wissen*? — Das Gewissen vermag die wunderlichsten Dinge zu verrichten, vorausgesetzt, daß sich das jeweilige Unheil nicht gerade in unmittelbarer Nähe befindet, daß man die eigenen Hände rein behält, daß man wähnen kann, die ›innere‹ Unschuld, die ›zeitlose moralische Einstellung‹ bewahrt zu haben. Es ist bezeichnend, wie Hindemith hier die Mentalität des gutmeinenden, im Grund aber schwachen Liberalen — ›innerlich war ich immer dagegen‹ — spiegelt, wie er auch gleichzeitig, so treffend wie ein Vierteljahrhundert später Max Frisch, jeglicher Vorstellung von der Kunst als Alibi den Boden wegzieht — wenn er nämlich, in unmittelbarem Anschluß an das letzte Zitat, Albrecht zu Mathis sagen läßt:

> Erfreulicheres laß
> Uns verhandeln. Für das neue Heiligtum wird ein Schrein
> Erstehen. Du nimmst alles, was an Stoffen herrlich
> Und kostbar ist. [...]

Alles ist im Grund in Ordnung, wenn nur der Gottesdienst liturgisch einwandfrei verläuft.[16]

Hindemith durchläuft die ganze Skala ›menschlich allzumenschlichen‹ Reagierens auf die Forderungen der Allmacht. Das Genie, pflegt man mitunter im Englischen zu sagen,[17] findet immer die Zeit, etwas zu tun, was mit seinem Hauptziel nichts zu schaffen hat, ohne daß dieses doch aus den Augen verloren wird. Mitunter tritt das Hauptanliegen sogar einprägsa-

---

[15] Man denke etwa an Joseph Stalin: »How many divisions has the Vatican?«
[16] Abwandlung eines ironischen Worts von Heinrich Böll. Vgl. H. B., Brief an einen jungen Katholiken (1958). Erzählungen, Hörspiele, Aufsätze. Köln 1961, S. 379–395
[17] »Genius always has time to do something else«

mer, wirklichkeitsnäher hervor, wenn es von der Nebensache, vom ›erlebten Leben‹ noch eine besondere Farbe erhält. Was uns gerade an dieser Stelle einen solchen Gedanken eingibt, ist die Feststellung, daß im gleichen Augenblick, da die vorhin skizzierten Einsichten mit letzter Schärfe formuliert werden, Hindemith noch Zeit findet, die solid-konventionelle Kunstdoktrin im Grunde aller totalitären Systeme zu umreißen:

> Das Kapitel ist gegen den Maler da.
> Einen kranken Bettelmann stellt er uns als Heiland
> Hin. Für uns ist ein Heiliger kein Bauer.
> Und die Gottesmutter war keine Weisenauer
> Kuhmagd.

Es sei an dieser Stelle an Worte Graham Greenes erinnert — die hier von um so größerer Schlagkraft sind, da sie vor einem prominenten deutschen Forum gesprochen wurden:

> Stets hat es im Interesse des Staates gelegen, die psychologischen Brunnen zu vergiften [...], menschliche Neigungen einzuschränken. Regieren wird leichter, wenn das Volk Galileist, Papist, Faschist und Kommunist schreit...[18]

Oder auch Avantgardist! Hindemiths Mathis legt dagegen durch sein menschlich-künstlerisches Wirken eine anders geartete Einstellung an den Tag, die sich wiederum mit Worten Graham Greenes umschreiben läßt:

> Ist es nicht Aufgabe des Künstlers, sich zum advocatus diaboli zu machen, Mitleid und ein gewißes Maß Verständnis für diejenigen hervorzulocken, die sich außerhalb der Grenzen staatlicher Billigung befinden?[19]

Hätte sich nun Hindemith lediglich mit derartigen weltanschaulichen Erwägungen befaßt, so stünde man eventuell vor einem in dramatische Form gekleideten moralischen Traktat, der als Dokument der höheren Sittlichkeit wohl über alle Einwände erhaben, möglicherweise aber bar jeder Gefühlswärme und jeglichen Realitätssinns wäre. Dieser Gefahr entgeht Hindemith jedoch, indem er an entscheidender Stelle die ganz ungewöhnlich menschlich wirkende Gestalt der Ursula Riedinger in das Handlungsgewebe einflicht. Mitten durch die Welt politischer Ränke bahnt Ursula Riedinger sich ihren eigenen Weg.

Es gibt im ›Drama‹ (und ich denke hier nicht nur an die literarische Gattung) jene Gestalten — Kent mitten im trostlosen Universum des *King*

---

[18] Unloyalität als Tugend. Vortrag anl. der Verleihung der Shakespeare-Preise 1968 und 1969 (Stiftung F.V.S. zu Hamburg). Hamburg (1970), S. 20
[19] Ebda.

Lear ist das treffendste Beispiel —, die einfach dadurch wirken, daß sie *da* sind. Im dunklen Trubel und in der Bedrängnis der Zeit, durch alles Böse hindurch sind sie immer gegenwärtig, wo Zuverlässigkeit und Rückhalt verlangt werden. Wie ein einziger, dafür aber starker ›Faden der Güte‹ durchziehen sie die ganze Handlung, vom Auftakt bis zum Abschluß. Derartige Gestalten bestätigen auf eigene Art das Goethesche Wort: »Laß den Anfang mit dem Ende sich in Eins zusammenziehen«.

In ihrer Liebe zu Mathis erweist sich Ursula Riedinger als unbeirrbar und unbestechlich. Erst im Umgang mit ihr gewahren wir die Gefühls- und Seelentiefe Mathis'. Wir sind Hindemiths Selbstverständnis auf der Spur, wenn er Mathis den ihm nun bevorstehenden Weg schildern und damit eine Welt heraufbeschwören läßt, in der die Freundschaft schwerer drückt als der Haß es könnte, wo er selber vom eigenen kranken Geist, von Zweifeln und Mißmut gequält ist.

In einer Art ›transferierter Autobiographie‹ im Sinne Thomas Manns[20] diagnostiziert Hindemith die Krankheit, an der die ihn bisher bestimmende und bildende Umwelt leidet. Gleichzeitig bahnt sich vor ihm der Weg, der ihn in die Verbannung, ins selbst gewählte Exil führen muß: Ein tragisches Paradoxon:

> In dunkles Land
> Führt mich mein Weg. Ich darf mich nicht weigern, hinein
> Zu schreiten, darf mich nicht dem Glück ergeben
> An deiner Seite, da nur Kummer und Pein
> Die Welt beherrscht.

Die geschichtliche Handlung des Stücks hat kaum Berührungspunkte mit dem persönlichen Schicksal Hindemiths, der ein viel zu feinsinniger Künstler und diskret-bescheidener Mensch war, als daß er sich mit dem historischen Mathias Grünewald irgendwie hätte ›identifizieren‹ wollen. Er war sowieso nicht darauf aus, ein Schlüsselstück zu schreiben, sondern den Schritt für Schritt sich entwickelnden Lebensweg eines unerschütterlich moralischen Menschen abzustecken. Eine frühere Generation bezeichnete so etwas — wir denken hier an das Hofmannsthalsche Wort — als »höhere Sittlichkeit«. Ein derartiger Ausdruck hätte Hindemith in einige Verlegenheit versetzt. Jegliches Pathos lag ihm fern. Die Art und Weise, wie er selber seinen Leidensweg betrat — kühl, trocken, besonnen, mitunter iro-

---

[20] Vgl. etwa Thomas Mann, Die Entstehung des Doktor Faustus: Roman eines Romans. Amsterdam 1949

nisch — sagt mehr über ihn aus als jede Rhetorik, jede medienbewußte Geste es getan hätte. »Dieser Mensch«, bemerkte er zu seinem Mathis —

> [...] mit der denkbar höchsten Vollkommenheit und Erkenntnis seiner künstlerischen Arbeit begnadet, dafür aber offenbar von allen Höllenqualen einer zweifelnden, suchenden Seele geplagt, erlebt mit der ganzen Empfänglichkeit einer solchen Natur [...] den Einbruch einer neuen Zeit mit ihrem unvermeidlichen Umsturz der bisher geltenden Anschauungen.[21]

Wir wissen nicht, »wie tief die von ihm durchwanderten Abgründe des Wankelmuts und der Verzweiflung gewesen sein« müssen.[22] Das *Mathis*-Drama deutet aber den Weg an und weist gleichzeitig auf den Läuterungsprozeß bei einem deutschen Künstler hin, von dem man rückblickend behaupten darf — wieder ein Wort Hofmannsthals: »Innerhalb eines Volkes, dessen größte Gefahr der gemachte Charakter ist, war er ein echter Charakter.«[23]

---

[21] A.a.O. S. 137. Vgl. Anm. 14
[22] Ebda.
[23] Gotthold Ephraim Lessing: zum 22. Januar 1929. Prosa IV, S. 485

Erich Heller

Knut Hamsun — Character indelebilis

Es mag sonderbar und vielleicht sogar ein wenig ungemäß scheinen, zu Ehren Werner Vordtriedes, des Freundes und Schicksalsgefährten vieler schlimmer Jahre, von einem heutzutage weithin unbekannten Dichter zu reden, dessen Werke wir (und viele, viele andere) bewundernd lasen, zu Zeiten freilich, da wir selber noch keine so hohen Geburtstage feierten. In unserer Jugend war er sehr gegenwärtig, in unsern mittleren Jahren aber verfemt, besonders wohl dort, wo geflüchtete Autoren deutsche Bücher schrieben, am Stillen Ozean etwa; und er war rechtens unwillkommen, denn er hatte sich unbegreiflicherweise unter einer Herrschaft wohnlich eingerichtet, die unsereinen aus unsern Wohnungen vertrieb. Nicht genannt soll er werden; und einer, der es hätte besser wissen sollen, meinte sogar — ich bewahre das Dokument auf —, daß ja auch schon die Bücher ungut waren. Nein, sie waren sehr gut und von profunder Menschlichkeit. Eine neue englische Übersetzung der *Landstreicher*, die unlängst erschien, hat diese beunruhigende Unstimmigkeit wieder an den Tag gebracht. Schon dieser Unstimmigkeit wegen lohnt es sich in hohem Maße, die Rede auf ihn zu bringen. Sie ist hier nicht so fehl am Platz, wie es auf den ersten Blick scheinen könnte. Denn meinten wir nicht, daß die Herrschaft des Übeltäters nur der Unmenschlichkeit gefallen könne? Sie war schlimmer. Manchmal betrog sie die Menschlichkeit selbst. Nun denn.

In Deutschland galt er einst fast als deutscher Autor, aber nicht nur dort wurde er gelesen und gelobt. Ehe im Osten die Revolution ausbrach, war er auch dort bekannt und gerühmt. Ein Nobelpreisträger aus jüngster Zeit, Isaac Bashevis Singer, schrieb 1976, daß er jahrelang von Hamsuns Prosa bezaubert war. Als Hamsun selbst 1920 die schwedische Ehrung empfing, galt sie vor allem seinem Roman *Segen der Erde* (1917), der als sein Meisterwerk angesehen wird. Er sagte wohl nicht nur des Titels wegen, daß er das Geld darauf verwenden werde, mehr Blumen in seinem Garten zu pflanzen — vielleicht im Einklang mit des Stifters Absicht, ein wenig Wiedergutmachung für das Dynamit zu leisten, dessen Herstellung den Preis finanzierte. Als Hamsuns siebzigster Geburtstag nahte, zog er sich auf einige Zeit von seinem Gut auf Nörholm zurück, weil es Gefahr lief, zu einem norwegischen Yasnaya Polyana zu werden, und mietete sich in einem kleinen Hotel in der Nähe ein, um allen Ehrungen zu entgehen. Unter allen Geschenken machte ihm die größte Freude eines, das eine Portlandzementfabrik dem Bauern Hamsun sandte: eine Ladung Kunstdünger. (Segen der Erde und Kunstdünger: ein Anklang an künftige politische Faszinationen?) Was er nicht aufhalten konnte, war die Flut von Gratulationen, mit denen ihn die europäische Literatur bedachte: Gorki, Gide, Galsworthy, Heinrich und Thomas Mann waren unter den Gratulanten, auch der damalige Präsident der Tschechoslowakei, T. G. Masaryk. All dies im Gegensatz zu seiner gegenwärtigen Fast-Vergessenheit, sogar in dem Land, das ihn vor allen andern berühmt gemacht hatte: Deutschland.

Es ist eine häßliche Geschichte, die zu dieser Verfinsterung geführt hat. Sie ist untrennbar von einer noch häßlicheren und viel bedeutenderen: der »Machtergreifung« Hitlers und seiner europäischen Eroberungen. Ezra Pound hätte es ebenso ergehen können, als der Dichter und Kritiker sich in ideologischen und politischen Unrühmlichkeiten verfing, noch schlimmeren als Hamsun. Daß ihm seine Verfehlung weniger teuer zu stehen kam, verdankte er gewiß nicht der Überlegenheit seines vom »Modernismus« hochgespielten Werks, sondern der Entschlossenheit der angelsächsischen literarischen Liberalen, ihr — keineswegs stets verläßliches — ästhetisches Urteil in vermeintlicher Distanziertheit von politischen Ideologien zu fällen, obgleich es ja überaus fraglich ist, ob der tödliche Ungeist, dem Ezra Pound im Feindesland öffentlich »zusprach«, überhaupt mit Worten wie »Politik« und »Ideologie« getroffen wird. Dazu soll freilich auch gesagt sein, daß Hamsun, der die meisten seiner Mitbürger erzürnte, indem er der Macht, die im April 1940 sein Land besetzte — er war damals achtzig Jahre alt — das Wort redete, in seinen Dichtungen auch nicht ein einziges Mal sich etwa so bösartig antisemitisch gebärdete wie Pound in seinen *Cantos*, Gemeinheiten, die nichts an Bösartigkeit verlieren, wenn sie in rhythmischen Gliederungen vorgebracht werden, die, sagen manche, die poetische Flexibilität der englischen Sprache bedeutsam erweitert haben. Dagegen hat zum Beispiel Hamsun in seinen *Landstreichern* von 1927 den jüdischen Höker Papst mit einer humorigen Gutmütigkeit versehen, die seine unredlichen Hausierergeschäfte mit Taschenuhren fast liebenswert machen, auch wenn diese die Zeit viel weniger pünktlich anzeigen als sein melancholisch ungestümes Erscheinen bei jedem Jahrmarkt der Gegend.

Melancholisch und ungestüm, liebenswert und betrügerisch — ein solches Spiel mit den Widersprüchen eines dennoch völlig überzeugenden Charakters zeigt die Eigentümlichkeit von Hamsuns Kunst, und also seine eigene Geistesartung, und also — worauf noch zurückzukommen sein wird — seine zerstörerische Zwiespältigkeit in den Bewegungen seiner Zeit.

Die besten seiner Bücher bringen es zuwege, im unverwechselbaren Tonfall epischer Einfachheit die komplizierte und oft abwegige Primitivität des Lebens in den Dörfern und kleinen Städten (zum Beispiel im Segelfoss seiner Romane), auf den Inseins und entlang der Fjorde Norwegens zu evozieren; und diese Simplizität der Darstellung sonderbarer Seelenverfassungen macht den unwiderstehlichen Zauber von Hamsuns Kunst aus. Und wenn, wie es im ersten Werk, das großes Aufsehen machte, *Hunger* (1890) der Fall ist, die Szene eine Stadt so groß wie Oslo ist (damals noch Christiania genannt), spielt sich die Handlung — oder das, was in einem Werk von herkömmlicher Art die Handlung wäre — ganz allein im Innern des einen Charakters ab, der zugleich Protagonist und Erzähler ist. Jedoch bedarf diese »Innerlichkeit« einer Erklärung. Als Hamsun kurze Zeit vor *Hunger* — also noch ehe sein Ruf gegründet war — sein an hartnäckigen Vorurteilen reiches Buch *Vom Geistesleben des modernen Amerika* (1889) veröffentlichte, versah er es mit einem Motto, das wahrscheinlich nur apologetisch gedacht war, jedoch in seiner aphoristischen Kürze lange nachklingt: »Die Wahrheit hat weder zwei Seiten noch ist sie objektiv; die Wahrheit ist nichts anderes als interesselose Subjektivität.«

Die Bedeutung des Wortes »Subjektivität« in diesem Satz versteht sich kaum von selbst. Nur jener andere eigenwillige Skandinavier, Kierkegaard, würde es sogleich begreifen. Es ist nicht das Amerika-Buch, sondern *Hunger*, das seinen Sinn erschließt. Denn diese Subjektivität ist es, die der Stadt Christiania in all ihrer »objektiven« Faktizität (als wäre es mit der Hilfe eines Stadtplans, findet sich der Leser auf Straßen und Plätzen zurecht) ein so intensives Dasein verleiht wie es Städte der realistischen Literatur nur selten besitzen. Obgleich die Stadt dieses Romans jedem, der sie kennt, sogleich erkennbar ist, ist sie doch ein Ort in der Seele des Dichters, so wie es Baudelaires und Malte Laurids Brigges Paris ist, Kafkas Prag oder T. S. Eliots London, die »unwirkliche Stadt« des *Waste Land*. Hätte Kierkegaard Romane geschrieben, sie besäßen diese konkrete Innerlichkeit.

Gewiß, Hamsuns *Hunger* attackiert unsere Sinne mit Christianias Sichtbarkeiten, Geräuschen und Gerüchen. Tage nach der Lektüre des Buches ist uns noch, als wären wir all den Geschäftsleuten, Pfandleihern, Polizisten, Prostituierten begegnet, als wären wir Treppen zu verlassenen Wohnungen hinaufgestiegen, deren Adressen wir wußten, weil dort lang vernachlässigte Freunde wohnten, die uns jetzt, gräßlich hungrig wie wir sind, etwas zu essen geben würden; oder wir saßen auf einer Bank am Hafen und sahen den Schiffen auf der perlmutterfarbenen See zu. Zugleich aber ist all dies auf eine merkwürdige Weise unwirklich, nicht so aber, wie es verfliegende Träume sind, sondern nach der Art angsterfüllter Halluzinationen, die von Zuständen der Erschöpfung eingegeben sind. Nach Hamsun war es nur Kafka, sein eifriger Leser, der die Vorstellungskraft solcher Metamorphosen hatte; und Kafka, der von Prag hätte sagen können (sagte er es nicht wirklich?), was Hamsun gleich zu Anfang von *Hunger* sagte: »All das geschah, während ich in Christiania hungernd umherging, der erstaunlichen Stadt, die niemand verläßt, ohne daß sie ihn gezeichnet hätte.« So ging Kafka in Prag umher, unauslöschlich gezeichnet von dem »Krallen-Mütterchen« und fast verhungernd – nein, nicht wörtlich wie sein Hungerkünstler, und dennoch genauso wie sein Hungerkünstler, der gleichnishafte, der hungern mußte, weil er nicht anders konnte; denn er fand die Nahrung nicht, die seinem Geist mundete.

Niemals vor Hamsun wurde Hunger, physischer Hunger, mit so intensiver Genauigkeit erforscht und bis in die letzten Phantasien und Geisteszerrüttungen, die er erzeugt, verfolgt; und niemals gab es in der Entstehungszeit dieses Romans einen Hungernden in einer Großstadt, von dem gesagt wurde, er habe es nur sich selbst und nicht der Gesellschaft zuzuschreiben, wenn er verhungerte. Damals mußte ein Buch, das *Hunger* hieß, Erwartungen hervorrufen, die Hamsun nicht erfüllte. Die Schuld an dem Hunger dieses Hungernden trägt nicht die Gesellschaft, sondern der bis zur Unsinnigkeit gesteigerte Hunger nach der Arbeit, zu der das Opfer sich berufen fühlt: Schriftsteller zu sein. Es ist fast eine Art von Hungerstreik, ein Hunger aus freier Wahl, sofern es in Hamsuns Universum von unabänderlichen Schicksalen Freiheit geben kann. Freiheit besteht nur in der Hinnahme des Fatums. Wenn in diesem Werk von Aufstand die Rede sein kann, so richtet er sich nicht gegen die »Gesellschaft«, dieses neblige Ding, das für soziologisch gesinnte Leute der neuen Zeit dieselbe Funktion hat wie der Äther dereinst in der Physik. Gott ist der verhaßte Nicht-Arbeitgeber; und weil er die rechte Arbeit nicht gibt, flucht ihm der Hungrige in seiner Not: »Wenn nichts mehr half und alle meine Versuche vergeblich blieben, schrie ich heiser-kreischende Drohungen himmelwärts, richtete wilde Drohungen gegen Gott und verkrampfte meine Finger zu Klauen.« So flucht er dem Fluch. Dem Fluch? Daß er ein Dichter ist. Er weiß es, aber niemand sonst teilt sein Wissen. Erst nachdem sie Hamsuns Gabe, Kunst aus dem Hunger zu machen, in ihren Bann gezogen hatte, wissen Tausende von Menschen, was er selbst längst schon wußte. Obgleich Hamsuns Hungernder wie Kafkas Hungerkünstler auf seine Art eine symbolische Figur ist, ist der Hamsunsche in einem Punkt erfolgreicher: Er überlebt. Widerstandsfähige und tüchtige Wesen erfüllten Kafka stets mit Respekt. Vielleicht hatte er mehr Grund, als er wußte, den Autor von *Hunger* zu bewundern.

Die Herausgeber des Almanachs, den Hamsuns norwegische Verleger für Weihnachten 1927 vorbereiteten, sandten ihm den üblichen nichtsnutzigen Fragebogen, auf dem die Berühmten die stumpfsinnige Neugier des Publikums befriedigen sollten. So wurde denn der Mann, der *Hunger* geschrieben hatte, befragt, was seine Lieblingsspeise sei. Hamsun antwortete mißmutig, er sei kein Gourmet und esse, was ihm vorgesetzt wird. Redlichkeit sagte er, sei der Charakterzug, den er am höchsten schätzte, und meinte gewiß nicht die Tugend der konventionellen Moral, sondern was Nietzsche Redlichkeit nannte, die Wahrhaftigkeit sich selbst gegenüber; und fast alle Politiker fanden sich, von Hamsun dort eingeordnet, in des Fragebogens Kategorie von »historischen Persönlichkeiten«, die er am meisten verachtete. Und schließlich: »Was ist das Schlimmste, das Sie sich vorstellen können?« »Zu sterben«, antwortete er. »Ich würde mich bestimmt nicht damit abfinden, wenn es nicht unbedingt notwendig wäre.« Fast wollte es scheinen, daß es vermeidbar war. Als er im Februar 1952 auf Nördholm starb, im Haus, mit dem »Dichterhaus« nebenan, war er 93 Jahre alt, ein tauber und fast blinder Mann, einer, der sich selbst überlebt hatte, überworfen mit seinen Mitbürgern, des Landesverrats angeklagt, und ein fast vergessener Dichter. Hätte er damals noch immer gesagt, der Tod sei das Schlimmste?

Wie kam es dazu? Er war einer der großen Schriftsteller seiner Zeit, der Autor der *Landstreicher* und der früheren, ebenso Zauber wirkenden Romane; *Mysterien* (1882), *Pan* (1894) und *Victoria* (1898). Er war der Dichter des *character indelebilis*, der fundamentalen Unveränderlichkeit und Schicksalhaftigkeit der Person, ein Phantast, dessen Phantasie Figuren schuf, die darauf bedacht schienen, all die Manifeste Lügen zu strafen, die sich gaben, als könnte das Menschenwesen durch die Amelioration der gesellschaftlichen Umstände zum besseren verändert werden. (Ibsen saß einmal in der ersten Reihe des Saales, als der junge Redner Hamsun das Credo des Reformisten-Dramatikers angriff; und der schrieb vielleicht nachher seinen *Baumeister Solness*). Hamsun – das war der Schöpfer der wahrhaftigsten, zartesten und in ihrem sprachlichen Takt sinnlichsten Liebesszenen der neuen Literatur, der Künstler, der wie kaum ein anderer hinreißend auf den gedämpften Saiten der Sprache spielte. Wie er es wohl anstellte, nicht angewidert zu sein, von dem großmauligen, lautsprechenden, mediokren Maler, der Millionen Menschen tötete, weil sie keinen Platz haben sollten in dem Bild, das er nicht etwa auf einer Leinwand, sondern in der brutalsten Wirklichkeit herzustellen sich anschickte? Keine Antwort auf diese Frage ist befriedigend; das Fragezeichen am Ende bleibt undurchdringlich schwarz.

Er hieß Knut Pederson, als er in der kleinen Dorfkirche von Garmo am 28. August 1859 getauft wurde. Von dem Kirchlein hieß es, es sei in alten, legendären Zeiten von einem seiner Vorfahren mütterlicherseits auf Geheiß des heiligen Olaf selber gebaut worden. Die damals distinguierte Familie ging allmählich ihrer Distinktion und ihres Vermögens verlustig; und als die schöne Tora Olsdatter Garmastaeet, Tochter des Veterinärs im Dorf, den Schneider und Kleinbauern Per Pederson Skultbakken aus Lom, einer Gemeinde im südlichen Landinnern von Norwegen, im armen und rauhen Gulbransdaal, heiratete, betrachtete es niemand als Mesalliance. Sie hatten sieben Kinder – Knut war das vierte – und nur wenig Geld, um für deren Unterhalt zu sorgen. Toras Bruder, ein mäßig prosperierender Schneidermeister und Kaufmann in Hamaröy, hoch oben im Norden, überredete die Familie, ihr Glück in einer weniger unergiebigen Gegend zu suchen. So übersiedelten sie denn nach Hamaröy, als Knut drei Jahre alt war, und ließen sich dort auf einem kleinen Bauernhof nieder.

Die Reise von Lom war langwierig und ermüdend. Sie fuhren in unbequemen Wagen über die Berge nach Trondheim, setzten die Reise im Schiff entlang der Steilküste nach Norden fort und kamen schließlich im Ruderboot am Ziel an. Der dreijährige Junge sah zum ersten Mal das Meer, die Schiffe, die Fjorde, die Wälder von Hamaröy, die Berge, die Dorfschneider und Schuster, die Bauern und Fischer. Die Namen der Leute klangen alle, als ob sie ihren rechten Ort in nordischen Sagen hätten. Sie prägten sich ihm tief ein und blieben ihm, wie ja auch der Name des Bauernhauses in Hamaröy. Es hieß Hamsund. Er nannte sich so, als er nach seinem ersten Aufenthalt in Amerika einen Artikel über Mark Twain in einem norwegischen Journal veröffentlichte. »Hamsun« war ein Druckfehler. Der Name gefiel ihm und er behielt ihn; aber von nun an fragte eine seiner vielen inneren Stimmen, vielleicht die störrischste und aufsässigste, ob es nicht doch ein kosmischer Druckfehler war, der ihn zum Schriftsteller bestimmte. War das nicht ein allzu »zivilisierter« Beruf? Zu weit weg von den Wäldern und der Erde? Kann Schreiben je eines ehrlichen Mannes Arbeit ausmachen? War es nicht recht und billig, daß der bloße Versuch, seinen Lebensunterhalt damit zu verdienen, mit Hungerleiden bestraft wurde?

August, der unvergeßliche Abenteurer in den *Landstreichern*, Seefahrer auf sieben Meeren; Aufschneider, der unermeßliche Schätze, in Kisten verpackt, weiß der liebe Himmel wo auf dem weiten indischen Kontinent versteckt hält; der einen Plan nach dem andern aushockt, wie er zu großen Reichtümern kommen könnte; der von einem gewissen Berg behauptet, daß er voll von Gold sei, und der war dann, als man grub, nicht mehr als ein großer Kehrichthaufen; August, der jede verfehlte Episode seines Lebens mit »Nun ja, so ist es eben einmal und kann nicht anders sein« quittiert und sich mit »Viel Glück denn und leb wohl« verabschiedet — dieser zu Großartigkeit gesteigerte Prahlhans, der, wie ein von William Blake erfundener Narr, von Exzeß zu Exzeß stolpert, ohne jedoch weise zu werden — dieser August ist Hamsuns boshafte Karikatur des Schriftstellers und stößt eines Tages sogar auf seinen eigenen Hamsun:

> [...] da ist ein wunderbarer Mann hier, der alles aufschreiben will, was ich erlebt habe. Er will, daß ich erzähle, und wird alles aufschreiben. Ich traf ihn unten am Kai und ich setzte mich und wir redeten lange ... Ich hab' nie einen Menschen gesehen, der so schreiben kann, obwohl ich doch in der ganzen Welt war. Ich kann noch so schnell reden und er kriegt es doch alles hin. Er sagt, es wird ein ganzes Buch werden mit meinem Bild und allem ... Wir werden einen Haufen Geld verdienen, sagt er, genau wie Gjest Baardsen, der ein ganzes Buch geschrieben hat über alles, was er in seinem Leben gestohlen hat. Was denkst du?

Der Schriftsteller als der Aufzeichner von Lügen, gestohlenen Erfahrungen, gestohlenen Gefühlen, Exhibitionist von Sentimenten, die nicht die seinen sind: Spuren des Mißtrauens gegen die Literatur blieben Hamsun sein ganzes Leben hindurch. Seine Mutter, die er liebte, war eine schweigsame Frau; wenn sie sprach, tat sie es in einem seltsamen orakelhaften Tonfall, der an die Zauberformeln von Hexen gemahnte. Hamsuns Stil scheint ihr manchmal einiges zu schulden. Sie hat niemals ein Buch von ihm gelesen. Und wenn der junge Mann Edevart, die Hauptfigur der *Landstreicher*, an den August jene Frage richtete, »nicht wußte, was er dachte ... Bücher waren für ihn eine fremde Welt«, hätte Hamsuns Mutter so sprechen können; oder auch der alte Mann aus *Victoria*, der in seinem Leben nur wenig gelesen hatte: »Ich lese, was in mir selber ist, wenn mir nach Lesen zumute ist.« Im *Segen der Erde* sagt Hamsun von einem Bauern, er sei 900 Jahre alt, wiederauferstanden aus ferner Vergangenheit, und deute doch auf die Zukunft, ein Mensch aus der Zeit, da der Boden zum ersten Mal gepflügt wurde, und dennoch ein Mensch der Gegenwart. Als

Hamsun über achtzig war, gelang es Hitler unglaublicherweise, ihn glauben zu machen, daß er, der Führer, erschienen sei, den Aufstand gegen die belesenen, schlauen und hohlen Menschen anzuführen.

Viele von Hamsuns norwegischen Landsleuten suchten in Amerika ein leichteres und einträglicheres Leben, als ihre Heimat ihnen zu bieten vermochte. In den achtziger Jahren des vorigen Jahrhunderts schwoll ihre Anzahl beträchtlich an. »Ihre Wurzeln hinter sich herschleppend«, wie Hamsun in den *Landstreichern* schreibt, erscheinen sie immer wieder in seinen Romanen. Ehe er selbst oder die Welt noch wußte, daß er in Wahrheit ein Dichter war, hätte er sich um ein kleines selber in Amerika niedergelassen. Zweimal versuchte er es. Als Junge litt er unter der Ausbeutung durch seinen Onkel in Hamaröy, dem die unbemittelten Eltern ihn gern überließen. 1873 wurde er Gehilfe eines reichen Ladeninhabers in Walsoe. Der war fast der Beherrscher des Dorfes und wurde zum Urbild aller ehrgeizigen Kaufleute in den Büchern Hamsuns. 1876 kam Hamsun in die Lehre eines Schuhmachers, war Lehrer in einer Volksschule und schrieb Geschichten, die jetzt alle vergessen sind, obwohl die eine oder andere sogar veröffentlicht wurde.

Nachdem er einen wohlhabenden Gönner gefunden hatte, der an seine Begabung glaubte, glückte es ihm, im Jahr 1879 vom berühmten Björnstjerne Björnson empfangen zu werden. Der sah sich zuerst sein unveröffentlichtes Romanmanuskript *Frieda* an und dann den gutgewachsenen, attraktiven Zwanzigjährigen. »Warum werden Sie nicht Schauspieler?«, fragte er und händigte ihm ein Empfehlungsschreiben an das Theater in Christiania ein. Hamsun taugte nicht zum Schauspieler, lebte aber nun, oft hungrig, in der Hauptstadt. Sie wurde zum Schauplatz von *Hunger*. Er verdiente ein wenig Geld beim Straßenbau und las Strindberg und die französischen Romanciers. 1882 überquerte er den Atlantischen Ozean. Der Norddeutsche Lloyd in Hamburg wurde überredet, dem Vielleicht-Journalisten ein Freibillet zu geben. New York machte ihm großen Eindruck. Die Eisenbahn, so schrieb er nach Hause, fuhr dort über den Dächern, und die Brücke hinüber nach Brooklyn war eine Meile lang. Er begab sich nach Elroy in Wisconsin, wohin ihm einer seiner Brüder vorangegangen war. Er half in einem Laden und wurde sodann Landarbeiter in North Dakota. Im Herbst 1884 geriet er in ein intellektuelleres Milieu. Er begegnete dem Minister der unitarischen Kirche, der auch ein Schriftsteller war: Kristofer Janson aus Minnesota, der ihn zu sich einlud und zu seinem Sekretär machte, denn Hamsun verstand sich aufs Predigen. Er wurde jedoch kein Glaubensgenosse, sondern las Nietzsche und machte die Bekanntschaft von

Mark Twain. Noch im selben Jahr wurde er krank. Der Doktor diagnostizierte galoppierende Schwindsucht. Hamsun kehrte nach Norwegen zurück.

Die Schwindsucht galoppierte gottlob nicht und war wahrscheinlich nicht einmal tuberkulös. Er erholte sich in dem milden Klima eines von Bergen beschützten Ortes im südlichen Norwegen und ging, noch einmal versuchend, Schriftsteller zu werden, wieder nach Christiania. Wenn Thomas Mann rechtens vom wahren Schriftsteller sagt, er fände das Schreiben viel schwieriger als andere Menschen, dann war Hamsun damals schon einer. »Zwei Wochen saß ich über einer Seite«, schrieb er einem Freund, »und noch immer ist sie nicht getan. Stell Dir vor, zwei Wochen ...« Was er geschrieben hatte, zeigte er einem Autor in Christiania. »Ihr Schreiben ist zu fremdartig für Norwegen«, sagte der. »Sie haben zu viel von Dostojewskij gelernt.« Damals hatte Hamsun noch keine Zeile des Russen gelesen. Trotz seiner »Fremdartigkeit« erhielt er die Zusage zweier Zeitungen in Christiania, daß sie Artikel von ihm über Amerika veröffentlichen würden. Also ging er 1886 wieder nach Amerika. »Er konnte nicht ohne *Nahrung* existieren«, erklärte Kristofer Janson in Minneapolis. Wieder also war es Hunger. Er wurde Straßenbahnschaffner in Chicago und, unkundig der richtigen, rief er falsche Haltestellen aus. Man entließ ihn. Noch einmal ging er aufs Land arbeiten, verdiente ein wenig als Journalist, wie er versprochen hatte, und hielt Vorträge in den zahlreichen norwegischen Landsmannschaften in Minnesota. Im Sommer 1888 verließ er Amerika wieder und schiffte sich nach Kopenhagen ein, wo er sich mit vermeintlicher Autorität über die Zivilisation der neuen Welt ausließ. *Vom Geistesleben des modernen Amerika* (1889) ist ein witziges, beredtes, amüsantes Buch, und ist voll von Verkehrtheiten. Er hätte von seinem eigenen gedruckten Urteil über Mark Twains *The Innocents Abroad* lernen sollen: daß vieles darin verzeichnet sei, hatte er geschrieben, weil der Verfasser nur oberflächlich mit der europäischen Tradition vertraut ist, seine ästhetischen Einsichten unzulänglich seien, sein Nationalismus provinziell und seine politischen Überzeugungen zu aufdringlich. Mark Twains Politik war natürlich radikal demokratisch.

Nun, Hamsuns eigene politischen – oder auch nur quasi-politischen Meinungen machen sich in seinem Buch über Amerika zumindest ebenso laut hörbar; jedoch sind sie gewiß nicht demokratisch. Daß sie eher von Nietzsche herkommen, verraten sie durch ihre intellektuell-aristokratische Färbung, und vor allem durch die Entschlossenheit, mit der sie die naive Religiosität, die Betäubung des tragischen Sinns durch den Optimismus der volkstümlichen amerikanischen Heilslehrer und umgekehrt, die Tyrannei der Massen über die Werke des Geistes beklagen. Von Walt Whitmans erstaunlicher, naiver und energisch-realistischer Poesie meint er, sie habe einige Bewunderer dank ihrer mediokren Indextafel-Lyrik gefunden, diesen endlosen Inventaraufnahmen von Staaten, Einrichtungsgegenständen, Werkzeugen und Kleidungsstücken; und von Emerson, daß er für die Herden-Moralisten Amerikas der ergiebigste Lieferant von Sinnsprüchen für die Seid-nur-gut-und-brav-Fabuliererei des Landes wurde. Später freilich widerrief Hamsun solche starrköpfigen Dummheiten, nannte das Amerika-Buch seine »Jugendsünde«, die darin geäußerten Ansichten lauter Vorurteile, und sah dazu, daß es nicht wiederaufgelegt wurde. Viele Seiten sind jedoch nur übertriebene Projektionen seines beharrlichen Glaubens, daß wir »immer zivilisierter werden und immer geistloser«.

Nach 1889 und 1890, den Jahren, in welchen *Amerika* und *Hunger* erschienen, führte Hamsun — zumindest nach außen — das Leben eines erfolgreichen Romanciers und Ehemannes, bis ihn das Unheil seiner späten Jahre heimsuchte. Er heiratete zweimal (seine zweite Frau war 22 Jahre jünger als der damals Fünfzigjährige), hatte vier Kinder, und triumphierte über eine langwierige Depression, die ihn 1925 befiel, mit dem großen Roman *Landstreicher*.

Die optimistischen Herden-Moralisten Amerikas ... Nein, sein Welt- und Menschenverständnis war anders. Da ist zum Beispiel das Sterben des Schiffers Skaaro, eine der einprägsamsten Episoden der *Landstreicher*. Skaaro ist ein mächtiger Schiffer der Fjorde, Eigentümer des Schiffes »Möwe« und ein hemmungsloser Schürzenjäger. Er heuerte die Mädchen des Dorfes für gutes Geld an und ließ sie den Heringsfang im Lastraum des Schiffes schichten; dann lud er die hübscheren unter ihnen in seine Kabine ein. Eine solche war auch die verheiratete Ane Maria. Er drängte sie aber nicht genügend, wie es sich am Ende, seinem Ende, erwies. Da sie seine Einladung nicht sogleich annahm und sich ihm zu verweigern schien, ließ er sie verärgert stehen. Das erwies sich als fatal, denn die leidenschaftliche und emotionell gefährdete Ane Maria fühlte sich abgewiesen und war entschlossen, sich zu rächen. Eines Tages — es war ein Sonntag und sie war sonntäglich herausgeputzt — lockte sie Skaaro zu dem Sumpf in der Nähe des Dorfes, wo sommerlich viele Beeren reiften. Er erwartete das Geschenk, das sie ihm vorher versagt hatte.

> Darf ich mir also nun selber ein paar Beeren pflücken? Ja, antwortete sie, so viel Ihr Lust habt! Sie deutete über das Moor hinüber: Dort drüben sind sie am reifsten. Er folgte ihrer Weisung und sank mit jedem Schritt immer tiefer in den

Sumpf. Ah, sie hatte ihm so teuflisch boshaft den Weg gewiesen und ihn nicht vor der Stelle gewarnt, wo er keinen Boden mehr unter den Füßen haben würde. Wenn er sich weit genug vorwagte, würde er schließlich die Beine nicht mehr herausziehen können. Sie wußte es. Er würde sinken und sinken.

So geschah es; und auf den folgenden Seiten beschreibt Hamsun im Tonfall eines anscheinend teilnahmslosen Beobachters diesen langsamen Untergang: seine vergeblichen Hilferufe; ihre Entschlossenheit, ihn umkommen zu lassen; wie sie sich vom Morast abkehrt, als ginge sie, Helfer herbeizurufen, in Wahrheit aber nur, um im Verborgenen zuzusehen, wie dieses unerbittlich tödliche Stück Natur ihn einsaugt. Und Hamsuns Beschreibung ist so distanziert, als ginge es darum, jegliche Gefühlssympathie des Erzählers mit des Opfers verzweifelten Flüchen auf diesen höllischen Anschlag zu leugnen. Anderthalb Jahre später wurde Ane Maria von ihrem Gewissen überwältigt, ging zur Behörde und gestand; aber auch dann noch war ein gewisser Stolz und Hochmut um sie. Sie klagte nicht und seufzte nicht und betrug sich ganz anders als etwa die nachtwandelnde Lady Macbeth in ihrer Schuldverstrickung oder Raskolnikoff in seinem Verlangen nach Buße. Solche Vergleiche sind nicht nur Hamsuns Genie angemessen, sondern zeigen auch, wie verschieden die sittlichen Äußerungen der darstellenden Phantasie zu sein vermögen. Hamsuns Phantasie: ihr schließlicher Zusammenbruch war nicht nur dem Alter des Hochbetagten zuzuschreiben; nein, daß er trotz seiner aristrokatischen Gesinnung so unempfindlich war für das infam Plebejische der Sprache und der Taten des Tausendjährigen Reiches, so bereitwillig, den technologisch manipulierten Verkündigungen des Blut-und-Boden-Propheten mit seinem eigenen Glauben an den »Segen der Erde« entgegenzukommen, ist wohl nicht ganz ohne Zusammenhang mit einer Sensibilität, die ihre moralische Fassung bewahrt, wenn sie Ane Marias »Stolz und Hochmut« beschreibt:

> Als die Obrigkeit sie fragte, ob sie etwas gegen den Schiffer Skaaro gehabt habe, antwortete sie: Nein, im Gegenteil. Und auf die Frage, warum sie ihn dann umgebracht habe, gab sie die nackte Antwort: Weil er mich haben wollte, aber er bat mich nicht genug und ließ mich stehen.

Des Hamsunschen Augusts wiederkehrender Kommentar zu seinen unwahrscheinlichsten Abenteuern: »Ja, so geht's eben« oder »Aber da hilft nun nichts« kommt ganz offenbar aus seines Erzeugers Lebensauffassung.

Da von der katastrophalen Verfehlung des alten Hamsun die Rede ist, ist noch eins hinzuzufügen. Im Jahr 1943 reiste der Vierundachtzigjährige nach Berlin, um von Hitler empfangen zu werden. Er bat ihn, den »Reichskommissar für die besetzten norwegischen Gebiete«, Josef Terboven, abzuberufen, den Mann, unter dessen Regime norwegische Patrioten in Massen eingekerkert oder hingerichtet wurden (und der zwei Jahre später, im Zuge der Niederlage Deutschlands, Selbstmord beging). Wie zu erwarten war, willfuhr Hitler der Bitte des alten Mannes nicht. Jedoch erzürnte ihn das Gespräch mit Hamsun und beunruhigte ihn tagelang, wie sein Pressechef Otto Dietrich in seinem Buch *Zwölf Jahre mit Hitler* berichtet.

Hamsuns letztes Buch *Auf überwachsenen Pfaden*, die außergewöhnliche Autobiographie der spätesten Jahre, die wenige Monate vor seinem Tod 1952 erschien, ist eine Sammlung schon verbleichender poetischer Phantasien, Beobachtungen und Wahrnehmungen, und von Tagebuchnotizen seines Aufenthalts in einem Altersheim und einem Irrenhaus (man denkt da sogleich an Ezra Pound). Und da sind auch einige Szenen des Landesverrats-Verfahrens gegen ihn, das der »Rijksadvokat« gegen ihn anstrengte und das nach vielen Verzögerungen zum Schuldspruch und zu seiner Verarmung führte, da es ihm eine große Summe Geldes abverlangte: »Quislinge« mußten mit ihrem Vermögen Ersatz leisten für die Räubereien und Plünderungen der Besatzungsmacht und ihrer heimischen Beauftragten. Das Bild Hamsuns, das aus diesem Buch hervorgeht, ist das eines obstinaten Norwegers, der auf beängstigende Abwege geraten war. Er hatte Hitlers Versicherungen geglaubt, daß sein Land eine bedeutende Rolle im verheißenen germanischen Imperium spielen würde. Er sah offenbar einem Norwegen entgegen, das in der Welt der Macht so viel Erfolg hat wie Kirsten Flagstad in der Welt der Oper oder, wie er wohl meinte, der nun geschlagene Dichter Knut Hamsun einst in der Literatur. Vor Gericht war er so stolz wie seine Ane Maria und beteuerte, er habe nichts zu bereuen. Fragte man ihn, warum er die inkriminierenden Zeitungsartikel geschrieben habe, so antwortete er, »... um zu verhindern, daß norwegische Jünglinge und Männer töricht und herausfordernd gegen die Besatzungsmacht auftraten, ohne den geringsten Nutzen, nur zu ihrem eigenen Untergang und Tod. Das schrieb und variierte ich auf viele verschiedenen Arten.« Nun, was er in Wahrheit schrieb, war schlimmer als Variationen auf dieses Thema. Es waren fast Dithyramben auf die germanische Weltherrschaft.

Indessen freute sich der Alte an Eroberungen nicht im geringsten, zum Beispiel an denen der mächtigen Pappel im Nachbargarten, die dabei war, eine junge Tanne umzubringen, nur weil sie versuchte, zu nahe neben dem Riesenbaum zu wachsen. Hamsun paßte seinem Nachbar auf und schlug ihm vor, die unteren Äste der Pappel abzusägen, um die kleine Tanne zu retten: »Sie tut mir so leid.« Der aber wandte sich ab und antwortete nicht.

»Er hat wohl in der Zeitung gelesen, daß sie mich auf meinen Geisteszustand untersucht haben.«

»Mitsommer 1948« ist das Datum der letzten Tagebucheintragung: »Heute hat das Oberste Gericht sein Urteil gesprochen und ich beende meine Aufzeichnungen.« In diesen steht auch der Satz: »Gott segne alles, was nicht nur müßiges Menschengerede ist. Auch das Schweigen ist von Gott gesegnet.« Es sollte in den Grabstein geritzt werden, der über dem Schweigen eines Menschen steht, der, redete er auch eine Zeitlang skandalös Ungehöriges, ein großer Dichter war.

Viktor Žmegač

Kafka-Deutungen im Umkreis der Frankfurter Schule

Von den wenigen frühen Kafka-Studien, die auch heute noch die Forschung anregen, sind die wichtigsten im Exil entstanden. In Frankreich und Italien, wo Walter Benjamin Zuflucht fand; an der amerikanischen Westküste, in Kalifornien, wo Theodor W. Adorno neben vielen anderen exilierten Autoren mehrere Jahre verbrachte; in Paris und New York, den Städten, in denen Günther Anders an seinem Buch *Kafka. Pro und contra* arbeitete. Nicht nur Weimar lebte in der Emigration weiter, sondern auch Prag.

Von den beiden Autoren, die uns im folgenden beschäftigen, nämlich Benjamin und Adorno, darf zumindest der ältere, wenn auch postum, den Anspruch erheben, zu den frühesten Interpreten des Phänomens Kafka gezählt zu werden — jedenfalls zu den frühesten Beurteilern des Werkes aus der Sicht der Nachwelt. Als Benjamins Kafka-Essay im Dezember 1934 in der Berliner *Jüdischen Rundschau* erschien, war der Prager Erzähler bereits zehn Jahre tot, und das Werk war einigermaßen überschaubar geworden: auch die wichtigsten Texte aus dem Nachlaß lagen vor, d. h. die drei Romane sowie zwei Bände kürzerer Prosa, *Beim Bau der chinesischen Mauer* und *Vor dem Gesetz*. Von einer Rezeption nach den Vorstellungen, die man heute bei der Nennung des Namens Kafka hat, konnte damals noch keine Rede sein. Die wenigen Aufsätze und literaturgeschichtlichen Exkurse über den Autor blieben hauptsächlich im Fahrwasser der sich als authentisch verstehenden Auslegung Max Brods, wenn nicht, wie bei einigen Kritikern, eine pauschale Zuordnung zum Expressionismus sich als bequeme Formel anbot, allenfalls mit dem Hinweis, es handle sich um eine besondere groteske Spielart des Expressionismus aus Prag. Erwähnenswert ist freilich ein 1929 veröffentlichter Aufsatz von Walter Muschg, in dem schon soziologische und psychoanalytische Aspekte zur Geltung kommen. Daß es der Beitrag eines Germanisten war, sollte mit Rücksicht auf die vielgeschmähte Zunft nicht unerwähnt bleiben, übrigens ebensowenig wie im Falle Oskar Walzels, des damaligen Dresdner Germanisten, der nach der

Lektüre der *Verwandlung* bereits 1916 von der »Logik im Wunderbaren« sprach und mit dem Vergleich zwischen der Welt des romantischen Kunstmärchens und der ganz anders ausgerichteten Phantastik Kafkas einen Gesichtspunkt zahlloser späterer Kafka-Interpretationen vorwegnahm.

Soweit die Rezeption in den ersten zwanzig Jahren nach Kafkas Tod überschaubar ist, dürfte es als erwiesen gelten, daß Aufsätze wie die von Walzel in diesem Zeitraum ein einsamer Ansatz geblieben sind. Es ist sicherlich kein Zufall, daß ein Autor wie Kafka in der ersten Zeit kaum unter literarhistorischen oder philologischen Gesichtspunkten betrachtet wurde, sondern fast ausschließlich unter philosophischen und theologischen. Sieht man von den genannten germanistischen Beiträgen ab, so spielt sich die Beschäftigung mit dem Autor bis 1945 oder gar 1951 (als Friedrich Beißner neue Wege wies) in Bereichen ab, die man auch bei einer höchst großzügigen Auslegung des Begriffes »Wissenschaft« nur sehr ungern unter diesen Begriff subsumieren möchte. Man darf übrigens vermuten, daß auch die meisten betroffenen Autoren einer solchen Subsumierung nicht zustimmen würden.

Mit anderen Worten: Die Frühzeit der Exegesen und Deutungen steht überwiegend im Zeichen einer beschwörenden, emphatischen Auseinandersetzung mit den Schriften Kafkas, und nicht im Zeichen einer systematischen und analytisch beschreibenden. Die entsprechende Darbietungsform ist der Essay, nicht die kritische Abhandlung im engeren Sinne. Es überrascht nicht, daß in dem seit einigen Jahren vorliegenden Briefwechsel zwischen Benjamin und Gershom Scholem, in dem Kafka eine beträchtliche Rolle spielt, von Benjamins Adressaten die Ansicht vertreten wird, beim Sprechen über Kafka sei nicht der rationale Begriff das angemessene Mittel, sondern das erhellende Bild. Auch Benjamin habe letztlich sein Verständnis in Bilder gebannt.

Dabei wäre es ein Irrtum, anzunehmen, Benjamins Essay gehe an hermeneutischen Fragen vorbei. Der Text selbst wie auch mehrere Briefe des Verfassers zeigen vielmehr, daß das Ergebnis der Lektüre zugleich mit der Absicht einherging, in methodologischen Fragen vorläufige Klarheit zu schaffen und die Fronten unterschiedlicher Auffassungen deutlicher zu markieren. Wiederholt ist in Benjamins Korrespondenz davon die Rede, es gehöre zu seinen Absichten, an dem zweifelhaften Anspruch mancher Kafka-Interpreten zu rütteln, namentlich aber an der Selbstverständlichkeit, mit der in Kafkas Prager Bekanntenkreis der Gedanke der Orthodoxie vertreten werde. In einem Brief an Robert Weltsch, den Chefredakteur der *Jüdischen Rundschau*, legte Benjamin in Zusammenhang mit dem für die

Zeitschrift bestimmten Text den Sachverhalt klar: »Als Max Brod vor Jahren von Ehm Welk wegen Nichtbeachtung gewisser Kafka'scher Testamentvorschriften angegriffen wurde, habe ich Max Brod in der ›Literarischen Welt‹ verteidigt. Das hindert mich aber nicht, zu der Frage *Interpretation* Kafkas ganz anders zu stehen als Max Brod. Insbesondere vermag ich methodisch mir in keiner Weise die gradlinige theologische Auslegung Kafkas (die, wie ich wohl weiß, nahe genug liegt) mir zueigen zu machen. Gewiß denke ich nicht im entferntesten daran, den von Ihnen vorgeschlagenen Artikel mit polemischen Ausführungen zu belasten. Auf der anderen Seite aber glaube ich, Sie darauf hinweisen zu müssen, daß mein Versuch, mich Kafka zu nähern – ein Versuch, der nicht von heute und gestern ist – mich Wege geführt hat, die von seiner gewissermaßen ›offiziellen‹ Reception verschieden sind.«[1]

Im Essay selbst verdeutlichte Benjamin seine Sicht der Dinge. Es handelt sich in der Tat um keine Polemik gegen Brod oder Willy Haas, sondern um einen viel allgemeiner gehaltenen Versuch, angesichts der besonderen Schwierigkeiten der Kafka-Deutung hermeneutische Entscheidungen zu treffen. Obwohl auch Benjamin auf Schritt und Tritt zeigt, wie schwer der Interpret mit Kafkas Texten zu ringen hat, geht er dennoch davon aus, daß es in den verschiedenen Versuchen, sich einen Zugang zu bahnen, Stufen der Angemessenheit gibt, d. h. Deutungen, die adäquat sind, und andere, die den Text verfehlen. Das geht unzweideutig aus der überraschend apodiktischen Behauptung hervor, es gebe zumindest zwei Deutungsmethoden, die negativ ausgegrenzt werden können. »Zwei Wege gibt es, Kafkas Schrifttum grundsätzlich zu verfehlen. Die natürliche Auslegung ist der eine, die übernatürliche ist der andere; am Wesentlichen gehen beide – die psychoanalytische wie die theologische – in gleicher Weise vorbei.«[2] Vorsichtiger urteilt Benjamin in einem vor der Drucklegung der Kafka-Arbeit geschriebenen Brief an Scholem (vom 11. August 1934), in dem er erklärt, er leugne nicht die Bedeutung der theologischen Aspekte, etwa der messianischen, wende sich aber mit Entschiedenheit gegen die leichtfertige theologische Reduktion in der Art Max Brods. Einige Jahre später kommt er auf diese Frage zurück, abermals in einem Brief an Scholem (vom 4. Februar 1939), diesmal mit dem Vorschlag, beim Interpretieren seien Vorstellun-

---

[1] W. Benjamin, Briefe. Hrsg. von G. Scholem und Th. W. Adorno. Frankfurt am Main 1966. Band II. S. 607
[2] W. Benjamin, Schriften. Hrsg. von Th. W. Adorno und G. Adorno. Frankfurt am Main 1955. Bd. II. S. 214

gen der jüdischen Theologie mit dem zu verknüpfen, was er für das Wesentliche halte, nämlich den Humor: »Ich denke mir, dem würde der Schlüssel zu Kafka in die Hände fallen, der der *jüdischen Theologie ihre komische Seite abgewönne*. Hat es so einen Mann gegeben?«[3]

Es ist müßig zu fragen, ob Benjamin diesen Gedanken jemals ausgeführt hätte. Zu bedauern ist jedenfalls, daß das Aperçu von Kafkas Humor (das in den letzten Jahren etliche Abhandlungen angeregt hat) eben nur ein Gedankensplitter geblieben ist, so daß unklar ist, welcher Begriff von Humor hier die Grundlage der Anschauung bildet. Im Hinblick auf die sehr entschieden ausgesprochene Zurückweisung der beiden oben genannten Betrachtungsweisen, kann Benjamin unter Theologie in diesem Zusammenhang nur eine besondere, Kafkas Werken immanente Metaphysik gemeint haben, sicherlich nicht ein theologisches System, das von Kafka gleichsam bebildert werde. In Brods Kafka-Deutung erblickte er jedoch gerade einen solchen Versuch, Literatur zum Handlanger der Theologie zu machen. Daher auch der auf Brod und andere gemünzte Hinweis von grundsätzlicher methodischer Bedeutung, es gelte stets, die Werke selbst zu befragen und deren Form zu beachten, nicht bloß persönliche Aufzeichnungen des Autors zusammenzustellen und zu paraphrasieren. »Es ist leichter, aus der nachgelassenen Notizensammlung Kafkas spekulative Schlüsse zu ziehen, als auch nur eines der Motive zu ergründen, die in seinen Geschichten und Romanen auftreten.«[4]

Methodologisch ist Benjamins Versuch — sehr früh schon — ein Plädoyer für die Respektierung des literarischen Textes: Literatur soll zwar nicht vom geschichtlichen Kontext abgetrennt werden, doch sie soll als Literatur gelesen werden — und nicht als ideologisches Zeugnis oder als Mittel zur psychoanalytischen Erkundung des Seelenlebens eines Menschen (der dann als eine Art Patient interessiert, und nicht als Autor). Abwegig kann Benjamin die beiden genannten Betrachtungsweisen nennen, weil in beiden Fällen die spezifische Art der Aussage mißachtet wird. Gesehen wird nur die Beziehung des Werkes zum Privatleben des Autors oder zu einem metaphysischen System, das dann die Maßstäbe abgibt für die Beurteilung des Textes. Bei Benjamin dagegen wird erkennbar, daß es eine unvergleich wichtigere Beziehung gibt: nämlich die Beziehung zwischen Werk und Leser, und daß das eigentliche Geheimnis nicht die Erlebnismodalitäten des

---

[3] W. Benjamin / G. Scholem, Briefwechsel 1933—1940. Hrsg. von G. Scholem. Frankfurt am Main 1980. S. 293
[4] Schriften II. S. 215

Autors sind, sondern die Art, wie hier eine besondere Welt literarisch konstruiert erscheint.

Mit dem Kern seiner Kafka-Deutung nimmt Benjamin – wohl als erster – Thesen des seit Günther Anders, Wilhelm Emrich und anderen nahezu dominierenden Erklärungsmodells vorweg, der Auffassung nämlich, Kafkas Werk enthalte vor allem Chiffren der Entfremdung in der modernen Welt.

> Man hat K. mit Recht dem Schweyk verglichen; den einen wundert alles, den andern nichts. Im Zeitalter der aufs höchste gesteigerten Entfremdung der Menschen voneinander, der unabsehbar vermittelten Beziehungen, die ihre einzigen wurden, sind Film und Grammophon erfunden worden. Im Film erkennt der Mensch den eigenen Gang nicht, im Grammophon nicht die eigene Stimme. Experimente beweisen das. Die Lage der Versuchsperson in diesen Experimenten ist Kafkas Lage.[5]

Für Benjamin steht allerdings fest, daß Kafka die »Gewalten«, die Ursachen der Entfremdung, nicht erkannt hat. Übrigens benennt auch Benjamin sie nicht. Man wisse nicht, schreibt er, wie diese Mächte von Kafka erlebt wurden – allem Anschein nach als mythische oder metaphysische, urteilt man auf Grund der Rolle, die ontologische und religiöse Begriffe bei ihm spielen. Vielleicht habe Kafka ein religiöses Verbot auf konkrete gesellschaftliche Erscheinungen übertragen und sei davor zurückgeschreckt, Erkenntnisse zu definieren – als handle es sich um das Bildnisverbot.

Eine, wie mir scheint, entscheidende Einsicht gewann Benjamin wohl erst nach der Niederschrift des Kafka-Essays. Vier Jahre danach, 1938, ist einer der Briefe an Scholem (vom 12. Juni) wiederum zur Gänze Kafka gewidmet. Das Werk des großen Pragers, heißt es dort, sei mit einer Ellipse vergleichbar, deren Brennpunkte einerseits von der mystischen Erfahrung, d. h. von uralter Erfahrung, anderseits von der Erfahrung des modernen Großstadtmenschen bestimmt seien, namentlich des heutigen Staatsbürgers, der es mit einer »unübersehbaren Beamtenapparatur« zu tun habe. Einer Erläuterung der eigentümlichen Erzählweise Kafkas nähert sich Benjamin mit einem wahrhaftig erhellenden Hinweis auf die Beschreibung eines alltäglichen physikalischen Vorgangs, wie sie aus der Sicht eines Physikers erfolgt. Benjamin bringt ein Zitat aus Eddingtons Buch *Das Weltbild der Physik* mit der Bemerkung, man meine, Kafka zu hören. Da weder Benjamins Brief noch Eddingtons Beschreibung zu den Gemein-

---

[5] Ebd. S. 226

plätzen der Kafka-Literatur gehören, scheint es nicht überflüssig zu sein, zumindest den Anfang des Eddington-Zitats anzuführen:

> Ich stehe auf der Türschwelle, im Begriffe, mein Zimmer zu betreten. Das ist ein kompliziertes Unternehmen. Erstens muß ich gegen die Atmosphäre ankämpfen, die mit einer Kraft von 1 Kilogramm auf jedes Quadratzentimeter meines Körpers drückt. Ferner muß ich auf einem Brett zu landen versuchen, das mit einer Geschwindigkeit von 30 Kilometer in der Sekunde um die Sonne fliegt; nur den Bruchteil einer Sekunde Verspätung, und das Brett ist bereits meilenweit entfernt. Und dieses Kunststück muß fertiggebracht werden, während ich an einem kugelförmigen Planeten hänge, mit dem Kopf nach außen in den Raum hinein, und ein Ätherwind von Gott weiß welcher Geschwindigkeit durch alle Poren meines Körpers bläst.[6]

In der Tat, man glaubt, Kafka zu lesen. Das »Tolle«, wie Benjamin sich ausdrückt, oder das »Ver-rückte«, wie es bei Anders heißt, beruht offensichtlich darauf, daß in Kafkas Prosa die Alltagserfahrung in eine ungewohnte, im Alltag selbst nicht geläufige Sichtweise rückt. Es überrascht, daß Benjamin, der damals ein enges Verhältnis zu Brecht hatte, nicht von Verfremdung spricht. Sein Aufsatz über die Theorie des Epischen Theaters erschien 1939 in *Maß und Wert*. Die russischen Formalisten scheint Benjamin nicht gekannt zu haben, denn wenn nicht an anderen Stellen, so doch hier hätte ein Hinweis auf Šklovskij auf der Hand gelegen – auf dessen Theorie der Verfremdung bzw. nichtautomatisierten Wahrnehmung, etwa mit Beispielen aus der Erzählprosa Tolstojs. Eine Analyse, die dieser Anregung Benjamins folgen würde, hätte es damit zu tun, auf Grund sorgfältiger Unterscheidungen zu zeigen, auf welche Weise, mit welcher Art von Verrückungen Kafka jeweils seine Wirkungen erzielt.

Doch Analysen von solchem Zuschnitt findet man bei Benjamin nicht. Seine Essayistik streut zwar zahllose Anregungen aus, legt aber keinen Wert auf Systematik. Ihr kennzeichnendes Verfahren ist die Nennung oder vielmehr Beschwörung von Analogien. Seine Einsichten in das Werk des Dichters teilt Benjamin vorwiegend durch Vergleiche oder Gleichnisse mit, so etwa durch eine Anekdote aus dem Leben Potemkins, eine Parallele mit dem Volkslied vom »Bucklichten Männlein« oder einen Hinweis auf die Verwandtschaft mit der Malerei Paul Klees. Zum Schluß stellt sich der eigentümliche Eindruck ein, Benjamins essayistische, im weitesten Sinne ebenfalls kreative Prosa unterstehe nicht weniger als Kafka einem Verbot: dem Verbot der begrifflichen Festlegung. Ganz zu schweigen von dem

---

[6] Benjamin / Scholem, Briefwechsel. S. 270

Umstand, daß Benjamin mit keinem Wort auf Kafkas Prager Umwelt und die Bedingungen seines Schaffens eingeht — ein erstaunliches Faktum, wenn man bedenkt, mit welchem Eifer er in seinen Baudelaire- und Paris-Studien das gesellschaftliche Milieu untersucht.

Von Benjamin sind es in geistiger Hinsicht nur wenige Schritte zu Adornos Versuch über Kafka. Die *Aufzeichnung zu Kafka*, so der Titel, sind ebensowenig Literaturwissenschaft wie die Arbeit des älteren Freundes, die Adorno selbstverständlich gut gekannt hat. Er beruft sich auf Benjamin an einigen Stellen. Gemeinsam ist den beiden philosophischen Essays die bewußt unsystematische, sprunghafte Anlage, ferner der punktuelle Ansatz, der vom bezeichnenden Detail ausgeht und von da aus das Ganze anzuvisieren sucht. Entstanden ist Adornos Arbeit zum Teil ebenfalls im Exil. Als Entstehungszeit werden vom Autor die Jahre 1942 bis 1953 angeführt. Erschienen ist sie 1953, zwei Jahre nach der bahnbrechenden Untersuchung von Günther Anders *Kafka. Pro und contra*, mit der sie auch einige Berührungspunkte aufweist. Wichtig ist namentlich *ein* Denkmotiv, das dann später von einem Großteil der Kafka-Literatur aufgenommen worden ist: der von Anders und Adorno ausgesprochene Zweifel am Symbol- oder Allegoriecharakter von Kafkas Bildern und Situationen. Ein Vergleich mit Goethes Symbolik und Allegorik stützt diese Erkenntnis. Adorno schließt sich Benjamins These an, Kafkas Texte suggerierten andauernd, es handle sich um Parabeln.

»Es ist eine Parabolik«, schreibt Adorno, »zu der der Schlüssel entwendet ward; selbst der, welcher eben dies zum Schlüssel machen suchte, würde in die Irre geführt, indem er die abstrakte These von Kafkas Werk, die Dunkelheit des Daseins, mit seinem Gehalt verwechselte. Jeder Satz spricht: deute mich, und keiner will es dulden. Jeder erzwingt mit der Reaktion ›So ist es‹ die Frage: woher kenne ich das; das déjà vu wird in Permanenz erklärt.«[7]

Konsequenter als Benjamin trennt sich Adorno von einer an der Persönlichkeit des Autors orientierten Betrachtung. Weder das psychoanalytische Subjekt interessiert, noch der Autor als hermeneutische Autorität. Die letztere Kategorie beurteilt Adorno sogar besonders skeptisch. Ein Vergleich zwischen den Erzählungen und den persönlichen Aufzeichnungen läßt seiner Meinung nach die Vermutung zu, Kafkas Denkkraft habe an seine Gestaltungskraft nicht herangereicht. Wie bei vielen anderen Auto-

---

[7] Th. W. Adorno, Prismen. Kulturkritik und Gesellschaft. DTV-Ausgabe. München 1963. S. 249f.

ren, so übertrifft auch hier der Reichtum der epischen Forschung die außerhalb des Werkes dargelegte Intention.

Vorm Kurzschluß auf die allzu frühe, vom Werk schon gemeinte Bedeutung vermöchte als erste Regel zu schützen: alles wörtlich nehmen, nichts durch Begriffe von oben her zudecken. Die Autorität Kafkas ist die von Texten. Nur die Treue zum Buchstaben, nicht das orientierte Verständnis wird einmal helfen.[8]

So beherzigenswert Adornos methodische Richtlinien auch sind, man kann es nicht unterlassen, darauf hinzuweisen, wie oft der Autor selbst seine Grundsätze mißachtet und ins schrankenlose Spekulieren gerät — vor allem, wenn er psychoanalytische Kategorien anwendet, allerdings nicht auf Kafka bezogen, sondern auf kollektive Vorgänge oder mythische Inhalte, die er mit den Romanen und Erzählungen in Verbindung bringt. Beim Lesen von Adornos Versuch, dem man die Nähe zu seinen *Minima Moralia* anmerkt, wird man jedenfalls hin und her gerissen zwischen Zustimmung und Widerspruch. Angesichts der seither uferlos gewordenen Literatur zu Kafka gilt es, den Standort des Essays im Hinblick auf die Entwicklung der kritischen Betrachtung zu bestimmen. Daß diese Arbeit Adornos für die soziologischen Fragestellungen der Kritischen Theorie weniger repräsentativ ist als etwa seine Versuche über Lyrik und Gesellschaft, Eichendorff, den modernen Roman, Richard Wagner und manche anderen Themen, sei ebenfalls vermerkt.

Einen relativen Fortschritt gegenüber dem Stand der dreißiger und vierziger Jahre, übrigens auch gegenüber Benjamin, scheinen mir Adornos Überlegungen vor allem in zwei Punkten darzustellen: erstens darin, daß bei ihm der Leser als theoretische Instanz eine angemessene Rolle spielt, zweitens in der Berücksichtigung literarhistorischer Zusammenhänge. Beide Gesichtspunkte sind bei Benjamin so gut wie gar nicht vertreten.

An mehreren Stellen ist bei Adorno von der Aufnahme der Werke durch die Leser die Rede, d. h. von den mannigfachen Deutungen, die unter wechselnden Umständen realisiert werden können. Schon daran ist zu erkennen, daß der zeitliche Abstand zu Kafka bei Adorno weiter war als bei Benjamin, für den das Problem der Rezeption noch nicht recht aktuell gewesen war. Jedenfalls implizieren Fragen wie Identifikation oder Nichtidentifikation des Lesers den wohl entscheidenden Gesichtspunkt (der zugleich ein Angelpunkt jeder Rezeptionstheorie ist): das Moment der Aktualisierbarkeit literarischer Werke. Jede Beschäftigung mit der Beziehung

---
[8] Ebd. S. 251

zwischen Autor und Werk bleibt im Grunde müßig, solange die primäre Frage ungeklärt ist, die Frage, woher es kommt, daß bestimmte Texte gelesen und immer wieder neu erlebt und durchdacht werden. Im Sinne Adornos wäre daher die Feststellung: Nicht die schwer durchschaubaren Beziehungen zwischen Autor und Werk sind das eigentliche Geheimnis, sondern vielmehr die Tatsache, daß es Leser gibt, für die Kafka höchst aktuell ist, obwohl ihnen der Autor selbst und seine Umwelt fremd oder gleichgültig sein mögen.

Kafkas Werke sind von Anfang an ein Tummelplatz für Betrachtungen außerliterarischer Art gewesen. Auch Adorno machte in seinen literaturkritischen Essays keinen Hehl daraus, daß er nicht als Literarhistoriker sprechen könne. Daher überrascht es, daß gerade er im Hinblick auf Kafka *literaturgeschichtliche* Perspektiven aufreißt — eine Sicht, die sogar bei Literaturwissenschaftlern relativ selten zur Geltung kommt. An manchen Stellen — so in punktuellen Bemerkungen über die Rolle des Erzählers — berührt sich Adorno mit Ausführungen in Beißners gleichzeitig entstandenem Aufsatz von 1952.

Im Gegensatz zu der vorherrschenden Meinung in der Literaturwissenschaft befindet sich Adorno mit der Auffassung, Kafka sei dem Expressionismus zuzuordnen. Er ist sich allerdings dessen bewußt, daß Kafkas Sprache mit den ekstatischen Sprachgebärden der meisten Expressionisten nichts zu tun hat und daß die Eindringlichkeit der stilistischen Wirkungen gerade auf der quer zum Geschehen liegenden quasi protokollarischen Diktion beruht. Aus diesem Grunde geht er von einem weit gefaßten Expressionismus-Begriff aus, vor allem aber von Merkmalen expressionistischer Malerei (mit fließenden Übergängen zum Surrealismus), wobei man namentlich an Darstellungen des Schreckens und der Verwirrung denken muß. Methodische Bedenken scheinen ihm hier nicht gekommen zu sein, obwohl das Ausweichen auf Vergleiche mit anderen eigenständigen Kunstgattungen grundsätzlich problematisch ist und eigentlich auch wieder eine Form von Analogiedenken wie bei Benjamin ist. Nicht zufällig findet sich auch in Benjamins Schrift ein Vergleich zwischen Kafkas Werken und moderner Malerei, nämlich der bereits erwähnte Vergleich mit Paul Klee. Wenn Adorno schreibt: »Manche entscheidenden Partien Kafkas lesen sich, als wären sie expressionistischen Gemälden nachbustabiert, die hätten gemalt werden müssen«,[9] so öffnet eine solche Äußerung der kunstkritischen Willkür Tür und Tor.

---

[9] Ebd. S. 272

Weniger vage ist die These, Kafkas besondere Spielart des Expressionismus sei durch eine bewußte Annäherung an Trivialliteratur zustande gekommen, etwa an die von ihm gern gelesenen Abenteuergeschichten. Deren Reihungsschema locker verbundener Episoden glaubt Adorno in Kafkas Romanen wiederzufinden. Noch bedenkenswerter ist die Vermutung, der Erzähler habe vor allem den Detektivroman seiner Zeit vor Augen gehabt. Die Universalität Kafkas erinnere, wenn auch auf anderer literarischer Ebene, an ein kulturkritisch interpretierbares Merkmal des Detektivromans:

> In diesem hat die Dingwelt das Übergewicht übers abstrakte Subjekt gewonnen, und Kafka benutzt es dazu, die Dinge zu allgegenwärtigen Emblemen umzuschaffen. Die großen Werke sind gleichsam Detektivromane, in denen die Entlarvung des Verbrechers mißlingt.[10]

Der Hinweis auf die Gewalt, die die Dingwelt auf den Menschen ausübt, in Romanen unseres Jahrhunderts überhaupt, ist zweifellos stichhaltig. Man vermißt jedoch in Adornos Ausführungen die Klarstellung, daß im konventionellen Detektivroman die Welt grundsätzlich als durchschaubar und erklärbar gilt, Kafkas Geschichten jedoch auf Schritt und Tritt diesen Eindruck widerlegen. Von einer Entlarvung kann schon deswegen keine Rede sein, weil es in der Welt Kafkas keinen gibt, der zu entlarven wäre.

Obwohl die Versuche über Kafka weder bei Benjamin noch bei Adorno an die überzeugendsten Arbeiten der beiden Autoren heranreichen, machen sie doch mit ihren besten Passagen deutlich, worin die Vorzüge sozialgeschichtlicher Betrachtung Frankfurter Prägung zu erblicken sind. Bezeichnend ist, daß beide Autoren ohne sogenannte materialistische Ableitungsschemata auskommen – ohne gewaltsame oder kurzschlüssige Rückführung geistiger Vorgänge auf gesellschaftliche Basiskategorien. Um es mit einem Paradox zu sagen: in dieser Hinsicht, freilich nur in dieser, ist der spekulative, quasi unwissenschaftliche Charakter ein Vorzug, weil in ihm selbst ein Widerstand gegen das doktrinäre Schema erkennbar ist.

---

[10] Ebd. S. 274

Ehrhard Bahr

Neu-Weimar am Pazifik: Los Angeles als heimliche Hauptstadt der deutschen Exilkultur

Vorläufige Gedanken zu einer typologischen Topographie des Exils

Aus der jahrhundertelangen Geschichte der Exildichtung wissen wir um die Bedeutung der Exilstätten für die verbannten Dichter. Wir erinnern uns an das barbarische Tomis eines Ovid, das Ravenna eines Dante, das Paris eines Heine oder das London eines Karl Marx. Doch was bedeutete das Zürich, das Moskau, New York, Jerusalem oder Mexico City der dreißiger und vierziger Jahre den exilierten deutschsprachigen Schriftstellern des 20. Jahrhunderts? Es besteht hier eine empfindliche Lücke in unserem Wissens- und Bewußtseinsstand. Wir sind besser über Kafkas Prag informiert als über das Prag des Exils von 1933 bis 1939. Zwar liegen seit 1973 eine Reihe von Sammelwerken mit Beiträgen zur Exilsituation in den einzelnen Ländern vor, doch wissen wir immer noch nicht genügend über die Bedeutung der Zentren des deutschsprachigen Exils dieses Jahrhunderts.[1]

Als Werner Vordtriede 1968 in den *Akzenten* einen Entwurf zu einer Typologie der Exilliteratur vorlegte, stieß er mit seinen Gedanken, die er ausdrücklich als ›vorläufig‹ bezeichnet hatte, um damit zu einer offenen Diskussion einzuladen, auf den geschlossenen Widerstand der im Westen gerade begründeten Exilforschung.[2] Diese neue Exilforschung in der Bundesrepublik, die teilweise auf Initiativen aus Schweden und den Vereinigten Staaten zurückging, war damals vorwiegend an einer Sozialgeschichte des Exils interessiert. Nach mehr als zwanzig Jahren textimmanenter Lite-

---

[1] Siehe Manfred Durzak (Hrsg.), Die deutsche Exilliteratur 1933–1945. Stuttgart 1973; John M. Spalek (Hrsg.), Deutsche Exilliteratur seit 1933. Bd. I. Bern–München 1976; Werner Mittenzwei (Hrsg.), Kunst und Literatur im antifaschistischen Exil 1933–1945. 7 Bde. Leipzig 1980

[2] Werner Vordtriede, Vorläufige Gedanken zu einer Typologie der Exilliteratur. In: Akzente 15, 1968. S. 556–575. Siehe dazu Jost Hermand, Schreiben in der Fremde: Gedanken zur deutschen Exilliteratur seit 1789. In: Exil und innere Emigration. Hrsg. von Reinhold Grimm. Frankfurt a. M. 1972. S. 8–9. Vgl. dagegen Ulrich Weisstein, Bertolt Brecht: Die Lehren des Exils. In: Die deutsche Exilliteratur 1933–1945. Hrsg. von Manfred Durzak. Stuttgart 1973. S. 380–383

raturkritik war es verständlich, daß man die konkreten Bedingungen erforschen wollte, unter denen diese Literatur entstanden war und die das Selbstverständnis dieser Autoren bestimmt hatten. Aus dieser Methodologie versprach man sich zugleich den Ausweg aus der inzwischen akut gewordenen Krise der Germanistik. Heute, da wir bedeutend mehr über die Bedingungen des Exils wissen, sollten wir uns der damals von Werner Vordtriede aufgeworfenen Frage nach einer Typologie der Exilliteratur erneut zuwenden. Zweifellos war er damals mit seinen vorläufigen Gedanken der Zeit voraus. Im poststrukturalistischen Jahrzehnt ist man inzwischen methodologisch ausreichend versiert, um jetzt Typologie mit konkreter Grundforschung zu verbinden. Dabei kommt den Städtemonographien erhöhte Bedeutung zu, zum ersten, da sich die Städte wegen der Beschränkung auf ein fest umrissenes gesellschaftliches und kulturelles Gefüge vorzüglich für die Verbindung von Typologie und Grundforschung eignen, zum zweiten, weil wir es hier noch weitgehend mit wissenschaftlichem Neuland zu tun haben, und drittens, weil man in den populärwissenschaftlichen Darstellungen der letzten Jahre mit Typologien aufgewartet hat, die der wissenschaftlichen Überprüfung bedürfen.[3] Zu diesen Typologien gehören sowohl der Begriff ›Neu-Weimar‹ als auch die Vorstellung einer ›heimlichen Hauptstadt‹ der deutschen Exilkultur in Verbindung mit der Stadt Los Angeles (oder Hollywood) in den Jahren von 1940 bis 1949.

Diese Vorstellung eines Zentrums deutscher oder abendländischer Kultur, das sich im 20. Jahrhundert von Europa nach Amerika verlagert, tauchte zum ersten Mal bei Thomas Mann auf, und zwar bereits im Februar 1938 in der englischen Fassung seines Vortrags »Vom kommenden Sieg der Demokratie«, den er auf einer Vortragsreise in fünfzehn amerikanischen Städten hielt. Dort erklärte er zum Abschluß seiner Rede:

> I believe, in fact, that for the duration of the present European dark age, the centre of Western culture will shift to America. America has received much from Europe, and that debt will be amply repaid if, by saving our traditional values from the present gloom, she can preserve them for a brighter future.

Thomas Mann selbst beabsichtigte bereits zu diesem Zeitpunkt, seinen Wohnsitz nach den Vereinigten Staaten zu verlegen, und er versicherte

---

[3] Siehe John Russel Taylor, Fremde im Paradies: Emigranten in Hollywood 1933–1950. Übers. von Wilfried Sczepan. Berlin 1984. Eine Stadtmonographie hat Helmut F. Pfanner vorgelegt mit seinem Buch Exile in New York: German and Austrian Writers after 1933. Detroit 1983

seinen amerikanischen Zuhörern, daß »viele gute Europäer einander auf amerikanischem Boden wiederfinden werden«, wenn Europa weiterhin den gleichen Kurs verfolge wie in den letzten zwanzig Jahren.[4]

Bereits zwei Jahre später konnte Max Reinhardt in einem Entwurf für »Festspiele in Kalifornien« berichten, daß die Faktoren dazu in Los Angeles »in einer unvergleichlich und nie dagewesenen Fülle vereinigt« seien, da dort zur Zeit »die hervorragendsten dramatischen Schriftsteller, die berühmtesten Komponisten, Musiker, Dirigenten, die besten Maler, Bildhauer, Architekten, die namhaftesten Direktoren, Schauspieler, Sänger und Tänzer« lebten.[5] Sowohl Thomas Manns Rede als auch Reinhardts Entwurf lassen erkennen, daß es sich bei Neu-Weimar um die Vorstellung einer Künstler- und Gelehrtenrepublik handelte, zu der die Österreicher genau so gehörten wie die Deutschen. Sie repräsentierten die intellektuelle und künstlerische Moderne Zentraleuropas, nicht etwa die politische Nation. Als Exilanten brachten sie diese Kultur, die mit dem Namen Weimar assoziiert wurde, nach Los Angeles.

Nach dem Ende der Weimarer Republik im Jahre 1933 gab es eine Tendenz unter den Überlebenden, die Errungenschaften dieser Periode kritiklos zu idealisieren. Peter Gay, einer der Historiker der Weimarer Republik und ihrer Kultur, hat von der ›Weimarer Legende‹ gesprochen, besonders von der Legende der ›goldenen Zwanziger Jahre‹, und vor den Gefahren eines neuen Mythos vom ›Goldenen Zeitalter‹ gewarnt. Die Konstruktion eines fehlerlosen Ideals von Weimar sei eine Trivialisierung der Weimarer Renaissance und eine Verharmlosung des hohen Preises, den man dafür bezahlen mußte. Die Attraktion der Weimarer Kultur hätte zum Teil aus ungezügelter Kreativität und Experimenten bestanden; aber ein anderer Teil der Weimarer Republik seien Angst, Furcht und ein Bewußtsein des drohenden Verhängnisses gewesen. Mit einer gewissen Berechtigung hätte Karl Mannheim davon gesprochen, daß künftige Generationen die Weimarer Republik als ein neues perikleisches Zeitalter betrachten würden. Aber es sei ein prekärer Ruhm gewesen, ein Tanz auf dem Vulkan. Die Weimarer Kultur — so Peter Gay — sei eine Kreation von Außenseitern gewesen,

---

[4] Thomas Mann, The Coming Victory of Democracy. New York 1938. S. 66—67. Dieser Absatz fehlt in der deutschen Fassung in den Gesammelten Werken in dreizehn Bänden. Bd. XI. 2. Aufl. Frankfurt a. M. 1974. S. 910—941

[5] Max Reinhardt, Festspiele in Kalifornien. In: Max Reinhardt, Ausgewählte Briefe, Reden, Schriften und Szenen aus Regiebüchern. Hrsg. von Franz Hadamowsky. Wien 1963. (Museion, N.F. 3. Bd.). S. 107

die von der Geschichte für einen kurzen, betäubenden und fragilen Augenblick ins Zentrum der Ereignisse gestellt worden waren.[6]

Die Kehrseite der Weimarer Republik war eine chauvinistische und rassistische Literatur: Kriegsromane, die das Fronterlebnis verherrlichten, sowie Blut-und-Boden-Literatur. Diese Produkte beherrschten den Büchermarkt bereits vor 1933. Repressive Aktionen gegen Intellektuelle und Künstler waren bereits vor 1933 im Gange. Eine rechtsstehende Presse bekämpfte alle Formen des Modernismus in Literatur und Kunst. In vieler Hinsicht war der deutsche Faschismus nichts anderes als eine Ideologie zur Bekämpfung der rapiden Modernisierung auf allen Gebieten des Lebens, das heißt, auf eine knappe Formel gebracht, eine Konterrevolution gegen den Modernismus. Da die Manifestationen des Modernismus besonders offensichtlich auf den Gebieten der Literatur und Kunst ins Auge fielen, wurden sie zu Schlachtfeldern der sich bekämpfenden Ideologien. Die großen Veränderungen, die zwischen 1919 und 1933 durch den Modernismus hervorgerufen wurden, riefen eine ungeheure Gegenreaktion hervor. In diesem Sinne sind Hitler und der deutsche Faschismus ebenfalls als Produkte der Weimarer Republik zu betrachten.

»Die Weimarer Republik war eine Idee, die nach Verwirklichung suchte«, wie Peter Gay gesagt hat.[7] Deshalb bedurfte ihre Kultur weder der Grenzen des Deutschen Reiches noch des deutschen Sprachgebietes. Die verfassungsgebende Versammlung war 1919 hauptsächlich aus Sicherheitsgründen nach Weimar berufen worden, aber bald wurde die Stadt Schillers und Goethes zum Symbol der Republik. Trotz dieses Bekenntnisses zur klassischen Humanität von Weimar konnte sich die Republik jedoch nicht der Traditionen des Militarismus und Antimodernismus entledigen. Die Republik bestand aus zwei Deutschlands im Konflikt miteinander: aus dem ›einen‹ und dem ›anderen Deutschland‹. Es war dieser unüberwindliche Gegensatz zwischen Weimar und Potsdam, der zum Untergang der Weimarer Republik führte. Es wäre eine Übersimplifizierung zu behaupten, daß 1933 das ›eine‹ Deutschland zurückblieb und das ›andere Deutschland‹ ins Exil ging, denn viele der Exilanten trugen diesen Konflikt in sich. Wie Brecht einmal zu Walter Benjamin sagte: »Auch an mir ist alles schlecht, was deutsch ist.«[8]

---

[6] Peter Gay, Weimar Culture: The Outsider as Insider. New York 1968. S. xiv. Übers. vom Verf.
[7] Weimar Culture, S. 1
[8] Walter Benjamin, Gespräche mit Bertolt Brecht. In: Benjamin, Versuche über Brecht. Frankfurt a. M. 1966. S. 133

Die Fakten der Exilgeschichte sind bekannt, daß sie hier nicht wiederholt zu werden brauchen. Werner Vordtriede hat sie selbst erfahren, wie wir seinem Tagebuch aus dem amerikanischen Exil von 1938–1947 entnehmen können.[9] Es gilt hier nur herauszuarbeiten, warum die Wege so vieler Exilanten nach Los Angeles führten. Von 1933–1940 waren es die europäischen Länder, die mehr oder weniger willig den Exilanten Asyl boten. Paris, Prag und Moskau wurden in diesen Jahren zu Zentren der deutschen Exilkultur mit Zeitungen, Zeitschriften, Verlagen und Theatern. Aber nach der Kapitulation von Frankreich blieben nur noch wenige Fluchtwege übrig. Deshalb wurde zu diesem Zeitpunkt die Fluchtroute über den Atlantik nach Mexiko, Kuba, den Vereinigen Staaten und Kanada zu einer der wichtigsten. Die Einwanderungsgesetze der Vereinigten Staaten hatten für europäische Immigranten eine jährliche Quote von 3% der bereits in den USA anwesenden Nationalitäten in der ersten Einwanderungsgeneration vorgesehen, so daß von 1933–1941 rund hunderttausend Deutsche und Österreicher aufgenommen werden konnten. Dabei wurde die deutsche Quote allerdings nie völlig ausgelastet.[10]

Nach der Kapitulation Frankreichs wurden von der Regierung Roosevelt eine Reihe von offiziellen und halboffiziellen Organisationen ins Leben gerufen, wie z. B. der ›National Refugee Service‹ und das ›Emergency Rescue Committee‹, um besonders deutsche und österreichische Exilanten vor der Deportation in deutsche Konzentrationslager zu retten. Die Vichy-Regierung hatte sich nämlich verpflichtet, alle ehemaligen deutschen Staatsangehörigen an die deutschen Behörden auszuliefern. Die amerikanischen Organisationen suchten diesen Auslieferungsmaßnahmen durch erleichterte Immigrationsverfahren zuvorzukommen. Sie wurden dabei von den amerikanischen Quäkern, dem sog. ›American Friends Service Committee‹ unterstützt, indem sie die Kontakte zwischen den individuellen Exilanten und den amerikanischen Konsulaten zur Erteilung von Einwanderungsvisen herstellten. Auf diese Weise wurden Lion Feuchtwanger, Heinrich Mann und Franz Werfel gerettet, indem sie illegal über die Pyrenäen nach Lissabon gebracht wurden. Von dort aus war dann die Weiter-

---

[9] Siehe Werner Vordtriede, Das verlassene Haus: Tagebuch aus dem amerikanischen Exil 1938–1947. München o.J. [1975]
[10] Siehe Roger Daniels, American Refugee Policy in Historical Perspective. In: The Muses Flee Hitler: Cultural Transfer and Adaptation 1930–1945. Hrsg. von Jarrell C. Jackman und Carla M. Borden. Washington, D.C. 1983. S. 61–77; Anthony Heilbut, Exiled in Paradise: German Refugee Artists and Intellectuals in America from the 1930's to the Present. New York 1983. S. 23–47

reise per Schiff nach New York gewährleistet. Bis 1941 wurden rund sechshundert antifaschistische Intellektuelle und Künstler nicht nur aus Deutschland und Österreich, sondern auch den übrigen europäischen Ländern gerettet, wie z. B. Marc Chagall, Marcel Duchamp, Wanda Landowska und Jacques Lipschitz. Doch für eine große Anzahl kam die amerikanische Intervention zu spät. Es sei hier nur an Walter Benjamin, Walter Hasenclever und Ernst Weiß erinnert.[11]

Die meisten der deutschsprachigen Exilanten, die zwischen 1933 und 1941 in die Vereinigten Staaten kamen, nahmen ihren Wohnsitz in New York. Washington Heights, das zum bevorzugten Stadtteil der deutschen Exilanten wurde, erhielt den sarkastischen Beinamen ›Viertes Reich‹. Das andere wichtige Zentrum des deutschen und österreichischen Exils wurde Los Angeles. Während New York manch einen Exilanten an Berlin erinnert haben mag, stellte Los Angeles eine einzigartige Möglichkeit zur Verfügung, die New York nicht aufzuweisen hatte, nämlich eine kulturelle Infrastruktur, die nicht nur die Verlagerung der Weimarer Kultur in ihrer Gesamtheit von Europa nach Amerika erlaubte, sondern auch deren Weiterführung und schöpferische Weiterentwicklung. Auf diese Weise konnte Los Angeles zu Neu-Weimar, zur heimlichen Hauptstadt der deutschsprachigen Exilkultur am Pazifik, werden.

Natürlich erwies sich das Rivieraklima als attraktiv. Max Reinhardt sprach in seinem Entwurf für »Festspiele in Kalifornien« von den klimatischen Vorzügen der Stadt Los Angeles und von der Schönheit der hügeligen Landschaft am Pazifik, während Thomas Mann von dem Licht schwärmte, von der trockenen, immer sich erfrischenden Wärme, der Weiträumigkeit, der Steineichen-, Eukalyptus-, Zedern- und Palmen-Vegetation, von der Ozean-Promenade. Er zögerte nicht, die Hügel von Los Angeles mit der toskanischen Landschaft zu vergleichen.[12] Hinzu kam die Anziehungskraft der Filmindustrie, die bereits seit den zwanziger Jahren europäische Regisseure und Schauspieler gebracht hatte. Die kulturelle Infrastruktur war jedoch der Hauptfaktor, daß sich die Kultur von Weimar in Los Angeles in ihrer Gesamtheit entfalten und weiterentwickeln konnte. Diese Renaissance erfolgte nicht in einem Vakuum, sondern wurde dadurch ermöglicht, daß sämtliche Kulturinstitutionen und -aktivitäten wie

---

[11] Cynthia Jaffee McCabe, »Wanted by the Gestapo: Saved by America«–: Varian Fry and the Emergency Rescue Committee. In: The Muses Flee Hitler, S. 79–91
[12] Siehe Max Reinhardt, Festspiele in Kalifornien, S. 108; Hans Bürgin und Hans Otto Mayer (Hrsg.), Thomas Mann: Eine Chronik seines Lebens. Frankfurt a. M. 1974. S. 167

Theater, Oper, Ballett, Symphonieorchester, Malerei, Bildhauerei, Architektur, Museen, Bibliotheken und Universitäten im Ansatz vorhanden waren. Außerdem gab es hier keine exklusive Oberschicht, die Neuankömmlinge von der aktiven Teilnahme am Kulturleben ausschloß, sondern im Gegenteil, sie als Kulturträger begrüßte, die zum Glanz ihrer Gesellschaft beitragen könnten.

Auf diese Weise konnte die Kultur von Weimar in Südkalifornien zu ihrer letzten und größten Blütezeit kommen. Zwischen 1940 und 1949 wurden in Los Angeles einige der größten deutschen Romane dieses Jahrhunderts, einige der bedeutendsten Gedichte und einige der wichtigsten Bühnenwerke geschrieben. Man denke nur an Thomas Manns *Doktor Faustus* (1947), an Alfred Döblins letzten Band *Karl und Rosa* seiner *November 1918*-Tetralogie (1943), ferner an Bertolt Brechts Lyrik von 1941–1947, und schließlich an Franz Werfels Tragikomödie *Jacobowsky und der Oberst* (1942) sowie an Bertolt Brechts *Kaukasischen Kreidekreis* und die amerikanische Fassung des *Galilei* (1944/47), die er mit Charles Laughton herstellte und die 1947 in Los Angeles eine exzellente Aufführung erlebte.[13] Hinzu kam, daß zwei der einflußreichsten Werke der Philosophie des 20. Jahrhunderts in Los Angeles entstanden: die von Max Horkheimer und Theodor W. Adorno gemeinsam verfaßte *Dialektik der Aufklärung* (1947) und Adornos *Philosophie der Neuen Musik* (1949), von deren Grundgedanken Thomas Mann bereits für seinen *Doktor Faustus* profitieren konnte. Der Spätstil der neuen Musik wurde in Los Angeles von Arnold Schönberg entwickelt, in seinen Orgelvariationen von 1941, in der *Ode an Napoleon Buonaparte* nach einem Text von Byron (1942), in dem Klavierkonzert, Opus 42, und in dem Orchesterwerk für Sprecher und Männerchor *Ein Überlebender aus Warschau* (1947).

Damit sind nur die wichtigsten Werke genannt, die Los Angeles zwischen 1940 und 1949 den Nimbus einer heimlichen Hauptstadt der deutschen Exilkultur verliehen. Keine andere Stadt konnte Los Angeles diesen Ruf streitig machen. New York bildete einen gewissen Gegenpol. Dort gab es von 1940–1950 Erwin Piscators Dramatic Workshop, es gab die New School of Social Research, die als ›University in Exile‹ unter der Leitung von Alvin Johnson mehr als sechzig Wissenschaftlern eine Wir-

---

[13] Siehe James K. Lyon, Bertolt Brecht in America. Princeton, N.J. 1980. S. 167–201; Ehrhard Bahr, Brechts episches Theater als Exiltheater. In: Schreiben im Exil: Zur Ästhetik der deutschen Exilliteratur 1933–1945. Hrsg. von Alexander Stephan. Bonn 1985. S. 109–122

kungsstätte verschaffte. Es lebten Richard Beer-Hofmann, Albert Ehrenstein, Oskar Maria Graf, Hermann Kesten, Annette Kolb, Franz Mehring, Friedrich Torberg, Fritz von Unruh und Johannes Urzidil in New York, um nur die bekanntesten Schriftsteller zu nennen; außerdem Max Beckmann, Paul Dessau und Kurt Weill. Es gab in New York Exilverlage (L. B. Fischer, Pantheon-Books und Aurora) sowie Exilzeitungen (*Aufbau, Neue Volkszeitung*), doch es konnten sich nie die gegenseitige intellektuelle und künstlerische Beeinflussung und Integration entwickeln, wie es in Los Angeles der Fall war. New York verfügte über eine kulturelle Infrastruktur im höchsten Entwicklungszustand, so daß man nur auf vereinzelten Gebieten, wie z. B. der bildenden Kunst, der Anregung bedurfte bzw. für sie aufgeschlossen war. So erwies sich z. B. eine Ausstellung der europäischen Avantgarde (Jean Arp, André Breton, Marc Chagall, Marcel Duchamp, Max Ernst, Wifredo Lam, Jacques Lipschitz, André Masson) im März 1942 in der Matisse-Gallery in New York als richtungsweisend für die amerikanische Moderne. Doch sonst erwiesen sich sowohl die Intellektuellen als auch die kulturtragende Oberschicht den Exilanten gegenüber weitaus weniger aufgeschlossen als in Südkalifornien, wo in den vierziger Jahren noch ein großer Nachholbedarf an europäischem Modernismus herrschte. In New York kam die deutsche Exilkultur nur zersplittert in Einzelleistungen zur Geltung. Lediglich als Zentrum des politischen Exils stellte New York einen echten Gegenpol zu Los Angeles dar. Es war kein Zufall, daß sich der ›Council for a Democratic Germany‹ unter dem Vorsitz von Paul Tillich 1944 in New York bildete und nicht in Los Angeles.

Das Telephon-Verzeichnis von West-Los Angeles las sich in den vierziger Jahren wie eine Kombination von Kürschners Literatur- und Gelehrtenkalender. Wenn Historiker kritische Bemerkungen über das Los Angeles dieser Jahre gemacht und es im Vergleich zu New York als kulturell unterentwickelt und als Symbol der amerikanischen Gegen- oder Unkultur bezeichnet haben, so wird dabei nicht berücksichtigt, daß es gerade diese entwicklungsfähige und offene Infrastruktur des Kulturlebens in Südkalifornien war, die es der Weimarer Kultur ermöglichte, nicht nur ihre Identität im Exil zu behaupten, sondern ihr kreatives Potential noch einmal in seiner Gesamtheit zu entfalten. In einer Stadt mit einer abgeschlossenen Kulturentwicklung wäre diese zweite Blütezeit Weimars nicht möglich gewesen.

Die ersten prominenten Exilanten, die 1940 in Los Angeles eintrafen, waren Alfred Döblin, Heinrich Mann und Franz Werfel. Sie waren aus Frankreich gerettet worden und über Lissabon—New York nach Südkalifornien gekommen. Zusammen mit Döblin erhielt Heinrich Mann einen Vertrag als Scriptwriter bei Warner Brothers. Beide beklagten sich, daß sie keine Drehbucharbeiten übertragen bekamen. Man hat später die amerikanischen Filmgesellschaften dafür kritisiert. Sehr zu Unrecht, denn diese Verträge waren als Notverträge auf ein Jahr ausgestellt, um die Exilanten mit dem für das Einreisevisum notwendigen Nachweis einer Arbeitsstelle zu versorgen. Im Jahre 1941 folgten Lion und Marta Feuchtwanger. Thomas Mann, der 1938 eine Stelle als Lehrbeauftragter an der Universität Princeton erhalten hatte, siedelte 1941 ebenfalls nach Los Angeles um. Der letzte der prominenten Schriftsteller der Weimarer Republik, der nach Los Angeles kam, war Bertolt Brecht, der auf dem Weg über Finnland—Moskau—Wladiwostok gekommen war. Diese Schriftsteller bildeten sozusagen die »kritische Masse« des literarischen Weimars in Los Angeles. Um sie gruppierten sich ungefähr dreißig Schriftsteller, wie z. B. Bruno Frank, Leonhard Frank, Ludwig Marcuse, Alfred Neumann, Alfred Polgar, u. a. m. Außerdem gab es die Komponisten: Schönberg, der bereits seit 1934 in Los Angeles lebte, Erich Wolfgang Korngold, Hanns Eisler, Ernst Krenek und Ernst Toch. Ferner waren Bruno Walter und Otto Klemperer als Dirigenten da, Max Reinhardt und Leopold Jessner als Theaterregisseure, Ernst Lubitsch, Fritz Lang, Otto Preminger, William Dieterle und Billy Wilder als Filmregisseure, schließlich die folgenden Schauspieler: Ernst Deutsch, Alexander Granach, Oskar Homolka, Peter Lorre und Albert Bassermann. Außerdem gab es die Bauhaus-Architekten Richard Neutra und Rudolph Schindler.

Der zweite Grund für Los Angeles als heimliche Hauptstadt wäre darin zu suchen, daß die meisten dieser Exilanten sich bereits aus Berlin kannten, womöglich von der Preußischen Akademie der Künste. Sie waren alle erfolgreich gewesen und voll etabliert als Schriftsteller und Künstler, bevor sie ins Exil vertrieben wurden. Sobald sie in Los Angeles angekommen waren, nahmen sie ihre künstlerischen, gesellschaftlichen und politischen Aktivitäten, Ambitionen, Freundschaften und — Fehden wieder auf. Wie in der Weimarer Republik waren sie auch hier Außenseiter, die wiederum ins Zentrum der Geschichte gestellt wurden, soweit es deutsche Angelegenheiten betraf. Als Thomas Mann ins Exil ging, soll er gesagt haben: »Wo ich bin, da ist Deutschland.«[14] Er hätte auch sagen können: »Wo ich bin, da ist Weimar.« In den Vereinigten Staaten galt er als Sprecher des

---

[14] Siehe Herbert Lehnert, Thomas Mann in Exile. In: Germanic Review 38, 1963. S. 277—294.

›anderen Deutschland‹. Seine Vortragsreisen und seine Stellung als Berater der Library of Congress in Fragen deutscher Literatur gaben ihm zahlreiche Möglichkeiten, zur deutschen Frage Stellung zu nehmen. Seinen letzten großen politischen Vortrag hielt er im Mai 1945 in der Library of Congress unter dem Titel »Deutschland und die Deutschen«. Das Exil gab den deutschen Schriftstellern die Gelegenheit, sich des inneren Konflikts zwischen dem ›einen‹ und dem ›anderen Deutschland‹ zu entledigen, indem sie sich dem äußeren Konflikt mit allen Kräften widmen konnten. Man nahm zu den politischen Ereignissen Stellung wie eine Exilregierung und begrüßte die Gründung des Nationalkomitees Freies Deutschland in der Sowjetunion. Man förderte eine ähnliche Gründung in den USA. Es war der ›Council for a Democratic Germany‹, der 1944 in New York an die Öffentlichkeit trat, nicht ohne Thomas Mann vorher den Vorsitz angeboten zu haben.[15]

Die Erfahrung von Weimar hatte die Exilschriftsteller im Hinblick auf staatliche Einflußnahme auf Kunst und Literatur mißtrauisch gemacht. Als einige von ihnen, darunter Brecht und Hanns Eisler, 1947 als Zeugen vor das ›House of Representatives Committee on Un-American Activities‹ vorgeladen wurden, befürchteten sie, daß sich die Geschichte der Weimarer Republik wiederhole, und viele von ihnen verließen die Vereinigten Staaten während der McCarthy-Periode, um nicht wieder zurückzukehren.

Ihre Opposition gegen ein faschistisches Deutschland und ihre Repräsentanz eines humanistischen Deutschlands hatten die Exilschriftsteller mit der Identität eines Neu-Weimar versehen. Ohne dem Fehler einer falschen Harmonisierung zu verfallen, – es gab starke Spannungen z. B. zwischen Brecht und Thomas Mann –, gilt es, diese historische und schöpferische Leistung anzuerkennen. Das Neu-Weimar am Pazifik hörte auf zu existieren, als das faschistische Deutschland kapituliert hatte und die Exilschriftsteller nach Europa zurückgekehrt oder gestorben waren. Werfel starb 1945, Heinrich Mann 1950, Lion Feuchtwanger 1958. Brecht ging zunächst von 1947–1949 in die Schweiz; Thomas Mann folgte ihm 1952. Döblin, der 1945 mit kurzem Zwischenaufenthalt in Paris als erster nach Deutschland zurückgekehrt war, ging 1953 in ein selbstgewähltes ›zweites Exil‹. Um 1959 hatten sich in Deutschland nicht nur zwei neue Staaten, sondern auch zwei neue Literaturen herausgebildet.

---

[15] Siehe Ehrhard Bahr, Der Schriftstellerkongreß 1943 an der Universität von Kalifornien. In: Deutsche Exilliteratur seit 1933. Hrsg. von John M. Spalek. Bd. I. S. 51–53; Herbert Lehnert, Bert Brecht und Thomas Mann im Streit über Deutschland. Ebd. S. 62–88

Das Neu-Weimar am Pazifik war bestimmt von dem Gedanken und der Tradition der Kulturnation, *nicht* der politischen Nation. Nur so konnten die Schriftsteller Neu-Weimars überhaupt den Gedanken hegen, daß sie vorzüglich dazu berufen seien, die Nation in ihrer Stunde der Not zu vertreten. Es ist leicht, im Rückblick diese Bildung einer heimlichen Hauptstadt am Pazifik zu kritisieren. Doch es bedarf hier nicht der Brechtschen Bitte an die Nachgeborenen um Nachsicht, sondern um Andenken. Die Stationen und Jahre des Exils erfordern unsere größte literaturwissenschaftliche Aufmerksamkeit. Sie gehören zum Besten der deutschen Literaturtradition.

Walter Hinderer

Inferno am Pazifik oder die heimliche Flucht in den ästhetischen Mehrwert: Bertolt Brechts kalifornische Alpträume

Der Augsburger Großdramatiker und Spitzenlyriker war nicht nur ein früh entdeckter schwäbischer Meister im Widerspruch und praktizierte mit hingebungsvoller Ausdauer fröhliche Dialektik, sondern er empfahl sich bereits in seiner Heimatstadt als Fachmann für alles Fremde. Um das Bekannte erkennen zu können, muß man es verfremden, und um das Eigene zu erfahren, muß man in die Fremde gehen, hätte sein Hausspruch lauten können. Nicht von ungefähr formulierte später Bertolt Brecht in einer Replik der *Flüchtlingsgespräche*: »Die beste Schul für Dialektik ist die Emigration. Die schärfsten Dialektiker sind die Flüchtlinge infolge von Veränderungen und sie studieren nichts als Veränderungen« (14, 1462). Er bewunderte gerade an den »chinesischen Lyrikern und Philosophen«, daß sie »ins Exil zu gehen [pflegten] wie die unsern in die Akademie« und es für sie eine »Ehrensache« war, »so zu schreiben, daß man wenigstens *ein*mal den Staub seines Geburtslandes von den Füßen schütteln mußte« (19, 478). Im dänischen Exil reflektierte er in einem Gedicht über die verschiedenen Verhaltensweisen zu Hause und in der Fremde und empfahl in der letzten Strophe mit keineswegs überraschender Dialektik: »es möchte/Allen vergönnt sein, sich so zu benehmen wie/In der Fremde«.

Doch wie verhielt sich der Emigrant selbst in der fremden Wirklichkeit? James K. Lyon zählt, was den Aufenthalt in Amerika betrifft, eine Reihe von zeitgenössischen Urteilen auf, die nicht eben günstig klingen: Die Vorwürfe reichen vom »Diktator«, »Tyrannen«, »Feldmarschall«, »real Hitler« Brecht bis zu seiner vielzitierten Arroganz.[1] Es kann keine Frage

---

Die Werke Brechts werden zitiert nach: Gesammelte Werke in 20 Bänden. Werkausgabe edition suhrkamp. Hrsg. vom Suhrkamp Verlag in Zusammenarbeit mit Elisabeth Hauptmann. Frankfurt a. M. 1967. Nachweis in Klammern unmittelbar nach dem Zitat mit Angabe von Band- und Seitenzahl. – Brechts Briefe (Br.) zitiert nach: Briefe. Hrsg. und kommentiert von Günter Glaeser. 2 Bde. Frankfurt a. M. 1981. – Brechts Arbeitsjournal (AJ) zitiert nach: Arbeitsjournal. 2 Bde. Hg. Werner Hecht. Frankfurt a. M. 1973.

[1] James K. Lyon, Bertolt Brecht in America. Princeton University Press. Princeton 1980. S. 89f.

sein, daß eine gewisse Gereiztheit in dem scheinbaren Land der unbegrenzten Möglichkeiten Ausmaße annahm, die ansonsten für ihn nicht unbedingt typisch sind. Dabei hatte gerade Amerika einst dem jungen Brecht als positives Gegenbild gegen »Deutschland«, »das Aasloch Europas« (8, 68f.) gedient, er es als eine Art Paradies der technischen Revolution, der unverbrauchten Vitalität und des neuen Menschen ausgerufen und in seinen Stücken nicht ohne Erfolg als Modell für moderne Verhaltensmuster und Lebensweisen benutzt. »Wie mich dieses Deutschland langweilt!«, meinte er 1920 mit Emphase und begründete seine Erfahrung folgendermaßen: »Es ist ein gutes mittleres Land, schön darin die blassen Farben und die Flächen, aber welche Einwohner! Ein verkommener Bauernstand, dessen Roheit aber keine fabelhaften Unwesen gebiert, sondern eine stille Vertierung, ein verfetteter Mittelstand und eine matte Intellektuelle! Bleibt: Amerika!« (20, 10).

Selbst als nach 1926 die Kritik an dem »American way of life« zuzunehmen und ihn mehr und mehr die geheimnisvollen Verflechtungen von Kapital und Politik zu interessieren begannen, beschwört er noch die exotischen Reize des neuen Kontinents. »Amerika ist schön«, heißt es beispielsweise in einem Entwurf[2] in knabenhaftem Übermut, »Südsee ist schön. Wie schön muß erst eine erstklassig amerikanisierte Südsee sein!« Wie wird ihm das Herz vor Erwartung geschlagen haben, als er schließlich am 21. Juli 1941 die »erstklassig amerikanisierte Südsee« erreichte und in San Pedro in Kalifornien landete. »Die Öltürme und dürstenden Gärten von Los Angeles«, so bedichtete er noch zuversichtlich-beschwingt *Die Landschaft des Exils* und stellte dankbar fest: »Und die abendlichen Schluchten Kaliforniens und die Obstmärkte/Ließen auch den Boten des Unglücks/ Nicht kalt« (10, 830f.).

Doch der exotische Himmel der Ferne verwandelte sich in der Nähe sehr bald in eine Hölle »für die Unbemittelten, Erfolglosen«, wie es in den *Hollywood-Elegien* (10, 849) heißt. *Nachdenkend über die Hölle* am Pazifik korrigiert Bertolt Brecht sogar seinen »Bruder Shelley«, der einst die Hölle mit London identifiziert hatte, und meint ohne Herausforderung, sie müsse »noch mehr Los Angeles gleichen« (10, 830). Die »üppigen Gärten/Mit den Blumen, so groß wie Bäume« (10, 830), dieses »tahiti in großstadtform« (AJ, 212), wo die Früchte »weder riechen noch schmecken«, dieses »Schauhaus des easy going« nimmt für ihn mehr und mehr die Gestalt eines

---

[2] Zit. bei Helfried W. Seliger, Das Amerikabild Bertolt Brechts. Bonn 1974. S. 106

»amerikanisierten« Infernos an, in dem ihm »das Leben schwerer« und schwerer (AJ, 210) wird. Mit Shelleys Versen aus dem Gedicht *Masque of Anarchy* (1832) im Ohr, das er übersetzt (19, 341ff.) und paraphrasiert hat (AJ, 481):

>And each dweller, panic-stricken,
>Felt his heart with terror sicken,
>Hearing the tempestous cry
>Of the triumph of Anarchy

las er nicht selten apokalyptische Verhältnisse in die bunten Erscheinungsformen des kalifornischen Sommers hinein. Hinter der hübschen Fassade der Natur wittert er überall die Wüste durch. »Kratz ein bißchen«, so notiert er am 9. 8. 1941 im *Arbeitsjournal*, »und die wüste kommt durch: zahl die wasserrechnung nicht, und nichts blüht mehr«. Alles ist künstlich hier und durch die künstliche Natur bricht »ein strahlend beleuchteter unaufhörlicher strom von autos« (AJ, 212). Kein Wunder, daß er sich »wie aus dem zeitalter herausgenommen« fühlt und seine Existenz für ihn etwas Unwirkliches bekommt. Es ist ihm, »als hätte man [ihm] den führer weggenommen gerade beim eintritt in die wüste« (AJ, 210). »Im hintersten Finnland war ich nicht so aus der Welt«, klagt er Ende September 1941 seinem ehemaligen Lehrer Karl Korsch und merkt an: »Die Feindschaften gedeihen hier wie die Orangen und haben wie die keine Kerne. Die Juden werfen sich gegenseitig Antisemitismus vor, die arischen Deutschen beschuldigen sich des Philodeutschismus« (Br., 438f.). Überdies findet er schlimm, wie hier alle Emigranten versuchen, »sich und alle Leute in Rekordzeit in Vollblutamerikaner zu verwandeln, was bei [ihm] nur eine Art Seekrankheit« (Br., 435) erzeuge. Als fürchte er, seine europäische oder schwäbische Identität zu verlieren, wächst desto häufiger in ihm der Widerstand gegen die Umgebung.

Das ehemalige Land der Hoffnung scheint sich für ihn, nimmt man seine Äußerungen vor allem im *Arbeitsjournal*, aber auch in seinen *Gedichten* und *Briefen* ernst, bald nach seiner Ankunft in einen Ort der Verzweiflung verwandelt zu haben. Er fühlt sich verlassen, isoliert, nicht anerkannt (»Wohin ich komme, hör ich: Spell your name!/Ach, dieser ›name‹ gehörte zu den Großen!« 10, 831), es fehlen ihm seine Mitarbeiter, ein stehendes Theater, Anregungen und die kongenialen Gesprächspartner. »Die unbeschreibliche Häßlichkeit des Lügenmarktes«, wie er den Alptraum Hollywood und Kalifornien auf einen erkennbaren Nenner bringt (Br., 474), durchdringt seiner Ansicht nach alles, »selbst die Feigenbäume sehen zuweilen aus, als hätten sie eben sehr niedrige Lügen erzählt und verkauft«.

Aber er analysiert auch die fremden Phänomene und benutzt ideologische Argumente, um die fremde Welt wenigstens für sich begreifbar zu machen. »Der merkantalismus erzeugt alles«, so erklärt er beispielsweise gut marxistisch am 23. 3. 1942, »nur eben in warenform, und hier schämt sich der gebrauchswert, nicht der tauschwert in der kunst«. Ja selbst seine Existenz als Künstler fühlt er in diesem Kontext spirituell bedroht. Einmal hindert »hier eine alles depravierende billige hübschheit [...], halbwegs kultiviert, dh würdig zu leben« (AJ, 275), einmal hat seiner Ansicht nach Lyrik zu schreiben, ja jede ästhetische Produktion hier »etwas schrulliges, kauzhaftes, borniertes« (AJ, 283) an sich, andererseits wirkt differenziertere Lektüre, seien es Diderot oder die griechischen Epigramme des Meleander, in dieser banalen Umwelt deplaziert (AJ, 275). Das Negative muß seiner Ansicht nach bereits in der Landschaft liegen, in den Häusern stecken, aus den Lebensformen zuwachsen; es stören hier selbst die »Arbeitsverhältnisse«, in denen sowohl Ideen als auch Menschen flugs zur Ware werden, es drückt und belastet hier schon die Atmosphäre, das Klima, die Luft. Nicht einmal atmen kann Brecht in diesem kalifornischen Inferno, »die luft ist völlig geruchlos, morgens und abends gleich, im haus wie im garten. und es gibt keine jahreszeiten. überall gehörte es zu meinen morgenverrichtungen, mich aus dem fenster zu beugen und luft zu schnappen; hier habe ich diese verrichtung gestrichen« (AJ, 253).

Er sehnt sich nun nach seinem Gartenhaus in Utting, in dem er wahrscheinlich von dem Paradies am Pazifik geträumt hatte, und erinnert sich dankbar an sein schlichtes »strohdach« (AJ, 275) im dänischen Exil. Hier dagegen kommt er »sich vor wie franz von assisi im aquarium, lenin im prater (oder oktoberfest), eine chrysantheme im bergwerk oder eine wurst im treibhaus« (AJ, 275). Solche Gegensätze bringen die Widerstände zum Sprechen, die Bertolt Brecht in seinem amerikanischen Domizil gegenüber seiner Umwelt und den ganz anderen, herrschenden Wertanschauungen erfährt. Dabei hat er durchaus ein schlechtes Gewissen, wenn er die Fremde, die immerhin dem aus der Heimat Vertriebenen ein sicheres Asyl gewährte und außerdem angeblich eine so löbliche »Schul für Dialektik« sein sollte, in dergestalt galligen Farben schildert. Selten findet man indes positive Geständnisse wie dieses: »merkwürdigerweise fühle ich mich freier in dieser welt als in der alten« (AJ, 273). Man könnte in diesem Zusammenhang vielleicht noch Brechts vielseitige und in ideologischer Hinsicht gegenüber früher oft unbeschwertere ästhetische Produktion ins Feld führen, der er allen Klagen zutrotz mit derselben Ausdauer frönte wie vor seiner Landung im Kalifornischen, oder an die zwar weniger affektreiche, scheinbar objektive, aber deswegen nicht weniger kritische Bestandsaufnahme in den *Briefen an einen erwachsenen Amerikaner* (20, 293—302). In diesem Überblick hebt er wenigstens am Anfang durchaus positiv die freundlichen kleinen Leute in USA von den ebenso unterwürfigen wie überheblichen deutschen Kleinbürgern ab, wendet sich dann freilich der in den »unteren Schichten« herrschenden Gewalttätigkeit und Brutalität zu und zieht schließlich die nicht eben ermutigende Bilanz: »Die Anpassung ist ein eigenes Lehrfach, der Intelligentere bringt es darin weiter, der Widerstrebende ist ein Problem der Ärzte und Psychologen.«

Der Popularisator der Veränderung und der ehemalige Berliner Bohemien, der stets auf das Neue und den Reiz des Fremden erpicht war, bricht nun plötzlich wie ein schwäbischer Pfahlbürger in Erstaunen aus, daß die Amerikaner »unaufhörlich und anscheinend ohne viel nachzudenken ihre Arbeitsstellen und sogar ihre Berufe« wechseln, einige gar, »und das mehrmals, über den ganzen Kontinent« ziehen (20, 295). Warum bloß diese Verwunderung? Hatte er nicht einst von den Abenteuern der amerikanischen Wildwesthelden und ihren rauhen Manieren geschwärmt? Hatte er nicht mit Eifer die Lässigkeit in ihren Verhaltensweisen zur Genüge kopiert? Jetzt heißt es geradezu mit dem Pathos von Schillers Wrangel im *Wallenstein* über die Amerikaner: Sie »lernen [...] ihre Behausungen kaum kennen, haben weder Vaterhaus noch Heimat. Keine Freundschaften wachsen und keine Feindschaften«. Vergessen scheint, wie sehr ihn einst die eigene Heimat zum Überdruß gelangweilt (20, 10), wie er das Vaterhaus als »Aas-« und »Kümmernisloch« geschmäht und das Fremde als Modell für die richtige Verhaltensweise (8, 407f.), Denkschulung (14, 1462; 19, 478) und schlechthin für die Kunst im wissenschaftlichen Zeitalter empfohlen hatte. Vaterhaus und Heimat werden nun zu einem Sehnsuchtspotential wie vorher zu Hause der neue Kontinent. Die individuelle Angst, seine Eigenart in dieser fremden Umgebung zu verlieren, schärft noch seinen Blick für die im Gastland herrschende allgemeine Unsicherheit, die ökonomischen Krisen und die Normenhaftigkeit des Lebens. Mit Entsetzen bemerkt er, wie alles »für Auswechselbarkeit« eingerichtet ist, was für ein begrenzter Spielraum für die Entwicklung der »Eigenart« zur Verfügung steht, wie die politischen Maschinen und die Interessengruppen den Kontinent beherrschen, und staunt über die weitverbreitete Korruption, als hätte er sich vorher nie eingehend mit Gustavus Myers *Geschichte der großen amerikanischen Vermögen* (Berlin 1923) und anderer einschlägiger kritischer Literatur über Amerika beschäftigt. Er schien sich automatisch gegen erfahrene und für vorgestellte oder angelesene Wirklichkeit zu entscheiden; vielleicht war er aber auch so einseitig darauf versessen, Wirklichkeit zu erfinden, daß ihn die Realität nur irritieren konnte, wenn er ihr gegenüberstand und mit ihr in Tuchfühlung geriet. Statt abgewogener Beobachtungen des amerikanischen Lebens und der Institutionen lieferte er deswegen immer wieder Zerrbilder, die selbst sein Freund Ferdinand Reyher in langen Gesprächen nicht zu korrigieren vermochte. Brecht sah sich eingezwängt von einer Diktatur des flachen Materialismus, psychisch gefährdet durch ein fremdes Land ohne Kultur und Geschichte, wo »etwas Unedles, Infames, Würdeloses, allem Verkehr von Mensch zu Mensch anhaftet und von da übergegangen ist auf alle Gegenstände, Wohnungen, Werkzeuge, ja auf die Landschaft selber« (20, 297).

Selbst die Intellektuellen sind nach Brecht hier »oberflächlich, ängstlich und zynisch« und »die Universitäten [werden] offen kontrolliert von Geldleuten«. Alles »ißt hier hauptsächlich in Apotheken, wo man auch gleich die Vitamine in Pillenform verkauft bekommen kann, die dem Essen fehlen, sowie einige Laxative, die einem beim Verdauen helfen«. Dieser Sarkasmus dokumentiert nur, wie ›frustriert‹ der Erfinder des V-Effektes in diesem Lande war, daß er sich schon als »failure« zu beginnen fühlt, was sich seiner Ansicht nach ohnedies kaum in eine Kultursprache übersetzen ließ (20, 297). Überall wittert er »diesen Geruch der hoffnungslosen Roheit«, daß er angewidert jenen »Weg nach Innen« einschlägt, den er früher so hartnäckig attackiert und denunziert hatte. Noch am 20. 1. 1943 notiert er, daß ihn »der anblick geistiger verstümmelung [...] physisch krank« mache (AJ, 367). Er beobachtet an sich, »wie eine funktionsabdrosselung die person aufdröselt«, das Ich »formlos« wird, »wenn es nicht mehr angesprochen, angegangen, angeherrscht wird«. Lakonisch, aber nicht weniger bestimmt diagnostiziert er am 19. 10. 1942: »selbstverfremdung setzt ein« (AJ, 349). Dieser einsetzende Prozeß der Selbstentfremdung läßt ihn schließlich nicht nur an seiner künstlerischen, sondern auch an seiner politischen Existenz zweifeln. Er entdeckt außerdem im Laufe der Zeit bei sich, daß er »hin und wieder [...] jetzt ein deutsches wort« vergißt (AJ, 444), wenngleich sein präsenter Wortschatz im Englischen immer noch bescheiden zu nennen ist, und er fürchtet sich nicht selten davor, im amerikanischen Exil sein subtiles Verhältnis zur deutschen Sprache zu verlieren. Zwar hatte er früher gern seine Theaterstücke mit Anglizismen verziert, aber im englischen Sprachraum entwickelte er sich zum Puristen des Hochdeutschen und zum Liebhaber der Dialektwörter.

Es gibt eine Tätigkeit freilich, die er gern ausübt und bei der er sich als ganze Person erlebt: das ist das »wässern des gartens« (AJ, 349). Diese bescheidene, aber keineswegs unbürgerliche oder ungewöhnliche kalifornische Beschäftigung hat sich in dem bekannten Gedicht niedergeschlagen:

Vom Sprengen des Gartens

> O Sprengen des Gartens, das Grün zu ermutigen!
> Wässern der durstigen Bäume! Gib mehr als genug. Und
> Vergiß nicht das Strauchwerk, auch
> Das beerenlose nicht, das ermattete
> Geizige! Und übersieh mir nicht
> Zwischen den Blumen das Unkraut, das auch
> Durst hat. Noch gieße nur
> Den frischen Rasen oder den versengten nur:
> Auch den nackten Boden erfrische du.
>
> (10, 861)

Diese ebenso pastorale wie idyllische Tätigkeit, mit der Bertolt Brecht ein neoromantisches Modell praktiziert, steht im Gegensatz zur bedrohlichen amerikanischen Umwelt und den Kriegsnachrichten. Flüchtet sich der politische Dichter in Santa Monica vor der ihn umgebenden Wirklichkeit wie Hermann Hesse in Montagnola vor der Welt? Brecht flieht nicht, sondern rückt auf Distanz. Der Dialektiker verfremdet noch die Fremde, um das Vertraute und die eigene Existenz vor den Eingriffen der feindlichen Umgebung zu retten. Hatte er in der Heimat die kulturellen Erwartungen des Bildungsbürgertums durch kunstvolle Banalisierungen mit Erfolg enttäuscht, hier fühlte er sich angesichts der »unedlen« banalen Lebensweisen zum Verteidiger der europäischen Kulturtradition aufgerufen. Gerade in Kalifornien, wo »das essen, das betrachten der landschaft, das gespräch, das schreiben eines buches, das lesen eines buches, die geschäfte« (AJ, 281) keinen würdigen Zweck hat, wurde, wie er nachdrücklich feststellte, »distanz nötig«. In fünf Jahren, so vermerkt er nicht ohne Bitterkeit, habe er nur einmal in Kalifornien etwas Kunstähnliches gesehen, und legt seine ganze Verachtung in die Schilderung: »Entlang an der Küste von Santa Monica, vor tausend Badenden, schwebte an dünnen Drahtseilen drachenhaft, gezogen von einem Motorboot, ein dünnes, köstliches Gebilde in zarten Farben, die Reklamezeichnung einer Hautölfirma« (20, 298).

Die Desorientierung in der Fremde führte zur verstärkten Orientierung an der inneren und das heißt an der einst verschmähten ästhetischen Kultur der Heimat, ein Vorgang, den Werner Vordtriede[3] hellsichtig als repräsen-

---

[3] Werner Vordtriede, Vorläufige Gedanken zu einer Typologie der Exilliteratur. In: Akzente 15, 1968. S. 556–575

tativ für die deutsche Exilliteratur beschrieben hat. Aber »ein lyrisches gesamtwerk muß eine (innere) geschichte haben«, so erläutert der Verfasser der *Heiligen Johanna der Schlachthöfe* diesen Sachverhalt, »die in harmonie oder kontrast stehen mag zur äußeren geschichte« (AJ, 388). Ungeachtet der heimlichen und offenen Klagen Brechts über seine Produktionsschwierigkeiten hatte gerade die Kontrastwirkung von kalifornischem Inferno und ästhetischer Höhenluft ein positives Resultat: sie verführte ihn zu neuen Tastversuchen, vor allem auch jenseits seiner dramatischen Disziplin.[4] »Was ich an gedichten schreibe«, so kommentiert Brecht die eigene Situation, »behält doch immer den versuchscharakter, und die versuche ordnen sich in einer gewissen beziehung zueinander an« (AJ, 388). Außerdem erarbeitete er sich in und mit diesen ästhetischen Experimenten auch einen ideologischen Freiraum, der ihn von der verhaßten amerikanischen Welt entlastete, in der er zu leben gezwungen war, und auch in manchem eine Veränderung seiner früheren Optik bewirkte. Er will einen Text wie den oben zitierten (10, 861) durchaus »in seiner neuheit« (AJ, 388) »genossen« wissen, »als domesticum«. Die »häusliche« Lyrik kontrastiert nicht nur auf biedermeierliche oder, freundlicher ausgedrückt: auf horazische Weise seiner »öffentlichen«, sondern sie steht auch im bewußten Gegensatz zur amerikanischen Öffentlichkeit und ihren vielen »Krisen«, die auf sein persönliches Leben ebenso einwirkten, wie sie allgemein die Intellektuellen, die fremdgeborenen und eingeborenen Tuis, »pervertierten« (20, 296ff.).

Angesichts des ihn umgebenden Infernos scheint Bertolt Brecht betont den ästhetischen Mehrwert über den Gebrauchswert gestellt zu haben, der auch das Selbstverständnis des Schriftstellers untergräbt. Plötzlich rühmt er an der alten Welt, daß es dort »immer noch die große Fiktion für die Intellektuellen« gebe, »daß sie arbeiten für mehr als Entlohnung«, daß ihre »Arbeit [...] eine Wichtigkeit« über die schlichten Notwendigkeiten des Lebens hinaus hat, kurzum: einen höheren Sinn (20, 297). In der amerikanischen Emigration scheint für Brecht Kunst nicht nur eine Art Heimat, sondern fast auch ein wenig Religion geworden zu sein. Statt mit Ästhetik die politische Sache zu vertreten, sucht er in ihr im Kontext der Kommerzialisierung einen höheren Wert, der nicht von dieser Welt ist. Das gepriesene und neuentdeckte »domesticum« wird so etwas wie ein leichtes metaphysisches Opium (nicht fürs Volk, versteht sich, sondern für den abgeklärten Weisen), das die überhitzten Affekte beruhigen sollte. Obwohl die

---

[4] Vgl. zum Thema auch Ulrich Weisstein, Bertolt Brecht. Die Lehren des Exils. In: Manfred Durzak (Hrsg.): Die deutsche Exilliteratur 1933–1945. Stuttgart 1973. S. 373–397

Klagen über seine kalifornische Existenz ab 1943 seltener werden, kann es keine Frage sein, daß Brecht eher zum zweiten als zum ersten der Emigrantentypen gehörte, welche Ernst Bloch 1939 in der Zeitschrift »Direction« so beredt beschrieben hat.[5] Allerdings weist Brechts literarische Produktion nicht die von Bloch skizzierte kultursolipsistische Einstellung auf: sie läuft nirgends Gefahr to »grow monotonous and [to] die of in-breeding«.

Noch die negative Erfahrung schärfte Bert Brechts ästhetischen Organe und schaffte neue Zugänge, die ihm vorher verschlossen waren. Als er im November 1947 nach Europa zurückkehrte, nach seinem wohl erfolgreichsten dramatischen Auftritt in USA, seinem Gastspiel vor dem »Kongreßausschuß für unamerikanische Betätigungen«, schüttelte er schnell die Erinnerung an das »tahiti in großstadtform« ab. Erlöst bekennt er am 16. 12. 1947, als er sich mit Hölderlins Übertragung der *Antigone* beschäftigt: »ich finde schwäbische tonfälle und gymnasiale lateinkonstruktionen und fühle mich daheim. auch hegelisches ist da herum. vermutlich ist es die rückkehr in den deutschen sprachbereich.« In der Fremde hatte sich Bertolt Brecht nicht nur auf das »domesticum« besonnen, sondern sich wie so manche schreibenden deutschen Emigranten jene Erfahrung zueigen gemacht, die Ernst Bloch in zeitgemäßer Verfremdung in dem Essay *Disrupted Language. Disrupted Culture* folgendermaßen verdeutlicht und erläutert hat: »As a general rule, the more intimate a person is with his native language, the more he has learned in and from it, the harder does he find it to change over to another language. As the French naturalist Buffon said: ›Le style c'est l'homme.‹ This phrase is usually understood only in the physiognomic sense, that is: a person's individuality is expressed in his manner of writing. But style also develops this individuality in turn – there is reciprocal action and reaction. Language plays a decisive role in the development of men, peoples, and cultures. Language is even a medium by means of which some individual objects or aspects of objects become visible, others not. Here the world of expression impinges upon the world of perception.«[6]

---

[5] Ernst Bloch, Disrupted Language, Disrupted Culture. In: Direction 8, 1939. S. 16–17, 36 (S. 17)
[6] Ebd. S. 16

Wolfgang Frühwald

Antigones Tat
Die »Weiße Rose« und der Traum vom anderen Deutschland[1]

I.

Im Schlußband von Alfred Döblins Roman-Tetralogie *November 1918,* verfaßt im französischen und im kalifornischen Exil, also in Paris und Los Angeles in den Jahren 1937 bis 1941, ist ein zentrales Kapitel überschrieben *Antigone und die Schuld der Ahnen*.[2] Friedrich Becker, literarisch ein später Nachkomme der vielen pazifistischen Protagonisten des expressionistischen Dramas, im Roman aber jener aus dem Ersten Weltkrieg innerlich wie äußerlich schwer verwundet zurückgekehrte Altphilologe, versucht 1919, in seinem alten Berliner Gymnasium, der Prima die *Antigone* des Sophokles zu interpretieren. Er stößt auf eine Mauer der Ablehnung. Der Gedanke an eine Schuld, die sich vererbt, weil sie die Schuld des Ödipus oder die Schuld des Adam wiederholt, weil sie gegen das göttliche in das Herz des Menschen gelegte Gesetz verstößt, so daß auch ferne, scheinbar ganz schuldlose Geschlechter an der Schuld der Ahnen teilhaben und sich ihr nur wiederum schuldhaft entziehen können, der Gedanke an eine Erbschuld also wird von der im Kriege aufgewachsenen Generation »als schwächlich und sentimental« abgelehnt. »Sophokles mit seiner Schicksalsidee und seiner Heldin war hier glatt durchgefallen.«[3] Antigone, die Tochter des Ödipus, von diesem mit der eigenen Mutter Iokaste gezeugt, Antigone, die gegen König Kreons Gebot den im Kampf gegen Theben gefallenen Bruder Polyneikes bestatten will und von Kreon daher zu einem grausamen Tod verurteilt wird, trifft in diesem Roman nicht auf das Mitleid der fünfzehn jungen Männer (etwa des Jahrgangs 1902). Sie billigen Kreons

---

[1] Text der Gedächtnisvorlesung zum Andenken an die Mitglieder der »Weißen Rose«, die am 20. Februar 1985 im Auditorium Maximum der Ludwig-Maximilians-Universität München gehalten wurde
[2] Alfred Döblin, Bürger und Soldaten. Roman. Stockholm und Amsterdam 1939; ders.: November 1918. Eine deutsche Revolution. Erzählwerk. Vorspiel und erster Band: Verratenes Volk. München 1948; zweiter Band: Heimkehr der Fronttruppen. München 1949; [dritter Band]: Karl und Rosa. Freiburg, München 1950. Aus dem dritten Band der Erstausgabe wird nachfolgend zitiert
[3] Karl und Rosa, S. 199. Die folgenden Zitate ebd. S. 192 und 199

mörderische Entscheidung, weil Antigone »aus einem privaten Motiv« gegen Gesetze des Staates verstoßen habe. Der »Verräter« Polyneikes hat keinen Anspruch auf das Totenritual, recht tun die Thebaner, »ihn auf dem Felde liegen zu lassen«.

Doch auch einen dritten Gedanken (nach dem hier mit der Erbschuld identifizierten Schicksalsgedanken des griechischen Tragikers, nach dem Gedanken einer Überordnung der Person über das Wohl des Staates) lehnen die Primaner ab. »Das Thema der ›Antigone‹«, meint Friedrich Becker, »ist weder ›Gefühl gegen Pflicht‹ noch ›Pflicht gegen den Staat gegenüber Pflicht gegen die Himmlischen‹, sondern: ›Wie hat sich die Welt der Lebenden zur Welt der Toten zu verhalten?‹«[4] Die Antwort, welche der Klassenprimus auf diese scheinbar absurde Idee des Lehrers bereit hat, lautet kurz und brutal: »Es besteht heute kein Bedarf an Spiritismus. Die Nation braucht einzig Männer, die sich ihrer annehmen.«

Auf engem erzählerischem Raum hat Döblin hier eine Auseinandersetzung konzentriert, die in den Jahren der Entstehung seiner epischen Tetralogie einen ersten Höhepunkt erreichte und bis heute andauert: die Auseinandersetzung um das Menschenbild in einer alle überlieferten Denksysteme sprengenden, von Wissenschaft und Technik dominierten Zeit, die nur die Anfänge dessen gesehen hat, was uns heute bedrängt.

Döblin rief in seiner Darstellung der *Antigone*-Deutung im Berlin jenes Jahres 1919, in dem sich das Schicksal Deutschlands für viele Jahrzehnte entschieden hat, die das Vorkriegseuropa fundierende Synthese von Antike und Christentum gegen die Asebie einer Generation auf, welche mit den Wertvorstellungen der Antike auch die des Christentums verwarf. Sie huldigte einem technizistisch-kalten Wissenstrieb, den Ödön von Horváth um die gleiche Zeit, und abermals unter Berufung auf die klassische Antike, als das Stigma des Nationalsozialismus bezeichnet hat: »Die Buben lesen alles. Aber sie lesen nur, um spötteln zu können. Sie leben in einem Paradies der Dummheit, und ihr Ideal ist der Hohn. Es kommen kalte Zeiten, das Zeitalter der Fische.«[5] Döblin berief sich auf den griechischen Tragiker, dessen Antigone, zumindest in dem zum Büchmann-Zitat geronnenen Satz, Christliches vorauszudeuten schien:

    οὔτοι συνέχθειν, ἀλλὰ συμφιλεῖν ἔφυν.
    Nicht mitzuhassen, mitzulieben bin ich da.[6]

---

[4] Karl und Rosa, S. 227. Das folgende Zitat ebd. S. 229
[5] Ödön von Horváth, Jugend ohne Gott. Roman. Frankfurt am Main 1970 (suhrkamp taschenbuch 17). S. 27. Erstausgabe: 1938
[6] Georg Büchmann, Geflügelte Worte und Zitatenschatz. Stuttgart 1958. S. 260

Döblin zitiert Sophokles allerdings in Anlehnung an die Übersetzung Friedrich Hölderlins[7] und schlägt durch die Wahl der Übersetzung den Bogen von der Antike zum Zeitalter der deutschen Klassik. Doch deutet er zugleich mit Sören Kierkegaard die sophokleische Antigone um ins Moderne, den antiken Text um ins Christliche.

Als Friedrich Becker nämlich das Kriegserlebnis seiner Generation den Primanern zu erklären versucht, tut er das mit einem Satz, den Kierkegaard für die griechische Tragödie geprägt hat: »Es ist ein furchtbares Ding, in die Hand des lebenden Gottes zu fallen. Das zeigte auch dieser Krieg.«[8] Kierkegaards Antigone aber unterscheidet sich von ihrer sophokleischen Schwester wie die Trauer vom Schmerz, wie die bewußtlos kindhafte Hinnahme des Willens der Götter vom schmerzhaften Bewußtsein der Tat und der innigsten Form des Schmerzes: der Reue, schließlich wie die ästhetische von der ethischen Existenz. Kierkegaard, der durch die Gestalt seiner Antigone »die Frucht der Trauer in die Schale des Schmerzes gelegt«, der sie so ausgestaltet hat, daß sich ihr Leben »nicht wie das der griechischen Antigone [...] nach außen, sondern nach innen« entfaltet,[9] nennt Antigone deshalb »die Braut der Trauer. [...] Und wie die griechische Antigone es nicht erträgt, daß des Bruders Leichnam so dahingeworfen wird ohne die letzte Ehre, so fühlt sie, wie bitter es gewesen wäre, wenn kein Mensch es erfahren hätte; es ängstigt sie, daß nicht eine Träne vergossen werden könnte; beinahe dankt sie den Göttern, daß sie zu diesem Werkzeug ausersehen ist. Solchermaßen ist Antigone groß in ihrem Schmerz.«[10]

Dies also ist die gedankliche Basis, auf der Antigone, eine durch Kierkegaard ins Moderne übersetzte Denkfigur der Trauer, des Schmerzes und der Reue, zur Identifikationsfigur jener vom deutschen Faschismus mit Terror, Tod und Verzweiflung bedrohten Frauen, Männer und Kinder

---

[7] Vgl. dazu Anthony W. Riley's klugen Kierkegaard-Döblin-Aufsatz, in dem die Übernahme von Kierkegaards *Antigone*-Deutung bei Döblin nachgewiesen und die Anlehung an Hölderlins Übersetzung der sophokleischen *Antigone* entdeckt wurde: Christentum und Revolution. Zu Alfred Döblins Romanzyklus *November 1918*. In: Leben im Exil. Probleme der Integration deutscher Flüchtlinge im Ausland 1933–1945. [...] Hrsg. von Wolfgang Frühwald und Wolfgang Schieder. Hamburg 1981. S. 101

[8] Karl und Rosa, S. 226. Vgl. dazu Sören Kierkegaard: Entweder – Oder. Unter Mitwirkung von Niels Thulstrup und der Kopenhagener Kierkegaard-Gesellschaft hrsg. von Hermann Diem und Walter Rest. München 1978 (dtv-bibliothek Literatur-Philosophie-Wissenschaft). S. 176: »Schrecklich ist's, in die Hände des lebendigen Gottes zu fallen, das könnte man von der griechischen Tragödie sagen. Der Zorn der Götter ist schrecklich, aber dennoch ist der Schmerz nicht so groß wie in der modernen Tragödie, wo der Held seine ganze Schuld erleidet, sich selbst durchsichtig ist in seinem Erleiden seiner Schuld.«

[9] Kierkegaard: Entweder – Oder. S. 186–187

[10] Kierkegaard: Entweder – Oder. S. 188

geworden ist, zum Gestaltsymbol von Furchtlosigkeit und von tiefer Frömmigkeit angesichts einer Tyrannei, welche auch dem Märtyrer das Bewußtsein des Martyriums zu nehmen bestrebt war, welche durch den raschen und verschwiegenen Mord die Wirkung dieses Todes zu verhindern suchte und sich – nach der Deutung Elias Canettis – auf Bergen von Leichen die unvorstellbare Lust des Überlebens bereitete.[11] Wie der homerische Odysseus in der Literatur des deutschsprachigen Exils Gestaltsymbol jener lebensrettenden Eigenschaften geworden ist, die zusammen die physische Existenz erhalten konnten: Figuration von Mut und List – vorbildlich in Brechts *Leben des Galilei*, in Franz Werfels »Komödie einer Tragödie« *Jacobowsky und der Oberst* und in Anna Seghers' Parabel *Die drei Bäume* gestaltet –, so ist Antigone Gestaltsymbol jener Eigenschaften, welche ein geistiges Überleben ermöglichen. Sie bedeutet den Stachel des Schmerzes um die Toten, die Trauer um die Opfer der Gewalt, die Reue über Schuld und Vergehen, die todesmutige Stimme, die für alle jene spricht, welche die Gewalt am Reden verhindert. So heißt es bei Döblin:

> Ein Krieger ist gefallen. Er hat kein reines Andenken hinterlassen. Dieser Tote wird nicht sichtbar und nicht fühlbar, nicht einmal hörbar, aber er drängt sich in die Sphäre der Lebenden ein und findet einen Anwalt in seiner Schwester Antigone. Es ist eine Frau, die sich seiner annimmt. Wie die Frau das Ungeborene, das noch nicht Vorhandene empfängt. [...] Sie spricht für ihn und bringt seine Argumente vor.[12]

Wie Antigone für ihren Bruder, so spricht bei Döblin Friedrich Becker für seine vielen toten Brüder, für die vielen Gefallenen, für die zu früh Gestorbenen, die bewußtlos Dahingegangenen.[13] Und wie Antigone, so sprechen der deutsche Widerstand und das deutsche Exil für jene, die keine Sprache mehr haben, die vielleicht aus Furcht und Entsetzen zu Denunzianten geworden sind, die zum Unrecht schweigen, die vor dem öffentlichen Verbrechen sich in sich selbst verbergen und sich stumm auf Hitlers Kriegskarren laden lassen. »Die Emigration allein«, meinte Heinrich Mann schon 1934, »darf Tatsachen und Zusammenhänge aussprechen. Sie ist die Stimme ihres stumm gewordenen Volkes. Sie sollte es sein vor aller Welt.«[14]

---

[11] Vgl. das Kapitel, Der Überlebende, in: Elias Canetti: Masse und Macht. Hamburg 1984. S. 259ff.
[12] Karl und Rosa. S. 228
[13] Karl und Rosa. ebd.
[14] Heinrich Mann und ein junger Deutscher: Der Sinn dieser Emigration. Paris 1934. S. 33. Vgl. den als Handbuch noch immer unentbehrlichen Katalog von Werner Berthold, Exil-Literatur 1933–1945. Ausstellung der Deutschen Bibliothek, Frankfurt am Main, Mai bis August 1965. Nr. 155

In diesem Zusammenhang aber führt der Gedanke an Antigone noch weiter. Die sophokleische, von Kierkegaard ins Christliche transformierte Gestalt bezeichnet nicht nur den Stachel des Schmerzes, die Trauer um Tod und Gewalt; – ihre entschlossene Tat, der Stimme des Herzens mehr zu gehorchen als dem Willkürgesetz einer tyrannischen Staatsgewalt, macht den Toten zum Zeichen der brutalen Mißachtung des Lebens, macht die kultische Handlung zum Zeichen der Hoffnung, denn sie vertritt das Recht des Menschen auf seinen Körper noch über den Tod hinaus. Sie vertritt das Prinzip des Lebens gegen dessen letzte Entwürdigung. In Döblins Friedrich Becker ist die Stimme des Protestes gegen eine Staatsauffassung vernehmbar, die den Sozialdarwinismus zum Grundgesetz deklariert und die menschliche Personalität zu verachten lehrt. Basis einer solchen – erst im 20. Jahrhundert forcierten – Entwicklung ist, nach Friedrich Becker, die merkwürdige Gegenbewegung im kosmischen und im geistigen Weltbild der Moderne. Während die erkannte Weite des Weltalls kaum noch in Begriffe zu fassen ist, herkömmliche Zahlenvorstellungen vor der Ausdehnung des kosmischen Weltbildes versagen und über das All adäquat nur in einer mathematisierten Sprache gesprochen werden kann, schrumpft die geistige Welt zur Bedeutungslosigkeit:

> Der Mensch wird immer kleiner, immer unbedeutender. Die Abstammungslehre verdammt ihn zu einer einzelnen Tierart in einer riesigen Reihe. Sein Geist wird zu einem Organ der Nützlichkeit, zu einem bloßen Instrument, womit er sich auf der Erde behauptet. Und wenn dann der Tod über solch Menschentier kommt, so kann natürlich sein Sterben nicht viel mehr Interesse beanspruchen als das eines Kalbes oder eines Grashalmes.[15]

II.

In Freislers Urteil gegen Alexander Schmorell, Kurt Huber, Willi Graf und elf weitere des Hochverrats und der Feindbegünstigung angeklagte, meist noch junge Männer und Frauen wurde, im April 1943, wenige Wochen nach dem Prozeß und der Hinrichtung von Hans und Sophie Scholl und Christoph Probst, das nationalsozialistische Erziehungsideal im Gegensatz zu all dem bestimmt, was den Deutschen Anspruch darauf gegeben hatte,

---

[15] Karl und Rosa. S. 228f. Döblins von Kropotkin bestimmte Auseinandersetzung mit dem Sozialdarwinismus ist einer der Grundgedanken seines Lebens, der das Frühwerk mit dem Spätwerk zusammenbindet

zu den Kulturvölkern der Erde gezählt zu werden. Auf eine Formel gebracht bedeutete Freislers Begründung des Todesurteils gegen Kurt Huber nämlich nichts anderes als das Postulat einer Erziehung zum Tode. Den deutschen Hochschullehrer definierte Freisler dahingehend, daß er als Erzieher die Aufgabe habe, »besonders in Not- und Kampfzeit darauf hinzuwirken, daß unsere Hochschuljugend zu würdigen jüngeren Brüdern der Kämpfer von Langemarck erzogen wird; daß sie in absolutem Vertrauen zu unserem Führer, zu Volk und Reich gekräftigt wird, daß ihre Glieder harte und opferbereite Kämpfer unseres Volkes werden!« In der Vorstellung dieses Henkers in der Robe eines Richters, bedeutete die Hinrichtung mit dem Fallbeil eine unverdiente Gnade, da er schon als Staatssekretär im preußischen Justizministerium 1933 erklärt hatte, die Guillotine sei »dem deutschen Volk absolut fremd«, die Hinrichtung durch das Handbeil des Henkers aber sei »die allersicherste Todesart, die noch niemals zu irgend welchen Beanstandungen Anlaß gegeben« habe.[16] Diese Rebarbarisierung des deutschen Strafvollzugs wurde durch Konrad Heidens Buch *Geburt des dritten Reiches* auch im Exil rasch bekannt, sie galt als Symbol der Unterwerfung eines ganzen Volkes unter das Prinzip jenes Todesglaubens, durch den der Einzelne bereitet wurde, »um der Form willen als Rohstoff unterzugehen«.[17]

Die Erinnerung daran scheint mir notwendig, um zu erkennen, gegen welches in die Tat umgesetzte Denkprinzip die studentische Bewegung der »Weißen Rose« ihre Stimme erhoben hat. Das Prinzip des Lebens stand gegen das des Todes, das Prinzip der Liebe gegen das des Hasses, das der Wahrheit gegen das der Lüge, das Prinzip der Anerkennung von Gewissen und Person gegen das von Instinkt und Kollektiv, das der Freiheit gegen das der Unterdrückung, das Prinzip des Mutes gegen die Allgegenwart der Angst, das Prinzip menschlicher Würde und menschlichen Glücksverlangens gegen die »Diktatur des Bösen«. Zwar ist in den postum edierten Texten des Widerstandskreises der »Weißen Rose« von Antigone nicht ausdrücklich die Rede,[18] doch ist in den genannten Antithesen das Modell

---

[16] Konrad Heiden, Geburt des dritten Reiches. Die Geschichte des Nationalsozialismus bis Herbst 1933. Zürich 1934. 2. Auflage. S. 222. – Das vorausgehende Zitat aus Freislers Urteilsbegründung nach: Gewalt und Gewissen. Willi Graf und die »Weiße Rose«. Eine Dokumentation von Klaus Vielhaber in Zusammenarbeit mit Hubert Hanisch und Anneliese Knoop-Graf. Herder-Bücherei. Freiburg i.Br. 1964. S. 110

[17] Ebd. S. 253

[18] Wo historische Verbindungen nicht bestehen, sollen sie auch hier nicht gewaltsam hergestellt werden. *Antigone* wird als eine abendländische, Antike und Moderne verbindende Denkfigur verstanden, die nicht wörtlich zitiert werden muß, um präsent zu sein. Susanne

Antigone, eine Denkfigur zu fassen, welche von den Angehörigen dieses Widerstandskreises nahezu idealtypisch erfüllt wurde. In ihr ist punktuell, aber an einer entscheidenden Stelle der Geschichte noch einmal die Humanität Europas gegen ein Tatmenschentum konzentriert, das mit Menschheitsverbrechen ohnegleichen die von der Phrase in langer Gewöhnung vernichtete Phantasie des Menschen einzuholen versuchte.[19]

Angehörige der jüngeren Generation reagieren heute vielfach mit Unverständnis gegenüber der dem Kalkül nur schwer zugänglichen Tat der »Weißen Rose«, mit distanzierendem Erschrecken gegenüber dem Anspruch, den sie an uns stellt; bei Mitlebenden aber finden sich ausgesprochen und unausgesprochen die bekannten raisonierenden Ausflüchte zur Rechtfertigung der eigenen Haltung. Alle diese scheinbar so einsichtigen Vernunftgründe aber berühren den Entschluß der Münchener Studenten und ihrer Freunde zum Widerstand nicht. Dieser Entschluß gewinnt Würde und Sinnhaftigkeit nicht aus Ziel und Zweck, sondern aus dem scheinbar sinnlosen Zeichen der Antigone, aus einem Zeichen also, welches das einzelmenschliche Gewissen zunächst nur für sich selbst zu setzen unternahm.

Wer an Hans und Sophie Scholl und an ihren Freund Alexander Schmorell denkt, sollte daher das zeitlose, für die Antike fast unglaubliche Bekenntnis der Antigone zu ihrer Tat nicht in der sprichwörtlichen Fassung zitieren, sondern in der »einsameren, hochmütigeren Fassung Hölderlins«.[20] Auf Kreons Frage: »Was wagtest du, ein solch Gesetz zu brechen?« antwortet dort Antigone:

    Darum. *Mein* Zeus berichtete mir's nicht:
    Noch hier im Haus das Recht der Todesgötter,

Zeller-Hirzel (die im Prozeß gegen Kurt Huber, Alexander Schmorell, Willi Graf u. a. mit angeklagt war, schrieb mir allerdings, daß »seit der Schulzeit im Ulm Antigone [ihr] als strahlende Gestalt vor Augen gestanden« habe (Brief vom 16. Februar 1985). Thorsten Müller, einer der Angeklagten in den Hamburger Folgeprozessen der Verhandlungen gegen die Münchener Studenten und Kurt Huber, hat am 29. Januar 1985 an der Universität Hamburg, unter dem Motto »Nicht mitzuhassen, mitzulieben bin ich da«, eine Gedenkrede auf die hingerichteten Mitglieder der »Weißen Rose« gehalten. In dieser, mir im März 1985 in einem Typoskript freundlich zur Verfügung gestellten Rede, bezieht sich Thorsten Müller auf die Anklageschrift des Oberreichsanwaltes beim Volksgerichtshof, in welcher einer achtzehnjährigen Buchhändlerin, ebenfalls in den Hamburger Folgeprozessen angeklagt, u. a. vorgeworfen wird, sie habe einem serbischen Kriegsgefangenen einen Brief geschrieben, in dem sie die *Antigone* des Sophokles zitierte: »Nicht mitzuhassen, mitzulieben bin ich da.«

[19] Vgl. zu dieser Deutung des Nationalsozialismus die 1933/34 entstandene *Dritte Walpurgisnacht* des großen österreichischen Satirikers Karl Kraus

[20] Grete Weil, Meine Schwester Antigone. Roman. Zürich, Köln 1980. S. 15

> Die unter Menschen das Gesetz begrenzet;
> Auch dacht' ich nicht, es sei dein Ausgebot so sehr viel,
> Daß eins, das sterben muß, die ungeschriebnen drüber,
> Die festen Satzungen im Himmel brechen sollte.

Und als Kreon ihr das Recht bestreitet, Polyneikes weiter als Bruder zu betrachten und entsprechend zu handeln, entwickelt sich der in der Tat fast hochmütige Dialog:

> KREON
> Doch, Guten gleich sind Schlimme nicht zu nehmen.
> ANTIGONE
> Wer weiß, da kann doch drunt' ein andrer Brauch sein.
> KREON
> Nie ist der Feind, auch wenn er tot ist, Freund.
> ANTIGONE
> Aber gewiß. Zum Hasse nicht, zur Liebe bin ich.

III.

Vielleicht ist nicht die Tat des Widerstandes selbst so erstaunlich; − ein hassenswertes Regime mußte die Kräfte des Widerstandes durch seine blindwütige Todesmaschinerie selbst hervorrufen. Vielleicht ist nicht einmal die Haltung erstaunlich, in der diese jungen Menschen und einer ihrer Lehrer ihren Tod auf sich genommen und ihn bestanden haben: die »Reinschrift seines Lebens« hat ihn Kurt Huber vorbildlich genannt; − denn das Bewußtsein des Martyriums, die Sinnhaftigkeit des Sterbens mag selbst einen grausamen Tod in Würde ertragen lehren. Erstaunlich aber, ungemein staunenswert ist das Selbstvertrauen, mit dem diese Wenigen, die Einzelnen gegen einen Machtapparat angetreten sind, der − zumindest um 1942 noch − von der erdrückenden Mehrheit des deutschen Volkes getragen war. Diese Mehrheit aber hat in den Münchener Studenten eben keine Märtyrer, sondern hingerichtete Hochverräter gesehen.

Das Vertrauen in das eigene Tun, die Sicherheit des Gefühls, wenn auch in Angst, doch das tun zu müssen, was sie getan haben, unterscheidet die Mitglieder der »Weißen Rose« von der großen Schar der Mitläufer ebenso, wie von den schweigenden Opponenten des Regimes und selbst von der Mehrzahl der Verschwörer des 20. Juli 1944. Antigones Tat war nicht die kultische Handlung an der geschändeten Leiche des Bruders, war nicht nur der Wille, den Göttern und dem Herkommen mehr zu gehorchen als Kreons willkürlichem Gesetz; ihre Tat war das Bekenntnis dieses Willens und der offene Widerspruch:

> Aber gewiß. Zum Hasse nicht, zur Liebe bin ich.

Und Kreon antwortet mit der Stimme des Henkers:

> So geh' hinunter, wenn du lieben willst,
> Und liebe dort! mir herrscht kein Weib im Leben.[21]

Hermann Krings hat diese Tat die Tat des »Widersagens« genannt, die »in den Gesprächen der Freunde« begonnen habe, »durch die Flugblätter öffentlich und vollends wirklich im Sterben« geworden sei. »Der Tod von Hans Scholl und seinen Freunden ist deren eigene Tat, die Tat des Widersagens.«[22]

Ob in Deutschland seit 1933 tatsächlich das, »was man gemeinhin unter Gewissen« versteht, »so gut wie verlorengegangen« war, mag umstritten sein. Hannah Arendt jedenfalls meinte, daß auch der »Kreis der Verschwörer vom 20. Juli« sich nicht bewußt gewesen sei, »wie sehr man selbst bereits im Bann der von den Nazis gepredigten neuen Wertskala stand und wie groß der Abgrund war, der auch dieses ›andere Deutschland‹ von der übrigen Welt trennte.«[23] Sie wollte die verzweifelte Utopie eines geheimen, heiligen, inneren, eines »anderen Deutschland« nicht anerkennen, wenn zugleich Heinrich Himmler vor seiner SS predigte: »Wir wissen wohl, wir muten euch ›Übermenschliches‹ zu, wir verlangen, daß ihr ›übermenschlich unmenschlich‹ seid.« In der Haltung der Geschwister Scholl aber hat Hannah Arendt exakt jene Denkfigur beschrieben, die in der Kontinuität unserer Kultur als die Haltung der Antigone beschrieben werden kann. Sie berichtet von der »lautlosen Opposition« gegen den Nationalsozialismus, der in Deutschland »vielleicht hunderttausend, vielleicht viel mehr, vielleicht viel weniger« angehört haben, und fährt dann fort:

> Nur einmal, in einer einzigen verzweifelten Geste hat sich dies ganz und gar Vereinzelte und Lautlose in der Öffentlichkeit kundgetan: das war, als die Ge-

---

[21] Hölderlins Übersetzung der *Antigone* wird zitiert nach der im Rainer Wunderlich Verlag Tübingen (o.J.) erschienenen Ausgabe: Friedrich Hölderlin, Werke. »Der Verlag wollte mit Hölderlins Werken allen, die im Kriege ihre Bücher verloren hatten, einen vertrauten Besitz wiedergeben.«

[22] Hermann Krings, Das Zeichen der Weißen Rose. Zur politischen Bedeutung des studentischen Widerstands. In: Chronik der Ludwig-Maximilians-Universität München 1982/83. S. 45

[23] Hannah Arendt, Eichmann in Jerusalem. Ein Bericht von der Banalität des Bösen. München 1965. S. 138. Das Himmler-Zitat ebd., S. 139

schwister Scholl unter dem Einfluß ihres Lehrers Kurt Huber jene Flugblätter verteilten, in denen Hitler nun wirklich das genannt wurde, was er war – ein ›Massenmörder‹.[24]

Diese Flugblätter also sind die »Tat«, und sie sprechen das Bewußtsein der Vereinzelung deutlich aus:

> [...] wenn die Deutschen, so jeder Individualität bar, schon so sehr zur geistlosen und feigen Masse geworden sind, dann, ja dann verdienen sie den Untergang.

– heißt es im ersten Flugblatt.

> Und wieder schläft das deutsche Volk in seinem stumpfen, blöden Schlaf weiter und gibt diesen faschistischen Verbrechern Mut und Gelegenheit, weiterzuwüten – und diese tun es. Sollte dies ein Zeichen dafür sein, daß die Deutschen in ihren primitivsten menschlichen Gefühlen verroht sind, daß keine Saite in ihnen schrill aufschreit im Angesicht solcher Taten, daß sie in einem tödlichen Schlaf versunken sind, aus dem es kein Erwachen mehr gibt, nie, niemals?

– so ist im zweiten Flugblatt zu lesen.[25]

IV.

Hier also wurde ein radikal »anderes Deutschland« aufgerufen als das herrschende, welches sich auf die einem verblendeten National-Enthusiasmus geopferten Studentenregimenter von Langemarck berufen zu können meinte, auf die Gefallenen des Ersten Weltkrieges als die angeblichen Märtyrer eines »Glaubens an Deutschland«,[26] auf die Soldatenfriedhöfe als die Wallfahrtsorte einer neuen Religion.[27] Auf den Altären dieser Wallfahrtsorte stand ein »Deutschland« genanntes Gespenst, zu dessen Anbetung sich

---

[24] Hannah Arendt, Eichmann in Jerusalem, S. 138. Vgl. auch Hermann Krings, S. 41

[25] Der Text der Flugblätter der »Weißen Rose« wird zitiert nach dem Abdruck in: Richard Hanser, Deutschland zuliebe. Leben und Sterben der Geschwister Scholl. Die Geschichte der Weißen Rose. München 1982. Zitate S. 330 und 333f.

[26] Vgl. eines der wenigen Beispiele einer nicht nur völkischen, sondern nationalsozialistischen Literatur: Hans Zöberlein, Der Glaube an Deutschland. Ein Kriegserleben von Verdun bis zum Umsturz. München (Zentralverlag der NSDAP) 1941. 37. Auflage

[27] Zu dieser Alldeutschlandreligion, orientiert am Typus des Frontsoldaten, die »in einem Kriegerdenkmal des Weltkrieges ein heiliges Zeichen für das Märtyrertum eines neuen Glaubens« erblickte, vgl. Alfred Rosenberg, Der Mythus des 20. Jahrhunderts. Eine Wertung der seelisch-geistigen Gestaltenkämpfe unserer Zeit. München 1930, bes. S. 616ff. Von Rosenbergs Buch scheint mir eine spezifisch nationalsozialistische Literatur ableitbar

jene Herrenrasse bereitfand, die durch den ungebändigten, ziel- und zwecklosen Kampftrieb ihre Edelrassigkeit beweisen sollte. Zynischer als Hanns Johst, in seinem »Adolf Hitler in liebender Verehrung und unwandelbarer Treue« gewidmeten Schauspiel *Schlageter*, hat keiner der Mitlebenden dieses allein durch den darwinistischen Kampfgedanken geprägte Reizwort »Deutschland« beschrieben:

> Und ganz langsam [...] nähen wir uns die Epauletten wieder an die Waffenröcke ... Jeder für sich auf seine Weise ... Und eines Tages ... sind wir Deutschland!! (*Unheimlich*) Gemütlich wird das nicht, denn wir sind Brüder von einem ganz eigenen Schlage! Wir sind keine kaiserlichen Soldaten, keine republikanischen ... wir sind Deutsche! Da weiß niemand, was das heißt und woran er ist ... Das Wort ist so verrätselt und versiegelt geblieben, wie es schon dem Tacitus war ... [...] Wir haben keinen Namen, kein Programm. Nichts von dem, was ich Ihnen da sage, ist beweiskräftig ... Nehmen Sie es als Spuk ...[28]

Der Deutschland-Begriff der »Weißen Rose« aber ist auch ein anderer als der des George-Kreises, dem Graf Stauffenberg, der Attentäter des 20. Juli 1944 entstammte. Er ist nicht elitär, nicht am Bildungsglauben des deutschen Bürgertums, wenn auch in seiner reinsten Form, am Hölderlin'schen Glauben an die Existenz eines geistigen Deutschland und an die Wiedergeburt eines neuen Hellas, orientiert, sondern, bei aller Begeisterung für Hölderlin, Goethe und den deutschen Idealismus, doch grundlegend anders, radikaler, christlicher (im Sinne von Kierkegaards »Entweder – Oder«) angelegt.

Daß sich trotzdem eine innere Verbindung zwischen den Lagern des »anderen Deutschland« innerhalb und außerhalb der Grenzen von Hitlers Einfluß- und Herrschaftsbereich herstellte, sollte nicht verwundern. Denn auch für ungeübte Augen war und ist eine scharfe Grenze zwischen der Instinktgemeinschaft der germanisierenden Kriegerkaste und allen Facetten des »anderen Deutschland« gezogen, in dem sich für einen kurzen Weltaugenblick bürgerlicher Humanitätsglaube, christliche Europagedanken und sozialistische Vorstellungen einer Erneuerung Deutschlands im Kampf gegen den Weltfeind, gegen Hitler als den Zerstörer der Menschenwürde,

---

[28] Hanns Johst, Schlageter. Schauspiel. München 1933. S. 36f.
[29] Vgl. Thomas Mann, Deutsche Hörer! Fünfundfünfzig Radiosendungen nach Deutschland. In: Thomas Mann, Politische Schriften und Reden. Dritter Band. Frankfurt am Main 1968 (Moderne Klassiker. Fischer Bücherei. MK 118). S. 255f.; der Text des Flugblattes des Nationalkomitees »Freies Deutschland« bei: Karl-Heinz Jahnke, Weiße Rose *contra* Hakenkreuz. Der Widerstand der Geschwister Scholl und ihrer Freunde. Frankfurt am Main 1969. S. 86–89

zusammenfanden. Thomas Manns Rede über BBC am 27. Juni 1943, in welcher der unumstrittene Repräsentant des bürgerlichen Lagers eines »anderen Deutschland« der Münchener Absage an die »nationalsozialistische Lügenrevolution« gedachte *und* das Flugblatt des Nationalkomitees *Freies Deutschland* zur Hinrichtung von Hans und Sophie Scholl und Christoph Probst[29] basieren nicht nur auf den gleichen, wohl schwedischen Zeitungsberichten, sind nicht nur vom gleichen (heute schwer verständlichen) Antifaschismus-Pathos getragen, sondern stellen auch das Spektrum vor Augen, an dem sich die deutsche Nachkriegsgeschichte entschieden hat, als der kurzfristig hergestellte Konsens eines »Weltgewissens« dann im »Kalten Krieg« zerbrochen ist.

V.

Wenn in den Flugblättern der »Weißen Rose«, deren erste vier studentische Flugblätter sind, während sich in den beiden letzten (sie kommen fast ohne Zitate aus) der Einfluß Kurt Hubers bemerkbar macht, aus Schillers Vorlesungen, aus Goethes *Des Epimenides Erwachen*, aus des Novalis Schrift *Die Christenheit oder Europa*, aus Ciceros *De Legibus*, aus des Aristoteles Schrift *Über die Politik* und immer wieder aus der Bibel zitiert wird, so könnte dies alles in die Denklinie jenes Enthusiasmus eines »anderen Deutschland« laufen, welche die Konflikte und die Gemeinsamkeiten der Widerstandsgeschichte und der deutschen Geschichte außerhalb Deutschlands kennzeichnet. Die Worte des Lao-tse im zweiten Flugblatt aber fallen aus dieser, für die deutsche Widerstandssprache gleichsam charakteristischen Gedankenreihe heraus.[30] Sie verweisen vermutlich auf Theodor Haecker, den christlichen Philosophen und Satiriker, den großen Interpreten Kierkegaards und unerbittlichen Kritiker des Nationalsozialismus. Er gehörte in den vierziger Jahren in München zum Kreis um Carl Muth, den Begründer und Herausgeber des — zu dieser Zeit schon verbotenen — *Hochland*, damit zu einem Kreis von Freunden, in dem die Geschwister Scholl lebten, dachten und diskutierten. Von diesem Kreis sind sie, wie ihre Briefe und Tagebücher ausweisen, auf dem Weg zu einem ungemein glaubensstarken und alles Profan-Kulturelle einschmelzenden Christentum entscheidend geprägt worden. Franz Josef Schöningh hat schon 1947 darauf hingewiesen, daß Carl Muth in seinen letzten Lebenstagen von Hans Scholl und seiner

---

[30] Vgl. Richard Hanser, Deutschland zuliebe. S. 334f.

Schwester Sophie, »die auch oft in Muths Heim geweilt hatte, [...] von all den jungen Menschen, die, offen oder stumm protestierend, dem größten Feldherrn und Henker aller Zeiten zum Opfer fielen, mit der Trauer eines [seiner Kinder] beraubten Vaters« gesprochen habe.[31] Das von Haecker immer betonte Schwabentum mag die aus Schwaben stammenden Studenten in München heimatlich berührt haben,[32] so daß sie bald in seiner der Kierkegaard'schen Figur des Märtyrerpropheten angenäherten Gedankenwelt heimisch geworden sind. *Was ist der Mensch?* hatte Theodor Haecker schon 1933 in jenem von den Geschwistern Scholl nachweislich gekannten Buch gefragt, das am klarsten und am mutigsten von allen zeitgenössischen Schriften gegen die Vergötzung der völkischen Individuation, gegen die »heillose Fixierung« von »›für sich‹ existierenden Völkern und Rassen, wenn nicht gar Massen und Kollektiven« im »principium individuationis« Stellung genommen hat.[33] Was ist der Mensch? Diese in der Zeit der beginnenden Tyrannei mit nie gekannter Eindringlichkeit gestellte Frage hat Haecker für seine begeisterungsfähigen Schüler dahingehend beantwortet, daß der Mensch, »er, und er allein, das Wesen ist, das unbedingt *alles* andere Sein voraussetzt außer sein eigenes, welches ein unmittelbar in Freiheit von Gott erschaffenes ist; und als solches wurde er ad imaginem et similitudinem Dei erschaffen, Gottes, der im absoluten Gegensatz zum Menschen zu Seinem Sein und Dasein *absolut nichts* voraussetzt außer Sich selbst, der von Ewigkeit zu Ewigkeit die Fülle und die Quelle des Seins ist.«[34] Dies war die frühzeitig und rechtzeitig ausgesprochene, radikale Gegenposition gegen das sozialdarwinistische Menschenbild der Zeit, eine »Dialektik des Menschen [..., wonach] er als Bild der Allmacht, welche nur Sich Selber voraussetzt, darum, weil er alles voraussetzt, außer sich, der aber auch erschaffenes Sein ist, das gebrechlichste, das abhängigste aller Geschöpfe, das roseau pensant Pascals ist.«[35]

Für Haecker aber war Lao-tse der Vater des Morgenlandes, wie für ihn »im Advent des griechisch-römischen Heidentums« Vergil Vater des

---

[31] Vgl. Franz Josef Schöningh, Carl Muth. Ein europäisches Vermächtnis. In: Hochland 39, 1946/47. S. 17f. Vgl. auch die informativen Anmerkungen in: Hans Scholl, Sophie Scholl, Briefe und Aufzeichnungen. Hrsg. von Inge Jens. Frankfurt am Main 1984. S. 262

[32] Vgl. Hermann Kunisch, Artikel »Theodor Haecker«. In: Handbuch der deutschen Gegenwartsliteratur unter Mitwirkung von Hans Hennecke hrsg. von Hermann Kunisch. München 1965. S. 234

[33] Theodor Haecker: Was ist der Mensch? Leipzig 1933. S. 22

[34] Theodor Haecker: Was ist der Mensch? S. 181

[35] Theodor Haecker, ebd. S. 181f.

Abendlandes war.[36] Haecker hat die griechisch-römische Antike als jene Zeit gedeutet, in welcher ein tendenziell theistisch und nicht pantheistisch verstandener »natürlicher Logos in einer signifikativen Einmaligkeit und einer prinzipiellen, gewiß nicht existentiellen, Gültigkeit [...] entdeckt und herausgestellt worden ist«.[37] Er hat die Verbindung des christlich-jüdischen Denkens mit dem griechisch-römischen Denken in kierkegaard'scher Radikalität nachvollzogen und darin die Fundamente der abendländischen Geschichte, als Modell der Menschheitsgeschichte überhaupt, gesehen, weil diese Geschichte *den* Menschen, *die* Menschheit gekannt und verkündet hat, eine Lehre, in deren Rahmen alle »zweifellos realen Unterschiede dem Menschen in seiner konkreten Individuation zur Freude und nicht zum Leide, zur Lust und nicht zur Pein, zum Reichtum und nicht zur Armut, zur Freundschaft und nicht zur Feindschaft, zum *alles* umschließenden Reiche und nicht zum sich selber einkerndenden Staate, [...] zur Gerechtigkeit und nicht zur Ungerechtigkeit, zur Liebe und nicht zum Hasse, kurz, zur gliederreichen Einheit und nicht zur tödlichen Trennung und Strangulierung der einzelnen Glieder führen sollen«.[38]

Das Zitaten-Ensemble der Flugblätter der »Weißen Rose« erscheint unter diesem Denkhorizont in einer neuen, von allem Bürgerlich-Bildungshaften abgerückten Perspektive; es zielt auf ein neutestamentliches »Metanoein«, auf jene »völlige Änderung der Gesinnung«, von der Theodor Haecker allein die Rettung Europas erwartete. Unter diesem Horizont ist die Koinzidenz von Denken und Handeln im Widerstand der »Weißen Rose« offenkundig, unter diesem Horizont scheint mir auch die Verbindung dieses Handelns mit einer »Antigone« genannten, von Sophokles geprägten und von Kierkegaard an die Moderne vermittelten Denkfigur gerechtfertigt.

VI.

Die Nachwelt neigt zur Mythisierung, und die Legende hat sich in Wort, Ton und Bild der Widerstandsbewegung der »Weißen Rose« bemächtigt. Plätze, Straßen und Institute tragen die Namen der von Freislers »Justiz« Ermordeten, Opern und Filme wurden geschrieben und aufgeführt, doch

---

[36] Theodor Haecker, ebd. S. 28
[37] Theodor Haecker, ebd. S. 28f.
[38] Theodor Haecker, ebd. S. 22f.

auch die Auseinandersetzung um den Sinn dieses Tuns ist lebendiger als je zuvor. Diese Studenten, ihr Lehrer, ihre Freunde und Verwandten waren keine Heroen, sie lebten nicht in Extremen, gingen nicht zielstrebig auf das Martyrium zu, sie waren nicht übermenschlich, sondern menschlich in einer unmenschlichen Zeit. Manche Sätze aus den Briefen Sophie Scholls verweisen auf ihre Sehnsucht nach einem Leben in Frieden und Glück. Nicht immer lebten sie und ihre Freunde im Bann des tödlichen Ernstes der Gedanken Theodor Haeckers und im Gefühl des Anrufs der Stunde, der sie sich nicht entziehen konnten und wollten. Im Brief an die Freundin Lisa Remppis (vom 2. September 1942) entschlüpfte Sophie Scholl ein Stoßseufzer: »(Jetzt wenn ich in Leonberg wäre, würden wir Pflaumen klauen gehen.)«[39] Er belegt mitten im Ernst der Entscheidung einen fröhlichen jungen Menschen mit Übermut und Lebensfreude. Und der bedrückende Satz aus Sophies Brief an Fritz Hartnagel (vom 7. November 1942), wonach ihre Freude über die Rückkehr des Bruders Hans aus Rußland – und diese Rückkehr bedeutete natürlich den Neubeginn der gefährlichen Flugblattaktionen – »nicht ungetrübt«[40] sei, verdeutlicht auch, wie sehr sie von Heimlichkeit, Mißtrauen und Unterdrückung geängstigt war, wie sehr sie »ein fröhliches Planen für den morgigen Tag« vermißte.

Im Jahre 1955 hat der damalige Asta der Universität München in einer kleinen Broschüre an alle neuimmatrikulierten Studierenden Romano Guardinis Rede auf den Münchener Widerstandskreis, mit dem Titel *Die Waage des Daseins*, verteilt. In dieser Broschüre hat Inge Aicher-Scholl ihre Geschwister und den ganzen um sie sich sammelnden Kreis wohl zutreffend charakterisiert:

> Ihr Verhalten kam aus dem einfachen Bezug zu dem, was täglich passierte und was passiert war. Sie waren Studenten, wie nur Studenten sein können: intellektuell und ausgelassen, wach, aufgeschlossen und schönheitsliebend, aber die Kultur hatten sie nicht verstanden als eine Form, das Leben nur zu goutieren, und die Wissenschaft nicht als eine Methode, alles zu registrieren – und dabei sich selbst aus dem Spiel zu lassen.[41]

Und doch neigt natürlich die Beschäftigung mit einem solchen existentiell begründeten Denken zu literarischen Deutungen in vielerlei Gestalt. Grete

---

[39] Inge Jens (Hrsg.): Hans Scholl, Sophie Scholl, S. 217
[40] Inge Jens (Hrsg.): Hans Scholl, Sophie Scholl, S. 226. Das folgende Zitat ebd. S. 227
[41] Inge Scholl, Es lebe die Freiheit! In: Die Waage des Daseins. Zum Gedächtnis von Sophie und Hans Scholl, Christoph Probst, Alexander Schmorell, Willi Graf, Prof. Dr. Huber und Hans Carl Leipelt. München (o.J.). S. 6f.

Weil hat in ihrem 1980 erschienenen autobiographischen Roman *Meine Schwester Antigone*, Zeit und Thematik von Exil und Widerstand in der eigenen Person mit unserer Gegenwart verbindend, eine neue Deutung der »Weißen Rose« im Zeichen der sophokleischen *Antigone* versucht. »Die Analogie zwischen Sophie [Scholl] und Antigone« schien ihr »dicht. Menschen, die bis an die Grenze gehen. Die ihr Selbst voll ausschöpfen. Nicht nach dem Erfolg fragen, nur nach der eigenen Notwendigkeit. Unbequeme. Schwierige. Die uns zum Denken zwingen. Unser Bewußtsein wach machen.«[42] In der Konfrontation des eigenen Schicksals der verfolgten Jüdin durch die Nationalsozialisten mit dem Schicksal der Hingerichteten und − einer modernen Sympathisantin des Terrors, wird deutsche Geschichte noch einmal im Zeichen der Antigone, in der Alternative von Haß und Liebe präsent. Christine, ihr Patenkind, bringt der Erzählerin ein Mädchen auf der Flucht ins Haus:

> Ich bin eine müde alte Frau. Es ist mir egal, was mit dir geschieht. Zwar habt ihr mir nichts gesagt, aber ich weiß, daß du eine Terroristenbraut bist. Ich bin gegen Gewalt und gegen Sympathisanten von Gewalt. Ich bin gegen euren Glauben, daß es ein Paradies auf Erden geben kann und noch viel mehr gegen euren höllischen Weg zu diesem Paradies. Ihr spielt Krieg, einen sinnlosen widerwärtigen Krieg. Und ich will Frieden.
> Aber ich kann es nicht sagen. Meine Wunde macht es unmöglich. Marlene bedarf der Hilfe, also helfe ich. Ohne nach Ideologie zu fragen.[43]

Ich möchte nicht mißverstanden werden: Es gibt keine Möglichkeit, überhaupt keine Möglichkeit, den blutigen Terror der »RAF« mit dem Widerstand der »Weißen Rose« zu parallelisieren, aber − und eben dies hat Grete Weil in ihrem Roman dargestellt − es gibt auch keine Möglichkeit, von dem einen zu sprechen und von dem anderen zu schweigen. Die schroffe Konfrontation des Widerstandes gegen legalisierten Terror von oben mit einem Terror von unten, der uns in diesen Zustand zurückzubomben und zurückzumorden sucht, erhellt schlaglichtartig unsere Situation, die an uns gestellte Frage, der wir nicht ausweichen können. Ich habe keine bequeme Antwort auf diese Frage, und auch Grete Weil macht nur die Frage bewußt, ohne eine Patentlösung anzubieten. Doch wenn wir im Umkreis der »Weißen Rose« nach Hilfe Ausschau halten, so könnten wir auf eine der Maximen der Geschwister Scholl verweisen: Einen harten Geist und ein

---

[42] Grete Weil, Meine Schwester Antigone. S. 162
[43] Grete Weil, Meine Schwester Antigone. S. 164

weiches Herz haben sie von sich verlangt.[44] Einen harten und wachen Geist, um Gut und Böse zu unterscheiden, um zu erkennen, daß jeder Terror, der von oben und der von unten, zur Diktatur des Bösen führt. Aber auch ein weiches Herz, um den bezwungenen Gegner von seinem Menschsein zu überzeugen, das er durch die terroristische Tat vergeblich zu leugnen sucht.

---

[44] Vgl. Sophie Scholls Brief an Fritz Hartnagel vom 3. Januar 1943: »O, ich glaube wohl, daß das Elend stumpf machen will, doch denke daran: Un esprit dur, du coeur *tendre*!« (Inge Jens: Hans Scholl, Sophie Scholl. S. 231). Zur Diktatur des Bösen vgl. das dritte Flugblatt der »Weißen Rose« (Richard Hanser: Deutschland zuliebe, S. 335)

Donald H. Crosby

A Changing Image: American on the Postwar German Stage

Elsewhere in this volume contributors have addressed themselves to the remarkable phenomenon of the German-Austrian community-in-exile which, during the Hitler years, flourished on the West Coast of the USA. With all due respect to that sun-drenched Mecca on the Pacific, one feels obliged to remind readers that there was also a thriving exile community on the climatically less attractive but no less hospitable East Coast as well. In addition to New York City, to which many artists and intellectuals understandably gravitated, the chain of first-class Eastern universities known informally as the ›Ivy League‹ also served as a magnet for leading personalities from both within and without the academic world. Princeton University, for example, at various times harbored such luminaries as Thomas Mann, Alfred Einstein, and — Werner Vordtriede, who as a young instructor taught at Princeton in the mid-1940's and whose memory was still green there when I began my doctoral studies in 1951. Although I was to wait thirty-three years for the pleasure of a personal meeting with Werner Vordtriede, I did acquire a second-hand acquaintance of sorts with him through reminiscences passed on by my teachers Bernhard Valentini and Bernhard Ulmer, both of whom had been colleagues of Vordtriede at Princeton and each of whom was most helpful in guiding my first faltering steps toward *Germanistik*.

Werner Vordtriede, meanwhile, had moved on to the University of Wisconsin, which then as now was known for its strong program in Germanic studies. Like several distinguished contributors to this volume, Vordtriede was able to blend his European training and broad cultural background with the energetic pragmatism characteristic of American universities. Together with the American-born *Germanisten* of that era, these academic emissaries from abroad nurtured the flickering flame of interest in Germanic studies until the turbulent winds of World War II had passed. To Werner Vordtriede and colleagues of his generation a debt of thanks is owed by those of us who have been fortunate enough to study and serve

Germanistik in friendlier cultural climes. It is in the spirit of cross-cultural exchange and understanding that the following reflections on certain American influences on the postwar German stage are offered.

Historians looking back on the first postwar decades of the Federal German Republic way well choose to title this particular chapter of German history ›The Americanization of Germany‹. Since the conclusion of World War II, American customs, American political models, American music, American slang, American dress habits, even — think of the burgeoning fast-food chains — American *haute cuisine* have become almost as familiar in West Germany as they are on our own shores. Indeed, it may well be without historical precedent that any country at any time — not excluding post-occupation Japan — has so willingly and so thoroughly modified its own deeply ingrained customs in emulation of a conqueror.

The circumstances under which this remarkable transformation took place are too well known to bear recapitulation here, but surely the seeds were planted in the minds of that generation of children and adolescents who were fortunate enough to have survived the horrors of World War II and to have found themselves in some sort of contact with American occupation forces. For countless thousands of Germans, their first contact with an American materialized in the form of a well-nourished, gum-chewing, good-natured American soldier who — at his best — was willing to wink at the non-fraternization edicts and who was a generous dispenser of candy bars and even more desperately coveted victuals. These initial favorable contacts, reinforced over the next few years by countless CARE packages, by Marshall Plan assistance, and by the Berlin airlift, created a reservoir of good will toward Americans which even today is far from depleted.

In those bleak postwar years, the theater, as it arose phoenix-like from the still-smoldering ruins of the Third Reich, represented both an escape from the present and a link to Germany's cultural past. Small wonder then that the theater, always a sensitive cultural barometer, reacted quickly to the new postwar pro-American climate. Since restrictions placed on the State-controlled theater during the war had created a cultural vacuum on the German stage, directors and managers were all the more receptive to the sudden influx of American plays and American authors. In addition: unlike plays of such searing topicality als Wolfgang Borchert's *Draußen vor der Tür* or Bertolt Brecht's *Furcht und Elend des Dritten Reiches*, American plays were obviously untainted by the human and political tragedy of the recent past, and hence offered ›neutral‹ theater material welcomed by a public which had not yet come to grips with the nagging questions of guilt and responsibility. Thus plays by Thornton Wilder and Eugene O'Neill were soon revived; a bit later Tennessee Williams and Arthur Miller received their German-language premières; later still, Berlin would introduce Edward Albee to the theater world with the first professional production of his early one-act play *The Zoo-Story* (*Die Zoogeschichte*); and even Thomas Wolfe's obscure drama *Mannerhouse* (*Herrenhaus*), at that time still unperformed in America, was ›discovered‹ and given its world première in Düsseldorf by no less a personality than Gustaf Gründgens.

Yet for all the cultural impact made by the sudden incursion of American plays, there was no immediately discernable influence on the overall approach to the production of German plays, especially of German ›classics‹, which despite the innovative efforts of directors such as Fritz Kortner, Erwin Piscator,[1] and Gustaf Gründgens, remained basically traditional. Furthermore, after the novelty generated by the initial wave of American plays had worn off, theater critics and literary critics alike began having second thoughts. With memories of Nazi censorship still fresh, Germans could and did admire the boldness of a play such as Arthur Miller's *The Crucible* (*Hexenjagd*), which was a barely disguised attack on Senator Joseph McCarthy's anti-communist ›witch hunts‹, but at the same time questions arose as to whether tendentious plays such as *Hexenjagd* — which pointed the way to the docudramas of the next decade — constituted art or didacticism. Abstract arguments notwithstanding, the fact is that neither the German stage nor its public, in the early postwar years, was ready to deal with topical problems — at least not with their own topical problems.

If one leaps to the mid-1960's, however, one finds a remarkable change both in the tone and the substance of German stage productions. Suddenly there is a new willingness to confront controversial themes, a new tendency to give critical scrutiny to the stage ›classics‹. Obviously, many things had happened during the intervening ten or twelve years: the *Wirtschaftswunder* had all but eliminated Germany's despendence on its conquerors; the passage of time had mandated the necessary cartharsis of *Vergangenheitsbewältigung*; the generational revolt had upset traditional values in the home, the church, and the university; drugs and rock music had created

---

[1] Piscator, in fact, was one of the ›East Coast exiles‹ who settled in New York City, where he taught at the New School. Among his students in drama and directorial techniques were Arthur Miller, Tennessee Williams, and the founders of The Living Theater, Julian Beck and Judith Malina

new modes of thought and new vocabularies with which to express them. In the theater, a new cadre of authors and directors had appeared on the scene; German-born and -trained, they were rightly concerned with German solutions to German problems. Almost overnight, it seemed, the repertoires of German theaters were filled with plays by authors such as Rolf Hochhuth, Peter Handke, Heinar Kipphardt, Tankred Dorst, Peter Weiss, and Martin Walser; among the ›new generation‹ of directors were Peter Stein, Peter Zadek, Klaus Michael Grüber, and Hans Hollmann.

Not surprisingly, one by-product of these years of change was that the honeymoon between America and Germany came to an end. No honeymoon lasts for fifteen years, of course, and there was no reason to expect the German-American liason of the spirit to resist, *ad infinitum*, compelling historical, societal, and political forces. A German reaching university age in the mid-1960's, for example, would scarcely have had first-hand recollection of the benign occupiers, and in a climate of renascent nationalism might well have reacted with hostility to what he or she regarded as an alien influence. More important: the political drift toward the Left among West Germany's younger generation was accelerated by the United States' involvement in the Vietnam War, which quickly became just as much of a *cause célèbre* among German youths and intellectuals as it was in our own country. Inevitably, disapproval of the U.S. military position in Vietnam sometimes translated into a narrowly-focused anti-Americanism — a sentiment which eventually found its way into the theater. As a striking example of a politically partisan, anti-American play one may cite Peter Weiss' docudrama *Vietnam-Diskurs*, a play which carried its ideological message beyond the footlights and into the lobby of the theater, where the director, Peter Stein, joined by members of his cast, solicited cash contibutions for the Viet Cong.

But one tendentious *Zeitstück* does not constitute a trend, or a movement, and of greater significance is the more subtle and longer-lasting influence sparked by the political frictions of the Vietnam War years. The disillusionment with the USA, the feeling that the admired giant had feet of clay, the conviction that what was perceived as Western imperialism was no better than Eastern imperialism — all these factors contributed to the rise of a feeling of pessimism which permeated numerous art forms, including the theater. The celebrated production of Goethe's *Tasso* in Bremen in 1968 — here again the director was Peter Stein — was in many respects an ideological child of its times. Unlike Stein's *Vietnam-Diskurs*-production, the Bremen *Tasso* contained no overt anti-American propaganda, but for all its classic trappings the production was informed by the contemporary spirits of doubt, despair, pessimism, and protest which were spawned by the conflagration in Vietnam.

Taken as a whole, Steins's *Tasso*-production was a provocative staging which rescued Goethe's classical drama from the musty confines of the seminar room and which demonstrated the play's relevance to our own times. At the same time, however, Stein's over-accentuation of Tasso's clumsiness, indeed his clownishness, resulted in a diminution of the play's central figure and, by extension, a diminution of Goethe himself. Stein's reduction of Goethe sprang from a complex of motives which resists over-simplification, but surely one motivating force was the Vietnam War and that pervasive spirit of defeatism which followed in its wake.[2] Presumably the anti-war and anti-establishment attitudes still prevalent in the early 1970's also colored Peter Stein's production of Kleist's *Prinz Friedrich von Homburg* at the Schaubühne in Berlin in 1972. Here, it will be recalled, Stein distanced himself from Kleist's patriotic ending by having a dummy borne off the stage in place of the flesh-and-blood Homburg. It is no coincidence that Stein's *Homburg*-production, like his earlier *Tasso*-staging, reflected what the theater critic Peter Iden has called the feeling of »Ohnmacht«, of »Zweifel an der Theaterpraxis«, which sprang from the turbulence of the Vietnam War era, and which Iden insists could be detected in productions of the classics as late as 1975, a year which brought an especially drab and cheerless staging of *Faust I* by Klaus Michael Grüber.[3]

Even though America's involvement in the Vietnam War tarnished its image in the eyes of many West Germans, the cultural pipeline between the two countries still served as a conduit for American influences which were free of the stigma of Vietnam. Although Miller, Williams, and Albee now had to compete for a place in the theater repertoires not only with the new wave of German authors mentioned above, but with such influential non-German playwrights as Samuel Beckett, Harold Pinter, and Eugène Ionesco, the sheer number of German theaters provided room enough for new American plays, even though their reception was by no means as uncritical as it had been, say, fifteen years earlier. Edward Albee's powerful play *Who's Afraid of Virginia Woolf?*, for example, made such an impact on

---

[2] For a more detailed discussion of the Peter Stein-*Tasso* see Donald H. Crosby, Goethes *Tasso*, inszeniert von Peter Stein. In: Goethe im Kontext. Hrsg. von Wolfgang Wittkowski. Tübingen 1984, pp. 136–147
[3] In: Theater heute 7, 1975, p. 85

theatergoers and professionals alike that its influence can still be discerned twenty years later.[4] As a concrete example of continued cultural transference in the midst of the seething 60's one might cite the 1966 production of Schiller's *Die Räuber* which was directed by Peter Zadek in Bremen. In this staging, which had a decidedly off-Broadway flavor to it, Zadek presented Schiller's outlaws in costumes derived from American comic strips and horror films, with Karl Moor and Spiegelberg made up to resemble Superman and Frankenstein, respectively. In place of the »Bömische Wälder« spectators saw a huge Roy Lichtenstein mural depicting a rifleman whose flaming weapon spewed out the onomatopoetic word CRAK CRAK. Leaving the merits of the production aside, the main thrust of which was to underscore the absurdity of challenging the Establishment − one is struck by the fact that by the year 1966, a scant two decades after the end of World War II, a German director was able to assume his public's total assimilation of Hollywood, the American comics, and the Andy Warhol−Roy Lichtenstein school of pop-art.

Less sensational, but more durable than fragmented pop-cultural influences was a growing awareness, in West German theater circles, that American actors and actresses not only do things differently than their German counterparts, but that they do certain things better. If this sounds like a statement of the obvious, one should not forget that for decades American theater had been viewed largely in terms of Broadway, which was considered lightweight, and of Hollywood, which − with the brilliant exception of Charlie Chaplin − was considered even worse. The one exception to this generally negative view of American theater art was the Broadway ›musical‹, which was acknowledged to be one theater genre in which Americans excelled. As growing prosperity and a healthy *D-Mark* allowed ever more Germans to visit the USA, an evening at a musical became as mandatory a part of a New York experience as a visit to the UN-Building or the Guggenheim Museum. Musicals such as *West Side Story*, *Hair*, and *A Chorus Line* fascinated German visitors, who returned home extolling the suppleness, naturalness, and un-selfconscious grace of the American casts. That these qualities did not immediately export well was demonstrated by the awkward early attempts to mount German-language adaptations of these musicals, and more than one homesick

---

[4] For instance, see Hellmuth Karasek's review of the current (1984−1985) pruductions of John Hopkins' *Verlorene Zeit* and Lars Noren's *Dämonen* in Hamburg and Bochum, respectively. In: Der Spiegel. Jahrgang 38, 1984, Heft 48, p. 232

American, attanding a German version of an American musical, was chagrinned to find himself confronted with a stage full of soberfaced chorines flinging their limbs this way and that with grim determination. In fairness, things have improved considerably in recent years, and at Berlin's Theater des Westens, for example, one can enjoy robust German-language versions of *Cabaret, A Chorus Line*, and *West Side Story*, presented for the most part with the original sets and even Broadway dancers.[5]

On a more serious level, attitudes toward the American theater were changed — and changed for the better — through the efforts of that doughty troupe of theater-iconoclasts which called itself ›The Living Theater‹ and whose tours through Europe, including West Germany, in the early and mid-1960's captured the attention of the German theater world. The ›Living‹, as it was soon called, was founded by Julian Beck and Judith Malina, and initially took its direction from a mélange of Brechtian and Artaudian principles; gradually, however, the ›Living‹ expanded its dimensions to include social activism, political protest, and even moral anarchy. Moving through Europe like a combination of *Wanderbühne* and mobile commune, the ›Living‹ startled audiences in Berlin, Frankfurt, and Düsseldorf with the totality of commitment it brought to performances of Jean Genet's *Les Bonnes (Die Zofen)*, Brecht's *Im Dickicht der Städte*, the Sophocles-Brecht *Antigone*, and *avant-garde* American plays.

Looking back, it is clear that some of the ensemble's popularity derived from its social and political orientation, which embraced virtually every innovation in personal lifestyle and every anti-traditional trend of the 1960's. In terms of pure theater, however, the ensemble broke new ground by trying to efface the line between art and life, between the make-believe world of the theater and the ›real‹ world outside. Coincidentally or not, some of the techniques associated with The Living Theater soon emerged on German stages: the interaction between actors and the public; the extension of the stage action over the entire theater; an understated but ruthless acting style; the un-selfconscious employment of male and female nudity; and the total mastery of body dynamics. Always just one step ahaed of its creditors, with its members often in jail because of political protests, The Living Theater divided into three groups in 1970 and is now only occasionally in the public eye, but its influence can still be described if one studies the Shakespeare productions of Peter Zadek, the classical productions of Peter

---

[5] In the GDR, too, American musicals are frequently performed and enjoy huge popularity. *West Side Story* is in fact the ›hit‹ of the 1984—1985 season in Erfurt

Stein and Claus Peymann, the docudramas of Peter Weiss, and Peter Handke's *Publikumsbeschimpfung*.⁶

Space permits only a brief excursion behind the Iron Curtain to East Germany, where the lavishly subsidized State-controlled theater, much like the massive sports program, is very much a part of the ›bread and circuses‹ tactics of the GDR-regime. Since theater, in the GDR, is viewed as an effective medium for the propagation of the philosophy of the State, there is not much to be seen on East German stages which reflects favorably on the USA. A play such as Jason Miller's *That Championship Season* would not, one would think, merit the gala production it received in Erfurt in the mid-1970's, if one tries to be objective about its artistic value; yet it made an excellent vehicle for the exposure of the crass materialism and corruption which are allegedly characteristic of American sports. Similarly, few Americans would attach much ideological significance to the Dale Wassermann/Ken Kesey *One Flew Over the Cuckoo's Nest*, which in the USA was praised and prized chiefly for its entertainment value; when a stage adaptation turned up at the Maxim Gorki Theater Berlin, however, a reviewer was quick to perceive the insane asylum (!) as »[...] ein Gleichnis auf das amerikanische Gesellschaftssystem, auf seinen Macht- und Unterdrückungsapparat«.⁷ In 1974, room was quickly found in the theater repertoires for Tibor Dery's ›tragisches Musical‹, which bore the title *Fiktiver Bericht über ein amerikanisches Pop Festival*. This production, which featured a band on stage playing highly amplified rock music ›live‹, was based on an incident some years back at a California rock concert, during which a spectator was killed by the star singer's bodyguard. Dery seized upon this incident to provide a general indictment of an American society addicted to drugs, sexual orgies, and violence. The production played to sold-out houses everywhere in the GDR, but whether the audiences came to hear American society pilloried or whether they wanted to enjoy the loud rock music is a moot point.⁸

The classics too, especially plays by Goethe and Schiller, are also used in the GDR as a forum for anti-American propaganda, but in this case the

---

⁶ One might speak of a circular pattern of influence here, since Julian Beck and Judith Malina, as mentioned, had studied with Piscator, who of course played a key role in the innovative Berlin theater scene of the 1920's

⁷ In: Sonntag. Jahrgang 36, 1982, p. 6

⁸ A well-documented report on American influences on the GDR theater can be found in Herbert Lederer's article *Theater in the German Democratic Republic*, in: Perspectives and Personalities. Studies in Modern German Literature. Beiträge zur Neueren Literaturgeschichte. Third Series. Vol. 37. Heidelberg 1978, pp. 214–221

approach is more subtle, taking the form of program notes and *Feuilleton*-articles which make the curse of capitalism responsible for all human misery. In his notes to a recent *Faust*-production, the literary editor of a Weimar newspaper instructed his readers that the figure of Wagner in *Faust II*, who conducts occult experiments aimed at creating human life in a test tube, represents the dangerous prototype for those mad American scientists who threaten human life by making bigger and better nuclear bombs.[9] Faust himself, for that matter, is commonly viewed by East German critics as an erring socialist who unwisely succumbs to the lure of materialism — embodied in Mephisto — but who, since he is »des rechten Weges wohl bewußt«, finally rejects materialism and finds his ›höchstes Glück‹ in the establishment of a workers' paradise. Given the ideological bias of the GDR theater Establishment, the day cannot be far off when Mephisto treads the boards garbed as an evil Uncle Sam, and when Faust and the devil set off on their journey through time and space while straddling a Cruise missile.

Returning to the West German theater scene, it seems safe to predict that, barring yet another full swing of the opinion pendulum, attitudes toward America will not change much in the near future. The realities, after all, are that the current cadre of gifted German directors is made up of mostly young, mostly Left-oriented intellectuals who are not going to change their ideological spots overnight, anymore than the USA is going to change its political, social, and economic orientation. The dominant position of the USA in the free world makes it a most convenient whipping boy, and hence critical, if not downright hostile attitudes will doubtless tend to color productions of topical plays and classics alike. Indeed, if recent experience is a reliable guide, even the opera house, the ultimate realm of make-believe, may be pressed into ideological service. In Bayreuth, for example, for the spectacular production of *Der Ring des Nibelungen*, the director Patrice Chéreau used a projection of the New York City skyline, complete with the World Trade Center, as a visual metaphor of Valhalla. Such one-sided critical attitudes toward America are all the more regrettable in view of the fact that even now, a new generation in West Germany is growing up convinced that all Americans live and behave like the characters in the television serial *Dallas*.

As Americans we have little choice but to develop thick skins, to take solace in our strengthened dollar, and to hope that the young firebrands of

---

[9] In: Das Volk. Oktober 14, 1981, S. 6

the German theater, as they grow older, will balance their critical attitudes with an appreciation of America's remarkable flexibility, its capacity for self-criticism, and, above all, its fundamental decency. As befits a land which, as Goethe wistfully pointed out, is unencumbered by »verfallene Schlösser« and »Basalte«, America has always shown a great capacity for learning from its mistakes and for righting its wrongs. Surely these virtues, rather than Big Macs and musicals, should constitute America's lasting legacy to Germany.

Paul Michael Lützeler

Vom Wunschtraum zum Alptraum

Zum Bild der USA in der deutschsprachigen Gegenwartsliteratur[1]

Ronald Reagan berief vor drei Jahren eine eigene Präsidenten-Kommission ein zur Vorbereitung von Feiern, bei denen der nunmehr dreihundertjährigen Einwanderungsgeschichte von Deutschen nach Amerika gedacht werden sollte. Vor dreihundert Jahren hatten sich einige Dutzend Mennoniten entschlossen, der deutschen Heimat den Rücken zu kehren und in den neuen Kontinent, ins Land der Verheißung auszuwandern. Vom niederrheinischen Krefeld brachen sie 1683 auf, segelten mit dem Schiff Concord nach Nordamerika und gründeten German Town, einen Ort, der heute zur Stadt Philadelphia gehört. Auch der bundesdeutsche Präsident Karl Carstens ließ in einer Art Musilscher Parallelaktion ein entsprechendes Festkomitee gründen. In den USA und in der Bundesrepublik entwickelte sich eine kleine, durch Regierungsgelder finanzierte Gedenkindustrie, die Broschüren, Posters, Kalender und Bücher produzierte, mit welchen die deutsch-amerikanische Freundschaft gefeiert, bejubelt, beschworen und befestigt werden sollte. Der offizielle, zweisprachige Band der Bundesregierung in Bonn, der aus diesem Anlaß erschien, trug den Titel *Wir sind Freunde — We are Friends*.[2] Der amerikanische Vizepräsident besuchte Krefeld; Karl Carstens erschien zu einem Gedenk-Symposium in Philadel-

---

[1] In diesem Überblick wurde ausführlicher nur auf solche Texte eingegangen, die in anderen Untersuchungen zum Thema nicht oder kaum behandelt wurden. Zu einer Reihe von mir erwähnter Autoren liegen Spezialuntersuchungen vor, auf die verwiesen sei. Beachtung verdienen vor allem folgende Buchpublikationen: Sigrid Bauschinger et al. (Hrsg.), Amerika in der deutschen Literatur. Stuttgart 1975; Manfred Durzak, Das Amerika-Bild in der deutschen Gegenwartsliteratur. Stuttgart 1979; Anita Krätzer, Studien zum Amerikabild in der neueren deutschen Literatur. Bern 1982; Wolfgang Paulsen (Hrsg.), Die USA und Deutschland: Wechselseitige Spiegelungen in der Literatur der Gegenwart. Bern, München 1976; Alexander Ritter (Hrsg.), Deutschlands literarisches Amerikabild. Hildesheim 1977; Richard Ruland, America in Modern European Literature. New York 1976
[2] Wir sind Freunde. Deutsche und Amerikaner — Germans und Americans. We are Friends. Mit einem Vorwort von Hansjürgen Doss MdB. Mainz 1983

phia.³ Die Gesten der Freundschaft wurden zu einem Zeitpunkt bekundet, als die deutsch-amerikanischen Beziehungen auf einem Tiefpunkt angelangt waren. Mit Krefeld verband sich im Bewußtsein der bundesrepublikanischen Bevölkerung nicht deutsch-amerikanische Allianz und Eintracht, sondern der Krefelder Appell der amerika-kritischen, ja amerikagegnerischen Friedensbewegung. Das sollte der US-Vizepräsident Bush feststellen, der in Krefeld neben offiziellen Begrüßungen auch inoffizielle Beschimpfungen über sich ergehen lassen mußte.

Als sich die präsidialen Festkomitees diesseits und jenseits des Atlantik formierten, veröffentlichte Hans Magnus Enzensberger 1982 einen sehr speziellen Gruß an die amerikanischen Germanisten: Auf der ersten Seite der literaturwissenschaftlichen Zeitschrift *Monatshefte*, die in Madison/Wisconsin erscheint, publizierte er sein Gedicht: *Abgesehen davon*.⁴ Im offiziell arrangierten und auf Harmonie abgestellten Wunschkonzert deutsch-amerikanischer Freundschaft stellte das Gedicht Enzensbergers einen ersten Mißton dar. In der aktuellen Amerika-Diskussion, die weniger durch Gedenkfeiern als durch Nachrüstungsbeschluß und Atomwaffenstop bestimmt wird, erhielt das Enzensbergersche Poem besondere Brisanz. Da wird nicht das Utopia der Mennoniten von 1683, hier werden nicht die Leistungen deutscher Amerika-Auswanderer von General Steuben über Carl Schurz bis zu Wernher von Braun gepriesen; Enzensberger hält vielmehr bedrückende Aspekte amerikanischer Alltagsrealität fest. Die Intellektuellen, das machte sein Gedicht klar, waren für die beschönigenden, alle Konflikte zwischen den beiden Staaten ausklammernden Gedenkfeiern nicht zu gewinnen.

In Enzensbergers Gedicht *Abgesehen davon* heißt es:

> [...] die schwangere Schwarze
> mit ihrem riesigen Kopfhörer, die wirr
> vor sich hinbetet am Washington Square;
> der einsame Wassertank auf dem Dach,
> wie er rostet und rostet;
> die Zweireiher in ihren Bussen
> hinter getöntem Glas;
> und der Gallenkranke mit seinen Koffern,
> der eine Dreizimmerwohnung sucht
> für seine Schmetterlingssammlung:

---

³ Veranstaltet von Frank Trommler im Herbst 1983 an der University of Pennsylvania, Philadelphia

⁴ Hans Magnus Enzensberger, Abgesehen davon. In: Monatshefte 74/2, 1982. S. 121

> Wer davon nicht absehen kann,
> ist kein Theoretiker.
> Ringsum geschehen sorglose Morde.
> Je größer die Perspektiven,
> desto kleiner wird alles.
> Vor den Ampeln warten die Seelen,
> bewegen sich, leicht wie Fliegen,
> warten. Das Gefühl der Gefühllosigkeit
> auf dem Parkplatz, die unterwegs
> abhandengekommenen Beweggründe und Begierden,
> die Frage, wo Ich geblieben ist, [...]

Enzensbergers »Abgesehen davon« ist bewußt gegen das wohl bekannteste deutsche Amerika-Poem geschrieben, das wir kennen, gegen jenes Goethe-Gedicht mit dem Titel *Den Vereinigten Staaten*[5] nämlich, dessen erste Zeile häufig zitiert wird:

> Amerika, du hast es besser
> Als unser Kontinent, das alte,
> Hast keine verfallene Schlösser
> Und keine Basalte.
> Dich stört nicht im Innern
> Zu lebendiger Zeit
> Unnützes Erinnern
> Und vergeblicher Streit.

Bei Goethe Bewunderung, bei Enzensberger Verachtung für die neue Welt. Goethe lamentiert über die europäische Geschichtslast, symbolisiert im Schutt verfallener Schlösser; Enzensberger erschrickt über die Geschichts- und Gesichtslosigkeit verkommener amerikanischer Städte. Goethe imaginiert eine konfliktarme Gesellschaft in den USA, Enzensberger stellt den Klassengegensatz zwischen Arm und Reich heraus. Goethe begeistert sich am Neubeginn ohne Erinnerungslast, und Enzensberger sieht gerade darin den Ich- und Identitätsverlust der Amerikaner. Wie zwei Pole markieren die beiden Gedichte von Goethe und Enzensberger die gegensätzlichen Amerikaperspektiven in der deutschsprachigen Literatur, die sich schon immer bewegten zwischen Wunschbild und Zerrbild, Utopie und Apokalypse, Legende und Diffamierung, Vision und Desillusionierung, Idolatrie und Verdammung, Idealisierung und Verteufelung, Hoffnung und Enttäuschung, Vorbild und Schreckbild sowie Wunschtraum und Alptraum. Das war im 19. Jahrhundert nicht anders als heute. Der

---

[5] Johann Wolfgang von Goethe, Den Vereinigten Staaten. Hamburger Ausgabe Bd. I. S. 333

Kulturpessimismus, der im Deutschland der Metternichschen Restaurationszeit um sich griff, weckte bei vielen Intellektuellen Hoffnungen auf Amerika. Ein Ausdruck dieser Erwartungen war Ernst Willkomms 1838 publizierter Roman *Die Europa-Müden*. Die Enttäuschung der Amerikafahrer ließ nicht lange auf sich warten, und siebzehn Jahre später erschien Ferdinand Kürnbergers Gegen-Roman *Der Amerika-Müde*. Kürnberger läßt seinen Romanhelden Stadien immer massiver werdender Desillusionierung durchlaufen, und am Ende entschwindet ihm die Stadt New York, die anfänglich als eine Art Neues Jerusalem erschienen war, wie ein »trüber, häßlicher Klecks zwischen Himmel und Erde«.[6] Eine schonungslose Überprüfung der Amerika-Legende an der amerikanischen Wirklichkeit als Kürnbergers Roman hat es im 19. Jahrhundert wohl kaum gegeben: Die idealisierten Vorstellungen weist der Autor als schlichte Selbsttäuschungen nach. Damit war aber die Amerika-Utopie noch keineswegs aus der Topographie der deutschen Literaturgeschichte verschwunden. Mit ihr wird in so bekannten Werken wie Kafkas *Amerika*, Hermann Brochs *Esch oder die Anarchie* und Georg Kaisers *Napoleon in New Orleans* operiert. Kafkas Karl Roßmann fährt mit großen Erwartungen in den New Yorker Hafen ein, und um die Freiheitsstatue spürt er »die freien Lüfte« wehen.[7] Auch Eschs anarchische Freiheitshoffnungen finden ihren symbolischen Ausdruck in der New Yorker Freiheitsstatue, wenngleich der Brochsche Romanheld sich zur geplanten Auswanderung dann doch nicht entschließen kann. Georg Kaiser schrieb 1938 im schweizerischen Exil das Napoleon-Stück, ein Drama, in dem noch einmal ungebrochen und unverfremdet die alte positive Amerika-Utopie zum Tragen kommt. Hier wird im Schatten der Bedrohung durch den Faschismus erneut Amerika als das Land der Freiheit und einer menschlichen Zukunft gepriesen.

Auch Thomas Mann setzte zu Beginn seines Exils ähnliche Hoffnungen in die USA. Auf seiner 1938 in den Vereinigten Staaten unternommenen Vortragsreise sprach er voller Überzeugung vom kommenden Sieg der Demokratie. In zahlreichen Essays und Radiosendungen gab er während der amerikanischen Emigrationsjahre dieser Hoffnung Ausdruck. Man denke vor allem an seine Mitarbeit am Buch *The City of Man* von 1940, in dem die Vereinigten Staaten als zukünftiger Begründer einer Weltdemokratie gesehen werden.[8] Erst nach dem Ende der Roosevelt-Ära, am Be-

---

[6] Ferdinand Kürnberger, Der Amerika-Müde. München, Leipzig 1910. S. 567
[7] Franz Kafka, Amerika. Frankfurt/M 1956. S. 5
[8] Herbert Agar et al. (Hrsg.), The City of Man. A Declaration on World Democracy. New York 1941

ginn der sogenannten McCarthy-Zeit, setzten Enttäuschung und Ernüchterung ein, und so kehrte Thomas Mann desillusioniert 1952 nach Europa zurück.

Das tat auch Bertolt Brecht, wenngleich er sich nie hatte für Amerika begeistern können. Auch ohne direkte Amerika-Erfahrungen hatte Brecht schon früh Negativbilder aus dem amerikanischen Leben gezeichnet. Während seines Exils in Kalifornien hat Brecht im gesellschaftlichen und künstlerischen Leben der USA keine Wurzeln schlagen wollen oder können, und es hätte der Angriffe eines Komitees wegen angeblicher »Unamerican Activities« nicht bedurft, um ihn zur Rückreise nach Europa zu bewegen. Brecht erhebt zwar noch nicht expressis verbis den Vorwurf des Faschismus, aber er warnt vor den starken antidemokratischen Strömungen in den Vereinigten Staaten.

In den fünfziger Jahren hört man wieder positivere Stimmen. Zwar gibt es keine Neuauflage jener Idolisierung der amerikanischen Demokratie, wie sie sich in dem bereits 1912 erschienenen Reisebericht *Amerika heute und morgen* von Arthur Holitscher findet, aber die Urteile sind abgewogen, selbstkritisch und freundlich. Man denke an Rudolf Hagelstanges Erlebnisbuch *How do you like America? Impressionen eines Zaungastes* von 1959. Und Max Frisch warnte in einem 1952 verfaßten Essay vor »unserer Arroganz gegenüber Amerika«. Frisch verspottet die europäischen Amerika-Bescheidwisser, wenn er schreibt:

> Vor die Frage gestellt: Wie ist Amerika? wird derjenige, der den amerikanischen Kontinent auch nur ein Jahr bereist hat, im Gespräch mit seinen Freunden, die Amerika noch nie betreten haben, sich eher durch Unsicherheit auszeichnen.[9]

Wolfgang Koeppen veröffentlicht 1951 sein Buch *Tauben im Gras*. Dieser Roman hat zwar nicht Amerika zum Thema, aber es geht um Amerikaner im Nachkriegs-München. Koeppen will sowohl die Reaktionen der deutschen Bevölkerung auf die Besatzungsmacht festhalten, wie auch die deutsche Wirklichkeit um 1950 in den Erlebnissen der Amerikaner spiegeln. Er versucht, »typische« Amerikaner zu schildern, und dabei entgeht er keineswegs der Stereotypisierung. Man merkt dem Roman an, daß der Autor mit der amerikanischen Lebensweise nicht vertraut ist, und so begegnet man eher gängigen Klischees als realistischen Porträts. Da sind die sattsam bekannten Typen der wohlhabenden US-Touristen: oberflächlich, bequem, mittelmäßig, naiv, unkompliziert und harmlos. Die amerikanischen Besat-

---

[9] Max Frisch, Unsere Arroganz gegenüber Amerika. In: M. F., Öffentlichkeit als Partner. Frankfurt/M 1967. S. 25

zungssoldaten werden als »Kreuzritter der Ordnung«, als »Ritter der Vernunft, der Nützlichkeit« charakterisiert. Gutmütig, anständig, vital und idealistisch sind die Schwarzen.

Solche Verkürzungen kommen kaum noch in Koeppens 1959 erschienenem Reisebuch *Amerikafahrt* vor. Hier verarbeitet er wirklich in den USA Erlebtes. Gegenüber seinem Roman hat sich die Perspektive verschoben: Die Amerikaner erscheinen nicht mehr vor allem als Inkarnation politischer Macht, sondern als entfremdete Menschen, die in einer technokratisch orientierten Gesellschaft leben. Je nach den momentanen Erlebnissen fallen Koeppens Urteile in der *Amerikafahrt* positiv oder negativ aus. Von Begeisterungsausbrüchen bis zu düsteren Visionen findet sich hier die ganze Skala der literarischen Äußerungen über Amerika.

Bewußt subjektive Berichte über die USA wie in Koeppens *Amerikafahrt* finden sich auch in Max Frischs *Tagebuch 1966–1971*. Bei Frisch gibt es kein fixiertes Bild über Amerika; besser sollte man bei ihm von Amerika-Perspektiven sprechen. Frisch hält Atmosphärisches fest, er notiert Erfahrungen, Einfälle, läßt seine Einbildung spielen. Neben die Darstellung von persönlichen Begegnungen, Eindrücken und Reflexionen treten öffentliche Verlautbarungen — etwa Dokumente aus Zeitungen —, die häufig mit den persönlichen Ansichten kontrastiert werden. Anders als bei Koeppen werden politische Konflikte benannt, z. B. der Krieg in Vietnam oder die Kämpfe der schwarzen Bürgerrechtler. Frisch präsentiert Amerikabilder, in denen die negativen Seiten schärfer hervortreten, weil auch die positiven nicht verschwiegen werden. Als positives Phänomen wertet er das offen eingestanden erschütterte Selbstvertrauen der Amerikaner. »Amerika«, hält Frisch fest, habe »Angst vor Amerika«,[10] und diese Angst mache das Land humaner. Frisch erwähnt durchaus die unbarmherzige Härte dieser Industriegesellschaft, die wegwirft, was sie nicht gebrauchen kann, ob es sich um Menschen oder um Autos handelt. Aber er spricht auch über das andere Amerika, die Vielfalt an Möglichkeiten, über das Rechtssystem, das er schätzt, und über die Selbstverständlichkeit amerikanischer Gastfreundschaft. In Frischs Roman *Stiller* von 1956 beginnt mit dem Aufbruch des Romanhelden nach Amerika dessen Kampf um eine neue Existenzweise. Es ist der Versuch einer Befreiung von der Rolle, die ihm die Umwelt aufzuzwingen scheint. Frisch entwirft hier zwei Verhaltensweisen, wobei er die amerikanische unter dem Signalement »White« und die schweizerische unter der Chiffre »Stiller« analysiert. Die amerikanische Existenzform

---

[10] Max Frisch, Tagebuch 1966–1971. Frankfurt/M 1972. S. 314

verfremdet zwar die schweizerische, aber die Heimkehr der Hauptperson deutet an, daß die Flucht in die amerikanische Existenzform und damit die Befreiung vom alten Rollenverhalten nicht gelungen ist. Die Unmöglichkeit der Flucht in ein neues Leben, die schon Broch an Hand der vergeblichen Amerika-Sehnsucht seines Helden Esch exemplifiziert hatte, macht am Schluß die Essenz von Stillers Einsicht aus. Wie Eschs Amerika-Hoffnungen sind Stillers Amerikaerfahrungen nur Projektionen seines Selbst und seiner existentiellen Probleme. Damit hat es wohl auch zu tun, daß die Amerikapassagen in *Stiller* eher schemenhaft als konkret wirken.

In dem nur kurze Zeit später veröffentlichten Roman *Homo Faber* versucht Frisch das Thema Amerika von einer anderen Seite anzugehen. Nicht mehr die existentielle Thematik, sondern die Problematik des technischen Fortschritts herrscht vor. Frisch setzt nicht einfach Europa gegen Amerika, Kultur gegen Technik, homo ludens gegen homo faber, sondern warnt vor der Verabsolutierung aller dieser Lebenshaltungen. Weder in der Überrationalisierung im System der Technik noch im Sichausliefern an das Unbewußte der Natur liegt für ihn eine Lösung. In *Homo Faber* versucht Frisch jenen Menschentypus zu zeichnen, den er für repräsentativ in der amerikanischen Gesellschaft hält: den Menschen, der an die rationale Kalkulation und Machbarkeit der Dinge glaubt. Die bis zur unverhüllten Schmähung gehende Abrechnung Fabers mit Amerika während seines Aufenthalts in Kuba ist gleichzeitig eine kritische Auseinandersetzung mit seiner Berufs- und Lebensrolle. Walter Faber ist ein Europäer, der Amerika zu seiner Wahlheimat gemacht hat. Die Konfrontierung Europas und Amerikas findet sich auf allen Ebenen und Schichten des Romans. Amerikanische Touristen in Rom, ihre Kommentare und Party-Gespräche machen Walter Faber nervös und reizen ihn zu verächtlichem Spott. Seine Anmerkungen zum ›American way of life‹ sind nicht gerade schmeichelhaft:

> Schon was sie essen und trinken, diese Bleichlinge, die nicht wissen, was Wein ist, diese Vitamin-Fresser, die kalten Tee trinken und Watte kauen und nicht wissen, was Brot ist, dieses Coca-Cola-Volk, das ich nicht mehr ausstehen kann – (...). Ihre falsche Gesundheit, ihre falsche Jugendlichkeit, ihre Weiber, die nicht zugeben können, daß sie älter werden, ihre Kosmetik noch an der Leiche, überhaupt ihr pornographisches Verhältnis zum Tod, ihr Präsident, der auf jeder Titelseite lachen muß wie ein rosiges Baby, sonst wählen sie ihn nicht wieder, ihre obszöne Jugendlichkeit – [...]
>
> Mein Zorn auf Amerika! Ich schaukle und fröstle – THE AMERICAN WAY OF LIFE! Mein Entschluß, anders zu leben –[11]

---

[11] Max Frisch, Homo Faber. Frankfurt/M 1957. S. 248–252

Für Frisch ist dieser Roman eine der vielen Formen seiner Auseinandersetzung mit Amerika, einer Diskussion, die auf subjektiv-privater Ebene auch in seiner autobiographischen Erzählung *Montauk* von 1975 fortgeführt wird. Montauk ist die nördlichste Spitze von Long Island und liegt etwa hundert Meilen vom Zentrum New York Citys entfernt. Hier verbringt der alternde Frisch ein Wochenende mit der einunddreißigjährigen amerikanischen Verlagsangestellten Lynne. Ähnlich wie früher in *Stiller* erfährt man direkt über die USA nur wenig. Der Ort Montauk scheint nichts als ein Irgendwo zu sein, an dem der Autor Halt macht und auf sein vergangenes Leben zurückblickt. Und wie Stiller kehrt Frisch in die Schweiz zurück, wo er sein ständiges Domizil wünscht. Frischs Amerikaperspektiven lassen sich weder auf den Nenner eines Vorbildes bringen noch auf ein Schreckbild reduzieren. Ihm gerät das Amerika-›Image‹ eher zum Suchbild, zu einer komplexen Metapher, welche die Ebenen des Existentiellen und des Politischen umgreift, und deren Vitalität aus der Reibung zwischen europäischen und amerikanischen Erfahrungen resultiert.

Auch Frischs Landsmann Friedrich Dürrenmatt hielt Eindrücke einer Reise durch die USA fest. 1969 besuchte er den Kontinent und berichtete darüber in seinem Buch *Sätze aus Amerika*.[12] Der Titel bezeichnet die Form des Reports ziemlich genau: Es handelt sich weder um ein Tagebuch, noch um einen Essay und auch nicht um einen Roman, sondern schlicht um Notizen, die durchlaufend von 1 bis 91 numeriert sind. Die Bemerkungen gruppieren sich um Themen wie Rassismus, Religion, Medien und Politik. Dürrenmatt will wissen, wie die Indianer in den USA leben. Er notiert:

> Ein Professor [...] berichtete, der Indianer hätte sich in den Vereinigten Staaten vollständig abgesondert und schicke auf die Universitäten nur Leute, um sie als Rechtsanwälte ausbilden zu lassen, die dann freilich so tüchtig wären, daß die Indianer jeden Prozeß mit den Vereinigten Staaten gewännen. Wir gehören demnach einer Rasse an, mit welcher der Indianer bloß noch mit Rechtsanwälten verkehrt.

Mit dem bösen Blick des europäischen Kulturkritikers erfaßt Dürrenmatt besonders die Eigenheiten des religiösen Predigerwesens in den Vereinigten Staaten. Sarkastisch merkt er dazu an:

> Ein Meisterredner wird *Toastmaster* genannt. Der größte *Toastmaster*, den ich sah, war Billy Graham. Er ist der *Toastmaster* Gottes. An drei Abenden wurde seine *Crusade* nach Südkalifornien aus dem Fußballstadion von Anaheim bei Los Angeles in Farbe übertragen. Es war die einzige Fernsehsendung, die von keiner

---

[12] Friedrich Dürrenmatt, Sätze aus Amerika. Zürich 1970. S. 9, 16–17, 67–69

Reklame unterbrochen wurde. Die Sendung kostete denn auch den *Toastmaster* Gottes eine Million Dollar. Zuerst sang in Weiß der *Crusade*-Chor, dann sang in Baß ein bekehrter Opernsänger, dann predigte Billy Graham. Jedesmal sportlich, jedesmal in einem andern Anzug, dezent rot kariert, dezent grün kariert, dezent blau kariert, jedesmal mit einer anderen Krawatte, ein *Top Manager*, der seine Ware an den Mann brachte. Es fanden denn auch jedesmal Massenbekehrungen statt. Blitzbekehrungen. Gottes Hand schien durch Billy Graham persönlich einzugreifen. Amerika wurde auf dem Bildschirm christlich. Alles war ergriffen. Dann erst kamen die Reklamen für Seife, Deodorants, Waschmittel und Autos wieder.

Ähnlich wie vorher schon Brecht und wie etwa gleichzeitig Enzensberger und Lettau spricht auch Dürrenmatt von der Gefahr des Faschismus in den USA. Er beobachtet:

> Die Gärung ist allgemein, die Unordnung wächst. Ungewiß ist nur, wohin die Revolution zielen würde, fände sie statt. Der Ruf nach einer starken Regierung wird unüberhörbar. Doch läuft das Land Gefahr, gegen die Minderheiten vorzugehen, die es für die Ursache des Übels hält, etwa gegen die Neger, usw. Auch wird der Nationalismus angeheizt. Die Vereinigten Staaten werden daher in steigendem Maße für jeden Faschismus anfällig.

Dürrenmatt schließt apokalyptische Entwicklungen in Amerika nicht aus, wenn er diagnostiziert:

> Die Vereinigten Staaten stellen in der heutigen Welt einen der unberechenbarsten Faktoren dar. Wenn wir sie ein instabiles Gebilde nannten, so dachten wir dabei an jene instabilen Sterne, die wir von der Astronomie her kennen. Wir besitzen noch zu wenig Erfahrung und Wissen, genaue Voraussagen zu treffen. Eine Sonne kann anwachsen, kann sich zusammenziehen, aber sich auch mit unvorstellbarer Gewalt in eine Supernova verwandeln, indem sie ihre Materie in den Raum fegt und alles zerstört.

Hier drückt sich die ganze Unsicherheit zeitgenössischer europäischer Autoren gegenüber den USA aus, ihre Angst und ihre Befürchtung. Die von Max Frisch so hochgeschätzte neue Selbstkritik der Amerikaner konstatiert auch Dürrenmatt, aber er bemerkt einschränkend:

> In den Vereinigten Staaten ist die Selbstkritik nicht zu übersehen. Die Intellektuellen sind alarmiert, die Jugend beginnt zu denken, die politischen Morde rütteln die Nation auf. Leider nur deren Oberfläche.

Dürrenmatt gesteht wiederholt seine Ratlosigkeit gegenüber Amerika ein. »Die Vereinigten Staaten«, so gibt er zu, »sind schwierig zu diagnostizieren. Die Symptome widersprechen sich, und ihre Unzahl verwirrt.«

Auf der Suche nach einem Bild von den Vereinigten Staaten, das das offizielle wie das ›andere‹ Amerika umgreift, ist vor allem Uwe Johnson. Es gibt keinen deutschsprachigen Autor, der sich — relativ gesprochen — so intensiv auf die Widersprüchlichkeiten und die Vielfalt der USA eingelassen hat wie Uwe Johnson in seiner Roman-Tetralogie *Jahrestage*. Indem der Autor das Buch aus der Perspektive einer Deutschen, Gesine Cresspahl, erzählen läßt, bleibt die europäische Sicht amerikanischer Verhältnisse immer unverdeckt deutlich. Hier werden nicht aus fremder Anschauung heraus vorschnell Schlüsse gezogen, Lobeshymnen angestimmt oder Verwerfungen ausgesprochen. Johnson erreicht etwas für den deutschsprachigen Roman der Gegenwart Einmaliges: In der Erinnerung Gesine Cresspahls wird deutsche Vergangenheit (Hitlerzeit, DDR-Jahre und Bundesrepublik-Erfahrung) gleichzeitig mit dem Leben in New York am Ende der sechziger Jahre vemittelt. Anfänglich war Gesines Entschluß, in die USA auszuwandern von einer utopischen Amerika-Vorstellung bestimmt. Trotz anfänglicher Enttäuschung entschließt sie sich, in den Vereinigten Staaten zu bleiben. Das politische Geschehen lernt Gesine durch die Lektüre der *New York Times* kennen. Diese Zeitung, auf die Gesine auf keinen Fall verzichten möchte, ist ihr dennoch ein ständiges Ärgernis. Als eine Art Tante aus guter Familie, mit Erfahrung und Haltung, ist die *New York Times* modern, strebt Objektivität an, ist aber gleichzeitig so konservativ wie ihre Aufmachung. Die *New York Times* verkörpert für Gesine das Beste des amerikanischen Lebens: »Das Gewissen der wünschbaren U.S.A.«[13] Gesine beantwortet Desillusionierungen weder mit radikalen Verdammungsurteilen noch mit der Flucht in neue Utopien. So läßt Uwe Johnson seine Romanheldin im zweiten Band der *Jahrestage* spotten über die ideologische Selbstgerechtigkeit der »durchreisenden Kulturkritiker«[14] aus der Bundesrepublik.

Mehr als nur »durchreisender Kulturkritiker« wollte Günter Kunert sein. Vier Monate lang war er vom September 1972 bis zum Januar 1973 Gast der Deutschen Abteilung der University of Texas in Austin. Seine Erlebnisse hat er in seinem Reisebuch *Der andere Planet* (1974) festgehalten. Damals war Kunert noch ein Autor aus der DDR, und so ist sein Bericht eigentlich der erste Versuch eines ostdeutschen Schriftstellers, die USA in einem besseren Licht zu zeigen, von einer Warte aus zu sehen, wie sie das offiziell gepflegte Amerika-Feindbild der DDR nicht kennt. Kunert äußert

---
[13] Uwe Johnson, Jahrestage 2. Aus dem Leben von Gesine Cresspahl. Frankfurt/M 1971. S. 516
[14] Ebd. S. 636

offen seine Skrupel, sich trotz geringer Sachkenntnis über die USA zu äußern, und in der Einleitung seines Buches finden sich Überlegungen zu den »Schwierigkeiten beim Erinnern der Wahrheit«. Kunert hütet sich vor pauschalen Verallgemeinerungen, lieber hält er Erlebnisse und Eindrücke fest, die ihm persönlich bemerkenswert erschienen. Wie »Aladin mit der Wunderlampe« — so die Überschrift eines Kapitels — wandelt er durchs amerikanische Wunsch- und Alptraumland. Ob in New Orleans, Chicago oder New York, überall trifft Kunert auf Ungewöhnliches, und als solches hält er es in seinem Bericht fest. *Der andere Planet* hat wie Wolfgang Koeppens *Amerikafahrt* eine antithetische Struktur: Das Buch erzählt von Momenten der Erfüllung als auch von Augenblicken der Entfremdung, ja des Horrors.

Dies hat Kunerts Reisereport gemeinsam mit Handkes 1972 erschienenem Bericht *Der kurze Brief zum langen Abschied*. Mehr noch als bei Kunert ist für Handkes Erzähler Amerika ein Vehikel zur Bewußtwerdung seiner selbst. In Handkes Reisebuch fällt der Bereich des Gesellschaftlich-Politischen fort oder ist nur in Andeutungen vorhanden. Die Amerikareise wird für den Erzähler — darin Frischs *Stiller* verwandt — zum Versuch, sich zu wandeln, hat mit dem Verlangen zu tun, aus privaten Problemen zu flüchten. Amerika, Verkörperung des Fremden, Andersartigen, soll den Erzähler zu sich selbst führen, ihn für die Zukunft verändern. Das Ineinander von Reisebeschreibung und subjektivem Psycho-Report wird deutlich beim New-York-Erlebnis, von dem es heißt:

> Das Muster von New York breitete sich friedlich in mir aus, ohne mich zu bedrängen. Ich saß entspannt und neugierig da ... und erlebte die zusammengedrängte, immer noch nachdröhnende Stadt als ein sanftes Naturschauspiel.[15]

Handkes Amerika-Utopie kann man als Wunschbild subjektiver Möglichkeiten in einer abstrakten Zukunft beschreiben. Die Amerika-Utopie wird aus ihren gesellschaftlichen Bezügen herausgelöst und subjektiv verinnerlicht in die Seelenlandschaft eines nur sich selbst beobachtenden Individuums. Einzelheiten aus Landschaften oder Städten werden immer nur dann beschrieben, wenn die Innenwelt des Erzählers gerade zur Wahrnehmung aufgelegt ist.

Handkes subjektivistische Amerika-Eindrücke kann man kaum in Zusammenhang bringen mit der gegenwärtigen politischen Diskussion, in deren Zentrum die Rüstungspolitik der USA steht. Gert Heidenreich be-

---

[15] Peter Handke, Der kurze Brief zum langen Abschied. Frankfurt/M 1972. S. 47

zieht sich auf historische Fakten, wenn er in seinem neuen Drama *Der Wetterpilot* die Geschichte jenes Aufklärer-Fliegers gestaltet, der am 6. August 1945 die Wetterlage über Hiroshima überprüfen mußte, bevor der Abwurf der Atombombe erfolgte, ein Kriegsgreuel, das der Pilot psychisch nicht zu verkraften vermochte.

Die Gegnerschaft zur amerikanischen Rüstungspolitik ist in der Literatur der Bundesrepublik nicht neu. Sie fing an mit Heinar Kipphardts 1964 uraufgeführtem Dokumentarstück *In der Sache J. Robert Oppenheimer*, einem Drama, das von der Friedensbewegung der 80er Jahre gleichsam als prophetisches Werk gepriesen wird. Die Handlungsgrundlage des Stückes gibt jenes Verfahren ab, das die Atomenergie-Kommission der USA 1954 gegen den prominenten amerikanischen Physiker Julius Robert Oppenheimer anstrengte. Oppenheimer wurde vorgeworfen, er habe das Dringlichkeitsprogramm zum Bau der Wasserstoffbombe bewußt verzögert. Kipphardt studierte das Verhandlungsprotokoll des Untersuchungsausschusses und stellte folgende drei Aspekte des Prozesses in den Vordergrund: Erstens Oppenheimers frühere Verbindung zu kommunistischen Kreisen; zweitens seine Beteiligung an geheimen militärischen Projekten und drittens das Entsetzen über den Abwurf der Atombomben in Japan. Oppenheimer empfindet eine größere Loyalität der Menschheit als dem amerikanischen *Staat* gegenüber. Er bekennt: »Wir haben die Arbeit des Teufels getan« und macht sich und anderen Naturwissenschaftlern den Vorwurf, daß sie ihren Regierungen gegenüber »eine zu große, eine ungeprüfte Loyalität«[16] geübt hätten.

Scharfe Kritik wurde erneut Ende der sechziger Jahre an der Militärpolitik der USA laut. Hans Magnus Enzensberger hielt sich im Herbst 1967 in den Vereinigten Staaten auf. Die Wesleyan University in Middletown/Connecticut hatte ihm ein Stipendium am *Center for Advanced Studies* gewährt, aber Anfang 1968 verließ Enzensberger schon wieder die Vereinigten Staaten. In einem damals in der *Zeit* veröffentlichten Brief an den Präsidenten der Wesleyan University begründet der Autor seinen Schritt. Er sagt in diesem *Warum ich Amerika verlasse* überschriebenen Dokument:

> Ich halte die Klasse, welche in den Vereinigten Staaten von Amerika an der Herrschaft ist, und die Regierung, welche die Geschäfte dieser Klasse führt, für gemeingefährlich. Es bedroht jene Klasse, auf verschiedene Weise und in verschiedenem Grad, jeden einzelnen von uns. Sie liegt mit über eine Milliarde von Menschen in einem unerklärten Krieg; sie führt diesen Krieg mit allen Mitteln,

---

[16] Heinar Kipphardt, In der Sache J. Robert Oppenheimer. Frankfurt/M 1968. S. 140–141

vom Ausrottungs-Bombardement bis zu den ausgefeiltesten Techniken der Bewußtseins-Manipulation. Ihr Ziel ist die politische, ökonomische und militärische Weltherrschaft. Ihr Todfeind ist die Revolution.[17]

Enzensberger formulierte hier Vorwürfe, die vorher ähnlich bereits amerikanische Intellektuelle selbst gegen die US-Regierung erhoben hatten. Noam Chomsky zum Beispiel setzte sich 1967 in seinem Essay *Vietnam und die Redlichkeit des Intellektuellen*[18] mit der Verantwortung des Wissenschaftlers in der Politik auseinander. Wie Chomsky stellt Enzensberger in seinem offenen Brief die Verbindung her zwischen dem europäischen Faschismus der Hitlerzeit und der amerikanischen Militärpolitik in Vietnam. Am Schluß des Briefes gibt er an, daß er nach Kuba gehen wolle. »Ich habe«, argumentiert er, »einfach den Eindruck, daß ich den Cubanern von größerem Nutzen sein kann als den Studenten der Wesleyan University, und daß ich mehr von ihnen zu lernen habe.« 1970 erschien dann das literarische Zeugnis des Aufenthalts in Kuba, sein Stück *Das Verhör von Habana*. Es hat die neun Jahre zuvor gescheiterte Invasion kubanischer Emigranten zum Gegenstand. In einer ausführlichen Einleitung schildert Enzensberger die politischen Vorgänge, die unter Präsident Eisenhower und dann unter Kennedy zu der vom CIA vorbereiteten Invasion in der Schweinebucht führte. Wieder geht es Enzensberger darum, faschistische Tendenzen in der amerikanischen Politik aufzuzeigen. Die hatte er übrigens schon Anfang der sechziger Jahre entdeckt. 1964 erschien sein Band *Politik und Verbrechen*. In der darin enthaltenen *Chicago-Ballade* — der Einfluß Brechts ist unübersehbar — wird Al Capones Verbrecher-Syndikat zum »Modell einer terroristischen Gesellschaft«[19] im 20. Jahrhundert erklärt. Ideologie und Praxis der Gangster gleiche aufs Haar derjenigen der Kapitalisten.

Die simple, von wenig Geschichtskenntnis zeugende Gleichsetzung von amerikanischem Kapitalismus und europäischem Faschismus findet sich auch bei Reinhard Lettau, und zwar in seinem 1971 erschienenem Dokumentarbericht *Täglicher Faschismus*. Der Untertitel seiner Montage aus Zeitungsartikeln lautet *Amerikanische Evidenz aus 6 Monaten*. Das Resümee seiner Lektüre der *Los Angeles Times* zwischen dem Herbst 1969 und dem Frühjahr 1970 faßt er so zusammen:

---

[17] Hans Magnus Enzensberger, Warum ich Amerika verlasse. In: Die Zeit, 1. 3. 1968. S. 16. Zuerst auf Englisch erschienen am 29. 2. 1968 in: New York Review of Books
[18] Noam Chomsky, Vietnam und die Redlichkeit des Intellektuellen. In: Kursbuch 9, 1967. S. 164. Zuerst auf Englisch im gleichen Jahr erschienen in: New York Review of Books
[19] Hans Magnus Enzensberger, Chicago-Ballade. In: H. M. E., Politik und Verbrechen. Frankfurt/M 1964. S. 95

> Bei spürbar werdender Unruhe im Land, offene, aber fast unmerkliche Vorbereitungen zum Abbau der Bürgerrechte, Bremsung oder Einstellung früherer Sozialreformprogramme, wachsende Inflation, während gleichzeitig der offenen Diskussion dieser Fragen durch manipulative Maßnahmen, Drohungen, Beschwörungen einer eben erfundenen patriotisch ›schweigenden Mehrheit‹ entgegengearbeitet wurde.[20]

Man fragt sich, wie etwa die Watergate-Affäre aufgedeckt worden wäre, wenn das US-Nachrichtenwesen so manipuliert würde, wie Lettau annimmt. Den Faschismusvorwurf enthält indirekt auch Lettaus kleine dialogische Skizze *Frühstücksgespräche in Miami*. Hier erscheinen die USA als Heimstatt, Rettungsort und Revanchebasis aller verjagten lateinamerikanischen Diktatoren.

Während des Vietnam-Kriegs nahm auch Martin Walser zur amerikanischen Militärpolitik Stellung. Um nicht durch Schweigen schuldig zu werden wie die deutschen Intellektuellen zur Zeit des Hitlerregimes, greift Walser das Verhalten der deutschen Bundesregierung an. In seiner 1968 gehaltenen Rede *Amerikanischer als die Amerikaner* sagt er:

> Momentan gelten wir aber in der Welt als Helfershelfer der kriegführenden Johnsonregierung. Unser Parlament schweigt sich sorgfältig an jeder Haltung vorbei. Ist die Regierung dafür, daß die Truppen in Süd-Vietnam *free world forces* heißen? Warum liefern unsere Politiker ihre Zustimmung nur immer in Amerika ab? Warum schweigen sie hierzulande?[21]

Walsers Rede enthält einen aus Sarkasmus und Wehmut gemischten Rückblick auf die fünfziger Jahre; sie verdeutlicht stärker als viele andere Texte der Zeit den Übergang von der Amerika-Hoffnung zur Amerika-Enttäuschung. Er fordert die Bundesregierung auf, nicht das offizielle, sondern das ›andere‹ Amerika zu unterstützen, jenes Amerika, das selbst gegen den Krieg der USA in Vietnam protestierte. Da dies aber nicht geschehe, resümiert Walser: »Wir sind der atlantische Untertan geworden, wie wir einmal der deutsche Untertan waren.«[22]

Den deutschen Schriftstellern kann man nicht den Vorwurf machen, sie hätten sich nicht für die Demokratie eingesetzt. Günter Grass zum Beispiel wollte der bundesdeutsche Walt Whitman werden, als er in direkter Anlehnung an Whitmans *Of Thee I sing Democracy* für die SPD mit dem Schlachtruf *Dich singe ich, Demokratie* 1965 in den Wahlkampf zog. Wie

---

[20] Reinhard Lettau, Täglicher Faschismus. München 1971. S. 11
[21] Martin Walser, Amerikanischer als die Amerikaner. In: M. W., Heimatkunde. Aufsätze und Reden. Frankfurt/M 1968. S. 102
[22] Ebd. S. 100

Walt Whitman als der Dichter der amerikanischen Demokratie in die Geschichte seines Landes einging, will Günter Grass das demokratische Gewissen in Westdeutschland verkörpern. In Grass' Romanen spielt das Amerika-Motiv keine große Rolle, aber es kommt doch vor. In der *Blechtrommel* berichtet Oskar Matzerath von seinem Großvater, einem Brandstifter, der vielleicht bei seiner Flucht vor der Polizei im Danziger Hafen ertrunken ist, vielleicht aber auch auf einem Schiff – das bezeichnenderweise Columbus heißt – nach Amerika entwischen konnte. In der Phantasie Oskars geistert dieser Großvater herum als Multimillionär, der im Riesenbüro eines Wolkenkratzers herrscht, bekleidet mit einer Feuerwehr-Uniform und kostbare Ringe an seinen Fingern tragend. Hier wird mit dem populären Mythos vom reichen Verwandten in Amerika gespielt, einem Mythos, der in den fünfziger Jahren seine Wirkkraft noch nicht eingebüßt hatte. Diesem Trivial-Mythos begegnet Grass wieder bei Walt Disney, nämlich in dessen Comic-Book-Figur Onkel Dagobert. Dem reichen Onkel Dagobert setzte Grass Ende der sechziger Jahre in einem Gedicht ein bemerkenswertes Denkmal. Das Onkel-Dagobert-Gedicht trägt den Titel *Advent* und erschien 1967 in dem Band *Ausgefragt*. Es gibt Aufschluß über den Lernprozeß, den Günter Grass in den sechziger Jahren vom Walt-Whitman-Schüler zum Kritiker der USA durchlief. Im *Advent*-Gedicht heißt es:

> Wenn Onkel Dagobert wieder die Trompeten vertauscht,
> und wir katalytisches Jericho mit Bauklötzen spielen,
> weil das Patt der Eltern
> oder das Auseinanderrücken im Krisenfall
> den begrenzten Krieg,
> also die Schwelle vom Schlafzimmer zur Eskalation,
> weil Weihnachten vor der Tür steht,
> nicht überschreiten will,
>   wenn Onkel Dagobert wieder was Neues,
>   die Knusper-Kneisschen-Maschine
>   und ähnliche Mehrzweckwaffen Peng! auf den Markt wirft,
>   bis eine Stunde später Rickeracke ... Puff .. Plops!
>   der konventionelle, im Kinderzimmer lokalisierte Krieg
>   sich unorthodox hochschaukelt,
>   und die Eltern,
>   weil Weihnachtseinkäufe
>   nur begrenzte Entspannung erlauben,
>   und Tick, Track und Trick, –
>   das sind Donald Ducks Neffen, –
>   wegen nichts Schild und Schwert vertauscht haben,
>   ihre gegenseitige, zweite und abgestufte,

> ihre erweiterte Abschreckung aufgeben,
> nur noch minimal flüstern, Bitteschön sagen, [...]
> denn Onkel Dagobert sagt immer wieder:
> Die minimale Abschreckung hat uns bis heute, −
> und Heiligabend rückt immer näher, −
> keinen Entenschritt weiter gebracht.[23]

Onkel Dagobert steht hier für *Uncle Sam*, also die amerikanische Regierung, und seine kleinen Neffen stellen die schwächeren militärischen Partner in Europa vor. Auf ähnlich kritische Weise spielen Urs Widmer in der Erzählung *Alois*, Bodo Kirchhoff in *Wer sich liebt* und Urs Widmer in seinem Roman *Die Forschungsreise* mit amerikanischen Trivialmythen wie jenen von Donald Duck und Superman. Im Klartext und ohne jede literarische Verklausulierung hat sich Günter Grass im vorletzten Jahr in seinem offenen Brief an die Abgeordneten des Deutschen Bundestages gegen das Prinzip der maximalen militärischen Abschreckung ausgesprochen. In diesem am 25. November 1983 in der *Zeit* veröffentlichten Schreiben forderte Grass − allerdings vergeblich − die bundesdeutschen Politiker auf, nein zu sagen zur Stationierung amerikanischer Pershing-Atomraketen auf deutschem Boden.

Abschließend sei ein Sammelband erwähnt, der anläßlich des eingangs erwähnten Jubiläums 1983 als Sonderheft der Zeitschrift *Dimension* unter dem Titel *The Image of America in Contemporary German Writing* erschien. Die meisten der fünfzig Beiträge stammen von Autoren der mittleren und jüngeren Generation. Fast alle Schriftsteller berichten von längeren oder kürzeren Aufenthalten in verschiedenen Städten und Staaten Nordamerikas, und so ergibt sich eine Art literarischer Amerika-Baedeker: Nach dem Transatlantikflug mit Erica Pedretti schließen wir uns in New York City dem Fremdenführer Dieter Kühn an, der uns zur Einstimmung Manhattan mit wenigen Strichen skizziert. In Boston lernen wir durch Elisabeth Plessen die Dämonie eines amerikanischen Glückwunschkartenladens kennen. Guntram Vesper doziert in Chicago, daß sich hier seit Al Capones Zeiten viel verändert habe. In Madison (Wisconsin) sind wir mit Gabriele Wohmann zu Gast bei den dortigen Feministinnen, wobei die Schriftstellerin allerdings auf ironische Distanz geht zum Kreis der »geräuschvollen Frauensachenfrauen«. Michael Schulte gibt in Memphis (Tennessee) Satirisches auf die Success Story von Elvis Presley zum besten. Der junge Basler Autor Frank Geerk lädt uns zum Mitmachen bei einer texanischen Rad-

---

[23] Günter Grass, Advent. In: Ausgefragt. Berlin, Neuwied 1967. S. 22−23

renntour von Austin nach Corpus Christi ein, wobei wir das Ziel nicht erreichen, da wir uns von den letzten Hippies auf Abwege locken lassen.

In Miami (Florida) fordert uns Hubert Fichte zum Besuch des Hundefriedhofs auf. Horst Bienek will uns in San Francisco nichts als die schönste Buchhandlung der Welt (City Light Books) zeigen; Gerhard Roth hingegen weist mit finsterer Miene hin auf die Schattenseite der Stadt, aufs Bettler- und Lumpenvolk. Mit Hans Christoph Buch, den seit seiner Ankunft in Kalifornien ein Brechreiz plagt, gedenken wir in Del Mar und La Jolla des Propheten der Studentenbewegung, Herbert Marcuse. Los Angeles schauen wir uns aus Schweizer Perspektive mit Walter Vogt an, suchen so verzweifelt wie vergeblich nach einem Stadtzentrum.

Erst wenn sie am Ende des Aufenthaltes in den USA an die Heimkehr denken, werden die Angriffe auf den American Way of Life schwächer. Ludwig Fels wird am Schluß seiner New-York-Beschimpfung gar sentimental, wenn er ausruft: »Oh, New York, du Weltstadt mit dem Steinherz, aber immerhin Herz, hättest du mich doch behalten!« Hilde Spiel fürchtet sich im gastfreundlichen Kalifornien vor der Rückkehr nach Wien, vor den »übelwollenden Freunden« und »bösartigen Nachbarn« daheim. In seiner Lamentatio über Los Angeles gesteht Walter Vogt: »Vermutlich würde ich mir besser Gedanken machen über die Schweiz, ein Land, das ich kenne, und wo meine Äußerungen noch nicht einmal völlig ohne jeden Einfluß sind. Aber kann man das: *Hier* sich Gedanken machen über die Schweiz −? Vieles käme einem komisch vor. Gewisse Aufregungen begriffe man gar nicht.«

Die unterschiedlichen literarischen Spiegelungen mit ihren Such- und Schreckbildern vermitteln einen Eindruck von der Komplexität des Verhältnisses der deutschsprachigen Gegenwartsautoren zu den USA. Dabei geht es oft nicht ohne polemische Reduktionen ab, was angesichts der von offizieller Seite aus allzu häufig betriebenen Schönfärberei keineswegs schadet. Insgesamt läßt sich freilich beobachten, daß man in den genannten Amerika-Büchern oft weniger über die USA selbst erfährt als über ihre Verfasser, ihre politischen Ansichten, Ängste und Hoffnungen. Das wird besonders deutlich, wenn man sie vergleicht mit jener amerikanischen Literatur, die es sich schon vor Jahrzehnten zum Ziel setzte, den American Dream zu demontieren. Ich denke an die Schriftsteller der zwanziger und vierziger Jahre, an F. Scott Fitzgerald, Hart Crane, Thomas Wolfe, William Faulkner, Eugene O'Neill und Arthur Miller. Hier wird ein kritischer Realismus an den Tag gelegt, wie es ihn in dieser Konkretheit in der deutschen Amerika-Literatur nicht gibt und wohl auch nicht geben kann.

Victor Lange

Illyrische Betrachtungen

Die Funktion der Literatur in Amerika

Wer hätte, lieber Freund Vordtriede, in jenen Jahren der gemeinsamen Existenz im illyrischen Amerika[*] daran gedacht, daß die damals so befremdenden Lebensformen im historischen Rückblick eines Tages übersehbar, einsichtig, ja fast sinnvoll erscheinen sollten? Welche Überwindung hat es damals gerade den Besten gekostet, Licht und Schatten auf Abwege und Umwege, auf Herausforderndes, ja selbst auf die wenigen kostbaren Stükke des mitgebrachten geistigen Gepäcks tröstlich zu verteilen? Wie viel an seinerzeit Bedrückendem, Fragwürdigem und innerlich Widerstrebendem ist im Verlaufe des vergangenen halben Jahrhunderts zum Gegenstand des distanzierenden Verstehens geworden? Viele von denen, die in jenen Jahren das Europäische und Deutsche als ihr eigentliches Element behaupteten, sind längst nicht mehr unter uns späten Zeugen; was für uns Erinnerung und Resonanz geblieben, ist für die Jüngeren eine der nicht ohne weiteres verständlichen und paradoxen Epochen der akademischen Literaturgeschichte.

Wie stark in der Folgezeit die Präsenz der europäischen Emigranten auf das nach 1945 sich rapid verändernde Bewußtsein der Amerikaner auswirken, wie erregend andererseits künstlerische und geistige Energien von unverkennbar amerikanischem Selbstverständnis sich behaupten, wie folgenreich amerikanische Maler, der amerikanische Tanz und neue philosophische Tendenzen die Perspektiven des europäischen Urteilens verändern sollten, das deutete sich damals zunächst noch unbestimmt an. So wie die Emigranten geneigt waren, sich dem Ungewohnten zu widersetzen, so trugen gerade sie unter den jüngeren amerikanischen Künstlern zum Widerstand gegen die Grundprämissen des europäischen Kulturpessimismus bei, zur aggressiven Behauptung der Ergiebigkeit neuer radikaler Ten-

---

[*] Anm. der Herausgeber: Victor Lange spielt hier auf das Motto von Werner Vordtriedes Tagebuch *Das Verlassene Haus* an: »*Viola*: What country, friends, is this? *Captain*: Illyria, lady. *Viola*: And what should I do in Illyria?« (Shakespeare, *Twelfth Night*)

denzen und Formen einer eminent weltoffenen und skeptischen Generation. Die Wirkung der europäischen Emigranten auf das Amerika der Jahrzehnte nach 1945 ist noch nicht zureichend abgeschätzt oder dargestellt worden. Offensichtlich aber ist, daß die amerikanischen Künstler, Schriftsteller und akademischen Lehrer der letzten drei Jahrzehnte ihre philosophischen, historischen und ästhetischen Kategorien, überhaupt die Erweiterung ihres Erlebnishorizontes weitgehend der Gegenwart und dem Werk gerade dieser Emigranten verdanken.

Bei aller Intensivierung und gegenseitigen Annäherung, die in der Folgezeit das Verhältnis der europäischen zur amerikanischen Kultur so bemerkenswert beleben sollten, läßt sich freilich auch heute noch die Tatsache nicht übersehen, daß innerhalb der gesellschaftlichen Praxis der beiden Welten gewisse Voraussetzungen dafür begriffen werden müssen, wie hier und dort Literatur und Kunst funktionieren. Denn es war schon damals, und ist heute kaum zu übersehen, daß die Wirkungsweise der Literatur in Amerika sozialen Wertvorstellungen entspricht, die sich, bei aller Homogenisierung des kulturellen Weltverkehrs, radikal von denen des deutschen Literaturverständnisses unterscheiden. Von dieser Verschiedenheit soll im folgenden wenigstens andeutend gesprochen werden.

Es ist mehr als eine floskelhafte Platitüde, wenn im Gegensatz zur individualistischen, ja deshalb wohl in ihren sozialen Strategien antagonistischen Kultur- und Kunstgesinnung der Deutschen, eine gesellschaftsbejahende, politisch instrumentale Funktionsweise der amerikanischen Literatur alle Aspekte der Produktion wie der Rezeption bestimmt. Eine lange Tradition des öffentlichen, nicht des privaten geistigen Verkehrs, der Zuordnung des literarischen Lebens zu den publizistischen, nicht in erster Linie ästhetischen oder subjektiven Anliegen, eine formal rhetorische, ja forensische, durchaus nicht etwa sprachskeptische Gesinnung trägt und belebt bis heute das Werk jedes Teilnehmers am amerikanischen literarischen Leben.

Prinzipiell ist das amerikanische Literatursystem frei von allen elitären Postulaten; es fehlt ihm auch die Spur jener so eigentümlichen Bildungsambitionen, die im deutschen Angebot von Literatur und Kunst, ja im geistigen Verkehr überhaupt, ihre ebenso selbstverständliche wie selbstgefällige Rolle spielen. Wenn Max Scheler Bildungswissen gegenüber Herrschafts- und Leistungswissen ausdrücklich abgrenzt und es für folgenreicher hält, als »Erlösungswissen«, so weist diese Hochschätzung pointiert auf den autoritativen Charakter des deutschen Bildungskonzeptes hin. Denn »Bildung« ist für das deutsche gesellschaftliche Bewußtsein ein klassenabhängiger Schlüssel zu Ansehen und Macht. Der Gebildete kann Ansprüche stellen, die dem Ungebildeten durchaus nicht zustehen; er bestimmt die Sprache, den Ton, die Symbole des kulturellen Lebens.

Eine solche Vorstellung, eine solche hierarchische Zielsetzung gibt es im öffentlichen Bewußtsein des Amerikaners nicht; jedenfalls fehlt seinem Literaturverständnis der diskriminierende Impuls völlig. (Es sollte sich von selbst verstehen, daß es genug »kultivierte« Amerikaner gibt, vielleicht sogar, daß sie zu den besonders erfreulichen modernen Menschentypen gehören; aber diese Qualifikation ist nur ein Zug, und nicht immer der ausschlaggebende, des »Gebildeten«). Der Amerikaner würde die Rolle und den Anspruch eines im deutschen Sinne »Gebildeten« durchaus von sich weisen; wie ja wohl auch Begriff und Leitbild des »Intellektuellen« im amerikanischen Leben sehr viel weniger spezifisch zu verstehen sind als innerhalb der europäischen gesellschaftspolitischen Einschätzung. Ähnlich wie der »Gebildete« ist auch der deutsche »Intellektuelle« Vertreter einer sozialen Funktionsweise, dessen Aufgabe es ist, innerhalb der nur in Deutschland als solcher abgegrenzten »geistigen Berufe« in distanzierender Beweglichkeit und Unabhängigkeit kritisch zu reflektieren. Derlei a priori-Privilegien sind dem Amerikaner nicht ohne weiteres verständlich. So umfassend auch der Kreis derer ist, die man als amerikanische Intellektuelle bezeichnen kann und sollte – zu ihnen gehören nicht etwa in erster Linie die in Deutschland so genannten Akademiker, sondern in ihrer eindrucksvollsten Verkörperung die Leiter der großen Stiftungen, Verleger, Politiker und die durch ihre öffentliche Wirkung profilierten Gelehrten und Schriftsteller – so wenig ist Intellektueller zu sein ein Berufsattribut. Es ist vielmehr eine öffentliche Form geistiger und sozialer Vitalität.

Im Gegensatz zum europäischen »Intellektuellen« steht der amerikanische nicht in grundsätzlicher oder gar instinktiver Opposition zu seiner Umwelt. Die korrektive und revisionistische Funktion des deutschen Intellektuellen sucht sich durch eine als fundamental empfundene Spannung zwischen geistigen Werten und deren Gefährdung, Banalisierung oder Verschüttung im sozialen Betrieb zu rechtfertigen durch jene in Europa oft beschworene Antithetik von Idee und gesellschaftlicher Wirklichkeit. Es gehört ganz im Gegenteil zu den historischen Voraussetzungen der amerikanischen Demokratie, die sich bekanntlich als System der Korrelation widersprüchlicher Interessen versteht, daß von solch einer radikal aggressiven Selbsteinschätzung des Intellektuellen nicht die Rede sein kann, zumal er seine Tätigkeit fast ohne Ausnahme innerhalb der bestehenden Institutionen ausübt. Wir wissen durch zahlreiche neuere Studien, wie entschieden sich das politische Denken und Handeln der Amerikaner allen Formen

»intellektueller« Angebote zu widersetzen pflegt. Jenes deutsch-idealistische Postulat: »Denken macht frei« muß dem Amerikaner höchst anfechtbar erscheinen.

Denn wenn im europäischen Empfinden das Denken zur inneren Folgerichtigkeit, zum System tendiert, das durch seine Konsistenz überzeugt, wird vom amerikanischen Denken selten logische Schlüssigkeit erwartet: es ist bewußt tentativ und fragmentarisch, aber institutionsbezogen und gerade dadurch konkret wirksam. Den Amerikaner interessieren bekanntlich weniger die Gegenstände oder Ideen an sich, als die Zusammenhänge und Vorgänge, durch die sie in einen effizienten gesellschaftlichen Prozeß gestellt werden können, mehr der Verkehr als das Auto, mehr der Lernvorgang als der Stoff, mehr das Kunsterlebnis als das Kunstwerk. Das Artikulieren der gesellschaftlichen Realität, einer praktikablen Freiheit, eines instrumentalen kritischen Denkens ist deshalb die eigentliche Aufgabe des amerikanischen Intellektuellen. Gerade in der modernen westlichen Gesellschaft, deren Tendenz es ist, Beziehungen zwischen Menschen zu abstrahieren, ist diese Bindung an eine pragmatische Wirkungsabsicht von besonderer Konsequenz; Intellektueller außerhalb der bestehenden und modifizierbaren Institutionen sein zu wollen, hieße hier im leeren Raum zu operieren.

Keinesfalls aber sind die amerikanischen Intellektuellen, wie etwa die französischen, die eigentlichen Funktionäre des literarischen Verkehrs. Insofern es sinnvoll ist, von einer »literarischen Kultur« innerhalb des amerikanischen Systems zu sprechen, ist sie eingebettet in die Matrix des realitätsnahen »politischen« Wirkens. Ihre wichtigsten Instrumente sind die an Beständen und technischer Apparatur unvergleichlichen öffentlichen und akademischen Bibliotheken, ein differenziertes und komplex organisiertes Verlagswesen, die Organe der öffentlichen Kritik und Diskussion in Zeitschriften und Zeitungen, nicht zuletzt die literarischen Magnetfelder der Colleges und Universitäten. Wenn das in Europa so zentrale Theater in Amerika nicht eine vom Staat subventionierte Einrichtung ist, so deshalb, weil die historische deutsche Legitimierung des Theaters als nahezu wichtigstes Vehikel bürgerlicher Bildungspolitik im amerikanischen Geschichtsverständnis als klassenbedingt verdächtigt wird, wie sich ja das amerikanische Theater seit je nicht als Vermittler literarischer Werke und Werte verstanden hat, sondern als Schaubühne im umfassendsten und vitalsten Sinn. Der Nimbus des Theatererlebnisses, das noch heute die Mehrzahl der deutschen Besucher bewegt, entspricht in keiner Weise den Erwartungen des Amerikaners. Mit der »Bildungsfunktion« der deutschen Literatur hängt übrigens auch die betont kultivierte Aura der deutschen Buchhandlung zusammen, die, weit kompetenter und kenntnisreicher als die der großen und keinesfalls exklusiven amerikanischen Kettengeschäfte, den exzeptionellen Rang des Literarischen nach wie vor zu verteidigen weiß.

Ob als Begründung oder als Folge eines politischen Grundimpulses muß das amerikanische literarische Leben in seinem rhetorischen Charakter verstanden werden. Rhetorisch heißt hier zunächst einmal nicht monologisch nach innen gewandt, nicht sozial exzentrisch. Alle großen amerikanischen Schriftsteller von den puritanischen Predigern bis zu den großen Erzählern des 19. und 20. Jahrhunderts oder den Lyrikern Whitman, Sandburg und Frost bis zu Ezra Pound, stehen in dieser rhetorischen Tradition, die in ihren charakteristischen Vertretern jedes konventionelle Pathos vermeidet, ja zielbewußt jene unverkennbar amerikanische Gestik des beiläufigen Sprechens, des treffenden Gemeinplatzes pflegt, wie wir sie von Sinclair Lewis, von Hemingway, von O'Hara oder John Updike kennen. Auch die privatesten Stimmen, etwa die der Emily Dickinson oder Thoreaus richten sich bewußt an einen breiten, empfänglichen, nie einen esoterischen Leserkreis. Abgesehen von wenigen bedeutsamen Ausnahmen, etwa Heine oder Brecht, haben sich zweifellos gerade die größten deutschen Lyriker – Hölderlin, C. F. Meyer, Rilke, selbst George – diesem öffentlich-rhetorischen Impuls widersetzt.

Literatur ist für den Amerikaner nicht ein Feld des asketischen Rückzuges in den Widerstand der Verinnerung; kein Ausspruch könnte dem amerikanischen Empfinden weniger kongenial sein, als der Satz Gottfried Benns: »Die Form des Geistes sei die Negation.« Literatur bietet ihm vielmehr Antworten auf Imperative des gemeinsamen Lebens innerhalb so konkreter und funktionsbedingter Einheiten wie der Familie, der Schule, des Wohnkomplexes, der Ortsgemeinschaft, der politischen Landschaft. Seit ihren Anfängen ist die Sprache der amerikanischen Literatur, anders als die der deutschen, eine gesprochene, eine Sprache nahe an den vertrauten Umgangsformen, dem Slang, dem Gruppen- nicht aber Klassenidiom. Der amerikanische Schriftsteller kennt keine spezifische Literatursprache, wie sie in England, Deutschland oder Frankreich, zugleich gehoben wie nivellierend, nahezu selbstverständlich ist. Mark Twain, Jack London, Eugene O'Neill, vor allem aber Faulkner zu lesen ist deshalb für Europäer, ganz besonders Engländer, keine leichte Aufgabe. Das gesprochene Wort, die kirchliche wie die politische Rhetorik, jede Form der öffentlichen Diskussion, die institutionalisierte Praxis des Vortragswesens – man denke nicht nur an die lukrative Vortragstätigkeit Emersons, an die monatelangen und unbeschreiblich deprimierenden Vortragsreisen von Dickens oder Mark Twain, sondern auch an die erstaunlich zahlreichen und mächtigen heutigen Vortragsagenturen — sie alle üben seit je im demokratischen Denken und Verhalten Amerikas ihre geradezu rituelle Faszination aus. Wenn Lincoln zu den Großen der amerikanischen Literatur gerechnet wird, dann beruht sein Ruhm fast ausschließlich auf der von ihm kunstvoll verwendeten volkstümlichen und gesprochenen Rede. Die Wirkung seiner Ansprachen ist, wie die jedes erfolgreichen amerikanischen Politikers von Roosevelt und Truman bis Reagan, ohne die deklamatorische aber stets idiomatische literarische Tradition Amerikas nicht denkbar.

Schon in den programmatischen Forderungen der ersten Jahrzehnte der Republik galt die öffentliche Zielsetzung der Literatur, ihre römisch-rhetorische Aufgabe, ihre Verantwortlichkeit gegenüber einer auf das Millenium hin konzipierten Zukunft, als axiomatisch. Flugblätter, Aufrufe, religiöse, didaktische, medizinische Traktate, private oder kollektive Beschwerden, Verteidigungen oder Meinungsäußerungen gehören zum Arsenal des amerikanischen öffentlichen Lebens, zu den sub-literarischen Angeboten, die an jeder Straßenecke auf den Passanten zukommen. Wenn noch heute, am Ende des College-Jahres von den zwei besten Studenten eine »salutatorian« und eine »valedictorian« Rede geliefert wird, dann stammt dieses oft noch lateinisch abgefaßte Exerzitium aus der rhetorischen Praxis der frühen Revolutionszeit.

Gewiß hängt es mit dieser Bindung der Literatur an das gesprochene Wort, ja mit dem Vergnügen an der deklamatorischen Entfaltung eines bemerkenswerten linguistischen Talents zusammen, wenn das amerikanische Verhältnis zur eigenen Sprache bis heute ein ungebrochenes und bewegliches, aber gerade deshalb nicht selten ironisches ist. Die Freude am pointierten Verwenden neuer technischer Vokabeln, der gezielt humoristische Gebrauch von entleerten Begriffswörtern, die Neigung, Akronyme zu vollwertigen Wörtern zu machen oder Klangeffekte in expressive Sprachgesten zu verwandeln, alles das gehört zum produktiven Verhältnis des Amerikaners zu seiner Sprache. Wenn auch dem gut informierten Amerikaner die deutsche Sprache so gut wie unbekannt ist und zumal in ihrer heutigen Dürre und Sperrigkeit wenig Reizvolles bietet, wenn die deutsche Literatur, abgesehen von dem verschwindend kleinen Kreis akademischer Interessenten nahezu ungelesen und jedenfalls ohne Wirkung auf amerikanische Schriftsteller bleibt, so ist einer der folgenschweren Gründe dafür der, daß es ihr gerade an jenen Qualitäten der Sprache fehlt, die die amerikanische und englische in Fülle bietet, der Lust am Gespräch, der

Freude am herausfordernden Witz, der Sympathie für ein buntes und differenziertes Angebot an gruppenspezifischem Sprechen.

Innerhalb einer solchen engagierenden und aufklärerischen rhetorischen Zielsetzung der Literatur ist auch die Rolle der literarischen Kritik zu begreifen, die in jeder europäischen Gesellschaft ihre eigentümlichen Wirkungsformen entwickelt hat und die in Amerika eher als Instrument der breiten sozialpolitischen Diskussion als eines wesentlich ästhetischen Diskurses verstanden und praktiziert wird.

Wie schon im 19. Jahrhundert sind auch heute, neben dem halben Dutzend großer Tageszeitungen, die Wochen- und Monatsschriften die wichtigsten Organe des literarischen Verkehrs. Die Tradition von thematisch anspruchsvollen, sorgfältig redigierten und zielbewußten Zeitschriften ist seit der altehrwürdigen *North American Review* lebendig geblieben. Was seit vielen Jahren allwöchentlich das *New Yorker Magazine* exemplarisch bietet, die kalkulierte und anregend komponierte Vielfalt von erzählender und kritischer Prosa, von kultureller und politischer Reportage, von Lyrik und jenen außerhalb des städtischen Kontextes nur schwer verständlichen »Cartoons«, das setzt eine journalistische Praxis voraus, die für die Artikulierung des amerikanischen gesellschaftlichen Bewußtseins von kaum abschätzbarer Bedeutung ist. Wenn die deutsche Kritik immer wieder aufs Fatalste versucht, »Tendenzen« des aktuellen Schrifttums zu konstruieren, so liegt der Reiz der amerikanischen Zeitschriften nicht zuletzt im Angebot neuer Stimmen, neuer stilistischer Manier, neuer Formen des Ansprechens. Denn »Kritik« will hier nicht die Mißgestimmten ansprechen und zum Beiseitestehen ermutigen, sondern ohne Herablassung Ansatz zum gemeinsamen Gespräch, zum Nachdenken und Abwägen, zur produktiven Auseinandersetzung bieten. Seit Jahren hat es die *New York Review of Books* (mit ihrem Schwesterunternehmen, der *London Review of Books*) durch Rezensionen von hohem Niveau und ungewöhnlicher Ausführlichkeit verstanden, einen zwar relativ kleinen, aber intellektuell homogenen Leserkreis zu schaffen, vergleichbar mit dem des englischen *Times Literary Supplement*, dessen Abonnentenzahl in Amerika bekanntlich größer ist als in England. Entscheidend für die einflußreiche Rolle der *NY Review of Books* ist nicht nur der Rang der Rezensenten, sondern die den Geist der Zeitschrift prägende Vorstellung von der sozialen und aufklärerischen Funktion der Literatur.

Neben zahlreichen politisch aktivistischen Wochenschriften wie etwa der langlebigen *New Republic* hat die *NY Review of Books* als Organ der kulturellen Diskussion überhaupt eine zentrale Bedeutung weit über einen akademischen Leserkreis hinaus. Dabei ist der Anteil der Universitäten und Colleges am kritischen Gespräch nicht zu unterschätzen. Die Vermittlung von literarischem Wissen und Urteil durch die Colleges ist offensichtlich in der angelsächsischen Welt unvergleichlich umfassender und intensiver als in der deutschen, wo die systematische Lektüre von Werken der Weltliteratur und die Entwicklung von kritischen Maßstäben seit Jahrzehnten bedenklich vernachlässigt wird. Die Verfügung über einen »Kanon« von eminenten Texten und die Teilnahme an modernen kritischen Modellen gehört — bei allem Widerstand gegen ein statisches Verständnis dieser Begriffe — zu den Voraussetzungen jeder amerikanischen Schul- und Hochschulbildung. Die Diskussion über die Legitimität oder die Alternativen eines Kanons und die Methodik eines literatur- und kunstkritischen Verhaltens ist in Deutschland seit Jahren in unfruchtbarem Stellungskrieg versandet.

Im Laufe der letzten 20 Jahre haben sich an einer Reihe von amerikanischen Universitäten lockere Gruppen von einigermaßen gleichgesinnter Tendenz herausgebildet, die, etwa in Yale, Chicago, der Universität von Virginia oder im kalifornischen Irvine, lebendige Zentren der kritischen Auseinandersetzung bilden. Die dort und anderswo galvanisierte und weithin vernehmbare energische Debatte über literarische Theorien bezieht ihr Vokabular und ihre Perspektiven aus der europäischen, der französischen und deutschen Philosophie und Wissenschaftsdiskussion. Die Breite dieses Interesses ist überraschend; sie übertrifft bei weitem die Anteilnahme der Studenten deutscher Hochschulen (von der geringen Zahl der Teilnehmer an Fachseminaren abgesehen) an zeitgenössischen Zugängen zur literarischen Produktion. Wer heute in Amerika von Blake, Dickens oder Yeats, von Gogol oder Flaubert, von Hölderlin, Novalis oder Celan spricht, der kann es nicht ohne die Impulse des modernen europäischen Denkens, ohne die Hermeneutik Gadamers, ohne Derrida, ohne die Sukzession dekonstruktivistischer Verfahren, ohne Semiotik, ohne Benjamin oder Bakhtin.

Die Kanäle, durch die dieses europäische kritische Denken in die amerikanische Praxis einfließt sind kritische Zeitschriften wie *Diacritics, Critical Enquiry, New Literary History, Salmagundi* oder *Substance* und zahlreiche andere mit Abonnentenzahlen in den Hunderten. Ob die hier vorgelegten literaturtheoretischen Verfahren sich nicht gelegentlich in mutwilliger Entfernung von pädagogisch nützlicher Textinterpretation tummeln, ist eine Frage, die nicht selten aufgeworfen wird.

Weil die amerikanische Literatur, anders als die europäische seit der Renaissance und seit Rousseau, nicht Verfallsanalyse, Widerstandshandlung oder Einsamkeitssyndrom zu bieten gewohnt ist, kann sich die Kritik von den Tendenzen prinzipieller Negativität mit wenigen Ausnahmen freihalten. Ihre noch bis zum »New Criticism« überzeugt anti-historische Grundstimmung hat sich im Denken heutiger Kritiker zu einem ausgesprochen geschichtlichen Bewußtsein gewandelt, wodurch gewiß der amerikanische Instinkt, den Verlauf der Geschichte als Prozeß der Entlastung oder Erlösung von einem als apodiktisch oder teleologisch verstandenen Vergangenheitskonzept aufzufassen, nach wie vor vertretbar erscheint. Keine Gestalt fordert das amerikanische Gespräch über die heute kardinale Problematik literarischer Vieldeutigkeit stärker heraus als die Nietzsches, eine Problematik, die schon im Werk von Henry James, dem geistvollsten Amerikaner in Illyrien, moralische und ästhetische Impulse subtil ineinander verschränkt erkennen ließ.

An ein kritisches Unternehmen sei zum Schluß erinnert, das sich seit 1949 aufs lebendigste erhalten hat und das als Vorbild für nicht wenige ähnliche Artikulationszentren des amerikanischen literarischen Selbstbewußtseins gelten darf. Es sind das die nach einem bedeutenden Romanisten benannten Gauss-Seminare, die in Princeton noch heute in Abständen von wenigen Wochen europäischen und amerikanischen Gelehrten oder Schriftstellern Gelegenheit bieten, in einer Reihe von Vorträgen die Ergebnisse ihrer Arbeiten einem eingeladenen Kreis vorzutragen. Denkwürdig genug waren unter den ersten Beiträgern Erwin Panofsky, Jacques Maritain, Ernst Robert Curtius, Erich Auerbach oder René Wellek, unvergessen die Reihe der Diskussionen von Thomas Manns zwei Jahre zuvor erschienenem *Doktor Faustus* durch den Musikologen Joseph Kerman, Erich von Kahler und den Dante-Forscher Francis Fergusson. Seither haben über viele Jahre hin die Gespräche um Literatur und Kunst, um naturwissenschaftliche und philosophische Themen ihre belebende und alle Impulse unserer so prekären geistigen Existenz umfassende Energie immer wieder bestätigt. Grund genug, sich über alle Verschiedenheit der literarischen Praxis hinaus, der gemeinsamen Ziele, der uns verbindenden Gesinnung dankbar zu erinnern.

II

Ernesto Grassi

Das heimatliche Unheimliche

Über die ursprüngliche Funktion von Metapher und Ironie

I

Die traditionelle abendländische Philosophie bemüht sich bei der Bestimmung der Realität vom Problem des Seienden — d. h. dessen, was uns die Sinne entbergen — auszugehen: es geht darum, sich vor dem immer anders durch die Sinne Erscheinenden — und infolgedessen Beunruhigenden — zu retten. Diese Tradition beansprucht, die menschliche *Securitas* in der logischen, ahistorischen rationalen Bestimmung des Seienden, in der logischen *Idee* zu erreichen.

Der Anspruch auf Rationalität ergibt sich aus der Angst vor dem Chaos, vor der *Insecuritas*, vor der Gefahr, sich nicht mehr mit anderen Menschen — auf Grund des Verlustes eines Beständigen, Gemeinsamen, Objektiven — verstehen zu können: dadurch soll die Ratio die Gefahr der Isoliertheit, in die Einsamkeit zurückgedrängt zu werden, bannen. Durch die Angabe von Gründen fühlt sich der Mensch gesichert, er erreicht die Gewißheit. Die Rationalität erweist sich als Gewähr der Objektivität, in ihr fühlt der Mensch sich heimisch.

Mit Platons Deutung des sokratischen Denkens wird somit das Problem der *Begründung* des Wesens, der »ousia«, des mannigfaltigen Seienden zum Hauptproblem des abendländischen Denkens.

Um das Wesen — d. h. die Weise eines Seienden, zu sein (ousia) — zu bestimmen, greift die traditionelle Philosophie auf Gründe (rationes) zurück, die den Menschen zu einer Definition (horismos), d. h. zu einer Bestimmung führt, die von Zeit und Ort unabhängig ist. Das rationale Denken als Ausgangspunkt einer objektiven Sprache.

Es ergeben sich aus dieser Auffassung wesentliche Folgerungen: Weil die Bestimmung des Seienden vom rationalen Prozeß ausgeht, ist die rationale

Sprache im abendländischen Denken die einzige wissenschaftlich gültige Ausdrucksform.

Die zweite wesentliche Folgerung: das *Ausschließen der Dichtung* aus dem Gebiet des wissenschaftlichen Denkens und somit der Philosophie. Dementsprechend behauptet z. B. das Mittelalter, daß die Kunst nur bejaht werden kann, wenn sie als »velamen«, als »Schleier« — hinter dem die logische Wahrheit verborgen bleibt — verstanden wird.

Der »Schleier« — d. h. die Dichtung — ist nur deswegen berechtigt, weil man meint, daß die Intensität der Wahrheit den Menschen zu sehr verblenden würde.

Auch die Rhetorik erhält ihre Berechtigung nur, wenn sie die allgemeingültige und daher über jeden Ort und jede Zeit erhabene Wahrheit, hier und jetzt, zugänglich macht.

Daher auch die untergeordnete Wichtigkeit der Geschichte, denn ihr wird nur eine Funktion zuerkannt, sofern sie Beispiele liefert, d. h. wie — je nach dem einzelnen Fall im Verlauf der menschlichen Geschichte — man sich von der ewigen und immer bestehenden Wahrheit entfernt hat oder ihr nahe gekommen ist.

Ergebnis einer solchen Auffassung ist, daß die ihr entsprechende Sicherheit die rationale Bestimmung des *Seienden* ist: Vorrang der Ontologie, der Metaphysik vor den »litterae«. Die *Securitas*, das *Heimische* des Menschen, das, was ihm Rettung verschafft, ist das Ungeschichtliche, das Ewige.

Auch das moderne Denken schließt die Dichtung, die Rhetorik von der Philosophie aus: so Descartes, so Locke, so Kant, so Hegel, der in seiner Ästhetik das bildliche, dichterische Denken als Unfähigkeit verurteilt, sich zur Höhe des Begriffs zu erheben.

II

Es gibt eine zweite, und zwar *humanistische* Tradition im Abendland,[1] die durch den traditionellen Platonismus und dann durch den Aristotelismus der Renaissance in seiner Problematik verdeckt wurde: die nicht von der rationalen Bestimmung des Seienden ausgeht, sondern vom *Problem des Wortes*.

L. Bruni (1370—1444) war vor die Aufgabe gestellt worden, die griechischen Texte neu zu übersetzen, und hatte bei der hier bestehenden Erfah-

---
[1] Vgl. E. Grassi, Rhetoric as Philosophy. Pennsylvania Univ. Press 1980 und Heidegger and the Question of Renaissance Humanism. Binghamton, N. Y. 1983

rung darauf hingewiesen, daß die Worte — je nach dem Kontext, in dem sie stehen — ihre jeweilige verschiedene Bedeutung erhalten. Das Lesen eines Textes bedeutet bei jedem Autor, die Termini neu zu interpretieren, d. h.: »Lesen« als grundsätzliches »hermeneuein« und dadurch sich »bilden«.

Wenn Bruni vom Reichtum und der Mannigfaltigkeit dessen, was sich in einem Kontext und in den verschiedenen Situationen des Lebens aufdrängt, spricht, so lautet seine These: »ubertatem et abundantiam rerum ad vitam pertinentium«;[2] wenn er auf die Schnelligkeit und Wendigkeit, die jeweils im Leben geübt werden muß, hinweist, so heißt es: »in rebus agendis celeritas et agilitas, animique magnitudo sufficiens.«[3] Solche Äußerungen sind nur möglich aus der Erfahrung, daß die Not, die *necessitas*, die sich innerhalb der verschiedenen Situationen und Kontexte bekundet, die Quelle der *eigentlichen* Sprache bildet und nie die rein rationale, abstrakte Bestimmung der Worte auf Grund einer überhistorischen Metaphysik.

Der *Kontext* — dem der Philologe gegenübersteht bzw. mit dem er konfrontiert wird — erweist sich als der ursprüngliche Horizont, in dem jeweils ein Wort seine unterschiedliche Bedeutung erhält, genauso wie im alltäglichen Leben der Mensch im Kontext der verschiedenen Situationen demselben Wort eine andere Bedeutung übertragen muß.

Die sprachlichen Sinnweisungen geschehen nicht aus der Quelle der Subjektivität des Menschen, auch nicht aus der Relativität des Seienden, sondern aus dem Bereich der jeweils verschiedenen Ansprüche, vor denen der Mensch steht.

Die Logik ist die Wissenschaft der genauen, begründeten Sprache; sie verleiht ein für alle Male rationale Bedeutung eines Wortes. Tropen, Übertragungen, Sprachwendungen, »dicendi figurae« sind stattdessen Ausdrücke der Notwendigkeit, sich ständig neu und anders im Rahmen des Hier und Jetzt auszudrücken, also *reichhaltig, wendig* zu sein: alles Eigenarten nicht des rationalen, sondern des »ingeniösen« Redens: »facunda et dicendi figura *ingenium* [...] praeclare instituere atque alere potest.«[4] »[Ingenium] necesse est, ut *momento temporis* ad rem se applicet.«[5]

Im Unterschied und teilweise im Gegensatz zur traditionellen Auffassung, die die Ontologie und die Metaphysik als die Grundlagen der Bil-

---

[2] L. Bruni, Epistolarium Libri VIII. 2 Bde. Florentiae 1741, Ep. II, S. 236
[3] L. Bruni, Oratio in funere Nennis Strozae, S. 231. In: Stephani Baluzi Miscellaneorum liber tertius. Parisiis 1680
[4] L. Bruni, Humanistisch-philosophische Schriften. Hrsg. V. H. Baron. Leipzig, Berlin 1928, S. 8
[5] L. Bruni, P. P. Istrum dialogus. Hrsg. v. Th. Klett. In: Beiträge zur Geschichte und Literatur. Greifswald 1889, S. 44

dung und damit der Securitas des Menschen behauptet, stellt der Humanist Guarino Veronese (1374–1460) die »litterae« als Grundlage der Bildung auf.

Die Thesen Guarinos sind eindeutig: »Ich glaube kaum, daß einer ein Mensch sei, wenn er die *litterae* nicht ehrt, liebt, ihrer sich bemächtigt, wenn er sich in sie nicht vertieft.«[6]

Die »litterae« liefern die Gründe zum »richtigen Leben«, »bene vivendi rationes«; »Ex litterarum studio optimo bene vivendi rationes comparari queunt«.[7]

Die Geschichte, die Dichtung, die Rhetorik – die traditionsgemäß strikt vom Bereich der Philosophie ausgeschlossen werden – bilden bei Guarino die Voraussetzung der »ratio vivendi«, also eine Berechtigung des Lebens, seiner Securitas: »historiae cognitionem et relique bonae artis quasi necessariam conditione, bene vivendi cumulum adoptasti.«[8]

Wie ist diese These zu verstehen, wieso kann an Stelle der Ontologie, der Metaphysik – die die Voraussetzung zur Bildung liefern – die Lektüre und Interpretation der Klassiker der Dichtung, der Geschichte, der Redekunst, den Vorrang erhalten? Die Lektüre führt zu einer »contemplatio«, wobei dieser Terminus eine völlig neue Bedeutung erhält. »Contemplatio«, »Schauen«, hat in der philosophischen Tradition die Bedeutung des »Sehens« des Ewigen, auf Grund dessen jedes Werden, jedes Erscheinende in seiner Bedeutung ein für alle Male – also ohne Rücksicht auf Zeit und Ort – erschlossen wird. Dieses »contemplare« – das einem »theorein«, einem »Schauen« zukommt – verliert bei Guarino seine traditionelle Bedeutung und Funktion, wenn man anerkennt, daß rein abstrakte, a-historische Definitionen keine Grundlage zur Securitas einer Bildung gewähren.

III

Was bedeutet es aber, daß die Worte, sei es im Kontext von verschiedenen Autoren, sei es in dem desselben Autors – ja überhaupt auch im Kontext der verschiedenen Situationen des Lebens – eine andere Bedeutung erhalten und damit nicht logisch, *abstrakt* fixiert werden können? Das Übertragen von neuen Bedeutungen auf einen Ausdruck wird in der Tradition als

---

[6] Guarino Veronese, ed. R. Sabbadini. 3 Bde. Venezia 1915–1919. Ep. 148 (I, 243) 24
[7] Op. cit. Ep. 150 (I, 247) 15
[8] Op. cit. Ep. 377 (I, 543) 16

Metapher (metapherein — übertragen) bestimmt. Aber wo erhält dann die Sprache ihre Securitas? Was ist aber dann unser *Eigenstes*, was ist das, worin unsere Ruhe, unsere Sicherheit, unsere *Heimat* wurzelt, das, worin wir wohnen und worin wir geschützt sind? Ist vielleicht die Sprache der Ort, in dem der Mensch sein Eigenstes findet? Aber welche Sprache? Die rationale, die rhetorische, die dichterische Sprache?

Wie wir schon sagten, die traditionelle abendländische Metaphysik versuchte, durch die ungeschichtliche, logische Bestimmung des mannigfaltigen Seienden — jenes Seienden, das in seinem Werden immer anders erscheint und durch seine Relativität beunruhigt — dies *Heimische* dem Menschen sicherzustellen.

Aber das *Da*-seiende, d. h. hier und jetzt Existierende, steht immer im Bereich von An-sprüchen, von *necessitates*, seien diese physischer, organischer oder geistiger Art, denen es immer neu ent-*sprechen* muß! Bedürfnisse *sprechen* es an, und die Voraussetzung ihrer Erfüllung beruht auf ihrer jeweiligen Identifizierung. Die Ratio beansprucht das Gültige, das Sichere zu liefern und die Unsicherheit zu verscheuchen. Aber die Ansprüche, in deren Rahmen das Da-sein steht, sind *jetzt* und *hier* immer wieder neue, so daß wir gezwungen sind, zu erkennen, daß dem Ursprünglichen — das in der Not der Situation sich immer wieder verschieden aufdrängt — immer neu entsprochen werden muß. Vorrang also der *inventio* gegenüber der deduktiven *ratio*, die das Seiende unhistorisch, ein für alle Male *fest-legt*.

Das *Inventive* — das die neue Situation *entdeckt* und eine neue Haltung verlangt — ist *ingeniös*. Vor dem Ingenium erweisen sich das Rationale und die ihm zugehörige Sprache durchaus nicht mehr als sicher. Die Sprache, die ständig — je nach Situation — sich verwandelt, sich anders »wendet« (tropus) und die demselben Wort — je nach Situation — eine neue Bedeutung »überträgt«, ist die *metaphorische* Sprache.

Wenn aber eine Not, eine *necessitas* im An-spruch der jeweiligen Situation sich bekundet und anders beantwortet werden muß, so müssen wir zugeben, daß jeder Ausdruck eine Metapher darstellt und daß die ursprüngliche Securitas das Widerspruchsvolle ist; bzw. das Sich-entbergende ist gleichzeitig es selbst und etwas anderes und ist daher in einem Bereich beheimatet, in dem das Grundprinzip der Logik — der Satz des Widerspruches — nicht gültig ist: im Bereich des Ab-gründigen.

Diese Einsicht zwingt uns, die *Insecuritas* — das *Unheimliche* — als unsere ursprüngliche ab-gründige Securitas zu erkennen.

Wissen also als Erinnerung, als Rückgriff auf das immer neu Angehende und dadurch auf die *Securitas der Unsecuritas*: das *Da*-sein muß damit sein

»sich selbst«, sein Eigenstes immer neu suchen! Ursprüngliches Denken und Sprechen, das ingeniös metaphorisch ist, das sich nicht mit dem rationalen Denken und Sprechen deckt: Tun und Lassen, das nicht auf das unsicher machende Sichere des Rationalen zurückgreift.

IV

Die vorangehende Erörterung führt zum prinzipiellen Problem des Wesens und der Struktur der Metapher. In der Antike wurden die sogenannten Redefiguren, d. h. Ausdrucksweisen, die nicht zum Gebiet der Logik gehören, neben der Redekunst der Dichtung zugerechnet. Die antiken und späteren Lehrbücher bezeichnen Redefiguren als »tropoi« (Wendungen).

Die wichtigste Redefigur aber ist die Metapher: wir finden ihre ursprüngliche Struktur in der *Poetik* von Aristoteles erörtert. »Metaphora«, »translatio« bedeutet »Übertragung« der Bedeutung eines Wortes auf ein anderes Wort. Ein Beispiel: das Wort »Adler« als Metapher für die Macht, für das Herrschen.

Wesentlich ist, um die Metapher herzustellen, daß eine zwischen den Termini bestehende »Gemeinsamkeit« (similitudo) aufgedeckt wird. So bestimmt Aristoteles die Metapher als das »Vermögen, das Ähnliche zu schauen«.[9]

Ein weiteres wesentliches Bestimmungsmoment der Metapher ist, daß sie das aufdeckt, *was vorher nicht gesehen wurde*: sie läßt die Ähnlichkeit erblicken zwischen dem, was am meisten voneinander entfernt ist.[10] Durch sie wird etwas »unmittelbar vor Augen gesetzt«.[11] Ihr bildhafter Charakter wirkt auf die Leidenschaften, deshalb wird sie dem Gebiet der Rhetorik und der Dichtung zugesprochen. Um wirken zu können, muß die Metapher so gestaltet sein, daß durch die Aufdeckung der Beziehungen unter den Worten etwas Eigenartiges, Besonderes (oikeion) offensichtlich wird. Die Metapher ist dadurch gekennzeichnet, daß sie etwas Ungewöhnliches, Unerwartetes zeigt. Die metaphorische Tätigkeit ist nicht erlernbar, denn – wie Aristoteles erklärt – sie entspringt aus einer Begabung (euphya).

Gerade an dieser Stelle ergibt sich, im Rahmen der humanistischen Tradition, nicht nur die philosophische Bedeutung der Metapher, sondern die

---

[9] »to homoion theorein«, Aristoteles, Poetik 1459 a 4
[10] Aristoteles, Poetik 1459 a 12
[11] Aristoteles, Poetik 1459 a

These der Ursprünglichkeit und des *Vorrangs der dichterischen Sprache*, die sich ihrer bedient.

Versuchen wir, die hier vorliegenden theoretischen und historischen Zusammenhänge anzudeuten. Das ursprüngliche und spezifische humanistische Denken — wie wir schon sagten — geht vom Problem des *Wortes* aus und nicht von dem des *Seienden*, und zwar des Wortes als ursprünglich sinngebender Beantwortung des Anspruches, im Bereich dessen der Mensch immer, in jeder Situation, neu steht.

Diese These ist in folgender Weise zu verstehen: Der Mensch befindet sich immer in bestimmten *Situationen* — also *hier* und *jetzt* —, in denen er den Ansprüchen, die ihm gestellt werden, entsprechen muß. Die Humanisten haben diese grundsätzliche Erfahrung im Bereich der Übersetzungen und Interpretationen von Texten gemacht. Sie haben erfahren — wie wir schon andeuteten —, daß dasselbe Wort, welches im Kontext eines Autors eine bestimmte Bedeutung hat, im Kontext eines anderen Autors eine andere Bedeutung erhält. Daher gelangten sie zur entscheidenden Einsicht, daß die rationale, a-historische Bestimmung eines Wortes grundsätzlich unzulänglich ist.

Die rein rationale Definition des Wortes — die von Ort und Zeit abstrahiert — ignoriert nicht nur seine konkrete Bedeutung, sondern verfälscht sie, denn das rational Definierte in seiner Abstraktheit gibt es im Bereich des konkret Existierenden nicht.

Nicht die rationale, abstrakte, d. h. von jeder Zeit abstrahierende Bestimmung des Seienden — die traditionell die Voraussetzung der Definition ist, wodurch die Bedeutung des Wortes allgemein, ahistorisch fixiert wird —, sondern die Entsprechung des Anspruches durch das jeweilig weisende Wort ist die Quelle des sich Entbergens des Seienden, und zwar hier und jetzt, im jeweiligen Kontext bzw. in der Situation, in der sich der Mensch befindet. Daher die Philosophie als »Philo-logie«, d. h. als Liebe zum Wort.

Deshalb die völlige Umkehrung der traditionellen Auffassung des Vorrangs der rationalen Sprache: das deutende Wort, aber auch die Geste, jede gebende Sinnweisung des Menschen — die nicht rational abgeleitet wird — stellt die ursprüngliche Be-antwortung des An-spruches dar, im Bereich dessen der Mensch jeweils verschieden auftritt.

Der Anspruch — dem wir in den verschiedenen Situationen immer erneut entsprechen müssen — ist wegen seiner *Ur*-sprünglichkeit unableitbar und damit *un*-begründbar, und daher können wir von ihm nur so, wie er sich hier und jetzt in der Situation bekundet, sprechen: dies im Sinne der

Theorie des »Wahns«, der »moria« bei Erasmus und der Schrift *Momus* von Alberti.[12]

Hiermit gelangen wir zum wesentlichen Punkt bezüglich der *philosophischen* und nicht literarischen Funktion des metaphorischen, dichterischen Denkens und Sprechens. Es ist die *ingeniöse*, nicht aber die rationale, abstrahierende Tätigkeit — die die »Beziehungen«, das »Ähnliche«, das *zwischen dem ursprünglichen Anspruch und der sprachlichen sinngebenden Entsprechung des Anspruches hier und jetzt besteht*, »erfindet« (inventio). Das ursprüngliche metaphorische dichterische Denken und Sprechen ist daher nicht das, was das Gemeinsame, das Ähnliche unter Seienden »entdeckt«, sondern das, was das Gemeinsame, das zwischen dem Ansprechenden und dem, womit ihm durch das deutende Wort entsprochen wird, herstellt. Nur dadurch wird der »Anspruch« entschleiert und zugleich verborgen, denn jede Bedeutung des Seienden weist zunächst auf etwas hin — auf das Ansprechende —, das das jeweilige Seiende nicht ist: eben eine metaphorische Sprache. Ich möchte das theoretisch und historisch erörterte Problem an Hand eines Denkers — der als solcher kaum bekannt ist und nur als Dichter von den Literaturhistorikern bewertet wird — andeutungsweise erörtern: ich meine Albertino Mussato (1261—1329), der am Ende des Mittelalters steht und der das humanistische Denken und seine Problematik vorwegnimmt.

Ich fasse zusammen, was ich an einem anderen Ort erörtert habe.[13] Die Grundthese Mussatos lautet: Die Dichtung hat durch ihren metaphorischen Charakter einen sakralen Anspruch: sie ist eine »divina ars«, eine »altera philosophia«, eine »theologia mundi«. Das bildliche, metaphorische, dichterische Sprechen steht dem rationalen Denken gegenüber und erhält den Vorrang vor ihm.

Bei der traditionellen, mittelalterlichen Auffassung der Beziehung zwischen Theologie und Dichtung behält die Theologie den Vorrang. Mussatos Behauptungen sprengen den traditionellen Topos der Beziehung zwischen Theologie und Dichtung. Es sind die Dichter, die ursprünglich das Göttliche verkündet haben. Mussato weist auf antike und alttestamentarische Auffassungen hin: »Divini per saecula prisca poetae esse priam caelis edocuere Deum.«[14]

---

[12] Vgl. E. Grassi und H. Schmale, Das Gespräch als Ereignis. München 1982
[13] E. Grassi, Heidegger and the Question of Humanism Renaissance. Binghamton, N. Y. 1983
[14] A. Mussati, Tragoediae duae, Ecoglae et Fragmenta, Epistulae, Batavorum — ohne Datum —. Diese Ausgabe geht auf die von Venedig 1636 zurück. Ep. VII, 44 c

Durch die Dichtung werden im Laufe der Geschichte die verschiedenen Formen des Sakralen bekundet. Mussato belegt viele Behauptungen mit dem Hinweis auf die Parallelität, die seines Erachtens nach zwischen antiken und christlichen Lehren besteht.[15]

Für Mussato ist Dichtung dementsprechend schlechthin Theologie in der jeweils verschiedenen Bedeutung des Göttlichen; sie ist es, die das Göttliche in der Geschichte »lichtet«: deswegen ist für Mussato Dichtung selbst eine andere Philosophie.[16] Durch den Anspruch des im dichterischen Wort sich bekundenden Ursprünglichen wird die Welt in der rhythmisch geordneten und gleichzeitig ordnenden Sprache entborgen.

Dichtung wird als sakrale Tätigkeit, als ein heiliges »conciliare« verstanden im Sinne eines ständigen Rückgriffs auf das Ursprüngliche, Un-ableitbare und damit Ab-gründige. »Conciliare« bedeutet, auf das Entsetzende des zusprechenden Ursprünglichen zurückzugreifen. Zusammenfassend behauptet Mussato: »Wer immer auch der Seher war, er war ein Gefäß Gottes (vas erat ille Dei). Jedes dichterische Werk, das uns heute zur Betrachtung vor Augen steht, war einst die ›andere‹ Theologie.«[17]

V

Was ist also unser Eigenstes, worin wurzelt unsere Ruhe, unsere Sicherheit, unsere Heimat, das uns nicht Fremde? Nicht die ungeschichtliche, logische, rationale Bestimmung des Seienden ist es. Das ursprüngliche Heimische ist vielmehr der ständige Rückgriff und die Konfrontation mit dem Nicht-heimischen und daher unheimlich uns An-gehenden: dies ist unsere ursprüngliche ab-gründige Heimat. Die Schlußfolgerung ist die Erkenntnis, daß der Mensch, entsprechend der Definition von Sophokles, das »erbärmlichste« Wesen (deilón) — in seinem Zwang, immer neue Welten entbergen und dann sie wieder zerstören zu müssen — und gleichzeitig das »bewundernswürdigste« (deinón) auf Grund seiner ingeniösen Fähigkeit ist.

Es ist nur das metaphorische, dichterische Wort, das als immer neuer Ent-spruch des An-spruches das mannigfaltige Seiende entbirgt. Der metaphorische ursprüngliche Charakter des Wortes weist auf den Vorrang des

---

[15] Op. cit. Ep. IV, 41 A; Ep. XVIII, 60 E
[16] »altera quadam philosophia«, Op. cit. Ep. VII, 44 c
[17] »poesis, altera quae quondam Theologia fuit«, Op. cit. Ep. VII, 44 c

Dichters hin. Er ist es, der die Ansprüche — in der Situation, in der das Dasein sich befindet — bekundet, genau im Sinne Vicos, der behauptet, daß die menschliche Geschichte mit der dichterischen Sprache ansetzt und nicht mit der rationalen; die großen neuen Ansätze einer geschichtlichen Periode wurden immer wieder in dichterischer, weisender und nicht rationaler, spekulativer Sprache angekündigt. Die »Lichtung« (luce), von der Vico spricht, die Rodung inmitten des dunklen Ur-walds, in dem der Mensch sich befindet, wird die Bühne für das menschliche, geschichtliche Drama, auf der sich der Vorrang des dichterischen Wortes im Rahmen des *heimatlichen Unheimlichen*, in dem der Mensch wohnt, offenbart. Dichtung ist kein Verweisen auf etwas anderes »nicht Eigenes«, sondern ist das Sichentbergen selbst: die ursprüngliche Form des menschlichen Erinnerns ist Entbergen (a-letheia), *Weisen* und nicht *Beweisen*.

Aber welche mühevolle Qual, sich mit dem immer Neuen zu konfrontieren, um dadurch sich selbst zu finden, d. h. das Eigenste zu identifizieren. In diesem Bereich treten die winkenden Boten der Dinge im Schatten des bedrängenden Ungedeuteten auf, um das *Da*-sein mit den ganzen Hoffnungen und Verzweiflungen, die damit verknüpft sind, enden zu lassen. Im Bereich dieser Mühe, wie in einem Traum, begegnet das Da-sein anderen Menschen, um mit ihnen seine Welt aufzubauen und um darin eine *zeitlich begrenzte Beheimatung* zu finden, Welt und Mensch, die das *Da*-sein dann mit Schmerz und Klage im Werden der Geschichte wieder verlieren wird.

Die Hermeneutik des Fremden, die das *Umgekehrte*, das Widerspruchsvolle — damit das Nicht-Beweisbare, Ab-gründige, aber Weisende als das Ursprüngliche aufdeckt, weist — wegen der Hoffnungen, der Enttäuschungen, des Leidens und des Schmerzes des geschichtlichen *Da*-seins — auf dessen Tragik hin.

Im sogenannten *Ältesten Systemprogramm des deutschen Idealismus* (1797—1799), das von Hegel und Schelling stammt, kommt eine entscheidende Aussage über die philosophische Wichtigkeit des Dichterischen und damit des metaphorischen Denkens und Sprechens zu Wort: »Der Philosoph muß ebensoviel ästhetische Kraft besitzen wie der Dichter. Die Menschen ohne ästhetischen Sinn sind unsere Buchstaben-Philosophen. [...] Hier soll offenbar werden, woran es eigentlich den Menschen fehlt, die keine Ideen verstehen — und treuherzig genug gestehen, daß ihnen alles

---

[18] G. F. W. Hegel, Das älteste Systemprogramm des deutschen Idealismus 1797—1799. Werke in 20 Bänden. Bd. I. Frühe Schriften. Frankfurt 1971, S. 235f.

dunkel ist, sobald es über Tabellen und Register hinweggeht. Die Poesie bekömmt dadurch eine höhere Würde, sie wird am Ende wieder, was sie am Anfang war — Lehrerin der Menschheit; denn es gibt keine Philosophie, keine Geschichte mehr, die Dichtkunst allein wird aber übrigbleiben und die Kunst überleben. [...] Wir müssen eine neue Mythologie haben, diese Mythologie aber muß im Dienste der Ideen stehen, sie muß eine Mythologie der Vernunft werden [...] die Mythologie muß philosophisch werden [...] und die Philosophie muß mythologisch werden, um die Philosophen sinnlich zu machen.«[18]

Und damit sind wir genau zum theoretischen und historischen Problem unserer Erörterung gelangt. Wieweit werden die »humanistischen« Thesen — die im ersten Entwurf des deutschen Idealismus entstanden sind — im Lichte der spezifischen humanistischen Tradition des 15. Jahrhunderts in ihrer ganzen spekulativen Tragweite verständlich?

Die Metapher — sofern sie etwas behauptet und gleichzeitig etwas anderes meint und dadurch die Grundsätze der rationalen Logik und des entsprechenden Denken und Sprechens sprengt — »kehrt« das traditionelle Philosophieren »um«. Der »ironische« Ausdruck, sofern er nicht sagt, was rational bestimmt wird, sondern es »umkehrt«, wird — sei es bei den Humanisten, sei es bei den Romantikern in Deutschland — eine neue Form des Denkens und Sprechens.

Die Ironie, die als eine rhetorische und metaphorische Ausdrucksweise bestimmt wurde, weil sie die eigentliche Bedeutung eines Seienden durch die Umkehrung seiner rationalen Bestimmung im Kontext einer Rede erscheinen läßt,[19] erreicht damit ihre philosophische ursprüngliche Anerkennung. Daher die Wichtigkeit der Ironie in den Schriften von Humanisten wie Erasmus, L. B. Alberti, A. Poliziano, im Unterschied zu den humorlosen platonisierenden Humanisten, die allgemein als die eigentlichen Vertreter der Philosophie dieser Tradition hervorgehoben werden.

Diese Problematik tritt wiederum im Denken der Romantiker in Deutschland auf — und zwar bei Novalis, Jean Paul und den Brüdern Schlegel, vermittelt durch Schellings These von der philosophischen Funktion der Dichtung.

Wir sagten, das ursprüngliche Wort ist metaphorisch und damit dichterisch; das »Metapherein« der Bedeutung eines Wortes, das eigentlich einem anderen Wort zukommt, kann aber nicht willkürlich geschehen: die »similitudo«, die zwischen den Termini besteht, muß »gefunden« (invenire)

---

[19] Vgl. Quintilian, Inst. Orat.

werden, was nur durch das »ingenium«, nicht durch die »ratio« geleistet werden kann: nur auf Grund der ingeniösen, phantastischen Tätigkeit (Phantasie wird von Vico als »Auge des Ingenium« bestimmt) lassen sich »Ähnlichkeiten« entbergen, in deren Licht der Mensch die Realität »lesen« kann.

Wenn wir uns die Bestimmung, die Vico und Gracian vom Ingenium und daher vom metaphorischen Denken und Sprechen als Ausgangspunkt eines neuen Philosophierens gegeben haben, gegenwärtig halten, liegt die Verbindung zur These Friedrich Schlegels nahe, daß Wort und Erinnerung engstens miteinander verbunden sind. Der Witz schöpft aus einer ursprünglichen *Einheit* die eigene Kraft, um die Analogien, Ähnlichkeiten der fragmentarischen Welt ingeniös zu erschließen. »Der Witz tritt ohne alle Beziehungen auf das Vorige einzeln, ganz unerwartet und plötzlich auf, als ein Überläufer gleichsam, oder vielmehr ein Blitz aus der unbewußten Welt.«[20]

Daher kann Schlegel behaupten, daß gegen das systematische Verfahren des Verstandes und der Vernunft die Methode des Witzes »divinatorisch«[21] ist, und zwar so, daß sie sich als eine *ars inveniendi* erweist. Der Witz wird von ihm ausdrücklich mit der traditionellen Struktur und Aufgabe der ingeniösen Tätigkeit identifiziert. Der Witz in seinem »kombinatorischen« Vermögen besteht in der Fähigkeit, »die Ähnlichkeiten aufzufinden, die sonst sehr unabhängig, verschieden und getrennt sind, und so das Mannigfaltigste, Verschiedenartigste zur Einheit verbindet.«[22] »Witz, ars combinatoria, Kritik, Erfindungsgrund ist *einerlei*.«[23] Schlegel weist auf die »erfinderische und gleichzeitig einordnende und kombinierende Funktion« des Witzes hin,[24] und Novalis behauptet: »Der Witz ist schöpferisch – er macht Ähnlichkeiten«.[25]

Jean Pauls *Vorschule der Ästhetik* (1804) erörtert das Problem des »Witzes« in Zusammenhang mit dem des »Scharfsinns« (»acutezza« bei Vico, »agudeza« bei Gracian) und des Tiefsinns folgendermaßen: »Der Witz findet das Verhältnis der Ähnlichkeit« – *inventio!* – »unter größere Ungleichheit versteckt«, also selbst unter unangemessenen Größen, während der Scharf-

---

[20] F. Schlegel, Kritische Ausgabe. Hrsg. v. Ernst Behler. Bd. XII. München 1958, S. 393
[21] Schlegel, Op. cit. XVIII, S. 252
[22] Schlegel, Op. cit. XII, S. 403
[23] Schlegel, Op. cit. XVIII, S. 124
[24] Schlegel, Op. cit. XI, S. 92
[25] Novalis, Schriften. Stuttgart 1960. Bd. III, S. 410

sinn Unähnlichkeiten unter vergleichbaren Momenten und der Tiefsinn gänzliche Gleichheit findet.[26]

Die *Wahrheit* des Wortes kann nicht mehr als rationale Entsprechung des Seienden (adaequatio rei et intellectus), sondern nur als die ursprüngliche und immer neue Beantwortung des Anspruches, der sich in der jeweiligen Situation aufdrängt, verstanden werden.

Witz, Ironie als neue Form des Denkens und Sprechens, des Philosophierens, um unsere unheimliche Heimat zu suchen und zu finden!

---

[26] Jean Paul, Werke. München 1960. Bd. V, S. 171. Vgl. auch das ganze IX. Programm: Über den Witz, ebda. S. 169–207

Uvo Hölscher

Vier Pindarische Siegeslieder

DIE ACHTE ISTHMISCHE ODE

Für Kleandros von Aegina
Sieger im Freiringkampf der Jungen

Kleandros und seiner Jugend zum Lohn
Zum rühmenden, ihr Jungen, der Anstrengungen
Geh' einer hin vor des Vaters glanzvolles Haus,
Des Telesarchos, und wecke auf
Den Festzug: Isthmischen Siegs
Entgelt und weil zu Nemea
In den Spielen er Oberhand gewann.
Darum bin auch ich, ob gleich leidvollen Herzens,
Gefordert die goldne herzurufen
Die Muse: Aus tiefen Schmerzen erlöst
Laßt nicht verwaist an Kränzen uns werden, nicht
Der Trauer pflegen:
Aufatmend von unmöglichen Leiden laßt
Ein Heitres uns tun miteinander, auch nach der Qual.
Hat doch über dem Haupt den
Tantalosstein
Beiseite gewendet uns irgendein Gott:

Die Last, die unerhörte für Griechenland. Aber mir
Hat der Schrecken des Vorübergegangenen
Die Kraft des Sinnens gelähmt. Doch besser,
Auf's Nächste immer, das vor dem Fuß liegt, schaun.
Denn tückisch hanget über den Menschen die Zeit,
Windend des Lebens Lauf.
Aber heilbar ist Sterblichen, wenn
Nur Freiheit herrscht,
Auch das. Und gute Hoffnung
Soll hegen der Mensch: Es soll,
Wer im siebentorigen Theben geboren ward,
Aigina den Flor der Chariten bringen,
Weil von dem Vater die Zwillingstöchter erstanden,
Der Asoposmädchen die jüngsten: und
Gefielen dem König Zeus,
Der jene an Dirkas schönem Gewässer
Der wagenfreudigen Stadt ansiedelte als Herrin,

Dich aber zur Insel Oinopia bracht' er
Und ruhte mit dir: davon den göttlichen du,
Den Aiakos gebarst dem tief-
Donnernden Vater, treulichsten
Der Irdischen: der sogar
Recht den Waltenden sprach. Von ihm die Söhne,
Die göttergleichen, und Ares-geliebten Enkel
Ragten hervor durch Mannesmut
Im Erzklang und Stöhnen der Schlacht.
Und besonnen erwiesen sie sich und verständigen Herzens.
Des haben auch der Seligen
Gedacht die Versammlungen,
Als Zeus um Thetis' Gattenschaft stritt und Poseidon,
Der herrliche, da zur Gattin die Wohlgestaltige jeder
Zur seinigen wollte: von Liebe waren sie besessen.
Doch nicht erfüllte den Beischlaf ihnen
Ihre unsterbliche Götter-Einsicht,

Da sie den Wahrspruch vernahmen: Es sagte
Die wohlberatene in ihrer Mitte, die Themis,
Daß einen Sohn zu gebären, stärkeren als der Vater,
Bestimmt sei der Meeresgöttin: welcher,
Mächtigeres als der Blitz, ein andres Geschoß
Und verheerender als der Dreizack
Werde führen im Arm, wenn
Sie mit Zeus sich verbinde oder
Mit den Brüdern des Zeus: »So lasset
Ab davon! Sondern sterbliches Lager erlosend
Sehe den Sohn sie fallend im Krieg,
Ihn, an Armen dem Ares gleichen
Und den Blitzen an Kraft der Beine.
Was mein Wort sei: Gebt sie dem Peleus zur
Gottverliehenen Gabe der Ehe,
Dem Aiakiden, der, so sagt man,
Der Frömmste, den Iolkos Flur ernährt.

Gehen solln zur unvergänglichen Höhle stracks,
Des Chiron, gleich die Botschaften,
Und nicht reiche des Nereus Tochter die Zettel
Des Streites uns ein zweites Mal.
An Neumondsabenden löst dann den lieblichen
Gürtel sie, unter dem Heros, der Jungfraunschaft.«
So sprach zu den Kronossöhnen
Verkündend die Göttin, und sie mit unsterblichen Brauen
Nickten Ja. Und der Worte Frucht
Verkam nicht: denn man erzählt, gemeinsam
Besorgten Thetis' Hochzeit sogar
Die beiden Herrscher.
Und junges Heldentum verkünden der Dichter
Münder denen, die's nicht vernahmen,
Von Achilleus: der auch Mysiens
Weinland färbte, mit Telephos'
Schwarzem Blut den Boden tränkend,

Und schuf den Atriden die Brücke zur Heimkehr:
Löste Helena frei, da er
Trojas Sehnen zerschnitt mit der Lanze:
Sie, die einst ihn hemmen wollten,
Wenn er der menschenvernichtenden Schlacht
Arbeit im Felde verrichtete: Memnons Kraft
Und den hochgemuten Hektor und die andern Helden:
Denen das Haus Persephones wies Achilleus,
Der Hort der Aiakossöhn', und stellte
Aigina und den eignen Ursprung ins Licht.
Ihn haben auch im Tode die Lieder nicht
Verlassen, sondern es traten zum Feuergrab
Die Helikonischen Mädchen und spendeten ihm
Den Totengesang des Ruhmes.
Gefallen hat also auch den Unsterblichen,
Daß nach dem Tode noch der edle Mann
Anbefohlen sei den Liedern der Göttinnen.

Das bringt auch jetzt preisendes Wort, und es eilt
Der Musenwagen, daß er des Nikokles
Gedenken klingen lasse, des Faustkämpfers.
Ehrt ihn, der im Isthmischen Tal
Dorischen Eppich gewann, weil die Umwohnenden
Auch er ja einst besiegte, die Männer,
Stoßend sie mit dem unentrinnbaren Arm.
Ihm macht Unehre nicht
Des ausgezeichneten Oheims Nachkommenschaft.
Drum flechte der Altersgleichen einer
Für den Allkampf
Üppig dem Kleandros den Myrtenkranz.
Denn schon die Alkathoos-Spiele empfingen ihn
Mit Glück, und in Epidauros zuvor die Jungenschar.
Ihn darf loben ein Ehrenmann,
Denn nicht hat er die Jugendkraft im Edlen
Unerprobt im Versteck gehalten.

DIE ERSTE OLYMPISCHE ODE

für Hieron von Syrakus
Sieger mit dem Rennpferd

HÖCHSTES Gut ist Wasser, aber das Gold
Wie blinkendes Feuer zur Nacht
Sticht es hervor aus dem prunkenden Reichtum.
Doch wenn Kampfspiele du
Zu singen begehrst, mein Herz,
Schau nach keinem heißeren Stern als der Sonne,
Strahlenden am Tag in einsamer Luft,
Und keinen edleren Wettkampf können wir künden
Als Olympia.
Von dort mit reicher Kunde der Preisgesang
Umfängt die Gedanken der Dichter
Daß sie rühmen des Kronos Sohn
Wann sie kommen zum reichen, zum seligen,
Zu Hierons Herd:

Der das richtende Zepter führt im
Schafereichen Sizilien,
Pflückend aller Vorzüge Wipfel,
Der auch glänzt
In den Höhen der Musenkunst,
So wie wir's oft im heiteren Spiel
Treiben, die Männer um den Freundestisch.
Nun so nimm die dorische Leier vom Haken,
Wenn dir irgend von Pisa und Pherenikos
Ein Entzücken den Geist in süßestes
Angedenken versetzt hat:
Wie der am Alpheios hinstob
Ungespornt seinen Leib in die Rennbahn werfend
Und den Herrn zum Siege führte,

Syrakusäs rossefreudigen König.
Es scheint sein Ruhm in der mannhaften,
In Pelops des Lyders Pflanzstadt:
Für den der gewaltige Erdenhalter entbrannte,
Poseidon, als ihn hob aus der reinen Wanne
Klotho, den herrlichsten: von Elfenbein
Glänzte die Schulter.
Ja Wunder sind viel,
Und es trügt wohl auch Sterblicher Nachgerede
Über das wahre Wort hinaus:
Mit bunten Lügen ausgeschmückte Fabeln.

ABER Schönheit, die ja den Sterblichen
All das Schmeichelnde schafft, sie leiht
Geltung und macht daß oftmals
Auch Unglaubliches glaubhaft wird.
Und die künftigen Tage sind
Die kundigsten Zeugen.
Dem Menschen ziemt, von den Göttern
Gutes zu sagen: kleiner ist dann der Vorwurf.
Sohn des Tantalos, von dir will ich
Anders als die Früheren singen:
Als dein Vater zum allergesittetsten Gastschmaus
Lud ins traute Sipylos, daß er den Göttern
Das Mahl erwidre, da entraffte dich
Der Herr des Dreizacks,

Überwältigt von Liebe, und auf goldnen Stuten
Hat er zum höchsten des Ehrenreichen,
Zum Haus des Zeus dich entrückt.
Dorthin, in späterer Zeit,
Kam auch Ganymedes,
Dem Zeus zu gleichem Dienste.
Wie du aber verschwunden warst, und die Männer
Soviel sie suchten dich der Mutter nicht brachten,
Da erzählte heimlich sogleich
Einer der hämischen Nachbarn
Daß sie in feuer-siedende Wasserhitze
Mit dem Messer dich in Stücke geschnitten
Und bei Tische als letzten Gang von deinem
Fleisch verteilt und gegessen hätten.

Mir aber ist es unmöglich
Gefräßig der Seligen einen zu nennen, ich wende mich ab.
Schlechter Lohn hat oft die Verleumder ereilt.
Wenn aber je einen sterblichen Mann des Olympos
Wächter ehrten, so war es Tantalos.
Doch zu verdauen das große Glück
Hat er nicht vermocht, und aus Übersattheit
Stürzt' er in ungemessnes Elend, das der Vater
Über ihn aufgehängt, den gewaltigen Stein
Den er beständig erwartet daß er sein Haupt
Treffe, und so wird er nimmer froh.

DIES unmögliche Leben beständigen Leidens
Trägt er zu dreien als vierte Mühsal
Weil er die Götter betrogen und
Den Jugend- und Trinkgenossen
Nektar gegeben und Ambrosia,
Womit Sie ihn hatten unsterblich gemacht.
Wenn vor dem Gotte ein Mensch
Hofft mit einer Tat verborgen zu bleiben, der irrt.
Drum verstießen ihm den Sohn die Unsterblichen
Wieder zurück ins
Kurze Schicksal des Menschenvolks.
Als nun mit der Blüte des Wuchses
Flaum das Kinn ihm schwarz bedeckt, gedachte
Er zur erwünschten Ehe

Von dem Pisatischen Vater die vielgerühmte
Hippodameia zu holen. Er trat
Nahe ans graue Meer, allein in der Finsternis,
Und rief den laut donnernden
Herrn des Dreizacks. Der erschien
Alsobald vor ihm. Da sprach er:
Wenn Kyprias Liebesgaben
Irgendwie zu Danke gedeihen,
Hemme, Poseidon, den erzenen Speer Oinomaos'!
Mich aber lass auf schnellstem Gefährt nach Elis
Gelangen und führ mich zum Sieg!
Denn dreizehn Männer schon hat er verdorben,
Brautwerber, und schiebt so hinaus
der Tochter Hochzeit.

Das große Wagnis aber will keinen feigen Mann.
Welchen zu sterben not ist: was will
Einer im Dunkeln hockend nutzlos
Ein namenloses Alter verbrüten
Bar alles Schönen? Nein ich will diesen Wettkampf
Bestehn! Du aber gib erwünschtes Vollbringen!
So sprach er, und nicht unerfüllte
Worte hatt' er versucht:
Ihn machte herrlich der Gott und gab
Einen goldnen Wagen ihm und mit Flügeln
Unermüdliche Pferde.

UND über Oinomaos Gewalt gewann er
Und die Jungfrau zur Lagergenossin. Die gebar
Sechs fürstliche Söhne, mit Heldenkraft stürmende.
Jetzt aber mit Blutopfern
Feierlichen ist er versehn,
Am Alpheioslauf gebettet,
Das Grab bewohnend, das besorgte,
Beim vielfremdenbesuchten Altar. Und der Ruhm
Weithin blickt er der Olympischen Spiele
In der Rennbahn des Pelops, wo
Schnelle der Beine wettstreitet und
Die Gipfel der Kraft in kühner Arbeit.
Wer aber siegt: um sein ferneres Leben hat er
Honigmilde Heitre

Dank den Kampfpreisen. Das je gegenwärtige Gut
Kommt als das höchste jedem der Sterblichen. Mir
Liegt es ob, mit der Reiterweise
Im äolischen Lied jenen zu kränzen.
Ich bin gewiß: einen Gastfreund
Werd ich keinen, der beides: kundig im Schönen
Und herrscherlicher an Macht sei,
Unter den Heutigen schmücken mit
Ruhmes-Falten der Preisgesänge.
Die Gottheit die über dir waltet,
Die dies im Sinn hat, Hieron, sorgt
Für deine Pläne. Und wenn sie nicht
Plötzlich ausläßt, werd' ich wohl
Noch einen süßern, hoff ich,

Dich mit dem schnellen Wagen zu rühmen
Den helfenden Weg der Worte finden
Wenn ich zum sonnigen komme, dem Kronoshügel.
Mir nährt die Muse an Kraft ein stärkstes Geschoß.
In anderm sind andere groß:
Das Äußerste aber türmt sich
Den Königen — schaue nicht noch weiter aus!
Sei's dir vergönnt, diese Lebenszeit
In der Höhe zu wandeln: mir aber ebenso oft
Genosse und Sieger zu sein, hervor-
Ragend an Weisheit allenthalben unter Hellenen!

DIE DRITTE PYTHISCHE ODE

Für Hieron von Syrakus

ACH ich wollte, Chiron Philyras Sohn —
Wenn es angeht dies gewöhnliche Wort mit
Unsrer Zunge zu beten —
Lebte noch der dahingegangne,
Des Uraniden Sproß, der weitgebietende,
Des Kronos und herrschte in
Den Schlüften des Pelion, Tier der Wildnis,
Aber den Menschen freundlich gesinnt. So war er
Als er vor Zeiten aufzog
Den Stifter der Linderung der gliederstärkenden,
Den milden Asklepios,
Den Halbgott, Wehrer vielfältigen Siechtums.

Ihn hatte des reisigen Phlegyas
Tochter noch nicht geboren mit
Eileithyia, der Müttern helfenden,
Da ging sie, bezwungen von Artemis'
Goldnem Bogen in ihrem Gemach,
Hinunter zum Haus des Hades
Durch Apollons Werk. Nicht wirkungslos
Bleibt der Zorn der Zeuskinder.
Verleugnet hatte sie ihn
Mit sündigem Herzen und fremde Liebe gewählt,
Versteckt vor dem Vater, die vorher
Phoibos sich hingegeben, dem Ungeschorenen,

Und trug den reinen Samen des Gottes: sie
Wartete nicht den Brauttisch ab,
Nicht den Vielklang jubelnder Hochzeitslieder,
Den die gefreundeten Jungfraun,
Die altersgleichen, gern mit Scherzen
Darbringen in abendlichen Gesängen —
Nein, sie begehrte das Fremde.
So geht es vielen. Das aber ist
Von den Menschen das eitelste Volk
Das das Heimische schmäht
Und nach draußen gafft, nach Nichtigem haschend
In unerfüllbarer Hoffnung.

IN diesem großen Wahne lag
Der schöngewandeten Koronis Herz:
Mit einem Fremden nämlich der aus Arkadien kam
Teilte sie das Bett.
Und blieb nicht verborgen dem Späher: als
In Pytho der lämmerempfangenden weilte
Des Tempels König Loxias
Vernahm er es, dem treuesten Teilhaber trauend,
Dem alles wissenden Geist:
Kein Falsches rührt er an und es hintergeht
Kein Gott kein Sterblicher ihn
Mit Taten oder Gedanken.

So auch damals da er des Elatiden
Ischys wirtliches Lager bemerkt' und
Frevlerischen Betrug
Schickt er die Schwester, die stob mit Riesengewalt
Nach Lakereia, denn an den Klippen
Des Boibesees wohnte das Mädchen.
Es hatte ein fremder Dämon, der
Sie zum Schlechten verführte, zugrundgerichtet.
Und viele der Nachbarn riß es hinein die mit ihr
Verdarben: so hat ein einziger Funke, der
Am Berg ins Gehölz springt,
Mit Feuer den ganzen Wald vernichtet.

Aber als auf den Scheiterhaufen
Die Anverwandten das Mädchen gelegt
Und gierige Glut des Hephaistos sie umzingelte
Da sprach Apoll: Nicht länger
Will meine Seel' es dulden, daß mein Geblüt
Erbärmlichsten Tods mit dem Unheil der Mutter verderbe!
So sein Wort: und mit Einem Schritt
War er da und entriß aus dem Leichnam das Kind:
Es schlug auseinander vor ihm der Feuerbrand.
Und nach Magnesia tragend gab er's dem Zentauern
Daß er es lehre die schmerzenvollen
Leiden zu heilen den Menschen.

WIEVIELE da nun kamen, mit selbstentstandnen
Geschwüren behaftet oder vom grauen Stahl
Die Glieder verwundet oder durch Steinwurf
Oder vom Sommerbrand den Leib
Verwüstet oder vom Winterfrost:
Sie alle erlösend befreit' er
Von diesem den, andre von andrer Pein,
Hier mit lindernden Sprüchen behandelnd, dort
Mit heilsamen Tränken oder
So daß er die Glieder ganzum
Mit Salben verband.
Andre hat er durch Schneiden hergestellt.

Aber Gewinn schlägt auch die Kunst in Bande.
Er auch ließ durch stolze Belohnung
Sich vom Gold, als in der Hand es glänzte,
Verführen, einen Mann
Aus dem Tode zurückzuholen
Der schon dahingegangen war.
Aber Kronion mit schleudernder Hand
Löschte beiden den Odem aus in der Brust
Auf der Stelle: mit flammendem Blitz fuhr in sie der Tod.
Gebührliches sich von den Göttern zu wünschen
Ist sterblichem Sinn geboten,
Das Nächste erkennend das unser Anteil ist.

O meine Seele, trachte nicht
Nach unsterblichem Leben: schöpfe das Mögliche aus!
Wenn aber Chiron der weise noch
Wohnte in der Höhle und irgend ihm
Ein Zauber vom süßen Klang unsrer Lieder
Ins Herz dränge: wahrlich ich beredete ihn
Daß er auch jetzt einen Arzt
Edlen Männern schüfe brennender Krankheit,
Sei der nach Letos Sohn benannt oder dem Vater,
Und ich durchquerte zu Schiff die Jonische See
Und gelangte bei Arethusas Quelle
Zu dem Ätnäischen Freund:

DER über Syrakus als König waltet,
Mild den Bürgern, den tüchtigen ohne Mißgunst,
Den Fremden aber ein Vater wunderbar.
Ja käm ich und brächte ihm
Die Zwillingsfreuden:
Gesundheit, die goldne, und mein Festlied,
Glanz für die Kränze Pythischer Spiele,
Die einst Pherenikos siegend in Kirrha gewann:
Weithin strahlender, glaub ich, als
Das Himmelsgestirn
Käm ich ihm, ein Licht,
Über das tiefe Meer gezogen.

Aber beten will ich zur Mutter, der,
Im Verein mit Pan, die Mädchen
Vor meiner Tür
Oft zur Nachtzeit singen, der heiligen Göttin.
Wenn du aber der Rede
Rechten Kern zu hören verstehst
Weißt du, Hieron, was von den Alten du lernst:
Zu Einem Guten teilen dem Menschen
Zwei Übel stets die Unsterblichen zu. Das können
Toren nicht mit Anstand tragen,
Aber die Edlen: sie kehren
Nach außen das Schöne.

Dein aber ist das Anteil der Göttergunst.
Denn den Herrscher, der Führer des Volkes ist,
Wenn einen unter den Menschen,
Schaut das große Schicksal an.
Ein unerschüttert Leben ward auch Peleus nicht,
Dem Aiakos-Sohn, und nicht dem gottgleichen Kadmos:
Die doch, sagt man, der Sterblichen höchstes Glück sahn,
Da sie gar die im goldnen Stirnreif, die Musen
Singen hörten im Gebirg und im siebentorigen Theben,
Als der mit Harmonia Hochzeit hielt, der kuhäugigen,
Der andre mit Nereus', des wohlberatnen,
Tochter, der rühmlichen Thetis.

UND die Götter hielten ihr Mahl bei beiden
Und die schauten des Kronos Kinder,
Die Könige auf goldenen Sesseln
Und empfingen Hochzeitsgeschenke:
Huld des Zeus eintauschend gegen
Einstige Mühsal hoben sie
Empor ihr Herz. Und doch in späterer Zeit
Machten den einen durch bittere Leiden verlustig
Des Freudenanteils die Töchter drei,
dieweilen zu der weißarmigen
Zeus Vater kam
Zum liebreizenden Lager, zu Thyona.

Des andern Sohn den die unsterbliche Thetis,
Den einzigen, in Phthia gebar
Verlor im Kriege
Durch Bogenschuß das Leben
Und in Flammen verbrannt regte er auf
Der Danaer Klage.
Wer von den Sterblichen im Busen
Den Weg der Wahrheit hat, der muß genießen
Was von den Seligen kommt. Es wehen die Winde
Hochherfliegend bald so bald anders. Menschenglück
Kehrt nicht auf lange sicher ein
Wenn es in gewaltiger Wucht zuteil wird.

Klein werd ich in kleinen, groß in großen
Verhältnissen sein: Den je waltenden Dämon
Werd ich im Herzen ehren,
Ihm dienend nach meiner Möglichkeit.
Wollte aber der Gott mir üppigen Reichtum schenken
Hab ich Hoffnung wohl künftig hohen Ruhm zu gewinnen.
Nestor und Sarpedon den Lykier,
In aller Menschen Munde, kennen wir
Aus klingenden Versen die weise Künstler gedichtet.
Durch ruhmvolle Lieder dauert der Manneswert
In späte Zeit. Doch ihn zu erlangen
Ist wenigen leicht.

DIE ERSTE PYTHISCHE ODE

für Hieron von Syrakus
Sieger im Wagenrennen

GOLDNE Leier, Apollons und
Der veilchenlockichten
Musen gleiches Eigentum,
Auf die höret der Tanzschritt, des Festes Anfang.
Und es gehorchen die Sänger den Zeichen
Wenn der reigenanführenden Vorspiele
Du, erzitternd, den Einsatz machst.
Selbst den kriegrischen Blitz löschest du
Des immerwährenden Feuers
Und es schläft auf dem Zepter
Der Adler des Zeus, das schnelle
Gefieder schlaffend zu beiden Seiten,

Fürst der Vögel, und die dunkel-
Gesichtige Wolke
Über das krumme Haupt ihm, der Augen
Süßen Riegel, hast du ergossen, und schlummernd
Wölbt er den weichen Rücken, von deinen
Schwüngen bewältigt. Auch ja der Gewalttäter
Ares, ferne lassend die rohe
Schärfe der Speere, sänftigt des Herz in Benommenheit:
Deine Pfeile bezaubern
Selbst die Sinne der Waltenden
Mit der Kunst des Leto-Sohns und
Der im tiefen Bausch des Gewands, der Musen.

Alles aber, dem Zeus
Nicht freund ist, schrickt wann es den Ruf
Der Pierischen hört
Hin über Land und unbezwingliches Meer,
Auch der im grausigen Tartaros liegt, der Götterfeind,
Typhos der hunderthäuptige: den voreinst
Die kilikische Höhle nährte,
Die vielbenamte. Freilich jetzt
Über Cumae die meerumzäunten Klippen
Und Sicilia drücken ihm
Die zottige Brust: die Himmelssäule
Hält ihn nieder, die schneeige Aetna,
Das ganze Jahr
Nährmutter scharfen Firns,

DER entbrausen des unnahbaren
Feuers hochheilige
Aus den Schlüften die Quellen, und Ströme
Gießen des Tags hervor heiße Rauchflut,
Doch in Nächten purpurne Glut
Hin sich wälzend trägt Gestein mit Getöse
Zur tiefen Fläche des Meers.
Jenes Untier ist's, das des Feuergotts
Fürchterliche Sprudel
Emporschickt, ein Schrecknis
Wunderbar anzusehn,
Wunder auch von Dagewesnen zu hören,

Wie es in Aetnas dunkellaubichten
Gipfeln und in dem Boden
Gefesselt liegt und sein Lager, den ganzen
Rücken kratzend, den Hingestreckten sticht.
Sei es, Zeus! sei Dir zu gefallen vergönnt,
Der Du dieses Berges waltest, der Stirn
Des früchtereichen Lands: von dem benamt
Herrlich machte die Stadt der ruhmvolle Gründer,
Die nachbarliche: im Rennen
Des Pythischen Festes rief der Herold
Sie verkündigend aus
Für Hieron, siegreichen im Wagen.

Schiffreisenden Männern aber
Ist erste Gunst, wann sie in See gehn,
Daß zur Fahrt ein geleitender
Wind ihnen wehe: füglich dann
Daß sie am End' auch umso beßre
Heimkehr finden. Dieser Spruch
Bringt bei solchem glücklich Gelungnen Erwartung,
Sie werde ferner durch Kränze und Rosse berühmt
Und bei wohlklingenden Festen genannt sein.
Lykischer und Herr von Delos
Phoibos, auch Parnassos' Quelle Kastalia Liebender:
Wollest dies zu Herzen nehmen
Und mit guten
Männern segnen das Land!

VON den Göttern nämlich kommt
Alles Vermögen Sterblichen Tüchtigkeiten:
Werden Weise, oder mit Armen Gewaltige, oder Beredte.
Doch jenen Mann zu preisen trachtend, gedenk' ich
Nicht den erzwangigen Speer wie aus der Kampfbahn
Zu schießen schleudernden Arms,
Sondern mit weitem Wurf zu übertreffen die Gegner.
Möchte doch die ganze Zeit
So dir Segensglück
Und Gabe der Güter verleihn,
Aber der Mühsale Vergessenheit schenken!

Ja! erinnern würde sie ihn,
In was für Schlachten
Mit kühner Seele er aushielt
Als durch der Götter Walten sie Ehre gewannen
Wie keiner unter Hellenen sie pflückt,
Des Reichtums stolze Krönung. Freilich jetzt
Des Philoktetes Weise folgend
Zog er zu Feld: aus Zwang
Hat auch wohl ein Hochgemuter
Als Freund ihn beschmeichelt.
Sie sagen, aus Lemnos zu holen
Ihn, vom Geschwür gequälten, seien gekommen

Die gottgleichen Helden
Zu Poias' Sohn, dem Bogener.
Der zerstörte Priamos' Stadt und endete
Die Mühsale der Danaer:
Mit krankem Leibe wandelnd, doch schicksal-bestimmt war's.
So sei auch Hieron der Gott aufrichtend
In zukünftiger Zeit,
Schenkend dessen, was er begehrt, das Maß.
Muse! auch vor Deinomenes
Sei mir gefällig und laß
Den Lohn des Viergespanns erklingen:
Nicht fremde Freude ist der Sieg des Vaters.
Auf denn, für Aitnas König
Wollen wir finden das Freundespreislied:

DEM diese Stadt in gottbegründeter
Freiheit, in Bräuchen
Nach Hyllos' Maßstab, Hieron
Gegründet hat. Und es wollen des Pamphylos,
Ja, auch der Herakliden Enkel
Unter den Hängen des Taygetos wohnend
Immer in Aigimios' Satzungen
Bleiben, die Dorier. Gewonnen haben sie Amyklai,
Die Gesegneten, als sie vom Pindus her
Aufgebrochen, der schimmelberittnen
Tyndariden hochgerühmte
Nachbarn, denen erblühte der Ruf der Lanze.

Zeus Erfüller! immer sei
An Amenas' Wasser
Solches Teil den Bürgern und Königen
Zugesprochen von wahrer Rede der Menschen!
Mit Dir möchte der leitende Mann,
Und anbefehlend dem Sohn, das Volk,
Anteil ihm gebend, zur einstimmigen Ruhe führen.
Ich flehe, nicke Gewährung, Kronos-Sohn,
Daß im gezähmten Haus
Der phönizische bleibe und der Tyrsener Schlachtruf,
Da er sah ihrer stöhnenden
Schiffe Vermessenheit dort vor Cumae:

Was sie da, von dem Fürsten
Der Syrakusier bezähmt,
Erlitten, der von den schnellfahrenden Schiffen
Ihnen ins Meer die Jugend warf
Und zog Hellas heraus aus schwerer Knechtschaft.
Ernten werd' ich
Von Salamis den Lohn mit dem Glanz der Athener,
In Sparta von den Kämpfen unterm Kithairon,
Drin die Meder erlagen mit den geschwungnen Bogen.
Doch an Himeras' schönen Gewässers Ufer
Darum daß Deinomenes' Söhnen
Ich entrichte den Preisgesang,
Den sie errangen um Manneswert
Als die feindlichen Männer erlagen.

WENN mit Maß du redest, viele
Enden zusammenspannend
In Kürze, folgt geringrer Tadel
Der Menschen. Denn der lästige Überdruß
Vereitelt die schnellen Erwartungen.
Und Ruf bei den Bürgern drückt das geheime Gemüt
Am meisten bei fremdem Verdienst.
Aber trotzdem — denn besser als Mitleid ist Neid —
Laß nicht nach im Schönen! Lenke
Mit gerechtem Steuer
Das Volk: auf truglosem Amboß
Schmiede die Zunge!

Fliegt auch nur ein kleines seitwärts,
Groß entfährt's
Von dir: vieler Steuermann bist du, viele
Sind treue Zeugen für beides.
In strotzendem Sinn verharrend,
Wenn irgend dir lieb ist süßen Ruf zu vernehmen,
Ermatte nicht im Aufwand!
Hänge, wie ein Steuermann,
In den Wind das Segel hinaus!
Laß dich nicht belisten, Freund,
Von schlauen Ränken: was dem Sterblichen nachfolgt,
Des Ruhmes Prunken

Einzig kündet das Leben
Gestorbner Männer Erzählern und Sängern.
Nicht vergeht
Kroisos' freundlichgesinnte Großheit.
Doch den Verbrenner im erzenen
Stier, grausamen Sinns,
Haßvolle Rede hält überall Phalaris nieder:
Nicht empfangen ihn Leiern unter dem Dach
Zu sanfter Gesellung mit dem Plaudern der Kinder.
Gut Ergehn ist erster Wettpreis,
Guter Ruf zweitbestes Anteil:
Der aber beides, der Mann,
Welcher es trifft und ergreift,
Hat den höchsten Kranz errungen.

★

Es ist mißlich, eine Übersetzung mit Erklärungen zu begleiten, warum man's so gemacht hat: wenn sie nicht gefällt, rettet sie auch die beste Begründung nicht. Schlimmer noch: warum man es überhaupt tut; da es doch, was Pindar angeht, genug Übersetzungen gibt, sowohl dichterische wie philologische, um von einem weiteren Versuch abzuraten. Hier war kein Bedürfnis, dem abgeholfen werden mußte.

Diese Übersetzungen wurden zu bescheidnem Zweck begonnen: um den Hörern meiner Vorlesung, auch denen, die nicht Griechisch studierten, die schweren Texte lesbar in die Hand zu geben. Sie mußten also genau sein, und mußten, wenn sie zur Interpretation passen sollten, meine sein.

Eine interpretierende also, eine Philologenübersetzung. Genau aber konnte nicht heißen wörtlich. Manche wörtliche Übersetzung verkehrt das Gesagte ins Falsche oder Unverständliche, und so schwierig die Sprache dieser Gedichte ist, man sollte davon ausgehen, daß sie Pindars Zuhörern verständlich war. Man mache die Probe an den ersten Worten der 1. Olympischen, oder an denen der letzten Strophe der 8. Pythischen Ode. Ich will sagen, daß Pindar nicht schön getönt, sondern etwas Bestimmtes und Bestimmbares gesagt hat. Und das vor allem wollen und sollen heutige Leser erfahren.

Warum aber dann in Versen schreiben, oder in Zeilen, die wie Verse aussehen? Warum nicht Prosa? Ich habe mich nicht dazu entschließen können, Pindars Rede in eine, noch so genaue, Inhaltsparaphrase zu übersetzen. Ich glaubte — nicht so sehr von der Form, denn die war ohnehin nicht nachzumachen — aber vom Gehalt der Aussage zu verlieren, wenn nicht etwas von der Folge der Vorstellungen in die Übersetzung einginge. Es schien für die Präzision des Sinnes nicht gleichgültig, mit welchem Wort ein pindarischer Satz, ein Vers, eine Strophe anfängt oder schließt. Inversionen waren zu wagen, Sperrungen, harte Fügungen: es mußte sich erweisen, ob nicht häufig der treuer folgende Satzrhythmus den Gestus der Rede, und damit ihren Sinn, erst erschließt, und bis zu welcher Grenze der Verfremdung sich das Ohr gewöhnt. — Aber die eigentliche Spannung pindarischer Rede findet erst im rhythmischen Gebilde, des Verses oder der Periode, statt: zwischen Anfang und Ende, im Enjambement der Verse, oder übergreifend von Vers zu Vers. Ohne »Vers« verlieren jene Redeformen, der Sperrung usw., ihr Element. Und so war auch das zu riskieren, was den Übersetzer in den Verdacht des Klassizismus, wenn nicht des Wetteiferns mit dem Genius bringt: eine Gliederung der Rede, in der solche Spannungen hörbar werden, — was allerdings in »Versmaßen der Urschrift« unmöglich wäre. Nur die Strophen und — außer dem ersten Gedicht — ihre triadischen Gebilde sollten erkennbar bleiben.

Genug davon. Das Übersetzen, sagte Bruno Snell einmal, sei immer wie eine zu kurze Decke: es friert einen oben oder unten. — Und doch kann der Philologe nicht vom Dolmetschen lassen, das ja sein eigenstes Geschäft ist; will auch immer wieder erproben, wie weit er einen fremden Text verstehen, also auch in der eignen Sprache reproduzieren kann. Und wie gern wird er schließlich seine Versuche mit einem sensiblen, kritischen Leser, und Autor, kommunizieren!

Ich setzte also voraus, daß Pindars Gedichte, obschon eine Sprache redend, die nicht die seiner Zeit, auch nicht in der Dichtung, gewesen ist, den Zeitgenossen verständlich war. Dazu hat sicher eine lange Gewöhnung an diese Art festlicher Chorgesänge beigetragen: Pindar steht ja am Ende einer wenigstens zweihundertjährigen Praxis öffentlich-geselliger »Gelegenheits«-Dichtung, und man war mit den Konventionen der Gattung, ihren leitenden Begriffen und Metaphern, dem Sprunghaften ihres Diskurses vertraut; vertraut vor allem mit dem, was von dem Gedicht, zu dieser bestimmten und einmaligen Gelegenheit, erwartet wurde. Dazu gehört, in den Siegesliedern, vor allem das Rühmen: des Siegers und seiner Familie wie des Gottes oder Heros der Spiele. Erwartet wird ferner, auch nur in Andeutungen, eine mythische Geschichte. Und nicht fehlen durfte das Erbauende, die Sprüche: all das was die chorische Lyrik, in Burckhardts Augen, zu »einer wahren Herberge aller Trivialität« machte.

All dies Vorgegebene, was die Philologie ermittelt hat, kann wohl auch die Übersetzung vermitteln. Ergibt es, in seiner labyrinthischen Verschlingung — die zum Stil der Gattung gehört —, ein Ganzes, nach Aufbau und Sinn? Schwerlich haben davon die Zeitgenossen mehr verstanden als wir. Und wenn das ästhetische Wahrnehmen eines dichterischen Ganzen ohnehin im Altertum schwach ausgebildet gewesen ist, so schwand schon bald nach Pindar der Sinn für diese großen archaischen Formen: die gleichwohl nicht aufhörten bewundert zu werden. Man hört diese Dichtung nun wie einen reißenden Sturzbach, der dithyrambisch und »gesetzlos« seine kühnen und ungewöhnlichen Worte hinwälzt.

Wir kennen die epochale Wirkung, die von dem Horazischen Wort auf die Lyrik des Sturm und Drang und ihren Begriff vom Pindarischen ausgegangen ist. Und wenn auch die historische Wissenschaft bald danach vielmehr die Strenge der Form wiederentdeckt hat: jene »Nachahmung der Alten« war es doch wohl, die zuletzt unsre lyrische Sprache, aus der fremden Rhythmik des Barock und den Regeln der Aufklärung, eigentlich zu sich selber entbunden hat, von Goethe und Hölderlin bis zu Nietzsche und Trakl. Wovon wir alle, auch als Übersetzer, die Erben sind.

Pindars Gedichte erstrecken sich über sechs Jahrzehnte. Das meiste wird Auftragsdichtung gewesen sein. Eine Entwicklung ist zu bemerken, aus schlichteren, kürzeren zu großen und komplexen Gebilden. Auch das hing wohl vom Auftrag ab. Die hier dargebrachten vier stammen alle aus dem einen Jahrzehnt nach dem Ende des Perserkriegs — dessen für Pindars Heimatstadt fast tödlicher Ausgang in dem ersten nachklingt —: von 478, 476, 474 und 470. Es ist die Mitte seines Lebens, in der sich die Verbindung, und wenn wir es glauben dürfen, Freundschaft, mit den großen Tyrannen Siziliens knüpfte: mit Theron von Agrigent und mit Hieron von Syrakus, dem die übrigen drei Gedichte gewidmet sind (das mittlere übrigens, in der Form des Siegeslieds, eher wie ein Sendschreiben an den kranken Fürsten). Die beiden hatten, eben zu der Zeit, als im Mutterland die Perser geschlagen wurden, in Großgriechenland die andre große Gefahr gebannt, die der griechischen Welt im Westen von Karthago drohte. Kein Zweifel, daß Pindars Auftragsdichtung, für solche Mächtigen und solche Gelegenheiten, jetzt, nach Gehalt und Stil, ihre große Form erreicht, die fast die Gattung übersteigt. So wie er es selber sagt: »Klein werd' ich in kleinen, groß in großen Verhältnissen sein.« Und wenigstens das ist keine Trivialität, sondern eine — griechische — Lebensweisheit.

Albert von Schirnding

Platon: Die Rede des Aristophanes aus dem *Gastmahl*

Wirklich, Eryximachos, sagte Aristophanes, hab ich ein wenig anders zu sprechen im Sinn, als ihr gesprochen habt, du und Pausanias. Denn ich finde, die Menschen haben die Macht des Eros überhaupt nicht begriffen, sonst würden sie ihm die größten Tempel und Altäre errichten und die größten Opfer darbringen, wovon jetzt nichts für ihn geschieht, so notwendig es wäre. Ist er doch von den Göttern der beste Freund der Menschen, da er ihnen hilft und sie heilt, worin geheilt zu werden das höchste Glück für das Menschengeschlecht bedeutet. Ich will versuchen euch einzuweihen in sein machtvolles Wesen, ihr aber sollt die Lehrer der anderen Menschen sein.

Zunächst einmal müßt ihr die menschliche Natur und ihre Leidensgeschichte kennenlernen. Denn unsere ursprüngliche Natur war nicht dieselbe wie jetzt, sondern ganz anders. Anfangs nämlich gab es drei Geschlechter der Menschen, nicht, wie jetzt, nur zwei: ein männliches und ein weibliches, sondern es gab außerdem noch ein drittes, das aus beiden gemischt war. Jetzt ist nur noch sein Name übrig, es selbst aber ist verschwunden. Versteht ihr: Damals existierte ein eigenes mannweibliches Geschlecht, das in seiner Gestalt wie in seinem Namen aus beiden gemischt war, dem männlichen und dem weiblichen. Heute ist es nur noch als Schimpfname vorhanden.

Dann müßt ihr wissen, daß die Gestalt eines jeden Menschen kugelförmig war: Rücken und Brust bildeten einen Kreis; er hatte vier Arme und ebensoviele Beine und zwei Gesichter auf einem kreisförmigen Hals, die sich völlig glichen. Über den einander entgegengesetzten Gesichtern lag eine einzige Schädeldecke. Vier Ohren hatte dieser Kugelmensch, zwei Schamteile und auch alles übrige doppelt, wie man es sich hiernach ausmalen kann. Er ging, wie jetzt, aufrecht, und zwar in jede beliebige Richtung. Und wenn er ins Laufen verfiel, machte er es wie die, die beim Radschlagen die Beine im Kreis nach oben werfen, und eilte ebenfalls im Kreis dahin, wobei er sich auf seinen acht Gliedmaßen abstützte.

Die Dreizahl und Beschaffenheit der Geschlechter ging darauf zurück, daß das männliche ursprünglich der Sonne entstammte, das weibliche der Erde, das mannweibliche dem Mond, weil ja auch der Mond zwischen Sonne und Erde steht. Kugelförmig waren sie selbst und die Art ihrer Fortbewegung auf Grund der Ähnlichkeit mit ihren Erzeugern.

Ihre gewaltige Körperstärke stieg ihnen zu Kopf, und sie planten einen Angriff gegen die Götter. Was Homer von Ephialtes und Otos erzählt, wird auch von ihnen erzählt: Sie gingen daran, sich einen Aufstieg zum Himmel zu bahnen, um gegen die Götter anzurücken. Zeus und die anderen Götter berieten, was sie tun sollten — ohne Ergebnis: Weder sahen sie eine Möglichkeit, sie zu töten, etwa — wie im Fall der Giganten — ihr Geschlecht durch Blitzschlag zu vernichten; man hätte ja auf die menschlichen Ehrenbezeugungen und Opfer verzichten müssen. Noch konnten sie ihrem Treiben einfach zusehen. Endlich kommt Zeus dann doch noch auf einen Gedanken und spricht so: Ich glaube, ein Mittel gefunden zu haben, wie wir die Menschen am Leben lassen und zugleich ihrer Unverschämtheit ein Ende setzen: Sie müssen schwächer werden. Ich werde also, sagte er, jeden einzelnen in zwei Teile schneiden; dann werden sie nicht nur schwächer, sondern auch in ihrer vermehrten Zahl uns nützlicher sein. Wenn sie dann immer noch übermütig sind und keine Ruhe geben wollen, werde ich sie eben noch einmal teilen, daß sie sich nur noch hüpfend auf einem Bein bewegen können wie die Sackhüpfer.

So sprach er und schnitt die Menschen entzwei, wie man Birnen zum Einmachen zerschneidet oder Eier mit einem Haar teilt. Und immer wenn er einen zerschnitten hatte, befahl er dem Apollon, sein Gesicht und den halbierten Hals gegen die Schnittfläche zu drehen, damit der Mensch durch den Anblick des ihm widerfahrenen Schicksals zur Ordnung gerufen werde. Das andre sollte Apollon heilen. Der drehte also das Gesicht herum, zog von allen Seiten die Haut gegen das, was jetzt Bauch heißt, zusammen, so daß eine Mündung wie bei einem Beutel entstand, und schnürte es mitten auf dem Bauch zu: Das ergab, was wir heute den Nabel nennen. Die Falten glättete er zum größten Teil und modellierte die Brust, wobei er ein Werkzeug verwendete, wie es die Schuster haben, wenn sie die Falten des Leders über dem Leisten glätten. Einige aber ließ er stehen: am Bauch und rings um den Nabel, als Zeichen der Erinnerung an die alte Verletzung.

Nach der Teilung sehnte sich jeweils die Hälfte nach Wiedervereinigung mit der ihr zugehörigen, und so umarmten und umschlangen sie einander im Verlangen zusammenzuwachsen und starben vor Hunger und Lebensuntüchtigkeit, weil keiner ohne den andern etwas tun wollte. Wenn nun eine Hälfte starb, die andre zurückblieb, dann suchte die übrige nach einer neuen und umschlang sie — entweder die Hälfte einer ursprünglichen ganzen Frau, jetzt Frau genannt, oder die eines Mannes. Und so gingen sie nach und nach zugrunde.

Da erbarmt sich Zeus und schafft noch einmal Abhilfe: Er versetzt ihr Geschlecht nach vorn — bisher hatten sie auch dieses außen und zeugten und gebaren nicht ineinander, sondern in die Erde, wie die Zikaden —, er versetzte also ihr Geschlecht nach vorn und schuf so die genitale Zeugung durch das Männliche im Weiblichen — in der Absicht, daß es, wenn bei der Umarmung ein Mann auf eine Frau traf, zur Zeugung komme und sich so die Art fortpflanze, wenn aber ein Mann auf einen Mann traf, mit dem Zusammensein wenigstens Befriedigung verbunden sei und sie sich in den Zwischenpausen an die nötigen Arbeiten zur Erhaltung ihres Lebens machen könnten. Es ist also seit dieser Zeit der Eros zueinander den Menschen eingepflanzt: Er ist es, der sie zusammenführt und ihre ursprüngliche Natur wiederherstellt, er ist es, der eins aus zweien zu machen und so die menschliche Natur zu heilen sucht.

Jeder von uns ist eines anderen Menschen Gegenstück, entzweit ist er und gespalten gleich den Schollen, die Augen und Maul nur auf der einen Seite des Kopfes haben. So ist jeder auf der ewigen Suche nach seinem eigenen Gegenstück. Wer nun von den Männern Teil eines Ganzen ist, das ursprünglich mannweiblich hieß, geht auf Frauen aus; die meisten Ehebrecher stammen aus diesem Geschlecht. Umgekehrt kommen von ihm auch die männerliebenden und zum Ehebruch neigenden Frauen. Wer aber von den Frauen Teil einer Frau ist, hat gar keinen Sinn für die Männer, sondern neigt eher den Frauen zu; aus diesem Geschlecht stammen die Lesbierinnen. Und wer Teil eines Mannes ist, geht dem Männlichen nach. Solange er ein Knabe ist, liebt er die Männer und ist glücklich, wenn er mit einem Mann das Lager teilen und ihn umarmen darf, und das sind von den Knaben und jungen Burschen die besten, da sie ihrer Natur nach die männlichsten sind.

Freilich gibt es auch Leute, die sie schamlos nennen; doch das stimmt nicht. Denn sie tun es nicht aus Schamlosigkeit, sondern weil sie mutig, tapfer, mannhaft sind: Sie lieben das, was ihnen gleicht. Sie allein sind es, die sich später der Politik widmen, das spricht doch für sie. Wenn sie Männer geworden sind, lieben sie Knaben und haben kein natürliches Bedürfnis, zu heiraten und Kinder zu zeugen, sondern tun es, weil der Brauch es so will; es genügt ihnen aber auch, unverheiratet miteinander zu leben.

Von ganzem Herzen liebt ein solcher Mann Knaben und Freunde, immer nur dem Verwandten zugetan.

Wenn es sich nun trifft, daß einer, der Knaben liebt, oder auch jeder andere ausgerechnet der einen Hälfte begegnet, die ihm zugehört, dann geschieht etwas Wunderbares. Sie geraten vor Neigung, Vertrautheit, Liebe außer sich und wollen keinen Augenblick mehr voneinander lassen. Und die ihr ganzes Leben bis zum Ende gemeinsam verbringen, das sind die, die nicht einmal zu sagen wüßten, was sie eigentlich voneinander wollen. Keiner würde den Zweck ihres Zusammenseins im geschlechtlichen Liebesgenuß sehen, bei aller Leidenschaft, die sie verbindet. Sondern etwas anderes will offenbar ihre Seele, das sie nicht nennen kann; sie ahnt es nur und spricht davon in rätselhafter Umschreibung. Und träte Hephaistos, der göttliche Schmied, sein Werkzeug in der Hand, an ihr gemeinsames Lager und fragte sie: Was ist es, ihr Menschen, das ihr voneinander haben wollt? Und wenn er sie in ihrer Ratlosigkeit weiterfragte: Ist das euer Begehren, so sehr miteinander eins zu werden, daß ihr bei Tag und bei Nacht nicht mehr einander lassen müßt? Wenn ihr das begehrt, bin ich bereit, euch zusammenzuschmelzen und zusammenzuschweißen, bis ihr aus zweien ein einziger geworden seid und, solange ihr lebt, in Zweieinigkeit lebt, wenn ihr aber gestorben seid, auch drunten im Hades nicht zwei, sondern eins seid, ewig todverbunden. Seht zu, ob ihr danach verlangt und es euch genügt, wenn dieser Wunsch in Erfüllung geht. – Ich bin gewiß: Kein einziger würde ein solches Angebot ablehnen und etwas anderes haben wollen, vielmehr würde jeder denken, genau das gehört zu haben, was er schon immer ersehnte: verbunden und verschmolzen mit dem Geliebten aus zweien eins zu werden. Schuld daran ist, daß unsere ursprüngliche Natur von der Art war, wie ich es euch erzählt habe: daß wir ungeteilt waren. Nichts anderes heißt Eros als die Sehnsucht und das Streben nach dem Ganzen.

Früher, wie gesagt, waren wir eins, jetzt sind wir für unser Unrecht von Gott zerrissen, wie die Arkader von den Lakedaimoniern in alle Winde zerstreut sind. Darum besteht die Gefahr, wenn wir die Ordnung gegenüber den Göttern nicht einhalten, daß wir noch ein zweites Mal gespalten werden und herumlaufen wie die Relieffiguren auf den Grabmälern mit durchgesägten Nasen, oder auch wie die halbierten Würfel, an denen die Gastfreunde sich erkennen. Deshalb müssen wir alle uns gegenseitig zur Frömmigkeit ermahnen; nur so können wir diesem Schicksal entgehen und das Glück erwerben, zu dem uns Eros den Siegesweg weist. Keiner soll sich ihm widersetzen – dies tut aber, wer sich den Göttern verhaßt macht.

Wenn Eros unser Freund ist und uns nichts von ihm trennt, dann dürfen wir hoffen, den uns zugehörigen Knaben zu finden und zu gewinnen – was jetzt nur höchst selten vorkommt. Daß sich aber Eryximachos nicht einbildet, meine Rede sei als Komödie über Pausanias und Agathon gemeint. Vielleicht gehören die beiden wirklich zu den seltenen Ausnahmen und sind die Hälften eines einzigen männlichen Kugelmenschen. Ich aber spreche von allen Menschen, von Männern und Frauen gleichermaßen, und sage: Wir können nur glücklich werden, wenn wir dem Ziel folgen, das Eros uns weist, den Liebling gewinnen, der allein uns zugehört, und auf diesem Weg heimkehren in die Natur unseres Ursprungs. Ist dies das größte Glück, muß unter den gegenwärtigen Umständen am besten sein, was ihm am nächsten kommt. Das aber besteht darin, einen Liebling nach unserem Sinn zu gewinnen. Wenn wir den Gott preisen wollen, der dies bewirkt, werden wir Recht daran tun, den Eros zu preisen: Er verhilft uns im Augenblick am meisten zu unserem Eigentum und gibt uns für die Zukunft, sofern wie den Göttern geben, was ihnen gebührt, die sichere Hoffnung, wieder zu werden, die wir ursprünglich waren, und uns des Glücks vollkommener Heilung zu freuen.

Werner von Koppenfels

Love's (Ex)change

Eine Übersetzungs-Nachlese zu John Donne und Andrew Marvell

Wenn Lyrik unübersetzbar ist, und gerade deshalb den sprachlichen Grenzgänger zum Betreten Utopias einlädt, so muß dies (falls ein Adynaton den Komparativ verträgt) umso mehr für die größten Metaphysical Poets gelten. Zur berüchtigten Silbenknappheit des Englischen, einer wesentlichen und naturgegebenen Erschwernis englisch-deutscher Versübersetzung, kommt bei Donne und Marvell eine unglaubliche semantische Dichte bei komplizierten Reimmustern und Strophenformen, abrupter und dramatischer Gedankenführung, überspannter, enjambementreicher Syntax, Nachbarschaft gegensätzlicher Stillagen, Wortspielen aller Art, und natürlich (dies das Markenzeichen) schwindelnder Bildhyperbolik, mit Referenzbereichen, die dem modernen Leser denkbar fernstehen – Petrarkismus, alte Kosmologie, Alchemie, Theologie, kurioser Aberglauben.

Bei der kritischen Vorentscheidung des Übersetzers, was am gegebenen Gedicht unbedingt zu bewahren sei, erweisen sich die genannten Eigenheiten als Wesen dieser aufregenden Texte. Prägnanz, Bildschocks und Bildlogik, Zeilensprünge und Zäsuren, Stanzenform und Reimfolge, die individuelle Rhythmik mit ihren kunstvollen Härten, der auf Überraschung des poesievertrauten Lesers zielende sprachliche, metaphorische und konventionsverkehrende *Wit* bedingen sich wechselseitig. Im unentflechtbaren Komplex *sind* sie die Ausdrucksleistung des *metaphysical poem*, sprachliches Denken in extremis, das jeder Spannungsabbau gründlich verfälscht. Bleibt so dem Übersetzer keinerlei Spielraum? Denn ein übertragenes Gedicht muß wieder Gedicht werden und darf nicht im lyrischen *translationese* krampfartiger Wortstellung, mechanischer Reimfüllsel, kakophonischer Elisionen und eines metrisch korrekten Nonsense den Geist aufgeben.

Am drückendsten ist zweifellos – angesichts der relativen Reimarmut des Deutschen – das Reimdiktat: »qui dira les torts de la rime«? Doch gerade im Hinblick auf die Reimaskese moderner Dichtung, mit ihrer Tendenz, den Reim zu reduzieren, soweit sie ihn nicht aufgibt (W. Owen und W. B. Yeats in England, Majakowski in Rußland,[1] Paul Celan als Lyrikübersetzer sind beispielhaft), liegt es nahe, sich in der Übertragung mit Assonanz und Halbreim zu begnügen, die das Klangmuster hinreichend klar hervortreten lassen, ohne dem Gleichklang die ganze Semantik des Gedichtes unterzuordnen. Und es gibt weitere Freiräume: der Sprachwitz etwa erlaubt die verschiedensten inhaltlichen Substitutionen, solange der Modus des Sprechens gewahrt bleibt. Kompensatorisch für unvermeidliche Ausdrucksverluste lassen sich Klangfiguren an andere Stellen verpflanzen, wenn sie nur expressiv bleiben und nicht zum Ornament verkümmern. Nach dem gleichen Kompensationsprinzip scheint es mir vertretbar, gerade in Texten, die vom *metaphysical wit* geprägt sind, einzelne Formulierungen pointierter zu fassen als im Original. So übersetze ich in *Love's Exchange* den Vers »But am, alas, by being lowly, lower« mit den Worten »und bin für meine Liebedienerei bedient«, oder »the lesser sun« aus dem *Nocturnal* mit »der Sonnenmond«: beidemale wird das zentrale thematische Paradox der Gedichte unüberhörbar angesprochen. Die metrische Übertragung muß in der Reproduktion produktiv sein, sonst ist sie bestenfalls ein liebenswürdiger Anachronismus, und im Regelfall, was Robert Lowell ihr nachsagt:[2]

> Strict metrical translators still exist. They seem to live in a pure world untouched by contemporary poetry. Their difficulties are bold and honest, but they are taxidermists, not poets, and their poems are likely to be stuffed birds.

Von den älteren Versübersetzern angelsächsischer Lyrik sind Donne und Marvell fast völlig vernachlässigt worden.[3] Erst Werner Vordtriedes großzügige Auswahl beider Dichter, schwungvoll übersetzt und zweisprachig präsentiert, hat diesem skandalösen Zustand abgeholfen.[4] Doch bei der hohen dichterischen Qualität der Oeuvres blieb auch höchst Originelles, ja

---

[1] Vgl. Majakowski, *Wie man Verse schreibt* (Zürich, 1960), S. 38ff.
[2] R. Lowell, *Imitations* (London, 1960), Vorwort
[3] Vgl. H. Hennecke, *Englische Gedichte* (Berlin, 1938), S. 26ff.: Donne, »Death be not proud«, »Twickenham Garden«, »Lecture upon the Shadow«; S. 50ff.: Marvell, »To His Coy Mistress«; G. von der Vring, *Englisch Horn* (Köln, 1953), S. 46f.: Donne, »The Undertaking«; S. 72f.: »The Mower to the Glow-worms« [gegenüber 7 Gedichten von Herrick]; R. Flatter, *Die Fähre* (Wien, 1954), S. 117ff.: Donne, »The Good-morrow«; »Death be not proud«; nichts von Marvell [dafür 10 Texte von Campion]; L. Schücking, *Englische Gedichte* (Bremen, 1956), S. 70ff.: Donne, »The Ecstasy«; »The Sun Rising«; S. 106ff.: Marvell, »To his Coy Mistress«
[4] Donne, *Metaphysische Dichtungen* (Insel-Verlag, Frankfurt, 1961); Marvell, *Gedichte* (Henssel Verlag, Berlin, 1962). – Unter dem Titel *Nacktes Denkendes Herz* erschien 1969 im Hegner Verlag, Köln, eine beachtliche Auswahlübertragung Donnescher Dichtung und Prosa durch die Orientalistin Annemarie Schimmel

Erstrangiges unübersetzt. Daher dieser Versuch einer Nachlese, bei der sich der Sammler nicht auf Spreu verwiesen fand, sondern mit lustvoller Qual der Wahl die Blumen für seinen Geburtstagsstrauß (»my fruits are only flowers«) suchen durfte. Das thematische Band, das diese barocken Blüten in all ihrer Vielfalt zum Strauß vereint, ist der Liebes-Perspektivismus der Metaphysical Poets, besonders Donnes. Die extremen Höhen und Tiefen und das unglaublich vielfarbige Spektrum seiner poetischen Momente des Eros, ob sie spiritualisiert erfahren werden, in leibseelischer Harmonie, mit der Zynik des Sensualismus oder der sexuellen Desillusion, finden nur in Shakespeares *Antony and Cleopatra* ihresgleichen. *Love's (Ex)change*: das ist neben dem Liebeslohn, der beseligend, schmerzlich oder nichtig ausfällt, auch die Metamorphose der Liebe, von der Beschwörung ihrer Erfülltheit über die Exaltation des Todes-Schmerzes, die Amorrevolte, die nihilistische Sexualbilanz, hin zu Marvells entsexualisiertem und geheiligtem Eros.[5]

---

[5] Von den folgenden sieben Texten ist bislang nur der erste (durch A. Schimmel) ins Deutsche übersetzt worden. Die englische Version folgt für Donne der Penguin-Ausgabe von A. J. Smith (1971 u. ö.), für Marvell der Penguin-Ausgabe von E. S. Donno (1972 u. ö.)

John Donne

A Valediction: forbidding Mourning

As virtuous men pass mildly away,
   And whisper to their souls, to go,
Whilst some of their sad friends do say,
   The breath goes now, and some say, no:

So let us melt, and make no noise,
   No tear-floods, nor sigh-tempests move,
'Twere profanation of our joys
   To tell the laity our love.

Moving of th' earth brings harms and fears,
   Men reckon what it did and meant,
But trepidation of the spheres,
   Though greater far, is innocent.

Dull sublunary lovers' love
   (Whose soul is sense) cannot admit
Absence, because it doth remove
   Those things which elemented it.

But we by a love, so much refined,
   That our selves know not what it is,
Inter-assured of the mind,
   Care less, eyes, lips, and hands to miss.

Our two souls therefore, which are one,
   Though I must go, endure not yet
A breach, but an expansion,
   Like gold to aery thinness beat.

Ein Abschied: mit dem Verbot, zu trauern

Sacht, wie ein guter Mensch erlischt,
Wenn er der Seele zuraunt: geh,
Und rätselnd, ob der Atem wich,
Die Freundesschar ihn bang umsteht,

Wolln wir uns lösen, insgeheim;
Kein Seufzersturm und Tränenmeer
Darf unsern Freudenbund entweihn,
Preisgeben an das Laienheer.

Erdbeben wirken Harm und Graun,
Entsetzt fragt jeder, was geschah,
Doch bebt der hohe Sphärenraum,
Weit mächtiger, nimmts keiner wahr.

Was dumpf dahinliebt unterm Mond
Im Sein der Sinne, es vergeht
Am Fernsein, und verliert den Grund,
Der seine Elemente hegt.

Doch unsere Liebe, so verfeint,
Daß wir ihr Rätsel nimmer lösen,
Im Geist, den Gegenbürgschaft eint,
Mag Augen, Hand und Lippen missen.

Der Doppelseele Einigkeit
Erfährt nun, da ich scheiden soll,
Ja keinen Bruch — sie dehnt sich weit
Wie luftig dünn geschlagnes Gold.

If they be two, they are two so
    As stiff twin compasses are two,
Thy soul the fixed foot, makes no show
    To move, but doth, if th'other do.

And though it in the centre sit,
    Yet when the other far doth roam,
It leans, and hearkens after it,
    And grows erect, as that comes home.

Such wilt thou be to me, who must
    Like th' other foot, obliquely run;
Thy firmness makes my circle just,
    And makes me end, where I begun.

A Nocturnal upon S. Lucy's Day, being the shortest day

'Tis the year's midnight, and it is the day's,
Lucy's, who scarce seven hours herself unmasks,
    The sun is spent, and now his flasks
    Send forth light squibs, no constant rays;
        The world's whole sap is sunk:
The general balm th' hydroptic earth hath drunk,
Whither, as to the bed's-feet, life is shrunk,
Dead and interred; yet all these seem to laugh,
Compared with me, who am their epitaph.

Study me then, you who shall lovers be
At the next world, that is, at the next spring:
    For I am every dead thing,
    In whom love wrought new alchemy.
        For his art did express
A quintessence even from nothingness,
From dull privations, and lean emptiness
He ruined me, and I am re-begot
Of absence, darkness, death; things which are not.

Und sind wir zwei, wir sind es bloß
Nach fester Zirkel Zwillingsweise:
Der stete Fuß du, regungslos,
Und kreist doch mit des zweiten Kreise.

Zwar hält er in der Mitte Wacht,
Doch schweift der andere weit hinaus,
So neigt er sich und lauscht ihm nach
Und reckt sich, kehrt der Freund nach Haus.

Bist du mir so, dann zieh ich gleich
Dem zweiten Fuß die schräge Bahn:
Dein Festsein rundet meinen Kreis,
Und endet mich, wo ich begann.

Nachtstück auf den Tag der Heiligen Lucia, den kürzesten des Jahres

Dies ist des Jahres Mittnacht, und des Tags,
Lucias, die uns, kaum enthüllt, verließ;
  Die Sonne siecht: nur Funken stiebt
  Ihr Brand; ihr steter Glanz versagt.
  Der Saft des Lebens sank —
Allbalsam, den die Erde gierig trank.
Grabwärts, wie in den Fuß der Totenbank
Wich, was noch lebt. Doch gegen mich
Lacht diese Welt: ich bin ihr Grabgedicht.

Schaut mich an, die ihr weiterliebt
In neuer Welt, im nächsten Mai;
  Denn ich bin alles tote Sein:
  Wunder der Liebes-Alchimie!
    Mit magischer Potenz
Braut sie aus Nichts selbst eine Quintessenz.
Durch dumpfe Trauer, quälende Karenz
Rieb sie mich auf, und hat mich neugeborn
Aus Mangel, Dunkel, Tod: dem, was verloren.

All others, from all things, draw all that's good,
Life, soul, form, spirit, whence they being have;
   I, by love's limbeck, am the grave
   Of all, that's nothing. Oft a flood
     Have we two wept, and so
Drowned the whole world, us two; oft did we grow
To be two chaoses, when we did show
Care to aught else; and often absences
Withdrew our souls, and made us carcases.

But I am by her death (which word wrongs her)
Of the first nothing, the elixir grown;
   Were I a man, that I were one,
   I needs must know; I should prefer,
     If I were any beast,
Some ends, some means; yea stones detest,
And love; all, all some properties invest;
If I an ordinary nothing were,
As shadow, a light, and body must be here.

But I am none: nor will my sun renew.
You lovers, for whose sake, the lesser sun
   At this time to the Goat is run
   To fetch new lust, and give it you,
     Enjoy your summer all;
Since she enjoys her long night's festival,
Let me prepare towards her, and let me call
This hour her vigil, and her eve, since this
Both the year's, and the day's deep midnight is.

Ihr anderen zieht aus allem alles Gut,
Form, Seele, Geist — was euch mit Sein begabt;
　　Mich sublimiert Liebe zum Grab
　　　Des Nichtseins. Oft, in Tränenflut,
　　　　Die wir weinten, ertrank
Die ganze Welt, wir zwei, und oft entstand
Zweifaches Chaos, wenn wir unverwandt
Nichts außer uns bedachten; oft entzog
Trennung die Seelen, ließ die Leiber tot.

Doch ich bin durch ihr Sterben (Wort, das kränkt)
Zum Elixier des ersten Nichts gelöst.
　　Kann ich Mensch sein, und ungewiß,
　　　Ob ich es sei? Fänd ich nicht längst,
　　　　Gesetzt, ich wär ein Tier,
Mittel und Wege? Pflanzen, Steinen lieh
Natur Regungen: alle treibt ihr Trieb.
Wär ich, wie Schatten, ein normales Nichts,
Sagt, welcher Körper warf mich, welches Licht?

Nein, ich bin keins: mir ging die Sonne hin.
Ihr Liebenden, für die der Sonnenmond
　　Dem Steinbock eben jetzt beiwohnt,
　　　Neu Lust zu schöpfen, euch zu Dienst,
　　　　Freut euch der Sommerszeit!
Da sie sich ihrer langen Festnacht freut,
Mach ich mich auf den Weg zu ihr; ich weih
Ihrer Vigil die Gegenwart, da dies
Des Tags und Jahres tiefe Mittnacht ist.

Love's Exchange

Love, any devil else but you,
Would for a given soul give something too.
　At Court your fellows every day,
Give th' art of rhyming, huntsmanship, and play,
　For them who were their own before;
　Only I have nothing which gave more,
But am, alas, by being lowly, lower.

　I ask not dispensation now
To falsify a tear, or sigh, or vow,
　I do not sue from thee to draw
A *non obstante* on nature's law,
　These are prerogatives, they inhere
　In thee and thine; none should forswear
Except that he Love's minion were.

　Give me thy weakness, make me blind,
Both ways, as thou and thine, in eyes and mind;
　Love, let me never know that this
Is love, or, that love childish is.
　Let me not know that others know
　That she knows my pain, lest that so
A tender shame make me mine own new woe.

　If thou give nothing, yet thou'art just,
Because I would not thy first motions trust;
　Small towns which stand stiff, till great shot
Enforce them, by war's law condition not.
　Such in love's warfare is my case,
　I may not article for grace,
Having put Love at last to show this face.

Liebes-Entgelt

Kein Teufel, Amor, außer dir,
Der für geschenkte Seelen nichts spendiert!
Gibt denn bei Hof nicht jeden Tag
Jagd-, Reim- und Gaukelkünste euer Schlag
Als Draufgeld jedem Gauner blind?
Nur ich gab mich um nichts, und bin
Für meine Liebedienerei bedient.

Nicht, daß du mir ein Privileg
Zum Schwur- und Seufzerfälschen überträgst,
Verlang ich förmlich, oder jetzt
Dispens erteilst vom geltenden Gesetz:
Vorrechte, die von alters her
Den Deinen zustehn; Meineid schwört
Nur straflos, wer auf deine Order hört.

Gib deine Schwachheit, blende mich
Doppelt, wie deine Brut, an Geist und Sicht!
Laß, Liebe, mich nicht sehn, daß dies
Liebe, und diese Liebe kindisch ist!
Laß mich nicht sehn, daß andere sahn,
Daß sie mein Leid sah, denn sonst macht
Mich heiße Scham dem eigenen Ich verhaßt.

Doch gibst du nichts, du tusts mit Fug,
Da ich dein Erstlings-Angebot ausschlug.
Die Stadt, die widersteht, bis ihr
Die Mauer bricht, hat Kondition verwirkt.
So ist mein Los im Liebeskrieg;
Amors Pardon hab ich verspielt:
Ich widerstand — nun zeigt er sein Gesicht.

>   This face, by which he could command
> And change the idolatry of any land,
>   This face, which wheresoe'er it comes,
> Can call vowed men from cloisters, dead from tombs,
>   And melt both poles at once, and store
>   Deserts with cities, and make more
> Mines in the earth, than quarries were before.
>
>   For this Love is enraged with me,
> Yet kills not. If I must example be
>   To future rebels; if th' unborn
> Must learn, by my being cut up, and torn:
>   Kill, and dissect me, Love; for this
>   Torture against thine own end is,
> Racked carcases make ill anatomies.

Farewell to Love

>   Whilst yet to prove,
> I thought there was some deity in love;
>   So did I reverence, and gave
> Worship; as atheists at their dying hour
> Call, what they cannot name, an unknown power,
>   As ignorantly did I crave:
>   Thus when
> Things not yet known are coveted by men,
>   Our desires give them fashion, and so
> As they wax lesser, fall, as they size, grow.

Dies — ihr — Gesicht führt weit und breit
Zu Glaubensabfall und Abgötterei;
Wo dies Gesicht erscheint, es ruft
Mönche aus Klöstern, Tote aus der Gruft,
Schmilzt beider Pole Eiswall, macht
Städte aus Wüstenei, und schafft
Goldgruben, wo zuvor nur Steinbruch klafft.

Haßt mich auch Amor, weigert er
Mir doch den Tod. Daß ich Exempel werd
Allen Rebellen, daß die Lektion
Am mürben Leib, vor tausend Gaffern, lohnt:
Töt und zerleg mich, Amor; denn
Mehr Folter wär dir kein Gewinn —
Zerfleischter Leichnam taugt nicht zum Sezieren.

Abschied von der Liebe

    Ja, vor Gebrauch
Schien Liebe mir beseelt von Götterhauch:
   Da beugte ich das Knie und hielt
Andacht — ein Atheist in Todesnot
Ruft, namenlos, wohl so den fremden Gott.
    Es wuchs die Sehnsucht ohne Ziel.
       Solang
Einer begehrt, was er noch nicht gewann,
Erhält das Ding aus seinem Wunsch Gestalt,
Schwillt mit der Hitze, schrumpft, wird jener kalt.

    But, from late fair
His highness sitting in a golden chair,
  Is not less cared for after three days
By children, than the thing which lovers so
Blindly admire, and with such worship woo;
    Being had, enjoying it decays:
        And thence,
What before pleased them all, takes but one sense,
  And that so lamely, as it leaves behind
A kind of sorrowing dullness to the mind.

    Ah cannot we,
As well as cocks and lions jocund be,
  After such pleasures? Unless wise
Nature decreed (since each such act, they say,
Diminisheth the length of life a day)
    This; as she would man should despise
        The sport,
Because that other curse of being short,
  And only for a minute made to be
Eager, desires to raise posterity.

    Since so, my mind
Shall not desire what no man else can find,
  I'll no more dote and run
To pursue things which had endamaged me.
And when I come where moving beauties be,
    As men do when the summer's sun
        Grows great,
Though I admire their greatness, shun their heat;
  Each place can afford shadows. If all fail,
'Tis but applying worm-seed to the tail.

Ist aus das Fest,
Dann gilt des Jahrmarktkönigs goldner Rest
   Am Tag drauf ebenso gering
Als Spielzeug, wie dies Nichts, das liebend so
Blindgläubig leere Ehrfurcht auf sich zog.
   Erlangt, im Rausch noch, siecht es hin.
           Und dann
Nimmt einen Sinn nur, was erst alle nahm,
Und dies so träge, daß dem Geist nichts bleibt,
Als Nachgeschmack von dumpfer Traurigkeit.

   Warum denn sind
Wir nicht wie Hahn und Löwe hochgestimmt
   Nach solcher Lust? Ob die Natur
Dies wohlbedacht (da jedes Liebesspiel
Dem Leben, heißt es, einen Tag wegstiehlt)
   Will? Hassen soll die Kreatur
           Den Akt,
Denn Adams Fluch, der mit dem Leben kargt,
Und gönnt nur einen Augenblick voll Kraft,
Verzehrt uns sonst vor Zeugungsleidenschaft.

   Drum soll mein Sinn
Nicht mehr begehrn, was keiner je gewinnt.
   Nicht länger renn ich feig
Schmachtend dem nach, was mir nur Schaden bringt;
Und tu an einem Ort, wo Schönheit winkt,
   Wie man, wenn Sommersonne steigt
           Und brennt,
Den Glanz bewundert, doch der Glut entrinnt.
Der Schatten sind genug. Im Notfall hilft
Ein wenig Galle, die das Glied abstillt.

Love's Alchemy

Some that have deeper digged love's mine than I,
Say, where his centric happiness doth lie:
   I have loved, and got, and told,
But should I love, get, tell, till I were old,
I should not find that hidden mystery;
   Oh, 'tis imposture all:
And as no chemic yet the elixir got,
   But glorifies his pregnant pot,
   If by the way to him befall
Some odoriferous thing, or medicinal,
   So, lovers dream a rich and long delight,
   But get a winter-seeming summer's night.

Our ease, our thrift, our honour, and our day,
Shall we for this vain bubble's shadow pay?
   Ends love in this, that my man,
Can be as happy as I can; if he can
Endure the short scorn of a bridegroom's play?
   That loving wretch that swears,
'Tis not the bodies marry, but the minds,
   Which he in her angelic finds,
   Would swear as justly, that he hears,
In that day's rude hoarse minstrelsy, the spheres.
   Hope not for mind in women; at their best
   Sweetness and wit, they are but mummy, possessed.

Liebes-Alchimie

Wer tiefer grub im Liebes-Schacht als ich,
Mag sagen, wo ihr Schatz an Freuden liegt.
  Ich hab geliebt, gerafft, gezählt,
Doch lieb, raff, zähl ich, bis die Kraft mir fehlt,
Das heilige Mysterium find ich nicht.
  Ach, lauter Gaukelspiel!
Fand auch kein Elixier der Alchemist,
Den trächtigen Tiegel lobpreist er gewiß,
  Wenn auf dem Weg zum hohen Ziel
Ein Tropfen Duft, ein Heiltränklein abfiel.
So hat sich Liebe lange Lust erdacht
Und erntet winterkalte Sommernacht.

Geb ich denn alles, Zeit, Gut, Ruh und Ehr,
Für dieses eitlen Abgotts Schatten her?
  Ist dies der Sinn, daß mein Lakai
So glücklich liebt wie ich, wenn er dabei
Sich in des Brautspiels rascher Schmach bewährt?
  Ein Liebesnarr, der schwört,
Es paarten sich nicht Leiber, sondern Geist,
Den er bei seiner Liebsten himmlisch heißt,
  Schwört auch, daß er im Lärmgeplärr
Der Hochzeitsfiedeln Sphärenklänge hört.
Hoffst du auf Geist bei Weibern? Was dir bleibt
Von Reiz und Witz im Akt, ist Mumienfleisch.

Andrew Marvell

The Picture of Little T. C. in a Prospect of Flowers

See with what simplicity
This nymph begins her golden days!
In the green grass she loves to lie,
And there with her fair aspect tames
The wilder flowers, and gives them names:
But only with the roses plays;
      And them does tell
What colour best becomes them, and what smell.

Who can foretell for what high cause
This Darling of the Gods was born!
Yet this is she whose chaster laws
The wanton Love shall one day fear,
And, under her command severe,
See his bow broke and ensigns torn.
      Happy, who can
Appease this virtuous enemy of man!

O, then let me in time compound,
And parley with those conquering eyes;
Ere they have tried their force to wound,
Ere, with their glancing wheels, they drive
In triumph over hearts that strive,
And them that yield but more despise.
      Let me be laid,
Where I may see thy glories from some shade.

Bildnis der kleinen T[heophila] C[ornwall] in einer Landschaft mit Blumen

    Sieh doch, wie sanft und frohgemut
    Beginnt dies Kind die goldne Zeit!
    Wie es im grünen Grase ruht,
    Wildblumen lächelnden Gesichts
    Zahm macht und ihnen Namen gibt,
    Doch spielt nur mit der Rosen Reiz
           Und rät dazu,
    Was für Farbe sie kleidet, was für Duft.

    Wer ahnt, zu welchem hohen Zweck
    Der Götterliebling zu uns kam?
    Wie bald wird ihr keusches Gesetz
    Dem dreisten Amor zum Gericht:
    Sein Banner fällt, sein Bogen bricht,
    Berührt von ihrer strengen Hand.
           O selig, wer
    Solch tugendreichen Männerfeind bekehrt.

    Vorsorglich räum ich drum das Feld,
    Paktiere mit der Augen Macht,
    Eh sie erprobt, was Wunden schlägt,
    Eh noch ihr Sonnenwagen stolz
    Beherzte Herzen überrollt,
    Den höhnend, der sich feig ergab.
           Abseits und frei
    Wohn ich im Schatten deinem Glanze bei.

Meantime, whilst every verdant thing
Itself does at thy beauty charm,
Reform the errors of the spring;
Make that the tulips may have share
Of sweetness, seeing they are fair;
And roses of their thorns disarm:
      But most procure
That violets may a longer age endure.

But, O young beauty of the woods,
Whom Nature courts with fruits and flowers,
Gather the flowers, but spare the buds;
Lest Flora angry at thy crime,
To kill her infants in their prime,
Do quickly make the example yours;
      And, ere we see,
Nip in the blossom all our hopes and thee.

Indessen, während alles Grün
Sich froh an deiner Schönheit labt,
Mußt du den Frühling selbst erziehn:
Den Tulpen werde auch ihr Teil
An Süße, die der Schönheit gleicht;
Und Rosen brich den Stachel ab:
      Vor allem sieh,
Daß unsren Veilchen längeres Leben blüht.

Doch, zarter Zauber der Natur,
Die dich mit Frucht und Blüten ehrt,
Nicht Knospen brich, die Blüten nur,
Daß Flora, durch dein Tun gereizt,
Den Tod der Kinder vor der Zeit,
Ihr Los zu deinem nicht verkehrt
      Und wie der Wind
Dich, unsere Hoffnung, um die Blüte bringt.

The Coronet

When for the thorns with which I long, too long,
   With many a piercing wound,
   My Saviour's head have crowned,
I seek with garlands to redress that wrong:
   Through every garden, every mead,
I gather flowers (my fruits are only flowers),
   Dismantling all the fragrant towers
That once adorned my shepherdess's head.
And now when I have summed up all my store,
   Thinking (so I myself deceive)
   So rich a chaplet thence to weave
As never yet the King of Glory wore:
   Alas, I find the serpent old
   That, twining in his speckled breast,
   About the flowers disguised does fold,
   With wreaths of fame and interest.
Ah, foolish man, that wouldst debase with them,
And mortal glory, Heaven's diadem!
But Thou who only couldst the serpent tame,
Either his slippery knots at once untie;
And disentangle all his winding snare;
Or shatter too with him my curious frame,
And let these wither, so that he may die,
Though set with skill and chosen out with care:
That they, while Thou on both their spoils dost tread,
May crown thy feet, that could not crown thy head.

Die Krönung

Wenn statt der Dornen, die ich lange blind
  Mit stachelbitterer Hand
  Dem Herrn zur Krone wand,
Die Schuld zu lindern, ich ihm Kränze bind,
  Geh ich durch Gärten, geh durch Wiesen,
Zu pflücken — meine Ernte — was da blüht,
  Und plündre, was ich selbst gefügt,
Duftenden Kopfputz meiner Schäfer-Liebsten.
Nun, da ich meine Fülle froh betrachte,
  Und glaub (oh Wahn), ein Diadem
  Daraus zu flechten, schön, so schön,
Wie es keiner je dem Ruhmeskönig brachte,
  Muß ich, weh mir, die Schlange sehn,
  Die heimlich, mit gescheckem Leib,
  Züngelnd die Blütenpracht umfängt
  Als Band von Glanz und Eitelkeit.
Ich Narr! soll dieser Erden-Afterruhm,
Tand nur, der Himmelskrone Abtrag tun?
Du aber, einziger Schlangen-Überwinder,
Entflechte ihrer glatten Knoten Bund;
Entschling mir rasch dies tückische Gewirr,
Oder zerschlag mit ihr das Kunstgebinde:
Laß alles welken, geht sie nur zugrund,
War es auch wohlgewählt und fein gewirkt;
Daß, trittst Du beider Reste in den Staub,
Den Fuß Dir krönt, was Deiner Stirn nicht taugt.

Fritz Arnold

William Blake: *Sprüche der Hölle*

Zur Saatzeit lerne; zur Erntezeit lehre; im Winter genieße.

Zieh deinen Karren und deinen Pflug über die Gebeine der Toten.

Der Pfad der Ausschweifung führt zum Palast der Weisheit.

Klugheit ist eine reiche, häßliche alte Jungfer, der von der Unfähigkeit der Hof gemacht wird.

Wer begehrt, aber nicht handelt, erzeugt Pestilenz.

Der zerschnittene Wurm verzeiht dem Pflug.

Tauche den, der Wasser liebt, in den Fluß.

Ein Tor sieht nicht denselben Baum, den ein Weiser sieht.

Wessen Angesicht kein Licht gibt, kann niemals ein Stern werden.

Die Ewigkeit ist verliebt in die Werke der Zeit.

Die geschäftige Biene hat keine Zeit für Kummer.

Die Stunden der Torheit mißt die Uhr; aber die der Weisheit kann keine Uhr messen.

Alle gesunde Nahrung wird ohne Netz oder Falle gefangen.

Bestimme Zahl, Gewicht und Maß in einem Jahr des Mangels.

Kein Vogel steigt zu hoch, wenn er mit eigenen Schwingen fliegt.

Ein Toter rächt kein Unrecht.

Die erhabenste Handlung ist, einen anderen vor sich setzen.

Wenn der Tor auf seiner Torheit beharrte, würde er weise.

Torheit ist der Mantel der Schurkerei.

Scham ist des Stolzes Mantel.

Gefängnisse sind aus Steinen des Gesetzes, Bordelle aus Ziegeln der Religion gebaut.

Der Stolz des Pfaus ist die Herrlichkeit Gottes.

Die Geilheit des Bockes ist die Güte Gottes.

Der Zorn des Löwen ist die Weisheit Gottes.

Die Nacktheit des Weibes ist das Werk Gottes.

Überströmender Kummer lacht. Überschäumende Freude weint.

Das Brüllen der Löwen, das Heulen der Wölfe, das Toben der stürmischen See und das zerstörende Schwert sind Teile einer Ewigkeit, die zu groß ist für das Auge des Menschen.

Der Fuchs gibt der Falle die Schuld, nicht sich selbst.

Freuden schwängern: Leiden gebären.

Laß den Mann das Fell des Löwen tragen, das Weib das Vlies des Schafes.

Dem Vogel ein Nest, der Spinne ein Netz, dem Manne Freundschaft.

Der selbstsüchtige, lächelnde Tor und der starrsinnige, mürrische Tor sollen beide für weise gehalten werden, auf daß sie eine Rute seien.

Was nun bewiesen ist, war einst nur geahnt.

Die Ratte, die Maus, der Fuchs, der Hase bewachen die Wurzeln; der Löwe, der Tiger, das Pferd, der Elefant bewachen die Früchte.

Die Zisterne bewahrt; der Brunnen fließt über.

Ein Gedanke füllt die Unermeßlichkeit.

Sei immer bereit, deine Meinung zu sagen, und der Gemeine wird dich meiden.

Alles, was geglaubt werden kann, ist ein Abbild der Wahrheit.

Der Adler verlor niemals so viel Zeit, als er sich herabließ, von der Krähe zu lernen.

Der Fuchs sorgt für sich selbst; aber für den Löwen sorgt Gott.

Denke am Morgen. Handle am Mittag. Iß am Abend. Schlafe zur Nacht.

Der es zuließ, daß du ihn hintergingst, kennt dich.

Wie der Pflug Worten folgt, so belohnt Gott Gebete.

Die zornigen Tiger sind weiser als die dressierten Pferde.

Erwarte Gift von stehendem Wasser.

Du weißt nicht, was genug ist, bevor du nicht weißt, was mehr als genug ist.

Hör auf des Narren Tadel! Er ist ein königlicher Titel!

Die Augen aus Feuer, die Nüstern aus Wind, der Mund aus Wasser, der Bart aus Erde.

Der an Mut Schwache ist stark an Verschlagenheit.

Der Apfelbaum fragt niemals die Buche, wie er wachsen, noch der Löwe das Pferd, wie er seine Beute jagen soll.

Der dankbare Empfänger erhält eine reiche Ernte.

Wären nicht andere töricht gewesen, wären wir es.

Eine Seele voll süßer Wonnen kann niemals befleckt werden.

Siehst du einen Adler, dann siehst du einen Teil des Geistes: erhebe dein Haupt!

Wie die Raupe die reinsten Blätter wählt, um ihre Eier darauf zu legen, so legt der Priester seine Flüche auf die reinsten Freuden.

Eine kleine Blume zu schaffen ist die Arbeit von Weltzeitaltern.

Verdamme Bindungen. Segne Lockerungen.

Der beste Wein ist der älteste, das beste Wasser das jüngste.

Gebete pflügen nicht! Lobsprüche ernten nicht!

Freuden lachen nicht! Schmerzen weinen nicht!

Das Haupt Erhabenheit, das Herz Leidenschaft, die Geschlechtsteile Schönheit, die Hände und Füße Ebenmaß.

Was die Luft dem Vogel oder die See dem Fisch ist Verachtung dem Verächtlichen.

Die Krähe wünscht alles schwarz, die Eule alles weiß.

Überfluß ist Schönheit.

Würde der Löwe vom Fuchs beraten, wäre er verschlagen.

Regeln schaffen gerade Wege; aber die gewundenen Wege ohne Regeln sind Wege des Genius.

Eher sollst du ein Kind in seiner Wiege ermorden, als untätig Begierden nähren.

Wo der Mensch nicht ist, ist die Natur öde.

Die Wahrheit kann niemals so verkündet werden, daß sie verstanden, aber nicht geglaubt wird.

Genug oder zuviel.

Friedhelm Kemp

Joseph Joubert: »Hohle Gedanken ...«

Joseph Joubert, Sohn eines Arztes in Montignac (Périgord), lebte von 1754 bis 1824; meist ohne Amt, von Büchern und Freunden umgeben. Als jungen Mann finden wir ihn in der Nähe des alten Diderot und Restifs de la Bretonne, in dessen Frau er sich verliebte. Während der Revolution kurze Zeit Friedensrichter in seiner Vaterstadt, heiratete er 1793 und ließ sich in Villeneuve-sur-Yonne als Privatier nieder. Ab 1800 gehört er in Paris dem Freundeskreis um Madame de Beaumont an, zusammen mit Fontanes, Bonald, Chateaubriand, Madame de Staël und Madame de Vintimille. Veröffentlicht hat er so gut wie nichts; er schrieb Briefe, lange, schöne, wundervolle Briefe, und er notierte, fast Tag für Tag, in kleine Hefte, auf lose Zettel seine Einfälle, Meditationen, Entwürfe zu Essays und Traktaten; Aphorismen, Fragmente, Aperçus, einzelne Sätze, halbe Sätze, Stichworte; abseits, neben der Zeit ... Die Greuel und Grausamkeiten der Revolution hatten ihn, wie er sagt, aus der wirklichen Welt verscheucht.

Joubert wußte, er hatte etwas zu sagen. In Aufzeichnungen des noch nicht Dreißigjährigen über das »allgemeine Wohlwollen« liest man auf einem Zettel: »Wenn ich sterbe und einige verstreute Gedanken über wichtige Gegenstände hinterlasse, so beschwöre ich im Namen der Menschheit diejenigen, in deren Besitz sie gelangen, nichts darin zu unterdrücken, was von der allgemein üblichen Denkart abweichen sollte. Ich habe mein ganzes Leben lang die Wahrheit geliebt. Ich habe Grund zu denken, daß ich ihrer über machen bedeutenden Gegenstand ansichtig geworden bin. Eines dieser Worte vielleicht, die ich hier eilig aufs Papier geworfen ...« Und etwa um die gleiche Zeit (November 1793) heißt es in einem Brief an seinen Freund Fontanes: »Ich liebe die Weiße des Papiers mehr denn je, und all meine Sorgfalt soll hinfort nur den Dingen gelten, die es wert sind, auf Seide geschrieben oder in Erz gegraben zu werden. Ich habe mich auf zwei oder drei Träumereien eingelassen, die zu verfolgen mich erschöpft. Eines Tages werde ich mitten in einem schönen Satz oder ganz von einem schönen Gedanken erfüllt den Geist aufgeben. Das ist um so wahrscheinlicher, als ich seit einiger Zeit damit beschäftigt bin, Unausdrückbares auszudrücken.«

1838 erschien als erste Veröffentlichung aus Jouberts Nachlaß ein schmaler Band *Recueil des pensées*, den Chateaubriand besorgt hatte; 1842 folgte, von Paul de Raynal nach Themen geordnet, stilistisch bearbeitet und auf Abrundung zugestutzt, ein umfangreicherer Auswahlband *Pensées, essais et maximes*, der fast ein Jahrhundert hindurch immer wieder neu aufgelegt wurde. Erst 1938 erschienen dann, postum, die von André Beaunier in lebenslangen Mühen aus den Handschriften transkribierten und kollationierten *Carnets* in ihrer Gesamtheit, zu denen jedoch ein Kommentar und gründliche Register bis heute fehlen.

Joubert ist zweimal ins Deutsche übersetzt worden: von dem spätromantischen Puppenspieldichter Franz Graf Pocci (1851) und von Fritz Schalk in der »neuen Folge« seiner »Französischen Moralisten« (1939), wo er neben dem Abbé Galiani und dem Prince de Ligne steht. Beide Übersetzer halten es mit Raynal, dem sie auch weithin folgen: sie ordnen Jouberts »Aphorismen« aus einem Zeitraum von über dreißig Jahren nach Leitworten. Behandeln also diese Aufzeichnungen wie Mosaiksteine, die man zu Mustern zurechtlegen kann, zu einem Bild, in das sie den Leser hineinversetzen, durchaus dankenswerter Weise. Und ganz in Jouberts Sinne. Denn was zu schreiben er sich zeitlebens vornahm und wozu wir auch gelegentlich Vorstufen, Skizzen, Schemata besitzen, waren kleine abgeschlossene Abhandlungen, Traktate, Essays. Nur daß, sobald er sich an die Ausführung machte, rasch etwas verloren ging, das er doch selber für das Wichtigste hielt: Raum, Luft, Bewegung. Verloren ging seine Sonderart, das Besondere seiner Erfahrung im Umgang mit den Wirklichkeiten des Geistes und ihrem Niederschlag in Wort und Schrift; etwas kam dabei zu kurz, das mit seiner klassizistischen Geschmacksgewöhnung in ärgerlichem Widerspruch stand: das Bedürfnis, ja mehr, der Imperativ, alles Gedachte, um der Genauigkeit willen, in Schwebe zu halten.

Versucht man, was nicht leicht ist, sich beharrlich durch die über neunhundert Quartseiten der *Carnets* in ihrer chronologischen Folge hindurchzubringen, so kann es einem vorkommen, als sei man in ein spätwinterliches oder vorfrühlingshaftes Schneegestöber geraten, wo Flocke um Flocke, zart ausgesternt, vorbeitreibt und am Boden erlischt. Das Erfreuliche (und Bekömmliche) in diesem Treiben ist sicherlich kein einzeln Greifbares, sondern das diese sachten Wirbel Regierende. Und greift man hinein, wie sollte man der Versuchung widerstehen, die Flocken selber mit seinen Händen ein wenig mitzubewegen? Zu einer kleinen Demonstration, einem

Exerzitium in Winken und Verweisungen. Das läuft dann wohl in verschiedenen Registern, doch alles auf dem einen Virginal von Flocken und Wind: drei Axiome einer platonisierenden Theosophie, als Introduktion; einige Folgerungen daraus für Physik, Ethik, Sprache, Autorschaft und Stil. Das Ganze als eine Einladung gedacht, Welt und Leben einmal aus einem anderen Punkt anzusehen, in einer anderen Beleuchtung; durch dieses Temperament und in seiner Temperatur.

Joubert: »*Dieu est Dieu; le monde est un lieu; la matière est une apparence...*«

»Gott ist Gott.« Er ist der Grund und die Fülle, er allein *ist*; und er ist Geist, ungreifbar, unsichtbar; die Wirklichkeit alles Wirklichen; das Wirkende in allem.

»Die Welt ist ein Ort«, eine Stätte, ein Aufenthalt, ein Behälter; Raum, Weite, ein Ausgedehntes. Joubert widerspricht, wie gleichzeitig Franz von Baader, jenem alten und neuen Philosphem, wonach die Materie »die unmittelbare, einzige und erste Production Gottes sei«.

»Die Materie ist ein Schein«; etwas, das in diesem ersten Ausgebreiteten erscheint. (Dasselbe, letzten Endes, wie das, was in der Fachsprache der Philosophie Phänomen heißt.)

> Hierhin gehört Oetingers Auslegung des Wortes »Raum« in seinem »Biblischen und Emblematischen Wörterbuch« (1776): »David sagt in dem letzten Psalmen: Man solle den HErrn loben in dem Raum seiner Stärke. Dieser heißt *Rakia* und muß eben das sein, was Newton *Spatium*, heißt, *Sensorium Dei*, das Fühlungs-Werkzeug Gottes, womit er alles nicht nur sieht, sondern fühlt, was unter den Erdbürgern vorgeht... Diese Gedanken sind einem jeden Menschen, wenn er in sich geht, leicht, denn in Gott leben wir, wir bewegen uns und sind in ihm. Gottes substantielle oder wesentliche Allgegenwart ist dieser Raum; davon Moses sagt (Psalm 90): Adonai, du bist uns gewesen eine Bleibstätt von Geschlecht zu Geschlecht, wir waren in dir als unserm Raum, ehe die Berge und Welt geworden... Die Weltweisen wollen sich Gott bildlich und mechanisch vorstellen durch Praeformation, aber sie müssen ein anderes ABC lernen. Die geistliche Welt hat sich mit in die Schöpfung einergeben, *Mundus intelligibilis* hat sich *sensible* gemacht... Die äußere sichtbare Welt ist nicht gewesen in einer Praeformation, sondern im Raum. Da alle Dinge in der Weisheit in einem Spiel der Formen gestanden, in einer Gleichgültigkeit der Kräften, bis aus dem innern geistlichen Wesen, *Mundo intelligibili*, ein greifliches worden, welches von dem Vater der Lichter nach seinem Willen formiert wird...«

Joubert: »*Le monde a été fait comme la toile d'araignée...*« Die Welt ist gemacht worden wie das Spinngewebe. Gott hat sie aus seinem Schoß gezogen und sein Wille hat sie gesponnen, entfaltet und ausgespannt. Was wir das Nichts nennen, ist seine unsichtbare Fülle. Seine Macht ist ein Knäuel, doch ein substantieller Knäuel, alles enthaltend, unerschöpflich, der sich jeden Augenblick abspult und doch immer der gleiche, das heißt, immer ganz bleibt.

Um die Welt zu erschaffen, genügte ein Korn Materie, denn alles, was wir sehen, diese Masse, die uns erschreckt, ist nichts als ein Korn, das der Ewige bearbeitet hat. Seiner Nachgiebigkeit wegen, der Hohlräume wegen, die es enthält, und der Kunst des Werkmeisters wegen bietet dieses Korn in der Zier, die aus ihm hervorgegangen ist, eine Art Unermeßlichkeit.

Aber dieses Korn Materie, wo war es? Es war im Schoße Gottes, wo zu sein es nicht aufgehört hat.

Alles scheint uns voll; alles ist leer oder, besser gesagt, alles ist hohl. – Alles ist hohl; und die Elemente selber sind hohl. Gott allein ist voll.

Nur ein Korn Materie war nötig, um die Welt zu erschaffen. Doch es bedufte einer ganzen Welt, um eine Seele zu erschaffen. Das ist ein Werkstück, das nicht mit wenigem verfertigt wird.

Da bedarf es zuerst einer Hülle aus himmlischer Materie, um sie zu konfigurieren. Diese Hülle gilt es mit tausend anderen zu umkleiden und diese tausend anderen mit einem Leib. Und diesen Leib gilt es mit Luft zu umgeben, diese Luft mittels des Wassers mit feinem Dunst zu erfüllen, sie dessen, wenn dieser zu sehr sich verdichtet, mittels des Feuers wieder zu entledigen; es gilt dem Menschen etwas zu geben, worauf sein Fuß ruhen kann. Es bedarf der Erde, es bedarf des Meeres, es bedarf der Gestirne, es bedarf der Welt. Ich habe es gesagt: »Die Welt ist ein Ort.«

Wo ist die Welt? Sie ist in Gott. Gott trägt sie. Sie ist in ihm und schwimmt in ihm. Und die Materie? Alles ist eigentlich fast nur ein mehr oder weniger verdichteter und gehaltener oder mehr oder weniger freier und flüssiger Äther.

Da die Illusion der einzige Berührungspunkt ist, durch welchen es der Materie möglich war, die Seele zu berühren, darum erschuf sie Gott. Um dies zu bewirken, machte er als erstes einen äußerst feinen Stoff, der allen Sinnen unfaßlich ist und sie dennoch durchdringt.

Die Illusion ist in der Welt das, was die Metapher in unseren Reden ist. Wir sehen, wir fühlen, wir glauben nur mit Hilfe eines Scheines, der eine Realität anzeigt. »Er sprach zu ihnen in Gleichnissen«, und so auch handelt Gott. Sagten wir nicht, er sei der große Dichter?

Wenn ich sage: »Die Materie ist ein Schein«, so maße ich mir nicht an, ihre Wirklichkeit zu bestreiten, sondern im Gegenteil geht es mir darum, eine wahre Vorstellung von ihrer wirklichen Feinheit und Zartheit zu vermitteln.

Jeder Körper ist nur ein Häutchen (ich spreche von den Körpern, die sich bewegen und in denen eine Seele wohnt). Jede Tiefe ist nur ein Punkt. Jedes Gewicht ist das eines Strohhalms, eines Flaums — weniger noch.

Die Erde ist ein Punkt im Raum, und der Raum ist ein Punkt im Geist. Unter Geist verstehe ich hier das Element Geist, das fünfte Element der Welt, den Raum von allem, das Band aller Dinge, denn alle Dinge sind dort, leben dort, bewegen sich dort, sterben dort, werden dort geboren. — Der Geist: die letzte Umgürtung der Welt.

Einstmals sagte ich mir: Wenn man am äußersten Ende der Welt den Arm ausstreckte, wo hätte man dann die Hand? In Gott. Dort ja sind wir: *In ipso vivimus, movemur (moremur!) et sumus.*

Movemur. Alles dringt vor und weicht zurück in einer immateriellen Unermeßlichkeit, in der alles enthalten ist. Und die Ränder der Welt empfangen unaufhörlich einen neuen Umriß.

Jenseits der Körper, jenseits der Welten, jenseits von allem — jenseits und rings um die Körper, jenseits und rings um die Welten, jenseits und rings um alles sind Licht und Geist. Ohne den Geist, ohne den elementaren Geist, wäre alles voll und nichts durchdringbar; es gäbe weder Bewegung, noch Kreislauf, noch Leben.

Religion. Von dem Zuviel. — Das Genug enthalten in dem Zuviel: es ist sein Mark, es ist sein Saft. Es ist die Mandel selbst in ihren Hülsen, der Kern im Fruchtfleisch, das Fruchtfleisch in der Schale, die Kastanie in ihrem Strauch, in ihrer Distel, in ihrem Igel-, ihrem Stachelschweingehäuse.

Daß es, eigentlich zu reden, keine andere Substanz als den Geist gibt; daß der irdische Schein Akzidenz ist; daß was an dem Berührungspunkt zwischen den verschiedenen Dingen und uns entsteht (das heißt die Empfindungen, die Ideen, das Spiel oder die Illusion) nicht nur so wirklich ist wie der Feuerfunke, der zwischen einem harten Gegenstand und einem Kiesel ausfährt, sondern noch eine Ziel-Wirklichkeit ist, um deretwillen die greiflichen Wirklichkeiten vorhanden sind; daß das unvollkommenste philosophische Kalkül dasjenige ist, welches eine solche Quantität nur als Null, unerheblich und zufällig erachtet.

Das Volle ist nur ein grober Schwamm. Drückte man ihn, ließe man die Leere daraus entweichen, er füllte nicht einmal mehr die Hand. Das Flüssige ist ein Dampf, der sich auf einen Tropfen reduzieren ließe; eine Wolke, ein Netzwerk ist das Bild des Vollen.

Ich habe gesagt, und es war recht gesagt: »Die Materie ist ein Schein.« Alles ist wenig und nichts ist viel. Denn was in der Tat ist die ganze Welt? Die ganze Welt, recht betrachtet, ist nur ein wenig kondensierter Äther, der Äther nur ein wenig Raum und der Raum nur ein Punkt, dem die Fähigkeit verliehen wurde, sich ein wenig auszudehnen, wenn er sich entwickelt hätte, der jedoch fast unausgedehnt war, als Gott ihn aus seinem Schoß hervorbrachte. Newton selber sagte: »Als Gott die Welt erschaffen wollte, befahl er einem Stück Raum, undurchdringlich zu werden und zu bleiben.«

Mit ihren Gravitationen, ihren Undurchdringlichkeiten, ihren anziehenden und abstoßenden und all den blinden Kräften, von denen die Gelehrten soviel Aufhebens machen, und mit ihren ungeheuren Massen, die unseren Augen solchen Schrecken erregen, — was anders ist die ganze Materie als ein ausgezogenes Metallkorn, ein ausgehöhltes Glaskorn, eine pralle Wasserblase, über die das Hell-Dunkel hinspielt; ein Schatten endlich, wo alles nur auf sich lastet, nur für sich undurchdringlich ist, nur sich, oder was seinesgleichen ist, anzieht oder festhält, und nur der äußersten Winzigkeit stark und unermeßlich erscheint, jener unendlichen Kleinheit der Portiunkel und Partikel dieses Alls, das fast nichts ist.

Welches Gewicht hat diese ganze Welt, wenn Gottes Hand sie wägt? welche Ausdehnung, wenn Gottes Blick sie umfaßt? Wenn er sie sieht, wie kommt sie ihm vor? und wenn er in sie eintritt, was findet er dort? Darum geht es.

Und die schrecklichste aller vorstellbaren Katastrophen, der Weltbrand, *la conflagration de l'univers*, wird er etwas anderes sein können als das Zerplatzen, das Knistern, das Aufleuchten eines Pulverkorns in der Flamme einer Kerze?

Gott zog seinen Odem zurück und die ganze Welt verschwand. Keine Bühne mehr, keine Spieler mehr, keine Zuschauer mehr; ein Rauch – der Rauch eines Hauches, die Wärme eines Hauches.

Idées creuses ... Hohle Gedanken. Schöne Bedeutung, die man diesem Ausdruck geben könnte, wenn man ihn im guten nimmt. Hohl, geräumig wie ein Palast, und nicht wie eine Höhle. Hohl, weiträumig; und man kann sie betreten, man wird Wunder darin finden, Reichtümer und Schönheiten, Erhabenheit und Anmut. Hohl und transparent wie kristallene Gefäße, die himmlische Essenzen enthalten. Hohl wie die Zedernsäulen, in die man Schätze einschloß.

Das Geräumige und das Leuchtende, zwei Merkmale des Schönen. Durch die Geräumigkeit der Stätte, des Ortes. Durch das Licht der Bewegung und des Lebens. Durch die Heiterkeit der Ruhe und der Beständigkeit.

Mit dem Geist und denkend schreiben. Von dem, was derart geschrieben wird, scheint sogleich ein stärkeres Leuchten auszugehen. Darin ist immer etwas Phosphorisches, etwas von jenem Phosphor, den ich meinte, als ich sagte: »Wenn der Finger des Dichters seinen Phosphor dort aufgetragen hat...«

Die Idee und die erste Form eines Werkes muß ein Raum sein, ein bloßer Ort, wo sein Stoff eine Stätte findet und sich ordnet, und nicht ein Stoff, den es unterzubringen und anzuordnen gilt.

Zuerst eine Leere schaffen, einen Ort, Vorbereiten und Heranführen. Darin liegt die ganze Kunst der Spannung.

Die Transparenz, das Durchscheinende, das fast Unstoffliche, das Magische: die Nachahmung des Göttlichen, das alle Dinge aus wenig und sozusagen aus nichts erschaffen hat: eines der wesentlichen Merkmale der Poesie.

Um Plato zu übersetzen, bedarf es eines reinen Stiles, doch soll er auch etwas Loses, Schleifendes haben. Seine Gedanken sind locker (haben wenig Körper). Zu ihrer Bekleidung genügt ein Schleier, eine Draperie (eine Wolke, ein Dunst), etwas Fließendes, Fliehendes. Schnürt man sie in ein allzu enges Gewand, so verunstaltet man sie.

Daß der Geist einer phantastischen Welt bedarf, wo er sich bewegen und ergehen kann. Und daß es ihm dort gefällt, nicht der Dinge wegen, die er dort vorfindet, sondern des Raumes, der Weite wegen. Denn für die Seele wie für den Körper ist Weite eine große Wohltat, eine große Schönheit.

Wenige Geister sind geräumig; wenige gar haben eine leere Stelle und bieten einen freien Platz. Fast alle haben ein enges Fassungsvermögen, das von einem Wissen in Anspruch genommen wird, welches die Zugänge verstopft. Welche Marter, mit vollen Köpfen zu reden, in die von der Außenwelt nichts mehr Einlaß findet! Um sich seiner selbst zu erfreuen und andern Genuß zu bereiten, sollte ein guter Geist sich stets größer erhalten als seine eigenen Gedanken. Und darum gilt es, ihnen eine nachgiebige Gestalt zu verleihen, die sich leicht ins Enge ziehen und ausdehnen läßt, kurz derart beschaffen, daß ihre natürliche Biegsamkeit erhalten bleibt.

Jede Art Geist, die unseren Charakter der Gefälligkeit beraubt, der Nachsicht und des Entgegenkommens, der Leichtheit im Umgang und Gespräch mit den andern, daß sie mit uns und mit sich selber zufrieden sind, ist eine schlechte Art Geist. Oder, in zwei Worten, jede Art Geist, die uns hindert, liebenswürdig und liebend zu sein, ist eine schlechte Art Geist.

Verbannt aus den Wörtern alle Zweideutigkeit, alle Unbestimmtheit; macht sie, wie manche wollen, zu unveränderlichen Chiffren: die Sprache hört auf zu spielen; folglich keine Beredsamkeit mehr, keine Poesie; alles Bewegliche und Veränderliche in den Regungen des menschlichen Gemüts bleibt ohne möglichen Ausdruck. Doch was sagte ich: Verbannt... Ich gehe noch weiter. Verbannt aus der Sprache jeglichen Mißbrauch, und es wird sogar keine Axiome mehr geben. Die Zweideutigkeit, das Ungewisse, das heißt die Geschmeidigkeit der Wörter, ist einer ihrer großen Vorzüge, der sie zu einem genauen Gebrauch verwendbar macht.

»Die Sprache hört auf zu spielen ... *il n'y a plus de jeu dans la parole* ...« Wörtlich: die Sprache hat keinen Spielraum mehr, ihre Gelenke sind erstarrt, ihre Scharniere blockiert; sie spielt nicht mehr, *non ludit*, doch auch: *non illudit*, sie umspielt nicht mehr, sie hat die Fähigkeit zur Anspielung verloren, ist außerstande, die Verfärbungen und Schattierungen dessen wiederzugeben, was Joubert *illusion* nennt. Hat man nur erste, ein für allemal festgestellte Wörter, so gelangt man nicht mehr zu jenem letzten Wort, auf das als ein neues es immerfort ankommt. »Das letzte Wort muß das letzte sein. Es ist wie eine letzte Hand, die der Farbe ihre letzte Nuance verleiht. – Nuance um Nuance, so bildet sich die Farbe. Transparenz um Transparenz.« Je länger, je langsamer, je bedachtsamer, desto geschmeidiger, desto leichter, desto lichter. Sinn ist nicht ohne solches Spiel der Farben, der Klänge und Echoklänge, der Bedeutungen und Nebenbedeutungen. — »Fontanes sagte heute abend etwas zu mir, das mir immer gegenwärtig sein soll: Rechtgedachtes genügt ihnen nicht, sie wollen immer die Tiefe ergründen; man muß vage Formen, unbestimmte Ausdrücke finden und präzise Dinge sagen.«

Die Weisen haben immer in Rätseln gesprochen: was uns ein Rätsel aufgibt, fördert unsere Belehrung; und wir lieben die Lehre, die wir daraus empfangen, weil wir sie selbst hervorgebracht haben. Die Lösung gehört dem Leser, der sie gesucht hat, wie dem Autor, der sie hineingelegt hat. Jede nackte und rohe Wahrheit hat die Seele nicht lang genug beschäftigt, wir haben sie nicht lang genug in unserem Kopf umgewälzt; die Einsicht hat sie nicht genügend geläutert; weder hat das Herz sie mit seinen Säften durchtränkt, noch die Einbildungskraft sie genugsam mit ihren Trachten geschmückt. Der Geist hat sie lediglich behauen oder gekantet wie ein Stück Holz, das die erste Hand von der Rinde befreit hat. Die Wahrheit, oder vielmehr die Materie, in der sie enthalten ist, muß wieder und wieder behandelt werden, bis sie Helle, Luft, Licht, Gestalt, Farbe usw. wird. Alles, was wir sagen, muß von uns, von unserer Seele durchfärbt sein; das ist eine langwierige Operation, aber sie verleiht allem Unsterblichkeit.

Die Stimme ist nicht nur Luft, sondern von uns geformte Luft, von unserer Wärme durchtränkt und, wie von einer Art Haut, von dem Dunst unserer inneren Atmosphäre umhüllt, aus der eine Art Ausfluß sie begleitet und ihr eine gewisse Konfiguration und gewisse Eigenschaften verleiht, durch die sie in den Geistern der anderen eine gewisse Wirkung hervorruft.

In unserem Stil (oder in unserer geschriebenen Sprache) muß Stimme sein, Seele, Raum, freie Luft, Worte, die allein aus sich selber Bestand haben und ihren Raum mit sich tragen.

Die Philosophie der Alten. Ich ziehe ihre Wolken unseren Kieselsteinen vor. Wenn man die Luft kondensiert und ihr einen Ort angewiesen hätte, wäre sie dann besser zu atmen! Der Geist bedarf der Dünste, des Subtilen und Flüchtigen.

Da er nichts Besseres gefunden hatte als die Leere, läßt er den Raum vakant.

1. Ein wenig von allem, nichts ganz nach Wunsch: das große Mittel, maßvoll, weise, zufrieden zu sein.
2. Sorge dafür, daß deinem Hause immer etwas fehlt, das zu entbehren nicht allzu peinlich ist und das zu wünschen dir Vergnügen macht.
3. Man soll sich in einem solchen Zustand und einer solchen Gemütsverfassung erhalten, daß man weder gesättigt werden noch unersättlich sein kann.
4. Wenn man alles hat, ist man zu voll.

Christian Enzensberger et al.

Weitergabe

»Reich Erlebtes lebendig bewahren« — Werner Vordtriede hat immer zu dem unschätzbaren und liebenswerten Menschenschlag der Weitergeber gehört: aus der Vergangenheit in die Gegenwart, aus fremden Literaturen in die unsere, aus Europa nach Amerika und, in einem ihrer bewegendsten und farbigsten Zeugnisse, aus der Emigration zurück ins Deutschland der Nachkriegsjahre. Kaum einer, der sich nach einer Begegnung mit ihm nicht innegeworden wäre, wieviel es für ihn, hielte er sich nur an den raschgefaßten Vorsatz, in entlegenen und vermeintlich eingestaubten Winkeln noch nachzulesen und nachzuentdecken gäbe...
Daher, als freilich höchst bescheidener Beitrag zur überfälligen Gegengabe, die Geschichte eines zeitgenössischen Neuyorker Autors, der einige Eigenschaften mit dem Adressaten teilt: den schnellen, nicht immer nur harmlosen Witz, das Hineinschlüpfen in mancherlei Masken, das eher spielerische als eingreifende Verhältnis zur Welt. Und wenn darin erzählt wird, wie gründlich das lehrende Weitergeben mißglücken kann — der Jubilar, dem diese Beobachtung sicherlich nicht unbekannt geblieben ist, wirds nicht übelnehmen: so jedenfalls glaubte die Studentengruppe, die zusammen mit mir den Text ins Deutsche gebracht hat, und fand es richtig, unsere Übersetzung ihm zu widmen.

*

Donald Barthelme

Die pädagogische Erfahrung

Von irgendwoher Musik. Es erklingt Vivaldis großes Werk *I semestri*.
    Die Schüler schlenderten an den Exponaten vorbei. Der Fischerkönig war da. Wir gingen zwischen den Errungenschaften der Industrie umher. Eine attraktive Gasturbine, hinter einem Samtseil. Die Hersteller schilder-

ten sich in ihren Schriften als »beharrlich und optimistisch«. Die Schüler gafften und glotzten. Sie mit Axtgriffen zu verprügeln ist nicht mehr gestattet, sie zu herzen und küssen ist nicht mehr gestattet, mit ihnen zu sprechen ist gestattet, aber nur in Ausnahmefällen.

Der Fischerkönig war da. *Pathologie Aktuell* von Spurry und Entemann nennt den König eine »klinische Wesenheit von zweifelhafter Existenz«. Aber Spurry und Entemann haben ihn auch noch nie aufgegabelt, soweit man weiß. Informationsübermittlung von der Welt zum Auge ist gestattet, falls ein unterschriebener Treueid auf die Welt, aufs Auge und auf *Pathologie Aktuell* vorliegt.

Wir gingen weiter. Die zwei Haupttheorien über die Weltentstehung, Evolution und Schöpfung, wurden von Gruppen ihrer Anhänger verfochten, die Anstecker, Luftballons, Autoaufkleber und Splitter des Wahren Kreuzes verteilten. An den Wänden Fotos von Strumpfmasken. Dem sichtbaren Universum ging es blendend, fanden wir, bei soviel Bewegung, fließendem Wandel — ungeschmälerte Lebenskraft. Wir ließen die Schüler eigenartige Zahlen addieren, Dinge wie 453498*23:J und 8977-?22MARIE. Das war Teil der pädagogischen Erfahrung, sagten wir ihnen, und noch nicht einmal der schwerste — nur ein Aspekt eines vielgestaltigen Bemühens.

Aber was für wunderbare Zeiten stehen euch bevor, sagten wir ihnen, wenn die Erfahrung vorüber, vorbei und abgeschlossen ist. Ihr werdet alle, sagten wir ihnen, schöner sein als jetzt, und außerdem leichter einstellbar. Dann habt ihr die Gesamtsituation im Griff, so wie die Gesamtsituation euch im Griff hat.

Das hier ist eine Diode, seht zu, was ihr damit anfangen könnt. Das hier ist Du Guesclin, Konnetable von Frankreich, 1370–80 — seht zu, was ihr mit ihm anfangen könnt. Ein Diwan ist entweder ein länglicher Polstersitz oder ein Staatsrat — findet heraus, wann er was ist. Sicher bekommt ihr eure gefährlichen Drogen, aber erst zum Nachtisch — vorher müßt ihr euren Spinat aufessen, vertilgt euren Tang.

Ach, waren sie glücklich, ihre Übungen hinter sich zu bringen, und wir mahnten sie, den Steiß einzuziehen, als sie unter dem Draht durchrobbten, der Draht war mit Zitaten gespickt, Tacitus, Herodot, Pindar... Dann galt es, die *steady-state*-Kosmologen Bondi, Gold und Hoyle im Bocksprung zu nehmen, die Schüler mußten sich von Baum zu Baum durch den Wald der Dunkelheit schwingen, sich an der Steilwand des MERZbaus abseilen, unbewaffnet zum Zweikampf mit der Van-de-Graaff-Maschine antreten, Strumpfmasken nähen. Kapiert? Ungeschmälerte Lebenskraft.

Wir machten vor einer Vogellunge auf einem Podest halt. »Eine Säugerlunge sieht aber anders aus!« riefen sie. »Ein einziger Schnaufer pro Hunderttausend der Bevölkerung ...« Gleich würde irgendein Blödmann nach »Taten« rufen und die Überlegenheit der Praxis über die graue Theorie anführen. Eine Vernichtungsaktion erfordert Nachdenken, Planung, Koordination, ausweislich unserer Aktennotiz vom 8.6.75. Klassische Drehbücher wurden in zweifelhafter Absicht über die Zerstörung heimischer sozialer und politischer Strukturen gespannt, ausweislich unserer Aktennotiz vom 12.9.75. »Glaubst du, daß intelligentes Leben außerhalb unseres Bettes existiert?« fragte eine Schülerin ihren Mitschüler, unschlüssig ob sie der Darbietung beiwohnte oder Teil von ihr war. Ungeschmälerte Lebenskraft, schon, obwohl —

Und Sergeant Preston aus dem Yukon war auch da mit seinem Sam-Browne-Gürtel, er kopulierte heftig, aber mit niemand, und das ist immer ein trauriger Anblick. Immerhin, es war »den Versuch wert« und insofern eine Erleuchtung — ein Glückwunsch an das sichtbare Universum zu seinem Sosein. Der Gruppenführer las aus einem zugelassenen Text: »Ich habe aus Pauken gegessen, ich habe aus Zimbeln getrunken.« Die Schüler johlten und klirrten beifällig mit ihren Speeren. Wir bemerkten, daß einige von ihnen sich in eine Ecke abgesetzt hatten und mit Tieren spielten, einem Steinbock, Kühen, Schafen. Wir wußten nicht, sollten wir ihnen das untersagen oder sie zum Weitermachen ermuntern. Zwickmühlen dieser Art sind in unserem Beruf nichts Ungewöhnliches. Worauf es ankommt, ist die pädagogische Erfahrung selbst — wie man sie überlebt.

Wir trieben sie weiter, so schnell wir konnten, aber das ist nicht einfach bei all den neuen Vorschriften und Einschränkungen. Die Kapelle der Gefahren ist jetzt eine Bombenplantage; sie bauen dort auf achttausend Morgen Guaven an, und ein paar hundert Mann weißscheckiger Rekruten stehen darin herum, mit Eimern voll Wasser, Eimern voll Sand. Wir durften nicht rauchen, das war ärgerlich, aber vermutlich auch notwendig zur Wahrung unserer grundlegenden Ideale. Dann brachten wir ihnen bei, wie man Marken auf Briefumschläge klebt, eine lange Warteschlange stand vor diesem Programmteil, wir hielten Vorträge über Gürtelschnallen, den Aus-Ein-Schalter und das Hinaustragen von Müll. Der Kluge versucht nicht zuviel auf einmal — kann sein, wir waren nicht klug.

Am besten lebt, wer nicht weiß, was ihn am Ende des Tages erwartet, wenn die Sonne untergeht und es Zeit wird, das Abendbrot zu richten. Die Schüler lächelten sich verstohlen zu. Gemein von ihnen, ihre Gefühle vor uns zu verbergen, die wir doch unser Bestes geben. Die Ermunterung, auf

Kosten rationaler Analyse in Gefühlen zu schwelgen, stellt bereits einen politischen Akt dar, ausweislich unserer Aktennotiz vom 9.11.75. Wir kamen an einen Stand, wo die Lehre von 1914 vermittelt wurde. Es gab ein paar wilde Erdbeeren dort, in der Blutlache, und jemand spielte leise Klavier, in der Blutlache, und der Fischerkönig fischte ohne große Hoffnung, in der Blutlache. Die Lache ist ein beliebter Treffpunkt für jüngere Leute, aber jünger sind wir nun einmal nicht mehr und gingen also schnell weiter. »Komm, laß uns zusammen leben«, sagte doch glatt jemand zu einem anderen, eine ausgefallene Idee, die rasch abgewürgt war — wir möchten nicht, daß Vorstellungen dieser Art Allgemeingut oder populär werden.

»Die Welt ist alles, was früher der Fall war«, sagte der Gruppenführer, »und jetzt wird es Zeit, wieder in den Bus einzusteigen.« Darauf stürzten alle Aufseher herbei und verlangten ihr Schmiergeld. Wir zahlten sie in wasserlöslichen Reiseschecks und hofften auf Regen, hofften auf Großmäuligkeit, Protzerei, Geschmetter, Geplärr, Getöse, Trara, Tusch.

Die vorstehende Übersetzung erscheint mit geringfügigen Abwandlungen auch in dem Band: Donald Barthelmy, Tolle Tage. Stuttgart (Klett-Cotta) 1985.

III

Rudolf Hirsch

»... einem unheimlichen Beruf verfallen«

Drei unveröffentlichte Briefe Borchardts an Hofmannsthal

Einer der wenigen Philologen, die Hofmannsthals Werk kennen und bewundern, zugleich aber den Rang Borchardts wahrnehmen und zu deuten imstande sind, ist Werner Vordtriede. Ihn zu ehren und vielleicht zu erfreuen, seien in der ihm gewidmeten Festgabe drei Briefe Borchardts an Hofmannsthal, die in der 1954 vorgelegten Sammlung nicht enthalten sind, veröffentlicht und so weit nötig dem Verständnis näher gebracht. Zwei Krisen unterbrachen die freundschaftlichen Beziehungen der beiden Dichter. Die erste entstand durch das Abbrechen der Rede Borchardts, in dem Hofmannsthal tiefere, ihn betreffende Gründe argwöhnte, die er vielleicht mit eigenem Zweifel an sich in hypochondrische Verbindung setzte, angesichts des Scheiterns und des inneren Bruches seines fünfaktigen Dramas *Das Bergwerk zu Falun* und des Mißglückens der *Pompilia*. Eine Bestätigung dieses Verdachtes findet sich in der am 15. Januar 1912 in Heidelberg gehaltenen Rede Borchardts *Die Neue Poesie und die Alte Menschheit*. Dort heißt es: »Es ist nicht immer, es ist auch mir nicht immer leicht gewesen, dem Wege unseres größten Dichters zu folgen, und Jahre hindurch habe ich fürchten müssen, die verehrte Gestalt Hugo von Hofmannsthals meinen Blicken ferner und ferner entschwinden zu sehen. Als Denkmal des tiefen Zweifels und Schwankens steht der Torso meiner Rede über ihn mit abgebrochener Wölbung.«

Die zweite Krise hängt mit Borchardts Beitrag für die Festschrift *Eranos* zusammen, die zu Hofmannsthals 50. Geburtstag erschien. Dieser nennt in seinem hart abwehrenden Brief vom 4. Februar 1924 den wahren Grund wie ein zusätzliches Motiv erst an letzter Stelle: die Festlegung auf das Jugendwerk. Hofmannsthal schreibt: »[...] es ist das mot d'ordre der böswilligen und sonst fatalen Litteraten geworden, mich auf mein Jugendœuvre festzulegen, und das, was ich seitdem geleistet habe, und was, *alles in allem, denn doch etwas ist,* frech und bewußt zu ignorieren. Du, in himmelweit verschiedener Gesinnung tust hier — bei diesem Anlaß! — im Effect dasselbe — aus himmelweit verschiedenen Gründen. [...] und wirfst dabei — was die Wertung meiner gesamten Leistung betrifft das ganze ungeheure Gewicht Deines Urteils und Deiner Diction — in die Waagschale meiner Gegner und Detrectatoren.«[1]

Erst 1928 und 1929 kam es zu erneuten Begegnungen und bald nach dem Tode Hofmannsthals erschienen verklärende, die Einheit des Werkes und die Einheit von Mensch und Werk verkündende Nachrufe. Den bekannten Texten soll hier ein Fragment hinzugefügt werden, das sich im Nachlaß Borchardts fand. Es lautet: »Er war so klar, daß er uns immer ein Geheimnis blieb. Er war so tief, daß er um mit uns zu hausen, in nichts anderes übergehen konnte als in Anmut. Unausdeutbares, unersättigendes, undurchdrungenes Menschenwunder eines gelebten Vierteljahrhunderts, vor dem man am letzten Tage so wie am ersten stand, beschenkt und doch nicht beruhigt und dann wieder still und stumm, mit dem Glücke, das Größere zu wissen, dem sich hingeben dürfen Religion ist. Immer wieder wird die Entbehrung und Sehnsucht der Nachwelt versuchen, das Undarstellbare darzustellen, Hofmannsthal zu schildern. Wo das Naive eine Stufe der Vollkommenheit ist, wie bei ihm und allem Klassischen, ist es unaussprechlich. Naiv in diesem hohen Sinne war sein Mutwille, aber auch sein Freimut, sein begeisterter Verstand, aber auch das bis zur Einfalt schlichte Gewand seiner Ahnung, naiv im heroischen Sinne die Jähheit seiner Leichtigkeit, mit der er die Wolke auseinanderschlagend, wieder auftrat ohne mehr Gefühl für Gefühl, als die Sonne für Schatten hat, die sie zerscheint. Nie in unserer Zeit u. nächsten Vorzeit ist ein dichterisches Werk so ohne Rest von einem Naturell getragen worden, entstammten die Urbestände dieses Naturells so organisch u. exemplarisch einer zeitlosen [...]«

Auch Hofmannsthal faßt einmal, in einem Brief an Rudolf Alexander Schröder vom 1. Mai 1927 sein inneres Verhältnis zu Borchardt rückblickend zusammen:

> Ich habe nachgedacht über die Verschiedenheit unseres Verhältnisses zu Borchardt und finde einen Schlüssel dazu in den Anfängen, die eben grundverschie-

---

[1] In einem Brief an Gerty von Hofmannsthal schrieb Borchardt am 9. November 1935, nachdem er um Abschriften der Briefe H.'s zu Zwecken der Archivierung gebeten war: »Die auf den Eranos bezüglichen — drei so viel ich weiß — sind damals bereits von mir stillschweigend ausgelöscht worden. Sie sind in einer vorübergehenden Trübung des Innern geschrieben worden und die Nachwelt soll nicht in kranken Tagen eines herrlichen Wesens spüren dürfen.«

den waren. Zu mir kam eines Tages (1902) ein Mensch ins Haus, der mir schon Gedichte geschickt hatte, blieb im Haus oder in der Gegend, redete viel mit mir, war bald maskiert, bald allzu leicht demaskiert, und war mir zwischen interessant und abstossend, aber niemals lieb. Ich rede von Borchardt. Dann verschwand das ungemütliche Wesen wieder, auf Jahre. Dichterisches hatte er mir in Rodaun einmal declamiert, aus einem Trauerspiel, das mir missfiel. Dann erst, nach Jahren, nachdem ich die Jugendgedichte, durch Heymel in die Hand bekommen hatte, und ihn (Borchardt) in Italien wiederfand, auch erkannte wie viel ihm der Zusammenhang mit mir bedeutete, bahnte sich etwas an wie ein Verhältnis von Gemüt zu Gemüt – das dann mit dem Aelter-werden an dem wachsenden Ernst aller Lebensbezüge Anteil hatte. Bei Dir, wenn ich nicht irre, verlief dies alles anders. Du fandest einen Dir fremden, einen kaum vergleichbaren Menschen, erfaßtest gleich sein Hohes und fühltest Dein Bestes von ihm erfaßt; ihr wurdet zuerst Freunde, ehe etwas dazwischen trat, und davon empfing das ganze Verhältnis für immer seine Weihe. Bei mir ist es anders; wenn ich ihn mit kälterem Blick wieder zeitweise anschaue, so falle ich nicht von einer Freundschaft ab, sondern ich finde mich zurückversetzt in die Wahrheit des ersten Gewahrwerdens, das bei mir meist über die ganze Zukunft entscheidet. Wo ich mich gegeben hatte, habe ich mich nie zurückgenommen. Aber mein Verhältnis zu Stefan George, wie das zu Borchardt gehören auf ein anderes Blatt; vielleicht aber habe ich beide zeitweise irregeführt – freilich ohne es zu wissen.

Bald nach Eberhard von Bodenhausens Tod am Ende des Krieges, ist Borchardt wie in einer Selbstbetäubung produktiv.[2] Er schreibt an Hofmannsthal in einem in diese Zeit gehörenden, nicht datierten Brief:

Mein lieber Hugo, Ich bin letzthin in Gedanken so viel bei Dir, dass ich nachrechnen muss um zuzugeben, dass es im Grunde stumm zwischen uns geworden ist. Wozu von meiner Seite die trostlose Postunsicherheit, diese Aufschübe, diese Verbringung und Verschleuderung, von dem Gedanken an die Zensur ganz zu schweigen, das meiste tut, und der greuliche Interimszustand, der uns verschiebt, indes wir zu verschieben wähnen, tut noch das Letzte. Was bei mir in den letzten Monaten, gerade in Hinsicht auf diesen Punkt, vorgegangen ist,

---

[2] Auch H. fühlte sich um die gleiche Zeit in unvorhergesehenem Maße produktiv. Er schreibt darüber an Pannwitz: »Mein eigentliches Ich, das Productive in mir ist viel stärker geworden als ich je hätte ahnen können. Alle Wege, die ich zu gehen habe angefangen mit zögernden unsicheren Schritten, liegen plötzlich gangbar vor mir. Aus einem vereinzelten Aufleuchten der Produktivität ist ein andauernder innerer Brand geworden.« Und an Schröder am 30. 12. 1919: »... Du wirst mich finden und wirst mich, hoffe ich, reicher und heiterer finden als Du mich je gekannt hast. Dies überrascht Dich vielleicht, und doch deutet es auf kein Geheimnis, auf nichts Überraschendes, sondern auf höchst Natürliches. Da ich diese fünf Jahre durchgestanden habe und an ihrem Ende den besten gütigsten Freund und fünf Monate später mein so geliebtes Vaterland verloren habe – und darüber nicht zu Grunde gegangen bin, wie sollte ich da anders als heiterer, freier und reicher geworden sein?«

Entscheidendes und tief Betreffendes, hoffe ich nun keinem Briefe mehr anvertrauen zu müssen, denn der unabsehbare Apparat der Chicane und Gegenchicane zur Erlangung von Reisepass und Visum, dessen es heut bedarf um mich nach Wien zu bringen ist von mir in die, allerdings kaum wahrnehmbare, Anfangsbewegung versetzt worden, so dass ich unter günstigen Gestirnen, in drei Wochen auf drei Tage dort zu sein hoffe. Das ist auch gewiss der Zeitpunkt, an dem Du selber wieder heimgekehrt bist. Wüsste ich nur eine gute Seele in Wien, die sich in dem Passbureau in der Elisabethstrasse dort mit der Nummer meines ausgefüllten Fragebogens einfinden und einen kleinen Druck ausüben könnte. Der gute Major Waldschütz hier bei Eurem K. M. Bevollmächtigten hat mir so dringend angeraten, das nicht zu versäumen. — Mein Lieber es ist eine so schöne Aussicht, einen Tag oder etwas wie einen Tag, unter solchen einfachen Himmeln und vor dieser guten Landschaft mit Dir zu haben. Du begreifst wie viel an der Aussicht auf diese Reise mich zwischen Hochgehendem und Abgespanntem hin und her ängstigt, und wie viel Dein Polar- und Achsenpunkt in einer solchen Rotation mir bedeuten muss. Zu den Erfahrungen der Wirklichkeit, die man erst in unserer Lebensmitte macht, gehört auch die, dass selbst die scheinbar vollkommensten *schwebenden* Verhältnisse zwischen Menschen nicht wirklich in die Schwebe zu bannen sind, sondern unvermutet Entscheidungen zugetrieben werden, durch die sie sich determinieren. Es liegt daran, dass die Zeit nicht nur fortschreitet, — das weiss jeder — sondern auch heranschreitet, das spürt man plötzlich wunderbar bis ins Mark. Zwischen diesen beiden gestaltenden Näherungen in die Mitte gefasst muss alles einmal zu Etwas werden oder zu Nichts werden, oder es begeht den grossen transcendenten Selbstmord und verlegt sich aus der Welt heraus in die Phantasie. Mehr darüber kann ich nicht sagen, meine letzten Zeiten waren nicht leicht aber nicht unwürdig. Ich bringe Dir Schönes mit, Neues neben Altem, damit Du einmal meine Constanz und Entschlossenheit zu loben findest, der Du sonst, soviel Du Gütiger an mir lobst, fast immer gleichzeitig hast klagen und fast ohne Hoffnung treiben müssen. Auch dies ist nun wie es sein soll. Eberhardts Hintritt hat in meinem Begriffe von Zeit und Frist eine erschütternde Epoche gemacht, und meine Beharrlichkeit und Weltgemässheit in der dichterischen Arbeit ist der einzige Ersatz für ihn geworden den ich in mir finde, eine Art in Religion fortgeführter Freundschaftsumgang mit ihm. Es ist herrlich wie ein starkes Herz so in Menschenherzen weiterwirkt, durch die immer tätige Kraft der Liebe, die Liebe hervorzurufen gewusst hat und immer weiter hervorruft, schafft, handelt, verwandelt. Möchte von uns ein Gleiches gelten dürfen, und einer später mein mit dieser Stätigkeit des tiefsten Dankes und Vertrauens gedenken, wie ich täglich seiner.

Damit will ich schliessen, so sehr der leere Raum mich verführt. Ich kann nicht den zwanzigsten Teil von dem zu sagen hoffen, was in mir im Flusse ist. Lass mich sobald es geht, eine Zeile über Deine Absichten haben, und sag den Deinen, wie unendlich ich mich freue, ihre Hände zu fassen — an jenen alten Plätzen, die ich heut so unbesorgt wieder betreten darf.

In alter Liebe Dein Bdt

Als Hofmannsthal durch Schröder via Ottonie Degenfeld von einer schmerzlich verwirrenden Krise Borchardts erfährt, schreibt er der Gräfin: »Bitte verlieren Sie nicht die Geduld über diese unglückliche zufällige Sache u. schreiben mir bald und helfen die paar Menschen[3] zusammenzuhalten«, und dann: »sein Hohes bleibt so völlig unberührt von alledem.«

Erst im November 1920 kommt es zu der von Borchardt so sehr ersehnten Wiederbegegnung in Wien. Am 22. Oktober hatte er an Hofmannsthal aus Bregenz geschrieben:

> Mein Lieber, Dein Brief hat Marel und mir die grösste Freude gemacht und meine Sorgen in vielem erleichtert. Wenn ich trotzdem den Gedanken an eine Besprechung – nur um eine solche zwischen zwei Zügen, nicht um einen Besuch handelt es sich – noch festhalte und die Passmaschine neuerdings in Bewegung setze, so bestimmen mich dazu weitgreifende Erwägungen, weit über akute Fragen eines opportunen Verhaltens gegen Reinhardt hinaus. Für den Leitfaden, den Deine grossen Erfahrungen und Dein Für-Blick in Menschen und Dinge mir mit Deiner Güte vermitteln, weiss ich den lebhaftesten Dank und werde ihn im möglichen Empirischen nicht ausser Augen lassen. Aber begreiflicherweise sind meine allgemeinen Besorgnisse über das, was demnächst und weiter aus Reinhardt wird, mit den Möglichkeiten und Chancen seiner Bühnenneuerungen und mit der Zukunft einer irgendwie noch originalen und irgendwie noch normal gespielten, verlangten, dargebotenen und aufgenommenen dramatischen Poesie in Deutschland – und in der Welt – verbunden – all dies Fragen, die meine wirtschaftliche Disposition zwar berühren, aber von ihr nicht erschöpft werden sondern nur im Zusammenhange meiner allgemeinen geistigen Disposition zu beantworten sind. Brieflich sind, wie mich eine Reihe neben mir geschrieben liegender Bogen überzeugt, diese Materien ohne Lästigkeit für Dich und Unbefriedigung für mich nicht auszuholen. Im höheren Empirischen ebenso wie im Niedern, und darüber hinaus im Ganzen der Disposition im Einverständnisse mit Dir zu handeln, halte ich für meine höchste Pflicht, und die Grundsätze dafür festzulegen, ehe weitere Zeit verstreicht, für eine der ernstesten Forderungen die die allgemeine Situation an uns stellt. Ich mag nicht in Allgemeinheiten verfallen, Du weisst wie ich, dass die in Dir und mir und dem unglücklicherweise von uns getrennten George unzerstört gebliebene Poesie unserer Völker – ausser den selbstverständlichen Grundkräften an die wir zu glauben fortfahren, – nahezu das Einzige ist, was die Katastrophe der gesamten übrigen staatlichen, sozialen, kulturellen, geistigen, und kurz generellen und spezifischen Nationali-

---

[3] Gemeint ist neben Borchardt R. A. Schröder. Am 15. Juni 1919 schreibt H. an diesen: »Furchtbar ist alles und beinahe unfaßlich, aber soll man sich nicht darüber erheben können? Wer ist denn meine Epoche – Du bist es und Borchardt, unser Gleichzeitig-sein, das müssen wir fassen, aus uns selber müssen wir die Welt uns machen, dann kann nichts uns an. Und ist das ganze ungeheuerliche Geschehen nicht danach angetan, diesen geheimen stolzen Gedanken aus uns herauszuwickeln? Mir ist: wenn wir unsere Situation erkennen, sind wir Herren über sie.«

tät auf beiden Füssen stehend überdauert hat, und wohl auf absehbare Zeit das Einzige sein wird in dessen Tiefen der Volksgeist sich rettet um sich allmählich aus seinen Tiefen wieder zu erneuern.[4] Ich träume nicht von Freiheitskriegen und schwarzen Jägern, traue mir völlige Klarheit über die Lage zu, denke nicht an direkte Einwirkung auf den mich umgebenden deutschsprechenden demoralisierenden Pöbel, den traurigen Rest unseres Reichs und Nationen, sondern rechne nur ganz langfristig mit dem typischen Vorgange der Generationenablösung. In meiner Produktion, den symbolischen Lösungen meines Seelenkampfes zu Gestalten, Konflikten und Führungen, Mythen und imaginierten Seelenumläufen – in meiner Conzeption der Welt als eines Kosmos der Formen in Natur, als eines Kosmos der Ideen in Humanität, in meinem Verhalten zur Gegenwart und Vergangenheit, Ermutigungen und Verweigerungen, in meiner Beziehung auf die Wissenschaften, die heut wie vor hundert Jahren nur durch die Poesie wieder ins Herz der Jugend zu tragen sind – meiner Beziehung auf die umgekehrt entartende Literatur die sich durch Anleihen bei der schematisierenden Wissenschaft (Soziologie, Psychologie, Psychoanalyse) entleibt und entseelt hat, – in allem diesem einer kommenden Generation ihre seelisch-sinnliche Verkörperung schon vorgebildet zu übergeben, diesem Ziele dient alles was ich seit dem Untergange der Nation getan habe, und thue, die Veröffentlichung meiner älteren Schriften, das Steigern meiner Vorlesungen, das Inbesitznehmen des Theaters – anderes worüber zu reden noch vorzeitig ist. Kommt es dazu, wie ich hoffe, dass um mich und das meine her sich wieder Häute und Gewebe bilden, die nicht Gemeinde und Côterie, nicht Partei und Conspiration, sondern Vorstufen der nationalen Wiederherstellung im Selbstgefühl, Selbst-Ernstnahme, und enthusiastischem Selbstanspruche sind, so wird ein Centrum der Anziehung, der Instanz und der Massstäbe geschaffen sein, das erstlich die bisherigen Instanzen auf ihren angemassten Sitzen vollends exautorisiert, dann aber und vor allem der Poesie das Urrecht vindiziert, das sie bei allen gebrochenen Völkern zeitweilig gehabt hat. (Italien von Foscolo bis zu Carducci, Deutschland von Schiller bis Uhland) [...] Unter solchen Umständen scheint es mir für die Gesamtheit und ihre Zukunft wichtiger dass Du und ich die gesamte Materie der Zeit einen Tag lang durchdringend besprechen und uns Abends mit gemeinsamen Entschlüssen trennen, als dass die Imbecillen und Gauner, die der Pöbel zu seinen »Aufbauministern« zu ernennen liebt, in gestohlenen Carossen und Hofwaggons zu einander fahren und sich mit wertlosen Geldlappen Staatsdiners bezahlen. Grillparzers berühmter Schrei an Radetzky »in Deinem Lager ist Oesterreich« ist eine Antiquität geworden seit die heiligen Bande von Gehorsam und Befehl im Namen

---

[4] Auch für H. hatte Georges Dichtung wieder große Bedeutung. An Pannwitz schreibt er: »Ein gewisses war immer zwischen mir und ihm, gleich vom ersten Augenblick an, aber die Größe seines Werkes ist mir nie einen Augenblick verloren gegangen, die Einzigkeit seines Schöpferischen und Prophetischen in der Sprache.« In einer Notiz vom August 1924 heißt es: »Die Offenbarung einer mächtigen Natur – es steht ein anderer Mensch vor uns als die Welt außerhalb kennt oder zuläßt: Ein Gebieter, vor dem die Blicke sich senken. ›C'était une transformation telle qu'on hésitait à en admettre la réalité.‹«

eines Höchsten nirgends mehr eine Stätte haben, in der sie bei uns Menschen und Führer verbinden – aber wenn irgendwo so wird an dem Tage an dem wir uns in Deinem Hause begegnen, dort und sonst nirgends Deutschland sein.

Du kennst meine alte Abneigung gegen den Begriff der »Schule«, Du erinnerst Dich, wie sehr ich schon bei jener unglücklichen Gründung des »Hesperus« dem Gedanken widerstrebt habe, eine »Organisation« Gleichgesinnter darstellen zu helfen, und dies Widerstreben jedem Gedanken an Wiederholungen jener belanglosen Publikation entgegengesetzt habe. Aber in der heutigen Lage wird es ein nationales Unglück und ein Irrmachen der Jugend, wenn wir beide nicht

1) in unserer Dianoia, allgemeinem Gesonnensein, den Zweifelnden und Zerissenen *sichtbar* sind und es bleiben,
2) dem ohne unser Dasein fast sicheren Untergang aller grossen geistigen Tradition und der Zerstörung ihrer Wirkungsmittel gegenüber uns mindestens indifferent zeigen,
3) wenn wir nicht in der Beurteilung aufhaltender und versöhnender, positiver und negativer Faktoren *consequent* und *einig* erscheinen
4) wenn wir nicht mit ruhiger Festigkeit und ohne ausdrücklichen Applomb durch die Einheitlichkeit unseres Verhaltens im Nötigen, die Abgestimmtheit unseres Verhaltens in Freien und Besondern darlegen, dass wir nicht nur zwei befreundete Autoren sind, bei denen Hand die Hand wäscht, als vielmehr der nicht entthronbare und nicht verjagbare Rest des Souverainen in Deutschland, der weder den Untergang acceptiert, noch sich dem Pöbel beugt, noch sich »geänderten Zeiten« accomodiert, und assimiliert, vom Feinde und Herostraten nicht erreichbar ist, weil er sich ins Göttliche gerettet hat, und das Göttliche ist sich nicht uneins.

Dein treuer Bdt

Dreieinhalb Jahre später kommt es zur *Eranos*-Krise, d. h. zur Trennung. Obwohl Hofmannsthal am 25. Februar 1924 seinen um Vergebung bittenden Brief mit den Worten beendet: »Sei mit gut, bleibe gesund, stark und jung, verbrenne den Brief, geh zu Schiff und denke in Liebe Deines Freundes«, verschärft Borchardts Antwort den Konflikt, indem er die *Neuen Deutschen Beiträge*, Hofmannsthals Zeitschrift, ein Organ nennt, »das weder uns noch das Publikum fördert und das ich meist mit Gleichgiltigkeit, manchmal mit Verdruß und heftigem Widerwillen lese«.

Hofmannsthal, der Borchardts Brief dank der Sorge seiner Frau nicht erhielt, wiederholt im September seine Bitte, ihm zu verzeihen, versucht zu erklären, was ihn nach der Lektüre jenes Aufsatzes dem physischen Erkranken nahe gebracht hatte. Borchardt erwidert: »Ich begreife, daß man, wie nicht ohne Leiden vergänglich so nicht ohne Schmerzen geschichtlich wird.«

Zweieinhalb Jahre vergehen, ohne daß Briefe getauscht werden. Dann, als Nadlers Berufung auf den Lehrstuhl nach München auf dem Spiele steht, wendet sich Borchardt an Hofmannsthal:

München, 25. März 1927.
Hotel Marienbad.

Lieber Hofmannsthal!
Verzeih bitte, wenn ich in einer ausserordentlich überanstrengten Zeit, in der mir, schon seit Tagen, kaum eine freie Minute bleibt, diesen Brief mit mechanischen Mitteln, statt mit der Hand an Dich richte, er müsste sonst voraussichtlich ungeschrieben bleiben. Du wirst ungefähr wissen, dass durch Munckers Tod, im Herbst vergangenen Jahres, der Münchner Lehrstuhl für deutsche Literaturgeschichte frei wurde, und eine darum besonders schwierige Lage entstand, weil mit Muncker gleichzeitig Sauer und Roethe, berühmte Hauptvertreter des gleichen Faches, gestorben waren, und der Aufgabe, den Prager, Berliner und Münchner Lehrstuhl gleichzeitig zu besetzen, ausser anderen Gründen der widerwärtigste Hader der Parteien und der Pedanten entgegenstand. Die Literaturgeschichte ist heut in Deutschland so arm, wie alle historischen Disziplinen. Sie hat nur zwei Männer ersten Ranges, ausser Nadler Unger, den Verfasser des schönen Buches »Hamann und die Aufklärung«. Die andern sind Schulmeister oder Schatten, darunter recht unwürdige.

Nadler, der als Süddeutscher und Katholik, als Entdecker der bayrisch-österreichischen Literaturgeschichte, (die es angeblich nicht gegeben hatte) und durch den schönen Nachweis der geschlossenen Volkskultur der Bayern in allen ihren Jahrhunderten, für den Münchner Lehrstuhl indiziert war, ist nicht einmal auf die Vorschlagsliste gekommen.

Ich versuche seit Jahren vergeblich, Vossler dazu zu bringen, dass er in Nadlers Literaturgeschichte den Blick wirft, von dem ich gewiss weiss, dass er festgehalten werden würde. Irgend ein unkontrollierbares akademisches Geklätsche hat ihm den bösen Blick für das Buch und den Mann gegeben, Launen und Grillen, von denen er sein reichliches Mass hat, und das nicht sehr grossartige Widerstreben gegen den Schein der Beeinflussung von aussen her, tun das übrige. Zudem ist mein Verhältnis zu ihm längst nicht mehr von der alten Wärme, aus Gründen, die keine Gründe sind, aber darum nicht weniger real, und wird gewiss, wenn es so weiter altert, ganz erfrieren.

Auf die Vorschlagsliste wurde nach langen Kämpfen der antipathische und eitle Bertram aus Köln gesetzt, daneben Petersen in Berlin und andere. Unger kam nicht in Frage, weil seine Manie der Friedlosigkeit, die ihn alle Semester nach neuen Rufen ambieren lässt, inzwischen allgemein bekannt ist und gegen ihn verstimmt. Die für Bertram fallende Entscheidung entstand nicht aus einem Gremium der Professoren heraus, sondern, höchst charakteristischer Weise, durch den Druck von Literaten. Thomas Mann, dessen genauester Freund Bertram ist, erschien in offiziellem Besuche bei Vossler und stellte die Kandidatur. Die Witwe des verstorbenen, schlechten, Literarhistorikers Litzmann, eine hier bekannte Literaturschwätzerin – auf Münchner Boden gewinnen solche im Grund gleichgültigen Figuren immer wieder kurzen Einfluss – vollendete durch ihre Clique den Druck, der den Ausschlag gab.

An mich hatte man sich sofort gewandt, um eine Unterstützung für Nadler zu erlangen. Die mir vorgeschlagenen Mittel einer Zeitungsbeeinflussung schienen mir teils unzureichend, teils des entgegengesetzten Effektes ganz sicher. Dennoch habe ich eine Schrift über Nadler begonnen, und würde sie in die Wege der Veröffentlichung geleitet haben, wenn nicht ein Besuch aus Deutschland mich über die Hoffnungslosigkeit dieser Kandidatur unterrichtet hätte. Zu den für Bertram wirkenden Kräften war hiernach die Tatsache zu nehmen, dass Vosslers eigentlicher Kandidat, zu meinem wahren Leidwesen, Gundolf geworden war – über dessen Beurteilung früher zwischen uns Einigkeit geherrscht hatte –, und dass Nadlers schärfster Gegner sein präsumptiver nächster Kollege, der Germanist Karl von Kraus ist, aus alter Rancune gegen Nadlers Lehrer Sauer; und was dergleichen Lappalien mehr sind. Unter diesen Umständen wollte ich weder Nadler noch mich einer ganz unnötigen Niederlage aussetzen, und teilte ihm dies mit den Motiven mit.

Plötzlich ist die Angelegenheit in ein neues Stadium getreten. Bertram, durch die unsinnigen Presseäusserungen zu seiner Berufung – da man hier nachgerade jede Skepsis und jede Scham, dem Worte und der Leistung gegenüber, verliert – ganz übermütig geworden, glaubte dem unterworfenen München vom hohen Pferde herab seine Bedingungen diktieren zu können. Das Gewährbare hätte das Ministerium, – die Katholiken der bayrischen Volkspartei – durch die Presse unsicher gemacht, wohl gewährt. Als ihnen dann klar wurde, dass ein ausländischer Literat sich aus dieser Münchner Professur nichts als eine hoch bezahlte Sinekure zu machen gedachte, um auf ihrem Diwan »schriftstellerisch tätig zu sein«, haben sie den Mut gefunden, Nein zu sagen, und Bertram, der sich die Rückwege verlegt hatte, blieb auf seinem hohen Pferde in Köln sitzen.

Dass dies der Ausgang einer auf Unrecht und Unklugheit aufgebauten Vornahme sein musste, liegt durchaus im Wesen so unrechter Handlungen, die schliesslich doch früher oder später, an der einfachen Wahrheit scheitern müssen.

Als ich vor einem Monat mit Schröder zusammen in Königsberg bei Nadler war, war dieser letzte Akt noch nicht gespielt. Wir verbrachten mit dem reinen herzlichen Manne zwei Tage wirklicher Freude und Beglückung, in denen dieser Münchner Widrigkeiten kaum gedacht wurde. Unser Eindruck sowohl von der geistigen Tiefe wie von der unbeschreiblichen Arglosigkeit und Innigkeit, wie schliesslich von dem wahren Heroismus eines einsamen Kämpfers, wie ich ihn freilich mir vermutet hatte, war übereinstimmend. Hierher zurückgekehrt, wohin Schröder mich begleitete, haben wir dann Vossler so ganz ohne Druck und Tendenz, wie es sich vor dem Scheitern der Bertram-schen Berufung verstand, berichtet. Schröders grosser Einfluss auf Vossler, (wie sich denn in dem Masse meiner Erkältung gegen ihn dort eine korrespondierende Erwärmung heraus gebildet hat) verfehlte seine Wirkung nicht. Wir hatten beide den Eindruck, dass er unsicher geworden sei und immerhin sich dazu entschliessen werde, dasjenige kennen zu lernen, was er mit so ungerechter Härte verhandelt und verurteilt. Inzwischen schafft die Bertramsche Ablehnung für alle diese positiven Besserungen der Lage eine ganz neue Basis. Es ist nicht mehr unmöglich, dass Nadler berufen wird. Dass er auf die Vorschlagsliste kommt, an zweiter oder dritter Stelle, ist sicher. Gundolf als Juden würde das Ministerium ablehnen. Unger fühlt sich in Göttingen relativ wohl. Brecht kann nach einem ungeschriebenen Gesetze unserer Praxis erst ein Jahr nach seinem Uebergange nach Breslau einen neuen Ruf erhalten. Es gibt niemanden mehr, auf den der Dépit gegen Nadler sich richten könnte um einen Trotzkandidaten aus ihm zu schaffen. Die Widerstände sind freilich die gleichen geblieben und liegen alle in der Eitelkeit, Dürre und Zersplitterung der fast ohne Ausnahme geringwertigen Mitglieder der Fakultät.

Ich selber muss mich völlig zurückhalten. Das Unglück will es, dass in der Züricher Neuen Schweizer Rundschau gerade eben eine umfangreiche Arbeit Nadlers über mich gedruckt wird, die mir aus durchsichtigen Gründen auf absehbare Zeit für alles, was ein öffentliches Eintreten heissen könnte, den Mund versiegeln muss. Aber auch ohne das würde ich aus vielen Gründen mich nicht für die indizierte Person halten. Ich habe hier soeben eine Rede gehalten, die auf starke Ablehnungen gestossen, daneben, wie das immer geht, starke Zustimmungen entbunden hat und meinen Namen wohl auf lange hinaus zu einem umstrittenen Parteinamen macht, der keiner Sache, für die er hergegeben wird, im praktischen Sinne frommt. Ueberhaupt aber verfüge ich beim deutschen Publikum, (– und nur auf das Publikum kann gewirkt, nur durch eine Stimmung im Publikum die Atmosphäre erzeugt werden, die von der Universität als Faktor zugegeben wird) –, ich verfüge beim Publikum über gar kein Ansehen, und in einer solchen Angelegenheit kann nur das höchste Ansehen, der ungeteilteste Name das zweifellose Gewicht angesetzt werden, auch um des ausserordentlichen Mannes willen, dem gedient werden soll.

Meine Bitte an Dich ist, Deiner Zeit und Deinen Arbeiten den Tag abzulisten, an dem Du Dich zu einigen Zeilen über Nadler bringst. Sie müssten in den Münchner Neuesten Nachrichten an hervorragender Stelle erscheinen. Es muss dem deutschen Volke das Gefühl gegeben werden, dass Winckelmannsche Unrechte, List'sche Unrechte, Kepplersche Unrechte nicht eine Signatur der deutschen Geistesgeschichte in alle Ewigkeit bleiben dürfen. Durch Jahre, bis auf den heutigen Tag, ist Nadler von keiner führenden literarhistorischen Zeitschrift ernsthaft besprochen worden. Dies grosse Werk wagt man totzuschweigen. Für die heldenhafte Art dieses Mannes, der in solchen Schreckenszeiten unter dem Drucke einer solchen Wirtschaftslage, die vergriffenen zwei Bände des Werkes nicht neu auflegt, sondern zu drei neuen umschreibt, für diese schöne deutsche Geste findet man in seinem Gefühle kein verehrendes Wort. Ich nehme an, dass Du diesen Vorgängen seit langem ebenso wie ich mit dem Gefühle einer Dich selber treffenden, persönlichen Kränkung gegenüberstehst. Aus dieser Gewissheit heraus äussere ich meine Bitte.

Ich selber beschränke mich auf stillere Bearbeitungen unter der Oberfläche und habe versucht, durch Zwischenpersonen auf das Binomium Cossmann-Hofmiller zu wirken, deren Einfluss auf das mittlere Lesepublikum hier ein ausserordentlich grosser ist und durch Cramer-Klett, den ich in wiederholten Besprechungen richtig zu dirigieren versuche, auf das Ministerium und die Partei.

Ich habe mich immer gefreut durch die uns Gemeinsamen zu hören, dass es Dir gut geht. Grüsse die Deinen und gedenke meiner   Dein Rudolf Borchardt

Hofmannsthal schrieb den von Borchardt gewünschten Aufsatz nicht, wohl aber am 11. April einen Brief an Vossler, in dem es heißt: »An Nadlers großer Literaturgeschichte — obwohl ich auch ihr Angreifbares weiß — kann ich nicht denken, ohne mich von Dankbarkeit durchdrungen zu fühlen. Der Gervinus und der Vilmar sind veraltet, ohne Nadler gäbe es für einen Menschen wie mich keine Gesamtdarstellung unserer Literatur, in die ich ohne Ärger hineinblicken könnte.«[5] An Borchardt schrieb er acht Tage zuvor: »Ich will mich anspannen, wie ich kann.« Borchardt dankt am 18. April in einem Schreiben aus München: »Was Du Wiegand und mir dazu secundo loco mitzuteilen die Freundlichkeit gehabt hast,[6] hat nicht nur meine vollständige Billigung, sondern ich würde es Dir selber vorgeschlagen haben, wenn ich mir hätte zutrauen können zu beurteilen wieviel persönliches Gewicht Du einer Démarche bei V. geben könntest und wolltest. So hast Du im Augenblick, wie mir scheint, alles zum besten gewandt. Vossler setzte sich gestern im Wirtshause an unsern Tisch, fing ganz munter von Deinem Briefe zu erzählen an, und verriet bald, halb in, halb zwischen den Worten, daß ihm (und den meisten anderen) niemand als Nadler übrig zu bleiben scheine. Unger, vertraulich sondiert, hat inzwischen abgelehnt. So darfst Du Dir, und uns, dazu Glück wünschen die große Wendung — denn sie ist eine Verkehrung der frühern Verhältnisse in ihr Gegenteil — in dieser folgenreichen Angelegenheit herbeigeführt zu haben, von der nur Segen ausgehn kann.«

Am 21. April schrieb Hofmannsthal an Walther Brecht:

Lieber Freund   Rodaun 21 IV. 27.
ich weiß meinen Brief seit über einer Woche in Vosslers Händen. Ich habe darin alles dargelegt so wie wir es besprochen hatten: Ihr Gespräch mit dem Berliner

---

[5] Vgl. Werner Volke, Hofmannsthal und Nadler in Briefen. Jahrbuch der Deutschen Schillergesellschaft Bd. XVIII. Stuttgart 1974. S. 84f.
[6] Gemeint ist ein Brief vom 10. April, veröffentlicht von Werner Volke, Briefe an Willy Wiegand und die Bremer Presse, Jahrbuch der Deutschen Schillergesellschaft Bd. VII. Stuttgart 1963, S. 165f.

Referenten, die Wendung, die dieser gebrauchte; Ihre Bereitwilligkeit, der bairischen Regierung entgegenzukommen, Ihre Sehnsucht nach der süddeutschen Landschaft u. dem süddeutschen Lebenselement, nachdem Sie sich mit diesen hier so verbunden hatten. Ich habe Manches aus eigenem hinzugefügt — so wie es mir Ihnen gegenüber ums Herz ist — sehr freimütig und eindringlich. — Sie wissen wie eigentümlich die Dinge sich zusammendrängten. Wenige Tage, bevor Sie zu mir kamen, hatten Borchardt, Wiegand u. Schröder an mich geschrieben, ich solle in den M.N.N. etwas über Nadlers Literaturgeschichte schreiben. Das würde, da meine Stimme jetzt doch viel gelte, wohl die Entscheidung zu N.'s Gunsten herbeiführen. Diesen Zeitungsaufsatz über eine solche Materie, und in Eile, hinzuschreiben war mir von innen heraus unlieb. So antwortete ich, ich würde den Aufsatz schreiben, wenn ich es über mich brächte, im andern Fall würde ich an Vossler selbst schreiben u. sein Vorurteil gegen Nadler zu brechen suchen, das er von andern übernommen hat, ohne auch nur je einen der Nadlerschen Bände aufgeschlagen zu haben. Bevor ich den Brief aus dem Kopf aufs Papier gebracht hatte, kamen Sie an. Ich hatte nun beides in einem Brief zu tun: meine Meinung über den Wert von Nadlers Arbeit, wie sie mir erscheint, zu sagen (die Sie ja aus unzähligen Gesprächen kennen) — und auf Ihre Candidatur hinzuweisen. Ich glaube ich tat es so, dass der Brief (wenn er beiden vorgelegen wäre) Nadler nicht hätte kränken können, und Ihnen eine volle Genugtuung gegeben hätte. Vossler brauchte mir nicht zu antworten. Es muss über meinen Brief Andeutungen gemacht haben, aber keineswegs genaue, denn zu meinem Erstaunen bekomme ich jetzt von Borchardt u. Wiegand Briefe, worin sie mir erfreut schreiben, es scheine ihnen durch meinen Brief an Vossler Nadlers Berufung ziemlich wahrscheinlich geworden zu sein. Doch meine ich, dass wir noch nicht am Ende dieser Dinge sind. Vielleicht haben Sie indessen vertrauliche Nachricht erhalten. In Freundschaft Ihr Hofmannsthal

Die Berufung Nadlers erfolgte nicht, den Lehrstuhl erhielt Walther Brecht, nicht zuletzt dank Hofmannsthals Intervention, die ihrerseits auf freundschaftlicher Verbundenheit beruhte.

Wenige Wochen vor seinem Tode, nach einem Besuch in der Villa di Bigiano schreibt Hofmannsthal, alles Erlebte in die Zukunft nehmend, an Marel Borchardt: »Borchardt und ich, wir sind einem unheimlichen Beruf verfallen, in einer unheimlichen Zeit, und es ist kein Wunder, wenn wir einander von Zeit zu Zeit wechselweise zu Gespenstern werden. Entscheidend ist nur, daß man aus diesem Zustand immer wieder herauskommt — und das ist der Segen solcher Begegnungen.«

Wilhelm Deinert

Der Turm

So war man zurückgekehrt, auf der durchreise, das lange tal herauf, und wusste es nicht zu sagen — man nannte Spanien, die Provence: länderstriche, wo gut weilen gewesen war — was einen herzog zu dieser terrasse und festhielt an diesem umblick, der hier in der mulde, dem die mulde zu füssen lag. Den strom, weinberge, die felsenstöcke — gab es woanders auch; dieses kreisen, umkreisen der augen und träumereien aber, das woanders ein verfliegen und fliehen ohne anhalt war, schien hier seinen flugraum zu finden zu unangestrengten ausgriffen nach seinem maass, der es in gestaffelte fernen je nach seinem übermut über sich hinaus verwies und wiederum zu sich selber zurücklenkte; gehalten und umgeführt von der nabe dort, die so sinnenhaft und gegründet in erschwinglicher steigung etwas über der augenhöhe, mit dem flussbett und traubenhängen bei fuss, den steinernen thronen, gewalten hinter-um sich geschart, in dem grauvioletten gemäuer vor einem lag. Und man wusste es nicht, ob man jemandes falke, gehorsam zu kommen und gehen, oder der falkner selber war, der sein dichten und trachten sich tummeln und spähen liess.
Im grunde ein fahrender, der um jemandes fenster und türen strich — und doch nicht der einlass und obdach begehrende; denn es war einem recht so und man lebte sein leben in solchen ringen und es konnte so fortgehen jahrtausendelang auf durchfahrt und wiederkehr — —
Aber da — wie ein fallendes erstes blatt in den spätsommertag oder vorstrahl, der einen fahl und flach aus einer scheibe traf — war der anschlag an einer ladentür einem ins auge gefallen und man hatte, die ansichtskarte erkennend, wider alle gewohnheit gelesen: »Zu vermieten — möbliert — auch käuflich — auf raten — sofort zu beziehen.«
Unwille und aufruhr zugleich — war es das denn, wonach man gesucht, worauf man gewartet hatte? Und doch, wie von einem signal gerufen, mit dem hornstoss der einen getroffen hatte im ohr, ging man fort — kam zurück und notierte den makler. Denn was half es zu leugnen? Man war ohne unterkunft für den nahenden winter; alle freundinnen in allen briefen

hatte mans wissen oder erraten lassen und besorgte geschäftigkeit aller orten in gang gesetzt. So war man verpflichtet, auch seinesteils der gelegenheit nachzugehen.

Da stieg eine pappel, zur linken des anwegs, die einfahrt bezeichnend, zurufend von welcher seite man hinsah: »Hier, hier ist der ort!« und das treiben der winde beschreibend, bekräftigend, unterstreichend in wipfelschlägen, wohin sie ihn haben wollten.

Man befolgte — und umschritt ihn zum ersten mal, den uralten haustein, andalusisch gebräunt, mit genisten im efeu, der aus den zerregneten schrunden wuchs; sah seiner verwandlung zu, die im schrägen der sonne durch alle farben und stoffe spielte von purpur zu gelbem lehm; und atmete duft in den rosengängen, neue knospen setzend bei halbverbrannten für einen späten schub.

So weit, so gut — die verklärung zog ihre schleppe ab; von den beeten fort, ein geschoss um das andre hinauf, stieg die sieben stufen des giebels hinan und vom fahnenmast trat an ihre himmelfahrt. Was blieb? ein rüder burgstall, um den es huschte im dürrlaub von mauerratten, flurrte von fledermäusen. Bewohnbar allenfalls für was da streunte und strich über land und durch offene fenster einstieg für eine regennacht.

Beinahe erleichternd — denn man hatte das seine getan und durfte zurück: zur terrasse und vom blauen salon durch die marquisen hinüberschaun unterm geplauder — von aussen zwar wie zuvor, aber teilhaft auf seine weise: das hiess, frei zu kommen und fortzugehen.

Man teilte es mit in den langen depeschen wachsender abendstunden »Beinahe — es wäre nicht ohne reiz, selbst tiefsinn gewesen — vielleicht das benötigte — aber ihn herzurichten — der aufwand — dazu diese miete — wirklich schade vielleicht« — —

Da war es entschlüpft — und sie griffen es auf, griffen zu: freundinnen von allerseits, mit merlinischen händen ein gewebe des schicksals knüpfend in botengängen um einen rosenhag. Sie wuschen und tünchten ihn. Maurer kamen und verstrichen die risse und fensterfugen. Das knarren der dielen deckten wollene teppiche zu; kissen schwollen auf stühlen und ofenbank. Frischer wäscheduft aus geschnitzten truhen verdrängte den altgeruch. Ein kleines boudoir mit divan und tischchen für tee oder patience gab im rosalicht seidner tapeten und gefältelter vorhänge warm. Es gab kein zurück mehr, man hatte zu danken — bedrückenden dank — und so zog man ein.

Wie man sich als knabe in die beinkleider und gesteiften kragen gefügt hatte und sich nicht wehren konnte, ein mann zu werden, zur not in das feldgrau sich schicken musste — so legte man nun seine mauern als eine rüstung an; wappnete sich, mochte der himmel wissen wofür.

Es tat nicht so übel, wo man nur seine schultern vom ersten verkriechen und sich verkrimpfen gelöst hatte — was strömte in einen da? wie beim ersten tieferen atemholen, wenn ein städter aufs land fährt, empfindlich gegen alles zu anfang, aber doch eine würze geniessend wie ehrliches bauernbrot. Nicht das nur: dieses schwere tor hinter sich zu schließen, den krächzenden schlüssel in der beschlagenen tür zu drehen, hiess in den lehensdienst eines hohen Herrn zu treten oder zum turmwart oberhalb der umgebung bestellt zu sein. Denn durch seine scharten sah man aus der sicht eines höheren über die ortschaften und weingehöfte zwischen den übergrünten blöcken der bergstürze am fuss der Gewaltigen, die man hinter sich wusste. Man verfügte — verschob und verteilte sie mit dem wechsel des standorts als ein schachspieler mit hügeln, wo nicht entwerfer von sternbildern und schicksalhafter planetenstände.

Von raum zu raum ihn durchmessend — und von jeder oberschwelle der niedrigen türen zu einer verbeugung angehalten — war man von den jahreszahlen geschwärzter jahrhunderte an gebälk, tisch und begiebelten schränken wie von insignien, die man anlegen, sich zulegen konnte, umschwebt: nicht prunkend und vorgekehrt, nur sich selbst nach rückwärts vertiefend. Denn sooft man den gebärgang der bauchigen wendeltreppe beging, war man belehrt, dass hier alle gänge, so aufstieg wie abstieg, nach innen führten. Wenn man zu den ländlichen mahlzeiten der schweigsam bedienenden köchin, die vom nachbarhofe herüberkam, sich niederliess an der langen tafel, war man der hausherr und wirt eines imaginären festmahls, das man, die reihe der steilen lederbenagelten stühle überblickend, eröffnete — wo nicht der ehrengast eines hausstandes, der so eins und vertraut mit sich selber war, dass sein tischgespräch keiner worte bedurfte.

Wessen gast — erfuhr oder mutmaasste man, wenn die langwierigen abende kamen und man unter den hohen kerzenhaltern in alten kalendern und landesgeschichten zu forschen hatte und nach ihnen, die umliegenden mauergevierte voll zypressen und eibendunkel besuchend, verwitternde namen, die dort in veralteten schriften einen platz wie im kirchengestühl belegten, zu entziffern meinte. Wie man zu ihnen stand oder sich stellen sollte — was dies bedrängende von ihnen her zu bedeuten hatte — war ein stoff zum enträtseln und sinnen wachliegender stunden, das an kein ende kam. War es dies, was sie wollten: dass man ihre urkunden las und deren bruchstücke zur geschichte ergänzte? als ihr fürsprecher und anwalt berufung in ihrer sache einlegte, das verfahren erneute, ihren prozess aufrollte?

War dies alles am ende ihr listiger anschlag und seelenfang eines willfährigen wesens, das ihnen den hausstand versähe und diese einkehr für sie unterhielte?

War man also es selber noch und nicht ihr gefangener von langer hand, allenfalls kastellan, der da ihre möbel bewohnte, in den ein langsameres sich-bewegen und nachgeben trat, das einem grösseren atem, der nicht mehr der seine war, raum gab? dem ein unerkläriches wiedererkennen und liebkosen der dinge die hände führte? der wie einen frommen dienst für andere als sich selbst das rauschen in dem grossen ofen, diesem gemauerten turm im turm, als die seele des hauses nährte? der die wände mit gedunkelten ikonen und regale mit ebenbürtigen buchrücken auskleidete, die mit sorgfalt nach ihrer fügsamkeit in das vorhandne zu wählen waren?

Aber nur eine unrast, jemandes schlaflosigkeit schien überlebt zu haben und von hingang zu hingang in sein dasein zu drängen, auf daß am anderen ort ein schlaf, der niemandes namens mehr wäre, sich herstellen könne — wie ein insekt, sobald es seine larve in ein wirtstier gelegt hat, in einer letzten häutung seiner selbst und nicht seiner schale nur sich entledigt.

Oder war es SEIN geist, der sie sich unterjocht, als eroberer ihres kastells sich zum vogt aufgeworfen hatte, dem sie raum und unterhalt zollten? Diese wände, das hallen der räume bei jedem wort seiner selbstgespräche — waren sie nicht die kehle, die von einem erklang, die seinem atem die stimme bot? War es ER, der dem zudrang von jeder seite, wie die scharten dem wind einen ton, seine worte lieh? — — Gleichviel, es geschah: eine stimme geschah — gelöster und strömender immer, wie der luftstrom durch einen kamin sich anbahnt und einspielt.

Jede innerste schwingung schien von diesem schalleib verstärkt, dessen maasse auf ihre wellen gestimmt sein mussten, so dass noch sein leisestes und verschwiegenstes sinnen vernehmlichen laut gewann. In einem lüftekreisen, das die dinge in seinen strudel zog und verschmolz und sie als ein feuerofen, aus dem es sang, in säulen von opferrauch in die geistige bläue entliess — sich auflösend und verbreitend zu einem flimmern und feiern von wärme, die über dem land lag, es schwängernd als eine überschicht möglicher schöpfungen und entwürfe. Als ein segensfall, den man mit gesenkten lidern zu lenken meinte wohin man sie richtete, schien es wiederzukehren und dem sog neue stoffe zuzuführen, der da sich selber zu speisen und zu verzehren schien. Denn verzehrend je loher verwandelnd war es in einem unaufhaltsamen eiligen brand.

Was frommte es hier zu scheiden, wer der opferer, wer der geopferte war? die am ende nur eines — das opfer — waren, das stattfand an diesem ort und sich selbst keinem anderen als sich selber darbrachte. Und wiederum nichts als der sommer war — als das jahr, das sich zur feier geschah, in bränden aus eifer und inbrunst das singen der lüfte schürend. Und die eigene seele war — immer wechselnder mitgestalt: nun ein frührot aus dem rubin, das die goldgründe der hauskapelle tönte; eine lichtbraut von kerze im schattenspalier, deren schleppe ein kind durch die zimmer trug; nun der brennende dorn, der am stufigen bergrand in zungen schlug; eine tönende fackel, die sich selbst durch die rasen und raine hob. Mit immer der gleichen verflüchtigung im gebein, die man um sich geschehen sah: in dem knittriger-werden der rebenschwingel und verlohen des laubwerks, das sich spitzer und schütterer in die blauenden aufgänge und sich rötenden abende zackte; in dem erntefall, der sein übersinnliches gelb in die winde und bäche entliess — blatt um blatt sich vergeistigend, durchsichtiger tag für tag, zum verklärten leib, den ein kühleres blau durchschien — über dem es zusammenschlug — —

Wie das schmerzte (bei aller gewöhnung, nur ein schwindendes in dem schwinden zu sein) eines tags, da der stamm, mit den resten des pappellaubs, schon gekappt und in stücke gesägt, an der strasse lag. Und man selbst das signal — so also ist, also war es gemeint — verstand, seinen abruf, der jäh im gehör als erstandener wipfel stieg und das haupt umrauschte auf seinen scheidegängen —
wo das auge sich, zu den beeten herabgebeugt,
über rose um rose schloss,
die nach innen aufging, inwendige gärten
bevölkernd — sich weitend in einem wie wolkenfelder,
mitgehend hinterwärts.
Als weidete man sie, langsamen weitergangs —
abermals tal-auf,
die gestaffelte ferne hinan, auf ein gipfelglühn
sich träumender rosengärten
über den gletschern zu. In gedehnten rasten —
auf dem felsensprung, mit der kirche darauf,
wo sich einem, an die südwand wie einer terrasse gelehnt,
das tal weit hinauf- und hinunterblickend
so verwandelt zeigte.
War es dasselbe noch —nicht das eingekehrte,
sich einverträumte,
das sich in einem streckte
mit strotzenden herden

und wie unter den füssen
entzogen, fortgezogen
gegen abend schwamm?
War es soweit, daß man sprach:
»Ziehet hin« — überzählig gewordenes
aus dem herzen entlassend, dessen schlaflosigkeit
man auf sich gezogen,
mit jedem schöpfen ein lid über lid
um sie geschlagen hatte? das nun
alles ringen und weiterdrängen
aus den wimpern entbot — und nichts,
keines anderen lust als die bei sich selbst,
keines anderen schlaf
als den seiner selbst
begehrte,
den man wie eine rasendecke sich über die augen zog — —

Nachbemerkung
Der Turm — auch er eine poetische Hofhaltung an einem imaginären Pazifik — ist dem unveröffentlichten Prosaband *Über den First hinaus. Tag- und Nachtwandlerisches von Wilhelm Deinert* entnommen. Er geht auf Nachgänge während längerer Aufenthalte in Rilkes Château de Muzot zurück.   W. D.

Kuno Raeber

Der Garten

für Werner

Nicht der Flieder, nicht die Rosen, womit Fouquet die Gärten von Vaux-Le Vicomte schmückte, wurden ihm zum Verhängnis, obwohl er, vertraut mit der Reizbarkeit seines Königs, seiner Verletzbarkeit durch alles, was ihm zu nahe trat, sich ausgerechnet gegen diese Gefahr zu schützen versuchte: Daß der König, der auf der Gartenbühne hinter seines Vaters kleinem Versailler Jagdschloß im Ballett als Apollo und Jason und Orpheus auftrat und die Schönheit, da er sie als seine Prärogative ansah, allen andern verbot (ausgenommen den Frauen, die er begehrte und konsumierte – aber die ihre war eine andere Art Schönheit, eine nicht zwecklos strahlende, sondern eine Schönheit zum Gebrauch): daß der König ihm nicht erlauben würde, Wogen von Flieder zu stauen, Teppiche von Rosen um sich zu breiten.

Die ersten Zeichnungen und Aquarelle schob er, als Le Nôtre sie ihm vorlegte, zurück, wischte sie zu Boden. Sie zeigten lange Alleen buschig geschwellten Blütengewölks, bis zum Horizont hingezogen, dazwischen ab und zu einen Teich, einen Brunnen, manchmal, dem Gewoge entstiegen, ein Standbild: Diana mit den Hunden, Venus, kokett zwischen Nacktheit und halber Verhüllung. Oder eines der trüberen Bilder aus dem mythologischen Repertoire: Proserpinas Raub durch Pluto, Äneas auf der Flucht aus dem brennenden Troja, auf den Schultern den alten Anchises, Laokoons Erwürgung. Auch diese düstern Szenen, durch die Blust schwimmend und schaukelnd, würden sich ins Heitere auflösen, in einen Schwank, wie es ja auch in Wirklichkeit sei, wo sich ein jedes Drama am Ende als Posse erweist. Beredt drang der Gärtner in den Minister, meinend, den störe vor allem die Direktheit, die Brutalität der versteinten Geschichten; als handfester Geschäftsmann nehme er sie vielleicht noch buchstäblich und sei, um sie als bloße Allegorie zu verstehen, nicht verfeinert genug.

Und dann gegen das andere Bedenken, das Le Nôtre hinter der Heftigkeit seines Auftraggebers vermutete: Freilich, der Flieder blühe nur ein paar

Wochen im Jahr; aber gerade das werde Vaux-Le Vicomte rühmlich auszeichnen vor allen anderen Gärten, daß dort die Schönheit nur für einen Augenblick, für das vollkommene Nu eines Frühjahrsfeuerwerks explodiere, und dann sei es wieder aus für ein Jahr. Doch als Erinnerung und als Hoffnung, doppelt bleibe es jenen, die es gesehen, zurück, sprach er den Moralisten, als den er Fouquet beurteilte, an, das Fliederwunder werde sie verwandeln, bekehren, werde, je flüchtiger es ihre Sinne getroffen, in ihrem Geist desto kräftiger blühen, desto ausschließlicher herrschen, werde sie dazu bestimmen, ihm nachzueifern: leicht und beweglich, ohne Insistenz, ohne Sturheit dem Reiz des Augenblicks zu gehorchen, Freude auszuduften und zu verschenken nach allen Seiten, weißblau und rötlich, immer ganz da und immer schon wieder fort im Verwehen. Ja, das werde, man möge es nur darauf ankommen lassen, ein erziehlicher Garten.

Als Fouquets Miene sich auch jetzt noch nicht erhellte, fügte Le Nôtre, um seine Erfindung uneinnehmbar in Argumente einzumauern, mit nachgerade verbissenem Eifer hinzu: Und da gebe es schließlich noch einen Trost für die Ungeduldigen, die Schwachen, die es nicht aushielten, sich ein Jahr lang bloß von der Erinnerung und der Hoffnung zu nähren, das Außen nach innen zu nehmen und so erst dem Garten zu seinem Sinn und seiner Vollendung zu helfen; es gebe da noch ein Seelenpflaster für die Weichen und Flachen, denen der Park als Schule Hekuba sei, die ihn nur als Augenlust, nicht aber als moralische Anstalt und Aufruf, sich selbst zum Garten zu machen, begriffen: für diese gebe es einen Notpfad bis an die Ränder des Winters (abgesehen von den nun nach dem Fall der Blüten freilich brutalen und heidnisch schamlosen Statuen, abgesehen von den nun nach dem Tod des Flieders, der sie erregt und bewegt, dessen Spiegelungen sie umspielt und verfremdet hätten, nur noch totkalten Brunnen und zu schwarzen Löchern verkommenen Teichen): es gebe als Nothelferinnen für die Seelenlahmen und Leeren da noch die Rosen. Wie zahllose, geschmückt zur Schau gestellte Mumien füllten sie die Mittelbeete zwischen den verblühten Büschen. Ob auch lebendig, besäßen sie, lang überdauernd, trotzdem die Tugend der Petrefakte, der Präparate.

Der ins Unabsehbare ausgerollte Rosenteppich werde der Menge der Gäste, Klienten und Parasiten jene Heiterkeit schenken, die allein die Mittelmäßigen erträglich mache und die sie aus der Anschauung des reinen Gartens, wie er, Le Nôtre, ihn genau so am höchsten schätze, wie Herr Fouquet selbst, wegen der Plumpheit ihres Geistes, der Grobheit ihrer Sinne nicht zu gewinnen vermöchten: O der reine Garten der Taxushecken und Balustraden, der Treppen und Vasen und Kiesflächen, der vollkommen tote, von aller Befleckung des Lebens gereinigte Garten! Ihn freilich möchte er für Herrn Fouquet am liebsten anlegen. Doch wem sonst könne man ihn schon zumuten, wer sei von so sublimer Empfindung wie der Herr Minister, von so gebildetem, durch Philosophie, Mathematik, Musik, Astronomie und Geometrie geläutertem Geschmack, daß er den Anblick ertrüge? Diese Erwägung, die Sorge um seines Auftraggebers Verpflichtung als Herr eines großen Hauses und Gastgeber und nicht zuletzt als Minister des Königs allein habe ihn zu dem Kompromiß für Vaux-Le Vicomte, den die Pläne vorschlugen, bewogen.

Der Gartenmeister redete und redete, glitt, ohne es zu merken, immer weiter in die falsche Richtung, mißdeutete, festgefahren auf seinem Wunschgeleise, völlig die immer tiefere Verdüsterung der Züge Fouquets. Erst als Mitternacht vorüber war und seine Papiere zerknüllt und zertrampelt auf dem Boden lagen, auf einmal gepackt von der Angst und Enttäuschung dessen, der merkt, daß er mit der ganzen Kraft seiner Fäuste stundenlang gegen eine Mauer geklopft hat, verstummte er endlich. Brust und Eingeweide schmerzten ihn vor Überanstrengung.

Die Debatte dauerte bis zum frühen Morgen. Fouquet setzte den Ideen Le Nôtres seine eigenen schroff gegenüber. Vaux-Le Vicomte sollte als Garten der Demut angelegt werden, hingebreitet vor Augen und Füße des Königs. Ja, der Park sollte tief unter ihm bleiben, keinen Anspruch erheben auf die Vollendung, die ihren Sitz nur im Haupt der Majestät des Königs selbst haben konnte und dort bleiben sollte, bis es ihm gefiele, sich ihrer im vollkommenen Königspark zu entäußern. Fouquet, im Glauben, seinen König besser als jeder andere Franzose zu kennen, gab sich der Täuschung hin, daß er gerade mit seinem waghalsigsten Spiel einen Akt der Unterwerfung leiste:

»Fort mit dem Flieder, um Gotteswillen fort damit, wir wollen uns auf die Zeichnung beschränken, Le Nôtre, auf die reine Zeichnung, die Landschaft diene uns als Papier; keine Farbe, keine Bewegung, nichts Zärtliches, keine Verwirrung und Mischung, keine Umarmung von Zweigen, und schon gar keine Blüten! Zurück mit allem hinter die Hecken, die Taxuswände, in die Mitte nur die pure Allee, gekreuzt von der Gegenallee aus streng verschnittenen, in die geometrische Form gezwungenen Bäumen. Und auf die Kreuzung nackt und allein die Fontäne, teilnahmslos steigt sie und entläßt die Kaskade von Stufe zu Stufe, durchsichtig, täglich gereinigt, daß sich auf dem flachen Grund kein Schlamm sammle, keine Wassergräser sich setzen, keine Algen an den Wandungen nisten. Und ja keine Seerosen, kein Schilf, nichts von dem allem! Und was redet er da von Rosen? Die

Rosen sind, so tot sie auch scheinen, in ihrer Vollendung lebendig, sind Blüten, sind Farbe. Die Falter, angelockt von ihrem Duft, flattern hin und her über ihnen. Nein, auch keine Rosen, das wäre ein Übermaß an Erregung, das wäre schon zu viel Überraschung, zu viel Unvorhersehbares darin, mehr als wir uns erlauben dürfen, ohne uns der Anmaßung schuldig zu machen.

Nein, fort mit dem allem! Unter den Fenstern des Schlosses soll nur das Kiesparterre liegen, sollen die immergrünen Zeilen der kastrierten Bäume den Kanal bis zum Horizont pedantisch begleiten. Erst dort, dahinter versteckt, dem Blick der Majestät entzogen, da blühe, da woge der Flieder, so üppig er mag. Noch viel weniger werden wir uns dort die Rosen versagen. Und dann, tief im blättervermummten Gehölz, den Zutritt durch Wurzeln verstellt, verwischt von Buschwerk, die Grotten: Dämmertropfraum, Stalaktiten die Wände, Gewölbe von Muscheln verwuchert, von Wassergetier, Seesternen, Korallen. Da wollen wir die Füße ins Eiswasser tauchen, mit den Zehen den Schwarzschlamm aufwühlen. Unversehens spuckt uns das Neckhorn des Tritons ins Gesicht.

Die Mitte jedoch huldige mit strenger Askese dem König. Die Scherze mögen uns, wenn wir allein sind und seine Gravität uns nicht zu Narren erniedrigt, vergnügen. Aber hüten wir uns, das Pathos des Hoftheaters zu stören. Solange der König seine Rolle darin akzeptiert, überläßt er mir die Regierung. Nichts soll er von dem, was ich abseits treibe, erfahren. Unersättlich in seiner Spiellust, würde er mir die meine verübeln. Die Gemeinschaft der Neigungen, einmal entdeckt, würde ihn in der Trennung der Ämter beirren, so daß er, wovor Gott stehe, sich in die Geschäfte einzumischen begänne. Hirnverbrannt wäre es, dem Wohl des Staates zuwider, wollten wir Flieder ziehen in den Alleen und Rosen auf dem Parterre. Allenfalls mag eine Statue bleiben, eine spröde Diana, ein zorniger Jupiter, seis drum, aber kein Spielreiz, kein Duft, keine Blumen.«

Der König, auf dem Rückweg von Saint-Jean-de-Luz an der spanischen Grenze, umgewälzten Gemüts kam er nach Vaux-Le Vicomte. Eine Woche lang hatte er nicht geschlafen, und Frankreich, das ihm selbstverständlich gewesen war bisher, sein Thron, seine Krone, jetzt hatte er es erkannt. Dies kostbare Schmuckwerk, diese Monstranz, erfüllt von aller Tugend, aller Weisheit, aller Wissenschaft und aller Kunst der Welt, diese Arche aller Gesittung stieß an die Felsbänke und Klippen, die im Süden und im Osten lauerten; und zuweilen hatte sie sich schon leckgestoßen am Riff Spanien, am Brocken Österreich, war aber jedesmal wieder flottgemacht worden von der gotterleuchteten Voraussicht des Königs. Denn Gott selbst war Franzose.

Auf der Rückfahrt von Saint-Jean-de-Luz, schlaflos von Schloß zu Schloß, die spanische Beutebraut und in ihr den Anspruch auf Spanien selber zur Seite, das ihm durch sie, er würde den Einschlupf schon finden, die Burg Kastilien selbst würde sich auftun vor ihm, früher oder später zufallen sollte: auf der schlaflosen Jagd vom feindlichen Rand der Welt in die Königsmitte der Insel von Frankreich, da in den fiebrigen Stunden begriff er, daß er nichts mehr mit den Spielen zu tun hatte, daß er ein Mönch war, eingeschlossen in die strenge, unmenschliche Regel der Herrschaft. Und er ließ sich schwarze Gewänder machen in Blois und zog sie an; schwarzer Samt mit weißen Spitzen, das war die spanische Mode. Und er schor sich kahl und setzte die Perücke der Macht auf, die langen Locken der Auserwählung fielen ihm auf die Schultern. Und nach abgelegtem Gelübde kam er zu seinem Minister.

Das war sein eigener Park, er sah es sofort, als man ihm durch die Saalfenster das Kiesparterre zeigte, den flachen Kanal, den die Kaskade, mehr eine Glaswand denn ein Wasserfall, abschloß, und zu beiden Seiten die starre Glätte der Blattmauern, vor denen die Marmorbilder jeder Annäherung wehrten. »Unser Garten ist dies«, er ließ alle Fenster verrammeln, eilte alsbald nach Paris und verfügte, nach der Entlassung Fouquets und seiner Festsetzung in der Bastille, die Abholung, Trockenlegung, Planierung, Zerstörung von Vaux-Le Vicomte. Nachdem er auch noch, ohne einen Augenblick zu verlieren, das Vermögen des Gestürzten eingezogen und dafür gesorgt hatte, daß weder Le Nôtre noch irgendeinem der andern Ingenieure, Architekten und Gärtner, die für jenen gearbeitet hatten, auch nur ein Sou ausbezahlt wurde, brach er schon in der Frühe des folgenden Tags auf nach Versailles.

Susanne Schaup

Unter dem Rücken Ben Bulbens

Ein »lebendes Denkmal« für einen Dichter zu errichten, kann nur Menschen in Irland einfallen, wo Vergangenheit immer lebendig war und wo daher auch Denkmäler leben. Der so Geehrte, wenngleich 1939 verstorben, ist in Irland längst nicht tot. Jedes Kind kennt seinen Namen und korrigiert den Unwissenden, der »Yeats« auf »Keats« reimt. Jeder See in der Gegend von Sligo, jeder Wasserfall, jeder Hügel, jede Ortschaft, jeder knorrige Baum und jeder Stein, so möchte man sagen, ist ein lebendes Denkmal für Yeats, denn er hat sie besungen, er hat sie beim Namen genannt nach Art der irischen Barden und sie der Nachwelt überliefert. Er hat, wie sein Vater John Butler Yeats, der karg war mit seinem Lob, einst sagte, der Landschaft eine Zunge gegeben, und fortan spricht diese Landschaft zu jedem, der nur so viel kennt wie »The Lake Isle of Innisfree« oder »Down by the Salley Gardens«, das ein Volkslied geworden ist. Wer es singt, spontan und nur halb bewußt, wie man Volkslieder eben singt, weiß vielleicht gar nicht, daß sein Verfasser William Butler Yeats ist, und damit wäre der Wunsch des Dichters in Erfüllung gegangen, daß seine Verse einst von Männern und Frauen auf den Feldern bei der Arbeit gesungen würden wie die Lieder Rabindranath Tagores in dessen bengalischer Heimat.

Aber das »lebende Denkmal« meint noch etwas anderes. Die irische Yeats Society beschloß, alljährlich im August ein zweiwöchiges Seminar abzuhalten, als internationales Treffen der Yeats-Forscher und Yeats-Liebhaber, natürlich in Sligo, der engeren Heimat des Dichters, wo die Pollexfens, Yeats' vielbesungene Vorfahren, schon Generationen vor Yeats' Geburt eingesessene Bürger waren. Und alle kamen sie in die kleine Hafenstadt im Nordwesten Irlands, und vierzehn Tage lang quollen die Straßen, die wenigen Hotels, die Pubs, die Privathäuser, die Zimmer vermieteten, in dem sonst so stillen Ort über von Fremden. Sie kamen alle, die Gelehrten aus England und aus den USA, aus Kanada und aus Australien, Graduate Students, die über Yeats nicht promovieren wollten, ohne sich die höheren Weihen der Yeats International Summer School in Sligo geholt, dem großen Festival wenigstens einmal beigewohnt, dem lebenden Denkbar Weihrauch gespendet zu haben. Es kamen diejenigen, deren Bücher Klassiker der Yeats-Literatur geworden sind, Wie T. R. Henn, der große alte Mann aus Cambridge, lahm auf einem Bein, ständig von Schmerzen geplagt, rastlos auf und ab gehend auf seinen Krücken, wenn er Seminare hielt, voll Lebenslust und einer Weisheit, die man nicht aus Büchern zieht. Er wäre so recht nach dem Herzen von Yeats gewesen: ein großer Gelehrter, ein alter Haudegen, ein Liebhaber von Frauen, ein Ire durch und durch. Es kam Norman Jeffares aus Leeds, ein Hohepriester ganz anderen Zuschnitts, hochfahrend, souverän, ein Potentat. Es kam Donald Davie, der sich so farblos gab wie ein Beamter des Civil Service, aber ein bedeutender Dichter war. Es kamen Robert O'Driscoll, der ebenfalls dichtete, und Michael J. Sidnell aus Toronto. Es kamen die jüngeren Yeats-Forscher aus England, die sich schon einen Namen gemacht hatten, wie der brillante Jon Stallworthy, der aussah, mit fliegenden Haaren, die Hände in den Hosentaschen, als würde er nie älter werden als sechsundzwanzig.

Es kam ein indischer Professor, ein echter Brahmane, wie der Name, der blasse Teint und der schmale vornehme Kopf verrieten. Man konnte ihn im Pub oder an der Hotelbar an der Theke stehen sehen, einsam bei seinem Guinness, unnahbar. Ganz unmöglich war es, mit ihm ins Gespräch zu kommen. Er hob die Augenbrauen, zuckte mit einem Mundwinkel, und der Dreiste zog sich beschämt zurück. Auch ihn hatte Yeats hergeführt. Hatte Yeats nicht zusammen mit Shri Purohit Swami Upanischaden übersetzt, hatte er nicht an der englischen Fassung von Tagores *Gitanjali* letzte Hand angelegt und den Geist Indiens bewundert? Auch im alten Indien war Byzantium.

Es kam der Verleger Liam Miller aus Dublin, der die schönsten Yeatsiana druckt, die es auf der Welt gibt: aufwendig hergestellte schmale Bände, in erlesener Typographie, geschmückt mit kostbaren Illustrationen, in kleinen Auflagen, die nur Liebhaber kaufen. Seinen Freunden schenkt er sie, und da er viele Freunde hat, bleibt er auf den Auflagen nicht sitzen. Wir, seine Freunde, haben uns oft gefragt, wovon Liam Miller eigentlich lebt. »Vom Whisky«, sagen manche. Stimmt, Liam hebt gern einen. Dann erhellt sich sein düsteres Antlitz mit den immer freundlichen, gütigen Augen. Dann kommt Farbe in seine Wangen, und er lacht auch mal. »Von der Liebe«, sagen andere, und das trifft noch mehr zu: von der Liebe zu seinen Büchern, von der Liebe zu Yeats und zur irischen Literatur überhaupt. Er nimmt sich auch des Abseitigen, wenig Populären an, und er nahm es in Kauf, daß sein Stand auf der Frankfurter Buchmesse von Jahr zu Jahr kleiner, bescheidener wurde, bis er sich auch die Platzmiete eines Gemeinschaftsstandes nicht mehr leisten konnte.

Es kommen die jüngeren Dichter, allen voran Brendan Kennelly, dem man nicht ansehen würde, wie tief seine Wurzeln mit Yeats verflochten sind. Fast zähneknirschend sagt er einmal: »Wir können alle nicht über Yeats' Schatten springen.« Er ist von ganz anderem Schlag, schon in der äußeren Erscheinung: eher klein als mittelgroß, untersetzt, sommersprossig, mit einem Schopf unbändiger, rötlich blonder Locken. Das Lachen sitzt ihm tief in der Kehle. Er ist ein Bauernsohn. Er ist der Scholle näher, als Yeats es je war, aber wenn die Erdverbundenheit Sprache werden soll, drängt sich das große Vorbild dazwischen, und der Jüngere tut sich hart, sein eigenes Idiom zu finden. Vielleicht trinkt er zu viel. Yeats hatte eine Vorliebe für standfeste Trinker, war aber selbst außerordentlich maßvoll, fast asketisch in seinen Lebensgewohnheiten. Vielleicht treibt er sich zu viel mit Frauen herum. Yeats liebte die Unersättlichen, Getriebenen, schuf als sein Alter ego Cuchulainn, Red Hanrahan, »the wild old wicked man« (»Because I am mad about women, I am mad about the hills«), und hing in Wirklichkeit, wie jedermann weiß, ein ganzes Leben lang einer einzigen Frau mit toggenburgerischer Treue an, auch wenn er schließlich eine andere heiratete. Und dennoch, wie soll einer vom Schlag eines Brendan Kennelly den Aufruf überhören:

> Irish poets, learn your trade,
> Sing whatever is well made,
> Scorn the sort now growing up
> All out of shape from toe to top,
> Their unremembering hearts and heads
> Base-born products of base beds.
> Sing the peasantry, and then
> Hard-riding country gentleman,
> The holiness of monks, and after
> Porter-drinkers' randy laughter ...

Wo die Lyrik Brendan Kennellys am besten ist, kommt sie Yeats am nächsten. Er würde das nicht gerne hören.

Es kam Seamus Heaney aus Belfast, der von Mal zu Mal tragischer aussieht. Sein Denken kreist um den Bürgerkrieg, er kommt nicht los davon. Vor einem halben Jahrhundert, als der Bürgerkrieg in der jungen Republik tobte, beschwor Yeats die guten Geister, das große, heilige Irland, bis ihm angesichts der Greuel und seiner eigenen Mitverantwortung für den Osteraufstand von 1916 die Stimme versagte. Jahrzehnte später brach die alte Wunde in Irlands Geschichte wieder auf und sät bis heute die Drachensaat des Hasses, die immer wieder blutig aufgeht. Seamus Heaney muß damit leben.

Es kam der schon benannte O'Driscoll; es kam ein gälischer Dichter aus Dublin, Pat Murphy, der ein hartes Englisch sprach, aber das hörte man selten. Lieber ließ er sich gälisch vernehmen, es war seine Muttersprache, und nach dem Essen konnte er aufstehen und rezitieren wie ein irischer Barde der alten Zeit, Balladen, ganze Epen, Eigenes – keiner wußte genau, was es war –, und wenn nicht einer ihn nach einer Stunde oder zwei gewaltsam niedergedrückt und ihm ein Glas zwischen die Fäuste geschoben hätte, wäre er bis in die Morgenstunden da gestanden, denn der Stoff ging ihm nicht aus, und sein Gedächtnis ließ ihn nicht im Stich. Für unsereins, die wir bestenfalls eine Handvoll Gedichte auswendig können, würde er nur ungläubiges Mitleid aufbringen. Wie kann man seine Tradition nicht kennen, das heißt, wirklich besitzen, drin haben in Kopf und Herz, unauslöschlich, unveräußerlich, jederzeit abrufbar und vorzeigbar in hoher Deklamation? Wer sind die wirklich Reichen? Pat Murphy trug verbeulte Hosen und einen handgestrickten Pullover, und die Ellbogen kamen schon durch.

Manchmal, nicht immer, kam auch der Sohn des Dichters, der Senator Michael Butler Yeats. Er hatte bereits im zarten Alter von fünf Jahren wissen lassen, daß er nicht daran dachte, in die Fußstapfen seines Vaters zu treten, und dabei ist er geblieben. »I hate poetry«, hatte er damals erklärt, und es kann sein, daß er die Abneigung bis heute nicht überwunden hat. Eigentlich kommt er, um seine Frau Gráinne zu begleiten, eine Sängerin und Musikerin, die jedesmal einen hochakklamierten Konzertabend gibt. Sie singt gälische Lieder und begleitet sich selbst auf der Harfe, der kleinen irischen Harfe, die man auf dem Schoß hält. Michael Yeats ist ein hochgewachsener, elegant wirkender Mann, der seinem Vater entfernt ähnlich sieht. Er ist umgänglich, wie ich mit Freude und Erleichterung feststellte, als ich einmal bei einem Bankett neben ihm saß. Man konnte mit ihm über alles reden, außer vielleicht über Literatur, aber auf dieses Thema kamen wir nicht. Er gleicht seinem Vater auch in einer gewissen liebenswürdigen Zerstreutheit, denn als ich bei eben diesem Bankett aus Ungeschicklichkeit einen halben Teller Irish Stew in die seidene Schürze meiner Festtracht goß und auch seine Rockschöße etwas abbekamen, merkte er es gar nicht – so wenig, wie sein Vater einst bemerkt hatte, daß ein Freund sich den Scherz erlaubte, dem tief im Gespräch versunkenen Dichter dasselbe Dinner mit drei oder vier Gängen in einem Dubliner Restaurant zweimal servieren zu lassen. Yeats merkte es nicht. Er aß und redete, aß nochmals — Suppe nach Dessert — und redete weiter.

Mit dem Troß derer, die von Anfang an dabei waren, kam auch regelmäßig Oliver Edwards, der als ganz junger Mann einmal die Bekanntschaft von Yeats gemacht hatte und immer noch davon zehrte. Er hatte Gesprächsbrocken aufgeschnappt, als Yeats in einer Runde mit Freunden plauderte, und die gab er in Sligo weiter, Jahr für Jahr. Oliver Edwards hatte Deutschkenntnisse und sprach gerne über »Yeats und Goethe«, so wenig es darüber auch zu berichten gab, denn Yeats wußte notorisch wenig von deutscher Literatur. Die deutsche Kultur war sein schwacher Punkt. Er wußte es und gab es zu. Der einzige deutsche Dichter, dem er je begegnete, war Gerhart Hauptmann, damals mit Ezra Pound in Rapallo, und Yeats bewunderte weniger den Dichter in ihm, den zu beurteilen er außerstande war, sondern die Trinkfestigkeit, die Yeats, der etwas Jüngere, sich aus gesundheitlichen Gründen nicht leisten konnte.

Wenn Oliver Edwards nüchtern war, erzählte er dieselben Anekdoten mit einer verbiesterten Beharrlichkeit, die auch die Gutwilligsten das Weite suchen ließ. War er es nicht, wurden Banalitäten zu flimmernder Poesie, daß man meinte, selbst dabei zu sein, wenn Yeats mit seinen Freunden beisammen saß und redete. Mit dieser Stimme trug er seine Gedichte vor — Oliver Edwards konnte sie perfekt nachmachen — bewußt entrückt, pathetisch verfremdet, als spräche eine Stimme aus einer anderen Welt. »Turning and turning in the widening gyre ...« Ich verhielt erst das Lachen, als ich das hörte, geriet dann in den Sog der Stimme und saß am Schluß angewurzelt auf meinem Stuhl. »And what rough beast, its hour come round at last/ Slouches towards Bethlehem to be born?« Apokalypse. Die große Stimme der Verkündigung.

Diejenigen aber, für die Sligo während dieser zwei Wochen im August zum eigentlichen großen Erlebnis wurde, waren ganz andere Leute. Sie waren das Fußvolk, ohne dessen Enthusiasmus und Eifer, ohne deren große Zahl die Summer School nicht hätte stattfinden können. Es waren die Studenten von überallher — ein paar Deutsche fanden sich auch stets ein —, das waren auch Hausfrauen aus Dublin und London, Büroangestellte, Sekretärinnen und manche Eingesessenen aus Sligo, die ihren Yeats kannten und liebten, die auch die geselligen Abende genossen und selbst dazu beitrugen mit Liedern, Tänzen, kabarettistischen und theatralischen Darbietungen. Aus Sydney in Australien kam Warwick, neugierig, alert, blutjung, die Che-Guevara-Mütze keck über dem Ohr. Roger Paris stammte aus London oder eigentlich aus New York, war ebenfalls erst Anfang zwanzig und hatte alles über Okkultismus gelesen, was er im Britischen Museum hatte auftreiben können, denn Yeats' okkulte Seite — um die Fachgelehrte meistens einen Bogen machen — war sein Hauptinteresse und sein Spezialgebiet. Wir wohnten in Sligo in derselben Pension, und auf dem Weg in den Vortragssaal legte Roger mir seine neueste Theorie über Madame Blavatsky dar und die wahren Gründe, warum Yeats den Kreis um Madame Blavatsky verließ. Noch Jahre später hörte ich von Roger. Er tauchte gelegentlich bei Freunden in London auf, bepackt mit kostbaren orientalischen Stichen, die er in Plastiktüten durch die Straßen trug und Kunsthändlern und Sammlern zum Kauf anbot. Mit diesem Handel bestritt er seinen Lebensunterhalt und widmete sich weiterhin seinen okkulten Studien. Vielleicht war er schon damals in Sligo der einzig lebende Mensch, der das schwierige Werk Yeats' *A Vision* ganz verstand. Er durchschaute alle humoristischen Schnörkel, alle tiefsinnigen Scherze, mit denen Yeats den Leser bewußt in die Irre führt. Der wahre Initiand muß mit allen Wassern gewaschen sein, und Roger Paris war es.

Aus einer Kleinstadt im Mittelwesten der Vereinigten Staaten stammte das Mädchen, das außerhalb des offiziellen Programms einen als Happening kalkulierten Vortrag »Yeats der Faschist« ankündigte. Man ließ sie gewähren. Mit schriller Stimme zählte sie auf, was man aus marxistischer Sicht, vom Standpunkt der Neuen Linken und der Neo-Trotzkisten, Yeats zur Last legen konnte. Nieder mit dem Popanz Yeats! Hatte er nicht, wenigstens eine Zeitlang, mit den irischen Faschisten, den Blauhemden, geflirtet? War er nicht ein Snob, der sich als Volksdichter aufwarf, von seinem Elfenbeinturm herunterpredigte und keine Ahnung hatte vom Volk? —Nein, dumm war die nicht; sie hatte jede Zeile umgedreht, die Yeats geschrieben hatte, und ihm daraus einen Strick gedreht, mit dem sie ihn am liebsten an den Galgen gebracht hätte. Die Logik war scheinbar zwingend, die Argumente schwer zu widerlegen, und dennoch so kurzsichtig; ein anschaulicher Beweis, wie recht Yeats hatte, als er sich weigerte, ein Argument mit geradliniger Logik zu führen. Sie führt geradewegs in Teufels Küche. Ist es nicht immer so mit der Logik: Auch für die Gegenposition lassen sich logische Argumente finden, vielleicht noch bessere, und was hat Yeats überhaupt mit Ideologien zu tun? Wie jeder proteische Geist gibt er sich, wenn man ihn dazu zwingt, für Extremismen her, aber während man so mit ihm verfährt, macht er sich heimlich aus dem Staub, und übrig bleiben leere Worthülsen.

In dem Aufruhr, der dem Vortrag folgte, fand einer das befreiende Wort. Es war Warwick mit der Che-Guevara-Kappe: »Aber Yeats ist so viel größer!« Es mußte nicht mehr diskutiert werden. Yeats hatte es nicht nötig, sich verteidigen zu lassen. Als die ersten ihr ins Gesicht lachten, verließ die junge Fanatikerin den Raum und war am nächsten Tag verschwunden.

Einmal kam ich mit einem deutschen Germanisten ins Gespräch, der über den DAAD eine Stelle in London hatte. Wir müssen wohl zwei Stunden durch die Straßen von Sligo gewandert sein, Gedichte von Yeats zitierend und analysierend, den Himmel genießend, der wie so oft in Irland alle Stimmungen auf einmal spiegeln konnte: sanftes Abendrot, Schäfchenwolken in der einen Ecke, ungetrübtes, durchsichtiges Blau in der anderen, dräuende Gewitterwolken in der dritten, und in der vierten blitzte es schon. Da drehte mein Gesprächspartner sich unvermittelt um und fragte: »Und was zieht Sie denn an Yeats so besonders an?« Es verschlug mir die Sprache. Wie Cordelia, die keinen Vergleich wußte für die Liebe zu ihrem Vater, war ich stumm. Was hätte ich sagen sollen, was hätte ich sagen können? Daß es um Leben und Tod bei ihm geht, um Abschiednehmen, um die Liebe, um die Dinge, für die sich ein Mensch in die Schanze wirft und noch im Untergang sagt, es hat sich gelohnt zu leben? Hätte ich sagen sollen, daß eine Handvoll Gedichte von William Butler Yeats – nein, zwei Hände voll mindestens – zu meinem Fluchtgepäck gehören, zur eisernen Ration, die ein jeder sich nach seinen Bedürfnissen im Laufe der Jahre zusammenstellt, nahrhafte Kost, haltbar, durch nichts zu ersetzen? Hätte ich erzählen sollen, wie ich an Yeats geraten bin, ohne daß ich noch wußte, daß es einen Dichter dieses Namens gab?

Wie war es gewesen? Es ist so lange her, und der Weg von Milwaukee, Wisconsin, wo es passierte, über Alabama, zurück nach Wien, über Salzburg, London, Sligo bis nach München ist weit. Aber es war einmal ein Collegeprofessor, eben in Milwaukee, der uns Undergraduates Gedichte vorlegte, deren Autoren wir nicht kannten. Jeder sollte sich ein Gedicht wählen und versuchen, eine sinnvolle Aussage darüber zu machen. Eines stach mir gleich in die Augen, »Sailing to Byzantium«, Autor unbekannt. Ich wählte es, obwohl ich es schwierig fand. Ich war neunzehn, und hier war die Rede von einem »Land für Greise«, von der Seele, die »klatscht und singt, und lauter singt für jeden Riß in ihrem sterblichen Kleid«. Hier war von Ewigkeit die Rede, nicht im christlichen, nicht im philosophisch-abstrakten Sinn, sondern von einer Ewigkeit, die der Mensch sich selber schafft kraft einer zum unvergänglichen Werk geläuterten Leidenschaft. Das hat Bestand. Dort ist auch Atem und Leben, aber ein gewandeltes, vorausgesetzt, die Seele macht sich beizeiten auf und sucht diesen Ort. Eine

Trauer und eine Freude lag in diesen Strophen, eine Verheißung, die ich noch nicht begriff.

Später, als ich mit der Yeats-Forschung vertraut wurde, erfuhr ich Genaueres über jede Anspielung, über jedes reale Kunstwerk, das hinter Yeats' Ikonographie steht, konnte den Entstehungsprozeß vieler Gedichte verfolgen. Aber kein Zuwachs an Kenntnissen bereicherte, oder erklärte, den Schock der ersten Begegnung. Und weil das so war, kam dann eines zum anderen: eine größere Arbeit über Yeats, die Bekanntschaft mit dem Yeats-Liebhaber, -übersetzer und -herausgeber, dem diese Festschrift gewidmet ist, dadurch meine eigene Übersetzung einzelner Werke Yeats' für die deutsche Gesamtausgabe. Indirekt habe ich Yeats sogar meinen langjährigen Aufenthalt in München zu verdanken. Denn hätte Werner Vordtriede mich damals nicht ... aber er kennt die Geschichte, ich brauche sie ihm nicht zu erzählen. Schade, daß wir nie zusammen in Sligo gewesen sind. Deshalb erzähle ich ihm davon.

Auf das Wetter ist in Irland nie Verlaß, aber das macht nichts. Der Regen ist nie triste, das Licht bleibt hell, und die Autobusfahrten in das Yeats Country um Sligo fanden bei jeder Witterung statt. Als wir auf dem Friedhof von Dumfries unter dem Rücken Ben Bulbens vor Yeats' Grab standen, brach eben die Sonne durch. »Cast a cold eye on life, on death. Horseman, pass by!« Die heroische Gebärde bis zum Schluß. Keine leere Geste, gelebte Lebenshaltung, immer wieder verbürgt in der Dichtung. Die so mühsam entstand: eine gültige Zeile pro Tag, wenn's hoch kam. Wenn Lady Gregory ihn einschloß, ihn förmlich zum Dichten zwang, in ihrem Haus in Coole in Galway. Den berühmten Turm, Thoor Ballylee, auf ihrem Grundstück, den Yeats erwarb und als Wohnsitz umbaute, bekamen wir auch zu sehen. Er ist intakt, man kann hineingehen und nachspüren, was ihn — so wie den anderen Großen, C. G. Jung — bewog, in einem Turm zu hausen. Das große Haus von Coole, in dem Yeats so viele Sommer zubrachte, ohne dessen Frieden und hohe Kultur er vielleicht weniger, oder weniger Unvergängliches, geschaffen hätte, ist nicht mehr. Aber Lissadell steht, auch ein Herrschaftssitz, das Elternhaus von Constance Markiewicz und Eva Gore-Booth, den Freundinnen und Weggefährtinnen, die zu den »beautiful, lofty things« zählen, die zu preisen, über Verfall und Tod hinaus, er nie müde wurde. Eine Verwandte der Gore-Booths, eine Großnichte, selbst schon eine alte Dame, verwaltet das Haus, öffnet es für Besucher und kämpft einen harten Kampf, das Haus mit diesen kleinen Einnahmen instandzuhalten.

An einem Nachmittag, wieder brach die Sonne durch, zog es mich hinaus aus der kleinen Stadt. Ich hatte genug von Vorträgen und Seminaren und wollte auch keine alten Häuser mehr sehen. Ich wollte etwas ohne akademische Gelehrsamkeit erleben, etwas, das durch die Zeit nicht gelitten hatte, etwas, das Teil dieser Landschaft war, etwas Unverwüstliches, das Yeats zu seiner Zeit genau so hätte erleben können wie ich jetzt. Was? Einen Berg! Einen Berg, den ich besteigen konnte. Bisher waren wir im Autobus überallhin gekarrt worden. Ben Bulben war zu weit, aber Knocknarea war erreichbar. Ein paar Meilen bis zum Fuß des Berges, dann konnte man aufsteigen. Ein prachtvoller Berg: auf der einen Seite steil aufragend wie Ben Bulben, dann ein langes, waagerechtes Plateau, das nach der anderen Seite zu sanft abfällt. Es soll einen bequemen Wanderweg hinauf geben, hatte man mir im Ort gesagt. Ich kam an den Berg, fand aber den Weg nicht und ging aufs Geratewohl bergan. Bald steckten meine Schuhe im Sumpf, und das hohe, stachlige Farngewächs, ein fast undurchdringliches Dickicht, reichte mir bis an die Hüften. Der Berg hatte es in sich. Ich kämpfte mich vorwärts, bis ich endgültig im Morast steckenblieb. Eine Steinmauer, aus trockenen Steinen aufgeschichtet, war die Rettung. Ich erklomm sie und kroch auf allen vieren weiter, bis aufs Plateau. Dort pfiff ein kalter Wind, es fauchte nur so um mich her, und der Himmel hatte sich verdüstert. Die Zeilen aus »Red Hanrahan's Song About Ireland« drängten sich auf:

The wind has bundled up the clouds high up on Knocknarea
And thrown the thunder on the stones for all that Maeve can say.

Da war er auch, der Grabhügel der lengendären Königin Maeve, der irischen Kriemhild, die noch wilder und stolzer, noch elementarer und heidnischer war als ihre germanische Schwester, die sich nichts dabei dachte, die Heere ganz Irlands in den Krieg zu hetzen um eines Stieres willen, den sie besitzen mußte, um über den Gatten zu triumphieren, um jeden Preis. Eine hohe Pyramide aus Steinen, ein »Cairn«, ein Totenhügel. Hier war er also. Ich ging um den Cairn herum. Lag Maeve hier wirklich? Kaum ein Dichter Irlands, für den sie nicht lebendig wurde. Dem jungen Yeats vermischte sich ihr Bild mit dem einer lebenden Frau, mit dem Stolz und der Schönheit seiner ewigen Geliebten: »Sie hatte glückliche Augen und ein hohes Herz, und Weisheit, die Feuer fing wie trockener Flachs.«

Ich suchte und fand den Abstieg. Der Wind hatte sich verschärft und trieb mich förmlich den Berg hinunter. Als ich nach Stunden in Sligo eintraf, müde und durchgerüttelt vom Wind, verzogen sich die Wolken wieder, als wäre nichts gewesen, und auf einer Brücke tranzten drei Mädchen in der Abendsonne eine Gig.

Nun bin ich schon seit Jahren nicht mehr in Sligo gewesen. Es kommt eine Zeit, da man der Denkmäler, auch der lebenden, nicht mehr bedarf. Mein Fluchtgepäck halte ich griffbereit. Wir alle, die wir solche Wegzehrung eingesteckt haben, werden uns dereinst wiedersehen und zu Tische sitzen wie der Dichter »at journey's end with Landor and with Donne«.

Christiane Hofmannsthal-Zimmer

Erinnerung an Hermann Broch

Es war noch in den Kriegsjahren, nach 1943, als ich Hermann Broch kennenlernte. Nicht alle Intellektuellen und Künstler unter den Emigranten hatten es vorgezogen, an die Westküste zu gehen. Broch lebte damals bei Erich von Kahler in Princeton. Dieser war ein alter Freund von mir, ich kannte ihn schon aus Wien. Er war, was man damals einen Privatgelehrten nannte, hatte er doch weder seinerzeit in Deutschland, wo er in Wolfratshausen bei München lebte, eine Universitätsstellung inne, noch in Princeton. Seine Frau Fine, geborene Sobotka aus Wien, war eng mit dem Georgekreis verbunden. Kahler und seine Frau lebten damals schon getrennt. In dem schönen großen Haus in Princeton wohnten nun er, seine sehr alte Mutter, die übrigens eine Cousine von Richard Beer-Hofmann war, seine spätere zweite Frau Lily Loewy, die sich um den Haushalt und die Mutter kümmerte – und im oberen Stockwerk Hermann Broch.

Bei Erinnerungen, die vierzig Jahre zurückliegen, bleibt oft nur das Anekdotische im Gedächtnis, nicht der wichtigere Inhalt von Gesprächen. Leider habe ich – anders als Werner Vordtriede, in dessen *Verlassenem Haus* Broch ja immer wieder erscheint – nie ein Tagebuch geführt. – Wenn ich Kahler und Broch besuchen wollte, pflegte ich zu meinen Freunden zu sagen: »Jetzt fahre ich zu den zwei Burschen nach Princeton.« Broch war ziemlich groß und schlank, etwas unbeholfen in seinen Bewegungen. Ich erinnere mich besonders an seine schönen Augen und seine angenehme, österreichisch gefärbte Stimme. Im Hause Kahler gab es den ganzen Tag lang fast ununterbrochen sehr angeregte Gespräche, die von Brochs Seite mit viel Humor gewürzt wurden. Die alte Frau von Kahler war oft dabei, aber sie hörte schlecht und hatte eine Art Trompete, in die man hineinsprechen mußte. Einmal lachten wir über einen etwas unanständigen Witz von Broch. Die alte Dame wollte natürlich wissen, was er gesagt hatte, und Broch erzählte ihr in die Trompete hinein eine ganz andere Geschichte.

Broch war das Opfer von vielen verliebten Frauen, denen er sich meist ganz gewandt zu entziehen wußte. Eine soll in New York seinetwegen sogar versucht haben, aus dem Fenster zu springen. Er verstand es geschickt, seine Verehrerinnen auseinanderzuhalten. Man sah ihn oft in New York durch die Straßen laufen, mit einer schweren Aktentasche — wie wir scherzten: auf dem Weg von einer Verehrerin zur anderen.

Eine traurig-lustige Erinnerung hängt mit seinem plötzlichen Tod in New Haven zusammen. Er war damals *Poet in Residence* an der Yale University. Gemeinsame Freunde, der englische Schriftsteller James Stern und seine Frau Tania, fuhren nach New Haven, um zu sehen, wie sie helfen könnten. Sie fanden Brochs Wohnung von der Polizei verschlossen vor — das ist in Amerika üblich, wenn jemand allein stirbt — und vor dem Haus eine Ansammlung von Frauen, die ihre Briefe an Broch holen wollten. Jede sagte, er habe ihr versprochen, sie bald zu heiraten. Plötzlich erschien eine andere Frau, die Witwe des Berliner Kunsthistorikers Julius Meier-Graefe und verkündete: »Ihr könnt alle gehen, ich *bin* seine Frau.« Tatsächlich hatten Broch und sie einige Zeit zuvor geheiratet, ohne daß selbst seine Freunde davon wußten (sie lebte damals in Südfrankreich). Alle verschwanden betreten.

So ist es mit Erinnerungen. Das wirklich Wichtige verliert sich, und ganz zufällige, oft belanglose, allzu menschliche Dinge bleiben im Gedächtnis haften.

New York, 11. Januar 1985

Till Heimeran

Dichterträume

aufgeschrieben für Werner

Wieland ohne Käppchen

Am Tag habe ich die Briefe gelesen, worin Schiller Körner seine Begegnung mit Wieland in Weimar schildert. In der Nacht tritt Wieland mir freundlich entgegen auf den weißen Ufersteinen eines Flusses, der in diesen Sommertagen wenig Wasser führt. »Sehen Sie«, sagt Wieland, wie wir auf hervorragenden Steinen übers Wasser zum jenseitigen Ufer steigen, »ich habe ja nicht einmal ein Haus«.

Er ist zum Club frisiert, und wie er über dem Wasser den Saum seiner geblümten Soutane lupft, sehe ich die durchbrochenen Sockenhalter. »Geklöppelt«, sagt Wieland.

Auf der Uferhöhe zeigt er mir jetzt die Dächer und die oberen Geschosse eines Anwesens. »Das alles«, sagt er, »habe ich mir selbst gebaut.« Merkwürdig, denke ich, wie wir nahe kommen, dieses hohe gelbe Gemäuer wird er doch nicht, diese Schule kann er doch nicht eigenhändig gebaut haben.

An das hohe gelbe lehnt sich ein niedriges grünes Haus, Spaliergitter bis unter die Traufe. Die Dächer sind mit eisengefaßten Glastafeln gedeckt, doch die finstere Küche, in der sich die Familie tagsüber aufzuhalten scheint, ist bis auf eine Luke neben der Tür, die heute offensteht, fensterlos.

»Da sind Sie ja endlich«, sagt Frau Wieland.

»Das ist meine älteste Tochter. Komm Emerend, zeig unserm Gast die Hühner.«

Wieland habe ich seitdem nicht mehr gesehen.

Eine Friedensfeier

In hohen Ohrensesseln sitzen wir im Vestibül der weitläufigen Wohnung, die du kennst, in der Beletage des Hauses, das du kennst, und wir lauern, wer sich jetzt heraufziehen wird in der Marmorschnecke. Quel Salon! Bis zu einundzwanzig freiere Künste!

Heute ist eine Friedensfeier angesagt. Ich soll den Festvortrag halten. Meine Rede gedenke ich durch vorbereitete Zurufe aus dem Publikum zu würzen. Ein Einwurf soll dem Glanz des Tellers, den Salome trägt, gewidmet sein, einer Pindars Feigenode, dich habe ich gebeten, ein Aperçu zu Klopstock einzuwerfen.

Aus den Ohren deines Sessels verflüsterst du mir die ersten zwei Zeilen deines Textes:

> Bäuerlein, Bäuerlein, Bäuerlein
> Leute deines Schlages

Jetzt, nachdem soviele Jahre ins Land gegangen sind, kannst du mir ja sagen, wies weitergeht.

Traumspiel

An der Fontäne vor dem Theater spielen sie Dichterquartett. Auf dem Rand des Brunnbeckens hocken sie, Sommerhosen ans Knie gerädelt, und sie rühren mit bloßen Füßen in Flocken stockender Milch.

Die Kappen der Lackschuhe, gestopft mit weißen Socken, zeigen auf die bröselnden Büsten von Conrad Ferdinand Meyer, Christoph Willibald Gluck und auf einige eingesunkene Gartenmöbel.

»Hast du«, frage ich einen der Milchpantscher, »das Traumspiel?« »Das von Hofmannsthal«, sagt der. Da wird ein gesunder Apfelbaum von vier Livrierten dahergetragen und aus der drallen Krone kreischt die zänkische Stimme eines alten Weibes: »Blödes Rührstück, neunzehnhundert, blödes Rührstück, neunzehnhundert.«

Teppiche rollen an aus keinerlei Vorort und laufen auf an den Mauern des Theaters. Der Meister betritt die Arena. Ebenen Gemütes erklimmt er eine nahezu sprossenlose Leiter, die ihn auf einen ungedeckten Hochstand trägt. »Licht aus«, ruft er dort oben, und wir hören das Sausen seiner streichenden Hand. »Denken Sie sich«, so sagt er, »einmal einen Oberförster.« Das Mädchen aus Ebensee schluchzt. »Da gebe ich Ihnen natürlich recht«, sagt der Meister, »das schmeichelt seinem Triebe.«

Darauf führt der Meister seine Schüler zu einer Übung in die Natur. Er wählt eine seichte Wiesenmulde inmitten bestellter Felder und läßt aus unbestimmtem Stoff Milchwände spannen, Milchdächer setzen. »Sie sehen also jetzt das ausgesperrte Licht«, sagt der Meister. »Der einbrechende Regen ist gleichsam die Hypothenuse.« »Raus aus dem Sack«, schreit der Schüler aus Pfullendorf. »Ja«, sagt der Meister, »darauf läuft es hinaus. Sowie innen, sowie außen. Das nächste Mal wird es Ihnen schon leichter fallen.«

IV

Richard Alewyn †

Tagebuch aus dem Exil

Das verlassene Haus von Werner Vordtriede

Ein Student, dem das braungewordene Deutschland zuwider ist, vertauscht Freiburg gegen Zürich und wandert von da im Jahre 1938 dreiundzwanzigjährig nach den Vereinigten Staaten aus. So sehr er dem Frieden mißtraut, zieht es ihn im nächsten Sommer in die Alte Welt zurück, und er hat das Geschick, vier Tage vor Kriegsausbruch in Marseille zu landen, wo er, anstatt sich nach Amerika einschiffen zu können, seines deutschen Passes wegen von einer stumpfsinnigen (oder böswilligen?) Bürokratie für Monate in ein Lager gesperrt wird, bis er für weitere neun Jahre in die unwiderrufliche Freiheit Amerikas entlassen wird. Frei schon — aber wozu?

Diese Frage beherrscht unausgesprochen das Exil-Tagebuch von *Werner Vordtriede (»Das verlassene Haus«,* Hanser 1975). Auf diese Frage gibt es so viele überzeugende Antworten, daß sie in Gefahr stehen, einander aufzuheben. Denn das Buch schließt so abrupt, wie es begonnen hat. Es hat keinen Anfang und kein Ende, nur eine erste und eine letzte Seite. Es hätte ebensogut (wo nicht besser) früher anfangen und später aufhören können. Das unterscheidet es von einem Entwicklungsroman, zu dem selbstveröffentlichte Tagebücher sich gerne stilisieren.

Es ist auch ebensowenig arrangiert wie die Tage, Wochen, Monate, Jahre, die es reflektiert. Es ist überhaupt nicht geschrieben worden, um gelesen zu werden. Gewiß ist manches ausgelassen, manches, was vielleicht den Leser interessiert hätte, vieles gewiß, was ihn nichts angeht, aber es ist wohl kaum redigiert. Inneres und Äußeres, Reflexionen und Impressionen, Gedachtes und Geschehenes, Lektüren und Landschaften lösen in Momentaufnahmen einander ab. Vordtriede führt Tagebuch, nicht, um sich zu bespiegeln, sondern um sich zu bewahren und um Bewahrenswertes aufzuspeichern. Er ist dazu befähigt durch eine bewundernswerte Genauigkeit des Erfahrens, des Merkens und des Aufzeichnens.

Er resümiert nicht jeden Tag. Manchmal vergehen Wochen ohne eine einzige Eintragung. Aber neben ein paar Büchern ist das Tagebuch Vordtriedes einziger Begleiter auf seinen Kreuz- und Querzügen auf Bahnen und Bussen durch die akademische Landschaft Amerikas. Lernend und lehrend, Stellungen suchend, um Stellungen bangend, weiß er selten mit Sicherheit, wo er sich im nächsten Jahr befinden wird.

Diese permanente Insekurität zwingt ihn immer wieder zu Entscheidungen, aber sie erlaubt ihm auch Entscheidungen. Ohne Familie, ist er zwar ungeborgen, aber auch ungebunden. So ist es ihm gestattet, sein gewiß gefährdetes, aber stets sein bewußtes Selbst zu erhalten, ohne es verkaufen zu müssen an die Trivialität oder die Vulgarität. Er ist gerne allein, träumend, denkend, dichtend, lesend, schreibend, aber er ist alles andere als ein ungeselliges Wesen, bereit und begabt zu langen und bedeutenden Gesprächen und starker Freundschaft fähig.

Und ebenso ermöglicht ihm diese Freiheit, sein Zufluchtland kennenzulernen, in seinen Höhen und Tiefen, seinen Engen und Weiten, wie es nicht vielen Emigranten gegeben war. Man soll sich nicht einbilden, Amerika zu kennen, wenn man ein paar Wochen lang ein paar große Städte bereist hat. Man kann es auch nicht, wie Italien, vom Hotel aus besichtigen. Man muß schon dort gelebt haben, als Einheimischer zwischen Einheimischen, und dort gearbeitet haben, als Kollege zwischen Kollegen. Dann erst bemerkt man, daß Amerika nicht nur das Land der durchtriebenen Businessmen und der korrupten Politiker ist. Und selbst diese zeigen zu Hause und unter Nachbarn ein anderes Gesicht.

Man muß schon auch einmal wie Vordtriede tagelang auf dem einsamen Kammpfad der Blue Ridge Mountains gewandert sein oder unter Studenten gelebt haben und den Negern in der Bronx nicht ausgewichen sein. Und man müßte wie Vordtriede Woodstock kennengelernt haben, noch nicht das Woodstock der weltberühmten Festivals, sondern das Woodstock der Vierziger Jahre, wo man malte oder musizierte, webte oder Theater spielte, Gedichte machte oder vorlas, Feste feierte oder rodete und pflanzte – eine Bohème, aber im Urwald. Hier findet Vordtriede ein Asyl im Exil: inmitten eines verwilderten Gartens: das »Verlassene Haus«, von dem der Titel vieldeutig meldet.

Nicht zu zählen sind die vielen Berichte über Begegnungen: mit Einheimischen und Exilierten, denkwürdig darunter das Bild des Dichters und Menschen Beer-Hofmann. Ein Leitmotiv ist die Sorge um Deutschland, um Europa. Vordtriede entgeht nicht dem Dilemma des überzeugten Pazifisten, zwar den Sieg zu wünschen, aber nicht den Krieg. Ein anderes ist die

Frage nach seiner Berufung. Ist er ein Dichter oder doch ein Schriftsteller? Die freigiebig eingestreuten Gedichte, deutsche und englische, eigene und übersetzte, die Bruchstücke und Entwürfe eines Romans, das ganze Buch gibt die Antwort: Zweimal Ja.

Eike-Wolfgang Kornhass

»Lebensferne ohne Lebensflucht«

Über Werner Vordtriedes Roman *Geheimnisse an der Lummer*

»Vielversprechender junger Mann verschreibt Seele dem Teufel. Interessierte Dämonen bitte sich an folgende Chiffre zu wenden.« Schwerlich wird sich ein derartiges Inserat in der Tageszeitung finden. Zu lesen ist es vielmehr in Werner Vordtriedes erstem Roman *Geheimnisse an der Lummer*.[1] Der die Anzeige scherzhaft erwägende Auftraggeber ist jener junge Mann selbst, der seinen Hang zu etwas abenteuerlichen Verhaltensweisen solchermaßen spöttisch dokumentiert.[2] Einem am Seelenkauf interessierten Mephistopheles wäre allerdings zu raten, vor Abschluß des Pakts den Roman zu lesen. Dann wüßte er jedenfalls, daß er seine liebe Not hätte mit dem faustisch veranlagten Unterweltliebäugler.

Der potentielle Inserent ist ein werdender Dichter namens Walter Quarles, dessen Buch *Die Vermeidung* passenderweise im Verlag »The Daimon Press« erschienen ist. Quarles setzt sich darin mit dem für ihn lebensbestimmenden Werk *Der Steinbruch* auseinander und reflektiert in Tagebuchform darüber, wie ein von ihm selbst zu schreibendes Buch zu gestalten wäre und welche geistige Formung des Autors dem Schaffen des Werks vorauszugehen hätte. *Die Vermeidung* bleibt als in sich geschlossener Abschnitt vom Handlungsverlauf der *Geheimnisse* separiert, erweist sich aber in noch darzulegender Weise als Schlüssel zum Verständnis des Buchs und bedarf deshalb einer eingehenderen Analyse. Obwohl als Roman bezeichnet, trägt *Die Vermeidung* doch eher die Züge von Prolegomena zu einer Dichtung. Die Form des Diariums, besonders jedoch die inhaltlichen Elemente verweisen auf Vordtriedes Exil-Tagebuch *Das verlassene Haus*.[3] Darin mitgeteilte frühe Entwürfe zu einzelnen Romankapiteln sowie die Aufzeichnungen selbst enthalten eine ganze Reihe von Grundgedanken, welche

---

[1] Werner Vordtriede, Geheimnisse an der Lummer. Wien 1979. Im folgenden kurz: Geheimnisse
[2] Geheimnisse, S. 87
[3] Werner Vordtriede, Das verlassene Haus. Tagebuch aus dem amerikanischen Exil 1938–1947. München/Wien o.J. (1975). Im folgenden kurz: Verlassenes Haus

ihre Gültigkeit bis in den vorliegenden Roman hinein bewahren konnten.[4]

Im Mittelpunkt der in der *Vermeidung* angestellten Überlegungen steht die Dichotomie von *Wirklichkeit* und *Möglichkeit*. Die beiden Elemente des Begriffspaars werden synonym auch als komplementäre Wirklichkeiten benannt, wobei zu unterscheiden wäre zwischen »der äußeren wirklichen und der innern geformten, der Basis und der Potenz«.[5] Ziel des Reflexionsprozesses ist es, die »Umsetzung des Wirklichen in eine höhere Realität« herbeizuführen und damit zu einer »nicht mehr zufälligen Welt- und Selbsterkenntnis« zu gelangen.[6] Diese vorderhand recht abstrakt wirkende Operation ist zu verstehen als die geistige Transformation der äußeren Wirklichkeit in die Möglichkeit oder ganz eigene Realität des Kunstwerks.

Der werdende Dichter Quarles vollzieht die Bewegung von der ungeformten zur geformten Ebene im Vorgang des Schreibens und bedient sich hierbei als Vehikel einer Reihe von Techniken. Es sind dies der Zufall, das Geheimnis, das Sich-Verbergen, das Rollenspiel, die Unerschöpflichkeit, das Abenteuer, das Außenseitertum und die Vermeidung. Die genannten Termini haben dreierlei gemeinsam. Zum einen beinhaltet jeder für sich den schöpferischen Transformationsprozeß, besitzt also dynamischen Charakter und entzieht sich mithin der Definierbarkeit des fest umrissenen Begriffs. An die Stelle der Definition hat die Interpretation zu treten. Zum zweiten ist ein derart enger Zusammenhang der jeweiligen Sinngehalte zu konstatieren, daß man ein Geflecht von Beinahe-Synonymen diagnostizieren darf. Drittens schließlich weisen alle Bezeichnungen komplementäre Züge auf: einer leicht zu erkennenden konkreten Bedeutung steht eine zweite, erst auszulotende gegenüber, welche das Wort unversehens zur Chiffre für den dichterischen Vorgang werden läßt. Die einzelnen Techniken poetischen Transponierens seien nunmehr kurz erläutert.

Der *Zufall* besitzt im Denken Vordtriedes eine jahrzehntelange Tradition. Besonders unter dem Einfluß von Gide und Mallarmé spricht er bereits 1944 von seiner »Religion des Zufalls«.[7] Große Wichtigkeit kommt

---

[4] Auf dies wichtige Buch wird im folgenden mehrmals zu verweisen sein. Das geschieht allerdings nur bei solchen Passagen, die über Zeit- und Entwicklungsbedingtes hinausdeuten, in den *Geheimnissen* wieder aufgegriffen werden und sich somit als Topoi im Denken Vordtriedes erkennen lassen
[5] Geheimnisse, S. 80
[6] Geheimnisse, S. 74
[7] Verlassenes Haus, S. 245

dem Ausdruck auch in den *Geheimnissen* zu. Zufällig stößt der Dichter Quarles »im richtigen Lebensaugenblick« in Gestalt des Buches *Der Steinbruch* auf den Schlüssel zu sich selbst.[8] Nachdem der Zufall für den jungen Mann solchermaßen zum »Lebensbestimmer und Richtungserklärer«, ja »zur Lebensmitte selbst«[9] geworden ist, kann er als »Zufalls- oder Schicksalsleitung«[10] zum künstlerischen Gestaltungsprinzip erhoben werden. Als »Vernichter aller Zufälligkeit«,[11] die jedermann widerfährt, ist der Zufall im Sinne einer bewußt eingesetzten Technik in eine dichterische Dimension hineingewachsen.

Das *Geheimnis* ist ein mit Vorbedacht gewählter Bestandteil des Romantitels. Es hat beileibe nichts zu tun mit billige Spannung erzeugender Geheimnistuerei etwa nach Art von Sues »*Mystères de Paris*« oder auch Poes artifiziellen mysteries. Das »wirkliche Geheimnis« ist demgegenüber fern von »erklügelten Motivierungen« und »bedeutungsvollem Raunen«.[12] Das zu schreibende Buch müsse, so heißt es in der *Vermeidung*, »verschwenden und dabei geheimnisvoll bleiben«, das Kunstwerk soll als eine Art »magischer Spiegelung« erscheinen, »in der ohne Absicht alle Fäden in Übereinstimmung miteinander laufen«.[13] Ein vom Dichter geschaffenes Geheimnis erfüllt das Postulat nach Vereinigung von Wirklichkeit und Möglichkeit. Das Werk sollte »ein Rätsel und zugleich dessen Lösung« sein, »die die Mitarbeit des Lesers voraussetzte. Eine ununterbrochene Kette, in der Notwendigkeit und Möglichkeit identisch würden.«[14]

Ein unpoetischer, gleichwohl frappierender Zufall trifft mich, während ich diese Zeilen über Zufall und Geheimnis schreibe: in einem Fernsehporträt äußert sich der Regisseur Luis Buñuel in einer dem hier behandelten Thema sehr ähnlichen Form, wenn er meint: »Zwischen Zufall und Geheimnis entsteht die Imagination.«[15]

Als dem Geheimnis eng verwandt dürfen das *Sich-Verbergen* sowie das *Rollenspiel* angesehen werden. Dramaturgisch betrachtet haben beide literarischen Techniken die Funktion, eine dem Leser zu vermittelnde Erkenntnis besser in Szene zu setzen. Bereits im *Verlassenen Haus* bewundert Vordtriede nach der Lektüre der *Interviews imaginaires* an ihrem Verfasser Gide die »Kunst des Sich-ein-wenig-Versteckens, um desto deutlicher werden zu können«.[16] Dieser Kunstgriff findet in der *Vermeidung* erneut

---

[8] Geheimnisse, S. 71 [9] Geheimnisse, S. 73 [10] Geheimnisse, S. 88
[11] Geheimnisse, S. 73 [12] Geheimnisse, S. 90 [13] Geheimnisse, S. 81
[14] Geheimnisse, S. 91
[15] Sendung »Filmforum« vom 7. 3. 1985 im Zweiten Deutschen Fernsehen
[16] Verlassenes Haus, S. 236

Verwendung und erweist sich somit als Topos. Der fiktive Autor Quarles charakterisiert die Verfahrensweise des ein Tagebuch »aus Glas« führenden Dichters: »Der Eintragende wird Schliffe, Prismenflächen, Kristallformen hervorbringen, an denen sich die Wirklichkeit bricht, um in verfeinerten Färbungen wieder zutage zu treten. Er wird sich vielleicht listig und spielerisch verstecken, um sich besser offenbaren zu können...«.[17] Die Formulierung erinnert an Nabokovs verbergend-erhellende Spiegellabyrinthe.[18] Auch die in der *Vermeidung* geführten Gespräche bestehen aus »Verbergungskünsten«.[19] Das geschickte *Rollenspiel* des Protagonisten Quarles in seinen Dialogen dient dem nämlichen Zweck. Bestimmt wird die Aufgabe aller Rollenspieler dahingehend, im Spiel andern Menschen ihr Wesen zu enthüllen und jene von innen zu erhellen.[20]

Eine weitere Intarsie im reichen Muster poetischer Gestaltungsmöglichkeiten ist die *Unerschöpflichkeit,* mit der ein Grundthema zu variieren ist. Zur Illustration dieses Prinzips weist Vordtriede schon in seinen Tagebüchern auf eine chinesische Bildrolle hin.[21] Auch Quarles demonstriert die Technik der »unendlichen Variation einiger Grundmotive« anhand derartiger Bilderrollen, deren Maler Drache, Fels und Wasserfall »in immer neuer, nie ermüdender Abwandlung« als schier unerschöpfliches Sujet dargestellt hat: »So müssen in der gestalteten Eintönigkeit, der ewigen täglichen Wiederholung, die einzelnen kleinen Abweichungen schließlich die schönsten Umrisse annehmen und zu unendlicher Bedeutung werden. Freilich müssen die Grundmotive stark genug sein, um die Bilderrolle des Lebens tragen zu können.«[22]

Von kaum zu überschätzendem Gewicht für die geistige Formung des Dichters in statu nascendi ist das *Abenteuer.* Die Haltung des intellektuellen Hasardeurs hat Vordtriede seit seiner Studienzeit beschäftigt. Im *Verlassenen Haus* finden sich zahlreiche Hinweise darauf. Hervorzuheben ist hierbei der Bedeutungswandel des Begriffs: Aus der qua Exil verhängten Abenteuerlichkeit der äußeren Lebensumstände ist der Habitus des geistigen Abenteurers erwachsen. Das konkret erlebte geographische Exil ist zu dem gegenüber der äußeren Realität Distanz herstellenden Exil im Bewußtsein geformt worden, welches wiederum zur künstlerischen Gestaltung prädestiniert ist. Der Bewußtseins-Exulant oder -Abenteurer ist ein Wanderer

---

[17] Geheimnisse, S. 119
[18] Vgl. Vordtriedes Studie *Die Masken des Vladimir Nabokov.* In: Merkur. XX. Jg. 1966, Heft 2
[19] Geheimnisse, S. 83   [20] Geheimnisse, S. 89
[21] Verlassenes Haus, S. 388   [22] Geheimnisse, S. 79

zwischen sinnlich wahrnehmbarer Wirklichkeit und poetischer Möglichkeit und vermag beide Strata zueinanderzuführen. Die »wirklichen Abenteuer«, so heißt es in der *Vermeidung*, »bestehen in den Erregungen, die zwischen der Wirklichkeit und ihrer Möglichkeit liegen.«[23]

Sofern das *Außenseitertum* nicht gleichzusetzen ist mit durch äußere Umstände bedingter sozialer Isoliertheit, sondern als Ausdruck einer geistigen Eigenständigkeit in Erscheinung tritt, wandeln der intellektuelle Abenteurer und der literarische Außenseiter als Dioskuren auf demselben Pfad. Nur in diesem Sinne ist das »Lebensmotiv der Nicht-Zugehörigkeit« zu verstehen, von dem Vordtriede in seinen Tagebüchern spricht.[24] Aus dem ursprünglich lediglich biographischen Faktum ist eine innere Haltung entstanden, die auch in den *Geheimnissen* Ausdruck findet. Allerdings verzichtet ihr Autor auf die Bezeichnung Außenseiter und verwendet stattdessen den vielschichtigeren Terminus *Vermeidung*. Diese Wortschöpfung steht zunächst einmal für das Postulat, daß der Dichter sich den »Forderungen der Ereignisse« zu entziehen habe, um nicht »das arme aufgeriebene Opfer seiner Zeit« zu werden: »Das Beiseitestehn und Anderswerden als Menschenformerin! Die Vermeidung.«[25] Vermeiden besagt jedoch weit mehr als ein Sich-Abwenden von der Welt der Nützlichkeit oder der politischen Parolen. Oblomow auf dem Faulbett oder der Ich-Causeur in Dostojewskijs Erzählung *Aufzeichnungen aus dem Untergrund*, der um seiner geistigen Freiheit willen sich gegen die Allgewalt der Zweimal-Zwei-Ist-Vier-Doktrin verwahrt und derselben seine Vorliebe für das Zweimal-Zwei-Ist-Fünf entgegenhält, sind keine echten Vermeider, da sie lediglich reagieren. Der vermeidende Dichter aber hat zu agieren. Die Vermeidung beschränkt sich nicht auf ein »Unterlassen und Nichttun«, sie beinhaltet vielmehr „ein Tun und eine dauernde Entscheidung«, ist »Begegnung mit dem Leben und der Versuch, es zu formen«.[26] Nicht die Negation des Lebens um der Kunst willen wird demnach postuliert, sondern die Notwendigkeit von Apperzeption und Kenntnis der äußeren Realität, bevor sie im ästhetischen Vorgang verwandelt werden kann. Eine »Genugtuung über das Anderssein kann nur dann eintreten, wenn man einmal alles dessen teilhaftig war, was die Nicht-Andern umgibt.«[27] Die Wirklichkeit, so heißt es an andrer Stelle, »bleibt bestehen, aber um die Möglichkeit vermehrt, um die Belanglosigkeit vermindert und mit nichts vertauscht.«[28] Resümierend formuliert Quarles seine Einsicht mit den Worten: »Die Überwindung der eignen

---

[23] Geheimnisse, S. 77
[24] Verlassenes Haus, S. 263
[25] Geheimnisse, S. 117
[26] Geheimnisse, S. 142
[27] Geheimnisse, S. 118
[28] Geheimnisse, S. 81

Wirklichkeit ist von je das höchste Formprinzip gewesen. Die von törichten Lesern und Kunstbetrachtern so gerühmte Lebensnähe aufzugeben, der absoluten Lebensferne zuzustreben, ohne dabei irgendwelche Unwirklichkeiten zu erfinden. Lebensferne ohne Lebensflucht.«[29] Getreu dieser Maxime wird der dichterische Transformationsprozeß zum ethischen Vorgang. Jede »wirkliche Durchformung, jede Aufarbeitung des gestaltlos am Lebensgrund Herumliegenden«, so der Dichter der *Vermeidung*, führe »ins Reich der Tugend«. Wenn aus Geschehnissen Ideen entstünden, die dann selbst wieder Geschehnisse würden, so sei dies als »eminent moralische Bewegung« zu betrachten: »Die Formung wird dadurch zu einem ethischen Vorgang, daß sie all die dunklen Winkel, die die äußere Wirklichkeit ganz in ihrem Dunkel beläßt, miterhellt.«[30]

Diese ästhetische Position orientiert sich hinsichtlich der Prämissen in ihren Grundzügen am klassisch-griechischen oder auch Goetheschen Welt- und Kunstverständnis. Realität in ihren beiden Dimensionen, der sinnlich wahrnehmbaren und der transzendental-noetischen, wurde von Platon und Aristoteles als erfahrbare, objektive Gegebenheit anerkannt. Man konnte, wie die Sophisten, zumindest die Ebene des göttlichen Nous für nicht existent erklären, keinesfalls jedoch wie später Fichte die gesamte objektive Wirklichkeit negieren. In Platons Höhlengleichnis vermag der nach Erkenntnis suchende Mensch erst durch Partizipation am Göttlichen seine Seele zu ordnen, die periagoge herbeizuführen.[31] Auf diesem Realitätsverständnis basiert auch Goethes Ästhetik. Der Künstler hat die Wirklichkeit erst zu apperzipieren, ehe er sie in das Kunstwerk verwandelt. Wo solches nicht der Fall ist, wird der potentielle Dichter zum falschen Sänger. Prinz Oronaro aus dem *Triumph der Empfindsamkeit* ist dafür ein Beispiel. Er wird zur Karikatur des Dichters, weil er die Apperzeption der echten Natur verweigert, sich mit lauter Künstlichkeiten umgibt oder, im Bild des Höhlengleichnisses gesehen, sich an den Schatten statt am Agathon orientiert.[32]

Ahnherr der Maxime »Lebensferne ohne Lebensflucht« ist auch Novalis. Er überwand den seinerzeit für den Jenaer Kreis so faszinierenden Fichteschen Subjektivismus der *Wissenschaftslehre*, der als *die* Gegenposition zum

---

[29] Geheimnisse, S. 76f.
[30] Geheimnisse, S. 79f.
[31] Vgl. Eric Voegelin, Order and History. Bd. 3: Plato and Aristotle. Louisiana State University Press 1964. S. 114ff.
[32] Vgl. Werner Vordtriede, Das Problem des Dichters in Goethes *Triumph der Empfindsamkeit*. In: Monatshefte, Madison/Wisconsin, März 1948

klassisch-griechischen Realitätsverständnis anzusehen ist. Novalis betrachtet das Nicht-Ich bzw. die Natur nicht als vom Ich Gesetztes, sondern im herkömmlichen Sinne wieder als objektive Gegebenheit, mit der sich der Künstler auseinandersetzen muß, um zu schöpferischer Erkenntnis zu gelangen und die Welt poetisieren zu können.[33] In Bezug auf das Verhältnis von Subjekt und Objekt steht also die ästhetische Theorie der *Vermeidung* in der klassischen Tradition. Allerdings wird die für die Goethezeit gültige Antinomie Natur—Kunst neu benannt als Dichotomie von Wirklichkeit und Möglichkeit.

Ohne Kommunikation mit der Außenwelt vermag der Künstler nicht kreativ zu werden: »Erst was uns von andern und von außen kommt, wird uns das Schicksalhafte, das Göttliche«, sagt Quarles in der *Vermeidung*.[34] Der von außen kommende Anstoß geschieht durch das Vorbild des *Steinbruch*-Dichters, dessen Buch den jungen Quarles aus der Verantwortungslosigkeit seiner bisherigen Abenteuerexistenz herausreißt. Doch nicht die Lektüre allein genügt, um den potentiellen zum wirklichen Dichter reifen zu lassen. Erst als Quarles der Versuchung widersteht, Verbindung mit dem Autor des *Steinbruchs* aufzunehmen, ist seine poetische Lehrzeit abgeschlossen. Die bloße Beschäftigung mit dem Buch oder der Kontakt mit dem Dichter hätten nur eine »Verlockung ins Noch-Nicht-Leben-Müssen« bedeutet, das Vorbild wäre der »Herausschieber von notwendigen Abschieden« oder ein »Verlocker ins Träumerische und Verantwortungslose« geblieben.[35] Wie bereits hervorgehoben, muß jedoch für den Dichter das Gebot lauten, zu agieren, d. h. im schöpferischen Prozeß der äußeren Wirklichkeit das »lebensferne« Kunstwerk abzuringen, um nicht als Gefangener der Oblomowtschina (feststehende russische Bezeichnung für handlungsunfähige Intelligenz) sein Leben zu beschließen. Erst im Augenblick der Entscheidung zur eigenen Aktivität erfährt der Dichter Quarles den Sinn der Vermeidung, nämlich das sich anbietende Leben »abzuweisen, um es selbst zu formen«.[36] Die »vermiedne Situation«, so sagt Quarles, »enthält alles Versprechen auf endliche Verwirklichung.« Oder: »Die Vermeidung ist nur die Erkenntnisschule für die große Prüfung des nicht mehr zu vermeidenden Augenblicks. Der enthält dann alles.«[37] Dieser Augenblick der Entscheidung zur Tat führt schlagartig zur dichterischen Erkenntnis:

---

[33] Vgl. Werner Vordtriede, Novalis und die französischen Symbolisten. Stuttgart 1963. S. 112f.
[34] Geheimnisse, S. 145   [35] Geheimnisse, S. 144
[36] Geheimnisse, S. 140   [37] Geheimnisse, S. 142f.

»Man weiß nichts, bevor man handeln muß.«[38] Mit diesem Ergebnis ist der eingangs erwähnte Reflexionsprozeß zum Abschluß gelangt, das »Zusammenfallen von Wirklichkeit und Möglichkeit«[39] ist erreicht. Der vom *Steinbruch*-Dichter zu eigenem Schaffen verführte Quarles ist selbst zum Verführer geworden, zum »Erwecker und Deuter«: »Da ich Abschied nehme vom Traum, muß ich nun auch die leichtre Rolle des Verführten mit der schweren des Verführers tauschen.«[40]

Nach der Darstellung der dichtungstheoretischen Überlegungen der *Vermeidung* möchte ich mich nun dem Romangeschehen der *Geheimnisse* zuwenden. Die Hauptfigur ist ein aus dem amerikanischen Exil für ein Jahr nach Europa zurückgekehrter Professor für mittelalterliche Geschichte. Hinter dem bürgerlichen Beruf verbirgt sich allerdings ein Dichter. Das klingt bereits in einem der ersten Sätze des Romans an, wenn es in Anspielung auf die berühmte Stelle in Goethes *Tasso* heißt: »Er fühlte sich durchaus als Seidenwurm, der in langen Jahren ein immer dichter werdendes Gespinst zum Cocon gebildet hatte. Ich muß ihn durchbeißen und hinausschlüpfen, bevor man den Cocon ins heiße Wasser wirft, um ihn als Seide für den Kommerz abzuspulen.«[41] Eines der Postulate der Vermeidung, nämlich sich der Welt der Nützlichkeit zu entziehen, wird hier bereits befolgt. Der Professor schreibt auch an einem Buch. Mit seinem merkwürdigen Titel: »Über den Sternenglauben am Hof zu Burgund im 14. Jahrhundert« mag man die, wie noch zu zeigen sein wird, dichterischen Farben (himmel)blau und (sternen)gold assoziieren.

Der Professor gerät in der deutschen Provinzstadt Pöhlau an der Lummer (in Wahrheit Bamberg) in eine Fülle geheimnisvoller Situationen, welche mit großer Komik und viel Sprachwitz geschildert werden. Nacheinander schlüpft der Held in die Rollen zweier Doppelgänger, die über die geschickt inszenierte Konfrontation mit dem täuschend ähnlichen Professor buchstäblich zu Tode erschrecken. Ihre Leichname verbirgt der Professor in einem stillgelegten Silberbergwerk. Er macht sich die Person und Lebensweise der Verschiedenen jeweils solange zu eigen, wie die Situation es erlaubt. Während des gesamten Handlungsverlaufs finden die in der *Vermeidung* aufgeführten Techniken Verwendung.

---

[38] Geheimnisse, S. 140; zum Thema des Augenblicks in der Kunst vgl. Christian W. Thomsen/Hans Holländer (Hrsg.), Augenblick und Zeitpunkt. Studien zur Zeitstruktur und Zeitmetaphorik in Kunst und Wissenschaften. Darmstadt 1984
[39] Geheimnisse, S. 142
[40] Geheimnisse, S. 146
[41] Geheimnisse, S. 5

Der *Zufall*, welcher den Professor mit seinen Doppelgängern und einem für das Romangeschehen höchst wichtigen Medizinalrat zusammenführt, geht weit über jede banale Zufälligkeit des Alltags hinaus. Er initiiert vielmehr im Sinne der »Zufalls- oder Schicksalsleitung« die vielfältigen inneren Verknüpfungen der Handlung. Das aus gutem Grund im Romantitel erscheinende *Geheimnis* und die Technik des *Sich-Verbergens* sind im Text allgegenwärtig. Schon der Professor selbst entspricht ganz und gar nicht dem Typ des »normalen« Romanhelden, der detailliert beschrieben und mehr oder weniger schematisch einer bestimmten Kategorie von Charakter zugeordnet wird. Stattdessen führt er mysteriös anmutende Gespräche und bewegt sich in permanentem Rollenwechsel zwischen Fiktion und Greifbarkeit, um zum Schluß auf nicht klärbare Weise aus dem Geschehen zu verschwinden. Auch sein ständiger Gesprächspartner, der schon erwähnte Medizinalrat, erweist sich als vertraut mit dem prismatischen Sehen,[42] errät die verborgenen Filiationen der professoralen Doppelexistenz und gibt als offenbar Eingeweihter entscheidende Anstöße für den Fortgang der Handlung. Geheimnisvoll bleibt auch die Tatsache, daß die Nebenfiguren mit den wiederkehrenden Motiven, Themen und Gedanken des Professors vertraut sind, sie aufgreifen und fortspinnen. Schließlich ist noch auf das alte Silberbergwerk hinzuweisen – der an die Romantik erinnernde, unbetretene dichterische Ort.

Mit seiner ausgefeilten Technik des Verwirrspiels zeigt sich Vordtriede als Meister der *Verbergungskunst*. Der Professor und seine Geliebte Miselchen ändern ihre Identität doppelgängerisch und entziehen sich damit jeder Fixierbarkeit. Die aus der *Vermeidung* bekannten, irreführenden Schliffe, Prismenflächen und Kristallformen, an denen sich die Wirklichkeit brechen soll, werden durch Halbedelsteine symbolisiert, welche jeweils in einer Glasschale in den Doppelgänger-Wohnungen liegen. Die Technik planvoller Konfusion wird besonders deutlich auch in der formalen Raffinesse, mit der der Roman konstruiert ist: Der Professor, selbst Autor eines Buches, stößt im Roman auf ein Buch, *Die Vermeidung*, in dem der werdende Dichter Quarles unter dem Eindruck eines anderen Buches, des *Steinbruchs*, Überlegungen darüber anstellt, wie ein von ihm zu schreibendes Buch zu gestalten sein müßte. Also ein Buch im Buch, in welchem in Auseinandersetzung mit einem Buch Reflexionen über ein erst zu schaffendes Buch angestellt werden. Dieses Verfahren, für das sich in der modernen Romantheorie der Terminus »mis en abyme« (André Gide) eingebürgert hat,

---

[42] Geheimnisse, S. 35

verbindet die *Geheimnisse an der Lummer* einerseits mit den Romantikern (zumal Friedrich Schlegel und Ludwig Tieck, welche die Technik potenzierter Spiegelung des Werks im Werk zum erstenmal erprobt haben), anderseits mit dem Nouveau roman, zu dessen prägenden Strukturmerkmalen jenes Verfahren gehört.

Nun zu den beiden lediglich andeutungsweise oder noch gar nicht behandelten Themata Doppelgängertum und Farbenblindheit.[43] Sie sind in der *Vermeidung* nicht zu finden und spielen erst in der Romanhandlung eine Rolle. Auch sie entpuppen sich als Bausteine im Paradigma poetischer Gestaltungsmöglichkeiten. Im Zuge ihrer Erörterung werden die restlichen der im Roman praktisch angewendeten Techniken aus dem dichtungstheoretischen Katalog der *Vermeidung* noch zur Sprache zu bringen sein. Das Thema des *Doppelgängers* gehört zu den am häufigsten verwendeten der Weltliteratur und ist namentlich für das Opus E. T. A. Hoffmanns von überragender Bedeutung. Bei seiner Verwendung in den *Geheimnissen* setzt Vordtriede gegenüber den tradierten Mustern allerdings ganz neue Akzente. Rein äußerlich gesehen wimmelt es im Roman von Duplizitäten. Die geistlich-kaiserliche Doppelstadt liegt am Doppelarm der Lummer und besitzt einen Dom mit verdoppelten Doppeltürmen. Die Bruderkapelle am Rande Pöhlaus ist Denkmal einer Doppelgängertragödie. Der Professor verdoppelt seine Identität gleich zweimal und auch seine Geliebte Miselchen offenbart sich schließlich als Doppelgängerin ihrer Schwester. Im Gespräch mit dem Medizinalrat wird im Zusammenhang mit Fichtes *Wissenschaftslehre* – allerdings mißverständlicherweise – ein Doppel-Ich erörtert.[44] Diese formalen Duplizitäten haben die Funktion, die Wirkung der nur inhaltlich zu deutenden Doppelexistenzen der Hauptfigur leitmotivisch zu unterstreichen. Die Erklärung für die chamäleonesken Mutationsbedürfnisse des Professors läßt sich unschwer aus dem Text erschließen. Nicht nur die exilbedingte Abenteurer- und Außenseiterhaltung, sondern auch die Ananke in Gestalt beruflicher Zwänge der äußeren Wirklichkeit überwindet der Professor, um sich als geistiger, d. h. erkenntnissuchender *Abenteurer* und gleichzeitig *Außenseiter* im »Spiel mit den Möglichkeiten« geradezu »extreme Perspektiven« zu eröffnen.[45] Solches Spiel in Form

---

[43] Zugunsten des Wortes »Thema« verzichte ich in dieser Untersuchung ausdrücklich auf den Terminus »Motiv«, da letzteres ausschließlich als innerer Beweggrund verstanden werden sollte

[44] Geheimnisse, S. 36ff. Die einander gegenübergestellten »Zwei Iche« könnten allenfalls Gegenstand eines Wortspiels sein. Das Fichtesche vom Ich gesetzte Nicht-Ich ist, wie der Begriff ja expressis verbis sagt, eben *kein* Ich

[45] Geheimnisse, S. 10

changierender Identitäten erweist sich wiederum als ein Aspekt des Sich-Verbergens bzw. des *Rollenspiels*, um so dem Rätselhaften Konturen abzugewinnen. In der *Vermeidung* heißt es, der Dichter solle sich »spielerisch verstecken, um sich besser offenbaren zu können, sich vielleicht in verschiedene Figuren aufteilen, um seine Möglichkeit im Äußersten darzustellen.«[46] Auch hier dürfte erneut klar geworden sein, in welch engem Zusammenhang miteinander die vorgestellten Techniken stehen, die allesamt nur Variationen ein und desselben dichterischen Erkenntnis- und Transformationsprozesses darstellen.

Das Thema der *Farbenblindheit*, das es zum Abschluß zu behandeln gilt, ist in der gesamten Weltliteratur bislang einmalig. Es findet sich auch nicht in Vordtriedes Tagebüchern. Gemäß den bereits interpretierten Begriffen besitzt auch die Farbenblindheit zwei Komponenten. Als konkretes Phänomen ist die Rot-Grün-Fehlsichtigkeit zunächst einmal als eine bei nur etwa dreieinhalb Prozent vorwiegend der männlichen Bevölkerung auftretende Anomalie zu diagnostizieren. Infolge von Unglücksfällen wird sie erst im 19. Jahrhundert in einer »auf Nützlichkeit dressierten Industriewelt« zum Makel.[47] Vor ihrer Entdeckung gegen Ende des 18. Jahrhunderts durch Dalton und Goethe ist sie schlichtweg unbekannt, so daß der Professor der Antike eine »außerordentliche Grünferne« bescheinigen kann.[48] »In Arkadien gab es keine Farbenblindheit«, konstatiert im selben Tenor auch der Medizinalrat.[49] In diesen Aussagen klingt bereits eine positive Bewertung des Phänomens an. Aus dem Defekt wird – das ist die zweite, kreative Komponente der Farbenblindheit – ein Vorzug. Der Nicht-Grün-Sehende, der die Farben nicht etwa verwechselt, sondern einfach anders wahrnimmt, zeichnet sich nämlich durch eine enorm erweiterte Fähigkeit zu vielfach differenziertem Farbsehen aus. Statt des nur Grünen reicht seine Farbpalette von Grautönen über das Braune bis hin zum Gelben oder Orange-Farbenen. Gegenüber dem geradezu als beschränkt zu betrachtenden Normalsichtigen wird der Farbenblinde zum »eigentlichen Nuancenseher«,[50] dem seine Sichtweise »die größten Freiheiten« läßt.[51] Dadurch eröffnet sich ihm ein ungewöhnlich schöpferisches Potential: »Der sogenannte Farbenblinde ist nicht farben›blind‹, er kennt nur die Farbzusammenhänge nicht, er muß sie sich selber erschaffen. Damit wird der Farbenblinde zu einem Selberwelterschaffer ganz eigener Art...«.[52] Ordnet man diese Begabung in den Kontext poetischer Gestaltungsmöglichkeiten ein,

---

[46] Geheimnisse, S. 119
[47] Geheimnisse, S. 159
[48] Geheimnisse, S. 98
[49] Geheimnisse, S. 160
[50] Geheimnisse, S. 160
[51] Geheimnisse, S. 29
[52] Geheimnisse, S. 160

so enthüllt sich auch der Farbenblinde als chiffrierter Dichter. Als solcher bevorzugt der farbenblinde Professor anstelle der für ihn unergründlichen, für Normalität und praktische Verwertbarkeit stehenden Misch- oder Sekundärfarbe grün die seit der Romantik und Jean Paul für Poesie stehenden Primärfarben blau und gelb, sowie das Goldene. Möglicherweise angeregt durch die Farben eines rhombischen Sternbergits aus dem Silberbergwerk Pöhlau[53] läßt der Professor in Gestalt des Architekten Fallenberg ein Kupferdach nicht grün, sondern blau und goldfarben patinieren.[54] In einer rührenden Episode am Schluß der *Geheimnisse* verwandelt Fallenberg die Verzweiflung eines ob seiner Farbenblindheit deprimierten Buben in Hoffnung und empfiehlt ihm in seiner Rolle als Vorbild, sich im Leben ans Blaue und Goldene zu halten.[55] Abschließend wären auch die letzten beiden der in der *Vermeidung* aufgeführten Techniken im Romangeschehen nachzuweisen. Die *Unerschöpflichkeit* des Grundthemas der poetischen Transformation der äußeren Realität in die höhere des Kunstwerks zeigt sich sowohl in der zwecks permanenter Variation verwendeten Vielzahl von Gestaltungsmodalitäten als auch im facettierten formalen Nachvollzug durch die Buch-Im-Buch-Im-Buch-Zwiebelkonstruktion. Die Qualität der kontinuierlichen Abwandlung des Gegenstands entspricht dabei der Vorliebe des Professors für die architektonischen Ornamente des Barock, welche für ihn »Teil des Ganzen, kein Schnörkel, sondern Form« sind.[56] Keine Variante ist um ihrer selbst willen angebracht. Die diversen Triolen, Tonartwechsel und Rhythmusänderungen dienen allein dem Zweck, die Kadenz des Generalthemas in ihrem Wohlklang zu verstärken. Man könnte auch von einer talmudistischen Verfahrensweise sprechen, mithilfe derer ein Grundproblem von allen Seiten immer wieder neu betrachtet wird. Die Unerschöpflichkeit des Themas erweist sich auch am Schluß des Romans, der offensichtlich Fragment bleibt: das letzte Kapitel besteht lediglich aus der Numerierung XXV.

Die Maxime der *Vermeidung* wird auf zweierlei Art befolgt. Was anderes als Vermeidung der »Lebensnähe« wären die multiplikatorischen Doppelgängereien oder die auf »Lebensferne« zielenden Aktivitäten des »selberwelterschaffenden«, farbenblinden Dichters? Und ist nicht die Kernforderung der Vermeidung nach der erkenntniserzeugenden *Tat* vom Autor durch das Verfassen dieses, schon in einer Jahrzehnte zurückliegenden Tagebuchnotiz herbeigesehnten, ersten dichterischen Werkes[57] auf das Gelungenste erfüllt worden?

---

[53] Geheimnisse, S. 154 [54] Geheimnisse, S. 99 [55] Geheimnisse, S. 151
[56] Geheimnisse, S. 17 [57] Verlassenes Haus, S. 350f.

Dieter Borchmeyer

Ort ohne Welt

Über Werner Vordtriedes Roman *Der Innenseiter*

Werner Vordtriedes zweiter Roman versetzt, anders als sein erster, den Leser nicht mehr in eine historisch wohlgefügte Welt — wie das deutlich als Bamberg erkennbare Pöhlau der *Geheimnisse an der Lummer,* eine der letzten europäischen Städte, die ihr unverwechselbares Gesicht über Jahrhunderte hinweg fast unverändert bewahrt haben —, sondern in eine Welt, die diesen Namen nicht einmal verdient: an einen »Ort ohne Welt« (7).[1] Und so kann das Mysteriöse, das sich in der alten Bischofs- und Kaiserstadt noch wirklich als solches zeigte, an einem »Unort« (7), an dem der Kontrapunkt einer lange gewachsenen und gediegenen realistischen Erfahrungswelt fehlt, gar nicht erst gedeihen. »Mister Mystery«, der Icherzähler und Ichbetrachter des Romans, ist im Gegenteil höchst ›normal‹, ja an einer Stätte jenseits aller Normalität der einzig Normale, »zwischen lauter Außenseitern der Innenseiter« (5). Wo dem Mysteriösen die Normalität fehlt, von der es sich abheben kann, wo jene zur Anormalität degeneriert, muß das Mysteriöse ins Gewand des Normalen schlüpfen.

Was ist das nun für ein weltloser Ort, an dem der »Innenseiter« eine Welt zu entfalten sucht? Ein Phantasieort ohne Phantasie namens Nouasseur. Ein nordafrikanisches Konstruktionslager, aus dem der größte militärische Flughafen-Stützpunkt der Welt hervorgehen soll, eine Gemeinschaftsproduktion der USA und Frankreichs — ein Bollwerk der westlichen Welt. Das hört sich recht normal an. Doch die Werkstättenlandschaft oberhalb der Sahara mit ihren Operationsbasen, Pisten, Pipelines und Hangarbauten entpuppt sich schon auf den ersten Seiten als ein negatives Utopia, als ein mit höchster realistischer Genauigkeit gezeichneter Alptraum der industriellen Zivilisation. Da herrscht dauernde Betriebsamkeit, werden Bauten um Bauten errichtet und wieder abgerissen, doch keiner weiß und soll wissen, wozu das alles dient. »Alles Fertiggestellte ist nach wenigen Mona-

---

[1] Werner Vordtriede, Der Innenseiter. Roman. München 1981. Die Zitate aus diesem Roman werden im Text selber durch eingeklammerte Seitenzahlen nachgewiesen

ten schon wieder kaputt, veraltet, rissig und einsturzgefährdet.« (8) Systematische Verschleißproduktion!

Mehr und mehr steigert sich die Arbeit ins Absurde, fällt auf die pausenlos Hämmernden, Grabenden und Bauenden das fahle Licht des Untergangs, verdichtet sich der Verdacht, daß hier ein Endspiel gespielt wird.

> Ich weiß nicht, wie es zugeht, und ich glaube, keiner weiß es recht, daß im Lager so viel gezogen und gebogen, gehämmert, gebohrt und gegraben wird, ohne daß man einen merklichen Fortschritt der Flugzeugbasis feststellen kann. Die Bewegung und Bebauung quillt gleichzeitig vielseitig aus. Das schon Bestehende ist immer schon wieder in Gefahr zu reißen, zu zerbröckeln, zu rosten und muß ständig ausgebessert werden. Auch verschieben sich die Konstruktionspläne von Zeit zu Zeit. Was vor wenigen Monaten errichtet wurde, muß erweitert, verkleinert oder verschoben, verändert oder eingerissen werden. Täglich wachsen noch immer riesige Mengen von Ausschuß an, den die Konstruktion, wie in meiner ersten Zeit hier, als wertlosen Schutt ausspeit. Das Wegräumen dieser Staumassen nimmt wohl ebensoviel Zeit in Anspruch wie die Errichtung des Neuen. Manchmal kommen große Ladungen unbrauchbarer Materialien an, die noch für den ursprünglichen, längst vielfach veränderten Plan bestellt worden waren, etwa Rohre mit zu kleinem Durchmesser und dergleichen. Niemand weiß mehr, wer sie bestellt und dann vergessen hatte, sie abzubestellen. Sie zurückzuschicken, wäre viel umständlicher und kostspieliger als sie hier einfach verrotten zu lassen. Aller Abfall wird auf einen großen vielgipfligen Haufen getürmt, den man weder vergraben noch wegschaffen kann. Er wird langsam eigenmächtig und mußte schon einmal mit allen Baggermaschinen woandershin geschaufelt werden, weil er ins Gebiet des künftigen Flugfeldes hineingewachsen war. (62f.)

Dieses monströse Staumassengebirge gemahnt den Icherzähler einmal an den doppelgipfligen Parnaß. Der Anblick des sinnlosen Produkts einer ihrer selbst nicht mehr Herr werdenden technischen Rationalität schlägt um ins mythische Bild des Musenhügels (115) – oder, wie Albert von Schirnding es formuliert: »Am Ende schlägt der Logos des Fortschritts in den Mythos des apollinisch-dionysischen Gegenübers um, uralte Verwirrung kehrt wieder.«[2] Ein poetisches Paradigma der so viel beredeten Dialektik der Aufklärung. Die »langsam eigenmächtig« werdende Müllhalde als Symbol einer sich mythisch verselbständigenden technischen Zivilisation, die niemand mehr durchschaut. Die Instanz, welche das Ganze überblickte und die zweckmäßige Realisierung des Projekts verantwortlich leitete, scheint es nicht mehr zu geben. Die Göttin der Vernunft ist zu einer

---

[2] Albert von Schirnding, Gleichnis unserer sprachlosen Welt. Werner Vordtriedes neuer Roman. In: Süddeutsche Zeitung v. 1. 4. 1981

dea abscondita geworden. So wird das Reale zum Surrealen, das perfekt Geplante zum Absurden. Wirklich ein Utopia in bösem wörtlichem Sinne: ein Nichtort, ein »Unort«, wie der Erzähler selber sagt (7).

Die Arbeiter, hochbezahlte gescheiterte Existenzen aus aller Herren Länder, innerlich und äußerlich Heimatlose, wechseln ständig, eine persönliche Beziehung zu der Arbeit, deren Produkt einem rätselhaften Schicksal anheimgegeben ist, kann es von Anfang an nicht geben. Die Natur wird durch das Riesenprojekt mehr und mehr weggefressen. »Wo noch hartes Gras zwischen Kabelrollen hervorlugt und ein stachliger Strauch kleine leuchtendrote Blüten ansetzen will, geht bald die Traktorraupe, die Kranschiene, der Zementfluß drüberhin und erstickt das letzte sichtbare Leben. Auch das überall sinnlos hervorsprudelnde Benzin verklebt das Keimende und vergiftet die ohnehin so karge Erde.« (32f.)

Was aber tun die Arbeiter, die mit allem, was sie zu Menschen macht, von ihrer sinnlosen Arbeit ständig ins innere Exil getrieben werden, was tun sie in ihrer Freizeit, wenn ihnen alle Freiräume versperrt sind, selbst der Fluchtraum der Natur nicht mehr existiert? Sie verschreiben sich den Angeboten der Gebrauchsgüter- und Vergnügungsindustrie, die nicht weniger sinnlos und Sinnloses produziert als das Konstruktionslager — Überflußproduktion und »Allkäuflichkeit« (11) hier wie dort, auf der Seite des Lebensernstes wie des Vergnügens. Und so wächst — als Pendant zu dem vielgipfligen Abraumgebirge — in den Schlaf- und Wohnräumen der Ingenieure, Maschinisten, Chauffeure und sonstigen Arbeitskräfte ein zweites, ein Waren-Gebirge, nicht weniger absurd als das erste und sich ebenso mythisch verselbständigend. Subjekt und Objekt vertauschen ihre Rollen, der Besitzende wird selbst ›besessen‹. Die gekauften Dinge, so der Erzähler, werden zu Dämonen, »die den Besitzer schließlich auf Schritt und Tritt drohend und fordernd umstehen und ihn anstarren« (11). »Wo keine Götter sind, walten Gespenster«, sagt Novalis.

Nouasseur — eine Parabel und Hyperbel der westlichen Zivilisation. »So sieht die Welt aus, in der wir drauflos- und dahinexistieren; der Abbruch als Dauerzustand« (Albert von Schirnding). — Der Leser, der uns bis hierher gefolgt ist, den Roman Vordtriedes aber noch nicht kennt, könnte den Eindruck gewonnen haben, der *Innenseiter* sei ein bärbeißiges gesellschafts- und kulturkritisches Gemälde der kapitalistischen Zivilisation mit ihrem Fortschritts-, Produktivitäts- und Wachstumswahn, der doch nur auf ihre Selbstzerstörung hinausläuft, ein Buch vielleicht mit viel Adorno und Marcuse, aber wenig Phantasie, dessen trostloses Grau allenfalls durch ein paar grelle apokalyptische Farbtupfer belebt wird. Nun — mit Adorno und

Marcuse hat Vordtriede sich nie gründlich befaßt. Das Interesse auch mancher seiner Schüler an den Thesen Marcuses in den bewegten Jahren der sogenannten Studentenbewegung hat ihm wenig behagt, und mit Adorno hat er sich sogar auf eine kleine Fehde eingelassen: in der *Süddeutschen Zeitung* vom 29. Oktober 1967 spielte er Yeats' Gedicht *Lapislazuli* gegen Adorno aus, als dieser im Zusammenhang mit dem Züricher Literaturstreit um Emil Staiger die Heiterkeit der Kunst in Mißkredit brachte.

> I have heard that hysterical women say
> They are sick of the palette and fiddle-bow,
> Of poets that are always gay
> [...]
> Ich höre, daß hysterische Frauen eifern,
> Sie hätten Palette und Fiedelbogen satt
> Und Dichter, die nichts sind als heiter.

Das war ein starkes Stück in jenen Jahren, Adorno indirekt zur *hysterical woman* zu machen. Vordtriede tat es verstohlen, auf die Überzeugungskraft der Verse von Yeats bauend:

> All perform their tragic play,
> There struts Hamlet, there is Lear
> That's Ophelia, that Cordelia;
> Yet they, should the last scene be there,
> The great stage curtain about to drop,
> If worthy their prominent part in the play,
> Do not break up their lines to weep.
> They know that Hamlet and Lear are gay;
> Gaiety transfiguring all that dread.
>
> Alle spielen ihr tragisches Stück,
> Da stolziert Hamlet und da ist Lear,
> Das ist Ophelia, das Cordelia;
> Doch sie alle, wär die letzte Szene hier,
> Und der Vorhang fiele fast zu,
> Sprächen, ihrer Hauptrolle würdig, weiter,
> Kein Wort verschwände in Tränen erstickt.
> Sie wissen: Hamlet und Lear sind heiter.[3]

Zu dieser Heiterkeit hat sich Werner Vordtriede immer bekannt; sie erhellt auch seinen Roman, der selbst in den düstersten Momenten seiner negati-

---

[3] William Butler Yeats, Werke I. Hrsg. v. Werner Vordtriede. Neuwied und Berlin 1970, S. 238f.

ven Utopie von einem lässigen Erzählton geprägt ist, in dem die gesellschafts- und kulturkritischen Obertöne ständig mitschwingen, aber sich nicht zu polemischen Mißtönen verselbständigen, welche aus dem ›heiteren‹ Tonsystem der Erzählkunst herausfallen. Und apokalyptisches Pathos fehlt dem Roman ganz.

Wie aber sieht die Gegenwelt des »Innenseiters« aus? Es läge nahe, daß er nun eine poetische Ausweichwelt aufbaut, in die er sich vor der Häßlichkeit und Absurdität der Außenwelt zurückzieht, oder eine positive ›grüne‹ Gegenutopie zur Alptraumszenerie des Konstruktionslagers. Die Alternative, die Vordtriede für seinen Icherzähler wählt, ist indessen tiefgründiger. Dieser baut seine Welt nicht jenseits, sondern inmitten der Weltlosigkeit von Nouasseur. Und was Welt schafft, ist die Sprache. Der *Innenseiter* ist ein Roman, dessen eigentliche Helden die Worte sind.

»Wie wenig braucht es doch, um als geheimnisvoll zu gelten«, stellt »Mister Mystery« zu Beginn seiner Aufzeichnungen fest. »Eigentlich nur, daß man eine letzte kleine Ordnung innerhalb einer nicht mehr durchschaubaren Welt aufrechterhält, einen unscheinbaren Ritus im Chaos. Wenn sich einer auf dem bekannten Floß des Schiffbrüchigen etwa bei Tagesanbruch eine Krawatte umbindet, setzt er sich durch diese sonst alltägliche Handlung mit dem Geheimnis in Verbindung, weil er dort eine Regel anwendet, wo es nur noch den Ausnahmezustand zu geben scheint.« (5) Ein solcher Mensch, der im Ausnahmezustand eine Regel anwendet, eben ein Innenseiter unter Außenseitern ist der Icherzähler. Seine Ordnung, sein Ritus im Chaos entsteht aus der Sprache, aus einer Sprache freilich, die sich von der in Nouasseur gesprochenen sternenweit unterscheidet. Es ist die noch wahrhaft weltschaffende, ›poetische‹ Sprache mit ihrem unendlichen Beziehungsreichtum, im Gegensatz zu der »funktionalisierten, abgekürzten und vereinheitlichten Sprache«, die — wieder erlauben wir uns den Vordtriede so unbehaglichen Namen ins Spiel zu bringen — Herbert Marcuse eindringlich als die Sprache des »eindimensionalen Menschen« beschrieben hat.[4] An dem »Ort ohne Welt« haben auch »die Worte [...] keinen Raum um sich« (7). Hier klingt zum erstenmal eine den Roman leitmotivisch durchziehende philosophische Idee an: daß Worte einen »Raum« brauchen, einen Raum bilden — die tiefe Verwandtschaft von Sprache und Architektur.

Unter den Menschen von Nouasseur herrscht eine förmliche Angst vor der Sprache, sofern sie ihren bloßen instrumentellen Gebrauchscharakter

---

[4] Herbert Marcuse, Der eindimensionale Mensch. Studien zur Ideologie der fortgeschrittenen Industriegesellschaft. Neuwied und Berlin 1967, S. 114

überschreitet, mehr als nur benutzt sein will. »Es scheint eine Furcht vor echten Namen, das heißt vorm Benennen überhaupt zu herrschen, vorm wirklichen Anrufen und Angerufensein, vorm vollen Bekenntnis der Identität nicht nur seiner selbst, sondern eines jeden Gegenstandes.« (9) In Nouasseur herrscht das absolute Regiment der *four letter words* — nicht nur der obszönen: »Ruck und Zuck, da braucht es keine Nachdenklichkeiten, vier Buchstaben, und die Sache ist ohne Gefahr erledigt.« (9) Diese funktionalisierte Sprache der *four letter words* nennt der Erzähler ironisch-pathetisch »Tetraphonie«.

Der tetraphonen Sprache der Weltlosigkeit, der Selbst- und Dingflucht stellt der »Innenseiter« seine eigene entgegen, die ihn vor Ich- und Weltverlust bewahrt. »Drei Sätze abends in ein Heft notiert, bewahren mich davor, alle Erinnerungen an mich selbst einzubüßen.« (13) Es sind deutsche Sätze, die er da notiert. Das Deutsche wird ihm zur überfunktionalen, zur ›Welt‹-Sprache, in der er sich nicht einmal ausdrücken kann, wenn er bloße Gebrauchsgegenstände bezeichnen will. Dafür fliegen ihm sofort die amerikanischen Vokabeln zu. Kein Zweifel, daß Vordtriede den Erzähler hier seine eigenen Spracherfahrungen im Exil artikulieren läßt: die Muttersprache verliert in der Fremde ihre alltägliche Funktion, wird als nicht mehr ›benutzbar‹ zum reinen Medium des Ausdrucks, der Mitteilung, der ›Welt‹-Schöpfung.

Allein die Sprache — nicht die Tetraphonie — schlägt die Brücke vom Menschen zu den Dingen, verwandelt sie, mit Heidegger zu reden, aus vorhandenen wieder in zuhandene, schlägt auch die Brücke vom Ich zum Du. »Die Erlösung aus der Einsamkeit läge in der Sprache.« (66) Aber widerlegt sich der Innenseiter mit dieser Feststellung nicht selbst, ist nicht gerade er mit seiner Sprache allein, der von der sprachlosen, tetraphonen Umwelt wie ein exotisches Tier beglotzte Mister Mystery? Zunächst gewiß. Aber da ereignet sich eines Tages das Wunderbare.

Der immer lesende Mister Mystery provoziert die Arbeitskollegen schließlich so sehr, daß sie wissen wollen, in was für einem Schmöker er Tag für Tag herumblättert. Es sind chinesische Geschichten. Und eine davon, die Geschichte von dem Freudenmädchen Mandelblüte und dem Ölverkäufer Li erzählt Mister Mystery seinen Kollegen nun in allen fremdartig leuchtenden Farben und mit dem erotischen Zauber der fernöstlichen Welt. Und er muß sie wieder und wieder erzählen, wobei er den Kunstgriff wählt, dasselbe aus immer anderen Blickwinkeln, aus der Perspektive je einer Hauptgestalt zu erzählen.

Was hier geboten wird, sind Musterbeispiele der »personalen Erzählsituation« im Sinne der Stanzelschen Erzähltypologie. An die Stelle des auktorialen Erzählers, der außerhalb der Welt der Charaktere steht, tritt ein — immer anderer — *Reflektor:* »Eine Romanfigur, die denkt, fühlt wahrnimmt, aber nicht wie ein Erzähler zum Leser spricht. Hier blickt der Leser mit den Augen dieser Reflektorfigur auf die anderen Charaktere der Erzählung« (Franz K. Stanzel).[5] Durch den dreimaligen Wechsel der Reflektorfigur — ein raffinierter narrativer Kunstgriff, der ein einzigesmal verrät, daß der Autor des *Innenseiters* ein ausgefuchster Philologe ist — wird mit immer neuen »Sprachkombinationen« (84) gespielt, welche die Hörer aus der geschlossenen Welt ihrer Tetraphonie in den unendlichen ›Welt‹-Raum der Worte entführen.

Durch sein Erzählen schafft Mister Mystery zum erstenmal etwas wie Gemeinsamkeit unter den beziehungslos nebeneinanderher lebenden Angestellten des Konstruktionslagers. Das seit Boccaccios *Decamerone* immer neu variierte Motiv des geselligen Erzählens, des Novellenzyklus kehrt hier wieder. In einem Ausnahmezustand, der die geltenden Normen außer Kraft zu setzen droht — wie die Pest zu Florenz im *Decamerone*, die Französische Revolution, welche den Parteienhader bis in die Familie und den Salon trägt, in Goethes *Unterhaltungen deutscher Ausgewanderten* — bilden sich durch die Kunst des Erzählens neue gesellige und menschliche Bande. Sie deuten sich auch im *Innenseiter* an, wenngleich der Autor das optimistisch-utopische Pathos nicht weniger als das apokalyptisch-pessimistische meidet und heiter-affirmativ, aber auch humorvoll-skeptisch mehr die Möglichkeit als die Wirklichkeit einer neuen Welt- und Gemeinschaftsbildung durch Sprache und Erzählkunst beschwört. Immerhin, in die eindimensionale und einsilbige Sprache der Lagerinsassen fügt sich wenigstens eine zweite Dimension von ironischen Anspielungen und Chiffren aus der Geschichte von Li und Mandelblüte (103f.). Tetraphonie verwandelt sich in Sprache!

Dem Motiv der Weltbildung durch Sprache tritt ein anderes, geschwisterliches, ja metaphorisch identisches an die Seite: Weltbildung durch Architektur. Welt wird ›gebaut‹ durch Worte wie Steine. Die Sprache, sagt Heidegger, ist das »Haus des Seins«,[6] in dem Seiendes zu seinem Wesen findet. Daran gemahnt das Leitmotiv des antiken Theaters in Vordtriedes Roman. »Anfangs war die Ruine eines römischen Amphitheaters noch ein Ort, an dem die Welt zu Hause war.« (33) Diese Ruine, deren untere Wölbungen arabische Nomaden zu ihrer Behausung gewählt haben, wird

---

[5] Franz K. Stanzel, Theorie des Erzählens. Göttingen 1979, S. 16
[6] Martin Heidegger, Platons Lehre von der Wahrheit. 2. A. Bern 1954, S. 60, 111f. u. 116

von den Angestellten des Konstruktionslagers als Basketballplatz entdeckt. Das erinnert an die vor ihrem Erwerb durch den Freiherrn von Risach als Abgrenzung eines Ballplatzes dienende antike Marmorstatue in Stifters *Nachsommer*.

Indem das Theater zum Sportplatz wird, Mannschaften sich bilden, entsteht im Rahmen der antiken Ruine die Keimzelle einer »sozialen Ordnung« (33), und dem Erzähler wird sie zum Gegenbild der chaotischen Lagerlandschaft mit ihrer Abraumhalde. »An jeder Stelle ist sich der elliptische Bau selbst genug. In sich geschlossen, in konzentrischen Streifen, regelmäßigen Bogenöffnungen, alle ein Tor zu einer möglichen Welt, und gegliederten Mauern liegt er da.« (34) — Bald stellt sich freilich heraus, daß das Amphitheater dem Konstruktionslager im Wege ist und abgerissen werden muß. Tag für Tag wird es abgetragen. Und doch, trotz der Verwitterung und Zerstörung durch die Jahrhunderte, trotz ihres systematischen Abbaus in den letzten Tagen wirkt die Ruine in gewisser Weise immer noch »unversehrt und fast unversehrbar« (60). »Beraubt, vergeudet und gewährend, Helferin und Verwandlerin hat sie doch den fast unzerstörbaren Kern bewahrt, den fast unantastbaren Teil, der ein Ganzes ist, ein urzeitliches Gebirge aus der menschlichen Landschaft. [...] Der tiefe Riß, den wir ihr in diesen Wochen zugefügt haben, wird erst sichtbar, wenn man die Arena betritt. Selbst diese Lücke, das Nichtmehrdasein der Verbindung, ist nun Form. Denn durch sie werden die benachbarten Wölbungen nur betont, wie in einem Triumph ohne Rechthaberei. So groß ist die Macht dieses Gebildes, alles in sich selbst zu verwandeln. Wenn es lange genug stehenbleibt, könnte es vielleicht die Weltlosigkeit des Konstruktionslagers sich zugestalten.« (59f.)

Und der Erzähler rekapituliert, was die Ruine unter den Bewohnern von Nouasseur schon bewirkt hat. »Mit Basketball-Netzen behängt schuf sie sich sogleich in eine schützende Glucke um und formte eine erste Gemeinschaft.« Selbst ihre Zerstörung entband positive Kräfte: sie führte zu einer längst fälligen Protestaktion der Lagerinsassen und stellte auch die »epische Stimmung« für die Erzählung der chinesischen Geschichte her. »So hat die alte Ruine einen sich sonst in der Menschheitsgeschichte über lange Zeiträume entwickelnden Ablauf in wenigen Monaten wirklich werden lassen: von der planlosen, zufälligen Individuation zum Gefüge einer Gesellschaft, die, indem sie sich als solche erkennt, sich auch ihrer Abhängigkeit von ihren Ausbeutern bewußt wird, worauf man sich vereinigt wehrt und darauf der epischen Phantasie sich öffnet.« (60f.) Vergesellschaftung, Revolution und Kultur sind das Werk der weltfügenden Architektur.

So verblüffend die Verbindung auf den ersten Blick zu sein scheint, die Schilderung des Amphitheaters gemahnt an die philosophische Deutung des Tempels in einer Schrift, an die Werner Vordtriede wohl kaum gedacht hat: Martin Heideggers *Ursprung des Kunstwerks.* »Ein Bauwerk, ein griechischer Tempel, bildet nichts ab. Er steht einfach da inmitten des zerklüfteten Felsentales. Das Bauwerk umschließt die Gestalt des Gottes und läßt sie in dieser Verbergung durch die offene Säulenhalle hinausstehen in den heiligen Bezirk. [...] Das Tempelwerk fügt erst und sammelt zugleich die Einheit jener Bahnen und Bezüge um sich, in denen Geburt und Tod, Unheil und Segen, Sieg und Schmach, Ausharren und Verfall — dem Menschenwesen die Gestalt seines Geschickes gewinnen. Die waltende Weite dieser offenen Bezüge ist die Welt dieses geschichtlichen Volkes.«[7] Und weiter heißt es: »Das Tempelwerk eröffnet dastehend eine Welt und stellt diese zugleich zurück auf die Erde, die dergestalt selbst erst als der heimatliche Grund herauskommt. [...] Der Tempel gibt in seinem Dastehen den Dingen erst ihr Gesicht und den Menschen erst die Aussicht auf sich selbst.«[8]

Der Tempel eröffnet eine ›Welt‹ als Bezugs- und Verweisungsganzheit. Das kann er wie jedes Kunstwerk nur, solange er nicht zum bloßen ästhetischen Objekt, d. h. heimatlos, an jedem beliebigen Ort aufstellbar geworden ist. Dazu Heidegger: »So stehen und hängen denn die Werke selbst in den Sammlungen und Ausstellungen. Aber sind sie hier an sich als die Werke, die sie selbst sind, oder sind sie hier nicht eher als die Gegenstände des Kunstbetriebes? [...] Die *Ägineten* in der Münchener Sammlung, die *Antigone* des Sophokles in der besten kritischen Ausgabe, sind als die Werke, die sie sind, aus ihrem eigenen Wesensraum herausgerissen. Ihr Rang und ihre Eindruckskraft mögen noch so groß, ihre Erhaltung mag noch so gut, ihre Deutung noch so sicher sein, die Versetzung in die Sammlung hat sie ihrer Welt entzogen.«[9]

Nicht anders steht es mit dem Amphitheater in Vordtriedes *Innenseiter*. Während der Abbrucharbeiten kommt eine neue Anweisung. Die Ruine soll sorgfältig abgetragen und Stein um Stein an anderem Ort wiedererrichtet werden. »Das nutzlose Theater, das plötzlich ein Hindernis wurde, soll um eine nicht zu ermessende Zeitdimension verkürzt neu werden, an fast unzugänglicher Stelle. Da es keinen Traum mehr einließ und nur noch

---

[7] Martin Heidegger, Der Ursprung des Kunstwerkes. Stuttgart 1960, S. 41
[8] Ebda. S. 42f. Vgl. dazu auch Heideggers Darmstädter Vortrag *Bauen Wohnen Denken* (1951) und die §§ 22–24 aus *Sein und Zeit*
[9] Heidegger (Anm. 7) S. 39

sich selber träumte und in diesem Eigentraum aufgescheucht wurde, gestört und lädiert, wird das Nutzlose nun das wirklich Unnütze werden [...]. Erst durch ihre wissenschaftlich konservierende Wiederherstellung wird die Ruine zum wirklichen Trümmerstück werden.« (114f.) Sie eröffnet keine Welt mehr, sondern ist wie die gesamte Dingwelt der westlichen Zivilisation zum beliebig verfügbaren, welt- und heimatlosen Objekt geworden.

Die dergestalt ›erledigte‹ Geschichte des Amphitheaters ist der negative Kontrapunkt zu dem eher optimistisch verklingenden Thema der ›weltschaffenden‹ Sprache. Seit Hofmannsthals *Chandos-Brief* ist die Ohnmacht und Unzulänglichkeit der Sprache geradezu zu einem Topos der modernen Literatur geworden. Ihm setzt Werner Vordtriede, wenn wir so sagen dürfen, einen vorsichtigen Sprachoptimismus entgegen. Die poetische Sprache wird ihm fast zur einzigen dauerhaften Gegenmacht der ›eindimensionalen‹ westlichen Zivilisation. Ein Autor, welcher der deutschen Sprache so mächtig ist wie Werner Vordtriede, kann dieses Sprach- und Wortvertrauen noch hegen – im Gegensatz zu so manchen weit erfolgreicheren Schriftstellern der Gegenwart, welche ihre sprachliche Unzulänglichkeit auf die Ohnmacht der Sprache selber schieben. Vordtriedes Verhältnis zur Sprache ließe sich demgegenüber in die Worte Stefan Georges fassen: »Kein ding sei wo das wort gebricht.«

Eines der Leitmotive des Romans ist die von Mister Mystery ausgedachte Fabel vom Zebra und den Rennpferden. Sie könnte von James Thurber stammen. Das Zebra hat sich unter Rennpferde verirrt, denen die Zucht »nur noch einen einzigen Impuls gelassen« hat: »die Gestalt zu erlangen, die nötig ist, um einen am raschesten zum Ziele zu führen«, während das Zebra nur läuft, wie es ihm sein natürlicher Instinkt eingibt. Sein sonderbar gestreiftes Fell setzt die Rennpferde in Erstaunen, sie lassen es jedoch als »vergnügliche Augenweide« unter sich gelten. Selber freilich so herumzulaufen, käme ihnen nie in den Sinn. Unschwer erkennt man, daß die Rennpferde den arbeitsteilig funktionalisierten Menschen, das Leistungsprinzip der Industriegesellschaft verkörpern, während das Zebra den Künstler repräsentiert, der als eine Art Clown toleriert wird, den man nicht missen möchte, dessen Lebensform man jedoch nicht im entferntesten teilen wollte. Als eines Tages der Rennstallbesitzer jedoch Pleite macht, werden – das ist die Dialektik des Nutzprinzips – die allzu nützlichen Pferde nutzlos; durch ihre Spezialisierung sind sie eben für nichts anderes verwendbar. Daher werden sie an eine Salamifabrik verkauft. Das Zebra aber, das ja nicht dazugehört, bleibt ungeschoren (30ff.).

Die Leute von Nouasseur verstehen sehr gut: die Rennpferde sind sie, das Zebra ist Mister Mystery. Als dieser am Ende des Romans Nouasseur verläßt, machen ihm die Arbeitskollegen vier Bilder mit Variationen der Zebrafabel zum Geschenk. Auf dem vierten ist zu sehen, daß alle Pferde sich eine oder zwei Zebrastreifen zugelegt haben, während diese beim Zebra selber zurückgegangen sind. Was das zu bedeuten hat, ist nicht schwer zu erkennen. Mister Mystery hat durch seine Fabulierkunst die Fremdheit zwischen sich und den anderen abgebaut. Sie sind alle ein wenig »Innenseiter« geworden. Am Schluß soll er seine chinesische Geschichte noch einmal erzählen. Er tut es, natürlich wieder aus anderem Blickwinkel, mit der heiteren Skepsis, welche der herrschende Ton des ganzen Romans ist, aber auch mit der »geheimen Hoffnung« — und wieder wird die Brücke von der Sprache zur Architektur geschlagen: beide sind das Baugefüge der ›Welt‹ —, »vielleicht dennoch einen winzigen Aufbaustein [...] zum Wiederaufbau einer Ruine, zur Wirklichkeit am unwirklichen Ort liefern zu können« (119f.).

Der heitere Brückenschlag zwischen den Gegensätzen, der hier noch gelingt, in Werner Vordtriedes letztem veröffentlichen Roman scheitert er. Gewiß, auch *Ulrichs Ulrich* ist ein Roman voller Witz und Fabulierlust, aber doch ungleich tragischer getönt. Die Sprache, welche die Hauptgestalt hier der sprachlosen Umwelt entgegensetzt, ist nun nicht mehr die Muttersprache, es ist das Latein, die ›tote‹ Sprache, welche sich von vornherein aller Benutzbarkeit entzieht. Freilich spielt dieser Roman auch nicht mehr in einem Niemandsland, sondern inmitten unserer Erfahrungswelt, deren vulgäre Normalität den in einem höheren, geistigen Sinne Normalen zu einer viel rigoroseren Abgrenzung zwingt. Was die Phantasie in jenem Anti-Utopia überbrücken konnte, hier fällt es unversöhnlich auseinander.

Der *Innenseiter* endet mit dem merk- und denkwürdigen Satz: »Ich freue mich auf das Altsein.« (125) Der Icherzähler setzt sich ab von Chidher, dem »Ewigjungen«. Hier deutet sich schon das zweite Kapitel von *Ulrichs Ulrich* an, das den Titel trägt: »Oskar Weichselzopfs ewige Jugend«. Dieser Oskar Weichselzopf ist ein Psychoanalytiker, der nach Ulrichs Worten an »chronischer Jugendverfolgung« leidet, atemlos darauf bedacht ist, jung zu bleiben, nicht alt zu werden.[10] — Die Furcht vor dem Altsein hat Ernst Bloch im *Prinzip Hoffnung* als typisches Symptom untergehender Gesellschaften

---

[10] Werner Vordtriede, Ulrichs Ulrich oder Vorbereitungen zum Untergang. Roman. München 1982, S. 36

gedeutet, die eben vor jedem Blick aufs Ende zurückscheuen. Eine »blühende Gesellschaft« hingegen »fürchtet nicht, wie die untergehende, im Altsein ihr Spiegelbild, sondern begrüßt darin ihre Türmer.« Altwerden, so weiter Bloch, könne »ein Wunschbild dem Zustand nach bezeichnen: das Wunschbild Überblick, gegebenenfalls Ernte. Derart sagt Voltaire, für Unwissende sei das Alter wie der Winter, für Gelehrte sei es Weinlese und Kelter.«[11] Danach sehnt sich auch Mister Mystery, der Innenseiter. »Ich freue mich auf das Altsein.« In diesem Satz drückt sich der verhaltene Optimismus, die durchaus affirmative Grundhaltung, die Heiterkeit aus, welche den Roman in jeder Zeile prägt, eine Heiterkeit auf einem sehr dunklen Grund, die eigentlich nicht genau weiß, wie sie sich rechtfertigen soll, die aber in dem unüberwindlichen Vertrauen gründet, daß die Möglichkeit der Rettung mit der Gefahr wächst.

---

[11] Ernst Bloch, Das Prinzip Hoffnung. Frankfurt a.M. 1959, S. 41

V

Werner Vordtriede

Lied der Lais

Ares sprach zu Aphrodite:
Du bist weiß und ich bin braun,
Laß die braune Nacht durchs Fenster
Auf dies weiße Lager schaun.

Du vergißt noch eine Farbe,
Sagte Aphrodite dann:
Schwarz und rußig ist Hephästos,
Doch er ist mein lieber Mann.

Und das Braune und das Weiße
Schien dem Schwarzen gar nicht hold,
Und er warf als vierte Farbe
Über sie ein Netz aus Gold.

Aus dem Libretto zur Oper »Der Nekromant«

Peter Klitsch »Der Nekromant« Öl auf Holz 37,5 × 28 (Ausschnitt) 1967. Umschlagbild zu: Werner Vordtriede »Der Nekromant«. Text für eine Oper. München 1978.

AUS DER PARTITUR ZUR OPER »DER NEKROMANT«

Inge Schnetzler

Viel später erst
die Innenschrift der Gärten —
der »Fühlgewächschen«
kristalline Wandlung . . .

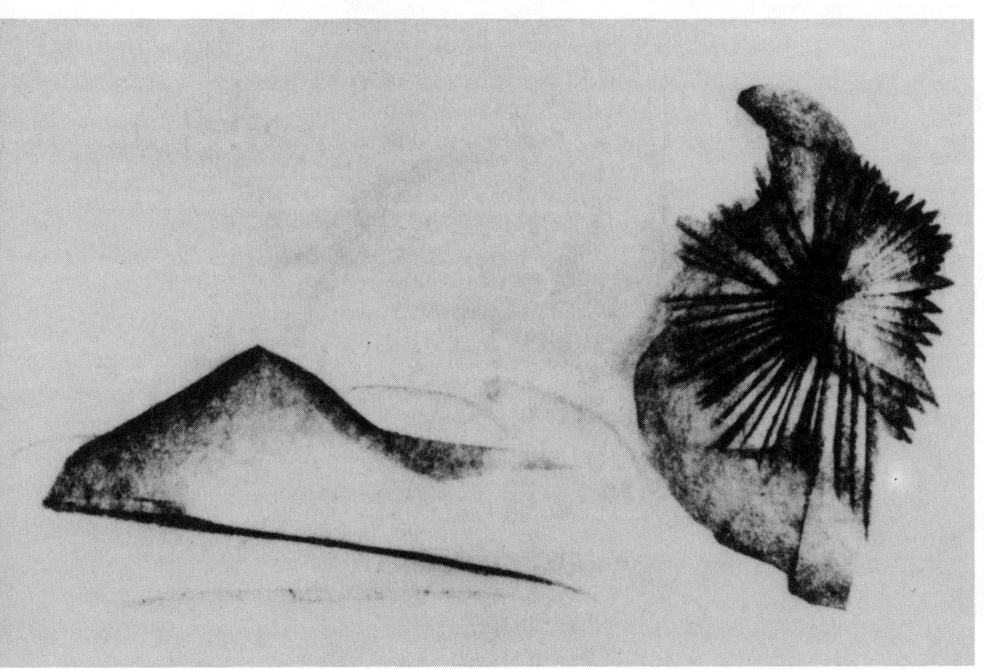

Werner Vordtriede

Vier Gedichte von Jules Laforgue

Complainte
du Roi de Thulé

Il était un roi de Thulé,
      Immaculé,
Qui loin des jupes et des choses,
Pleurait sur la métempsychose
      Des lys en roses,
      Et quel palais!

Ses fleurs dormant, il s'en allait,
      Traînant des clés,
Broder aux seuls yeux des étoiles,
Sur une tour, un certain Voile
      De vive toile,
      Aux nuits de lait!

Quand le voile fut bien ourlé,
      Loin de Thulé,
Il rama fort sur les mers grises,
Vers le soleil qui s'agonise,
      Féerique Église!
      Il ululait:

»Soleil-crevant, encore un jour,
Vous avez tendu votre phare
Aux holocaustes vivipares,
Du culte qu'ils nomment l'Amour.

Bänkelsang
vom König in Thule

Es war ein König in Thule
    Ganz ohne Buhle,
Der fern von Röcken und Hose
Beweinte die Metempsychose
    Der Lilie zur Rose,
    Und welch ein Palast!

Er ging, wenn die Blumen schliefen,
    Die Schlüssel schleifend,
Im Anblick der Sterne zu sticken
Auf dem Turm ein Segel mit Stricken
    Und bunten Flicken
    In milchiger Nacht.

Und war dann das Segel gesäumt,
    Fern von Thule erträumt,
Ruderte er auf der grauen See
Zur Sonne in ihrem Todesweh.
    Tempel der Fee!
    Und heulte so:

»Sonne-zu-Tode, wieder ein Tag,
Du hast deinen Leuchtturm aufgereckt
Zu dem jungewerfenden Brand
Des Kultes, Liebe genannt.

Et comme, devant la nuit fauve,
Vous vous sentez défaillir,
D'un dernier flot d'un sang martyr
Vous lavez le seuil de l'Alcôve!

Soleil! Soleil! moi je descends
Vers vos navrants palais polaires,
Dorloter dans ce Saint-Suaire
    Votre cœur bien en sang,
    En le berçant!«

Il dit, et, le Voile étendu,
    Tout éperdu,
Vers les coraux et les naufrages,
Le roi raillé des doux corsages,
    Beau comme un Mage
    Est descendu!

Braves amants! aux nuits de lait,
    Tournez vos clés!
Une ombre, d'amour pur transie,
Viendrait vous gémir cette scie:
»Il était un roi de Thulé
    Immaculé ...«

Und wie du vor der wilden Nacht
Jetzt schwinden fühltest deine Macht,
Wäschst du mit Märtyrbluteswelle,
Der letzten, die Alkovenschwelle.

O Sonne, sieh mich niederhasten
Zu deinen traurigen Eispalasten,
Um in dem Schweißtuch einzujammern
    Deine blutenden Herzkammern
    Und sie einzuwiegen!«

Er sprachs, das Segel ausgespannt,
    Fast von Verstand,
Stieg nieder zu Schiffbruch und Korallen,
Der König, aus holden Unterrocksfallen
    Schön wie ein Weiser
    Aus Morgenland.

Ihr braven Liebesleute, dreht
Den Schlüssel um in milchiger Nacht.
Ein Schatten, von reiner Liebe geregt,
Kommt leicht und seufzt dies alte Lied:
»Es war ein König in Thule
    Ganz ohne Buhle ...«

Litanies des
premiers quartiers de la lune

Lune bénie
Des insomnies,

Blanc médaillon
Des Endymions,

Astre fossile
Que tout exile,

Jaloux tombeau
De Salammbô,

Embarcadère
Des grands Mystères

Madone et miss
Diane-Artémis,

Sainte Vigie
De nos orgies,

Jettatura
Des baccarats,

Dame très lasse
De nos terrasses,

Philtre attisant
Les vers-luisants,

Rosace et dôme
Des derniers psaumes,

Bel œil-de-chat
De nos rachats,

Sois l'Ambulance
De nos croyances!

Sois l'édredon
Du Grand-Pardon!

Litaneien von den ersten Mondvierteln

Mond, benedeit,
Wo kein Schlaf gedeiht.

Weißmedallion
Für Endymion,

Sternenfossil,
Immer Exil,

Neidischer Ambo
Der Salammbo,

Landefloß
Für geheimstes Los,

Madonna und Miss
Dian-Artemis,

Heilige Schiffswacht
Für orgiastische Nacht,

Du böser Blck
Für den Würfeltrick,

Sehr müde Fee
In unserm Café,

Philter, der facht
Den Glühwurm bei Nacht,

Rosette, Abtei
Für Endlitanei,

Dem Chrysoberyll,
Der sich loskaufen will,

Sei Krankenwagen
Für gläubiges Zagen!

Sei Eiderdaune
Der Weltposaune!

Complainte
de l'oubli des morts

Mesdames et Messieurs,
Vous dont la mère est morte,
C'est le bon fossoyeux
Qui gratte à votre porte.

    Les morts,
    C'est sous terre;
    Ça n'en sort
        Guère.

Vous fumez dans vos bocks,
Vous soldez quelque idylle,
Là-bas chante le coq,
Pauvres morts hors des villes!

Grand-papa se penchait,
Là, le doigt sur la tempe,
Sœur faisait du crochet,
Mère montait la lampe.

    Les morts
    C'est discret,
      Ça dort
    Trop au frais.

Vous avez bien dîné,
Comment va cette affaire?
Ah! les petits morts-nés
Ne se dorlotent guère!

Bänkelsang
von der Vergessenheit der Toten

Meine Damen und Gatten,
Die die Mutter verlorn,
Der gute Leichenbestatter
Kratzt schon ans Tor.

    Das Gebein
    Unterm Rasenstück
    Kommt, o nein,
        Kaum zurück.

Ihr blast den Rauch ins Bier,
Vom Schäferstündchen matt,
Der Hahn kräht im Revier,
Arme Tote vor der Stadt!

Opa ist eingenickt,
Die Hand am Gesicht,
Die Schwester, die strickt,
Mama kommt und macht Licht.

    Das Gebein
    Ist diskret,
      Das schläft ein
    Unterm Beet.

Und das Essen war gut?
Und das Geschäft gedeiht?
Das Totgeborne ruht,
Braucht kaum noch Zärtlichkeit.

Notez, d'un trait égal,
Au livre de la caisse,
Entre deux frais de bal:
Entretien tombe et messe.

    C'est gai,
    Cette vie;
    Hein, ma mie,
    O gué?

Mesdames et Messieurs,
Vous dont la sœur est morte,
Ouvrez au fossoyeux
Qui claque à votre porte;

Si vous n'avez pitié,
Il viendra (sans rancune)
Vous tirer par les pieds,
Une nuit de grand'lune!

    Importun
    Vent qui rage!
    Les défunts?
    Ça voyage ...

Im Haushaltbuch tragt fein
Mit gleicher Akkuratesse
zwischen zwei Bällen ein:
»Grab instand und Messe«.

    Ist eine Hatz
    Und ein Hui,
    Was, mein Schatz,
    Gell du?

Meine Damen und Gatten,
Die die Schwester verlorn,
Macht auf dem Leichenbestatter,
Der klappert am Tor.

Müßt ihn voll Mitleid grüßen,
Sonst kommt er (ohne Groll)
Und schleift euch bei den Füßen
Nachts — und der Mond ist voll.

    Lästiger
    Wind, vereist!
    Die Entschlafnen?
    Verreist ...

Solo de Lune

Je fume, étalé face au ciel,
Sur l'impériale de la diligence,
Ma carcasse est cahotée, mon âme danse
Comme un Ariel;
Sans miel, sans fiel, ma belle âme danse,
O routes, coteaux, ô fumées, ô vallons,
Ma belle âme, ah! récapitulons.

Nous nous aimions comme deux fous,
On s'est quitté sans en parler,
Un spleen me tenait exilé,
Et ce spleen me venait de tout. Bon.

Ses yeux disaient: »Comprenez-vous?
»Pourquoi ne comprenez-vous pas?«
Mais nul n'a voulu faire le premier pas,
Voulant trop tomber *ensemble* à genoux
(Comprenez-vous?)

Qù est-elle à cette heure?
Peut-être qu'elle pleure ...
Où est-elle à cette heure?
Oh! du moins, soigne-toi, je t'en conjure!

O fraîcheur des bois le long de la route,
O châle de mélancolie, toute âme est un peu aux écoutes,
Que ma vie
Fait envie!
Cette impériale de diligence tient de la magie.

Accumulons l'irréparable!
Renchérissons sur notre sort!
Les étoiles sont plus nombreuses que le sable
Des mers où d'autres ont vu se baigner son corps;
Tout n'en va pas moins à la Mort.
Y a pas de port.

Solo bei Mondschein

Ich rauche, Blick zum Himmel, ausgestreckt
Auf dem Wagenverdeck,
Mein Balg gerüttelt, meine Seele tanzt
Wie ein Ariel.
Ohne Honig, ohne Galle, meine schöne Seele tanzt,
O Straßen, Hänge, o Schwaden überm Tal,
Meine schöne Seele, also erzählen wirs einmal.

Wir liebten einander ganz närrisch,
Man trennte sich und hat sichs nie bekannt,
Aus Laune hielt ich mich verbannt,
Und diese Laune floß aus allem. Also gut.

Ihr Auge sprach: »Verstehen Sie?
Warum denn nicht? verstehn Sie nun?«
Den ersten Schritt wollte doch keiner tun,
Zu sehr erpicht, daß man *zusammen* knie.
(Verstehn Sie nun?)

Wo mag sie jetzt wohl sein?
Vielleicht, daß sie weint ...
Wo mag sie jetzt wohl sein?
O ich beschwöre dich, gib zumindest acht!

O Frische der Wälder am Straßenrand,
O Hülle von Trauer, die ganze Seele fast wie auf der Lauer,
Welche Lust
Am Leben!
Dieser Wagen ist wie ein Zauberkreis.

Vermehren wir denn, was nicht mehr gut werden kann,
Bieten wir höher auf unser Geschick!
Die Sterne sind zahlreicher als der Sand
Am Meer, wo andre sie sich baden sahn.
Keiner geht drum weniger ins Todesschlafen,
Es ist kein Hafen.

Des ans vont passer là-dessus,
On s'endurcira chacun pour soi,
Et bien souvent et déjà je m'y vois,
On se dira: »Si j'avais su ...«
Mais mariés de même, ne se fût-on pas dit:
»Si j'avais su, si j'avais su! ...«?
Ah! rendez-vous maudit!
Ah! mon cœur sans issue! ...
Je me suis mal conduit.

Maniaques de bonheur,
Donc, que ferons-nous? Moi de mon âme,
Elle de sa faillible jeunesse?
O vieillissante pécheresse,
Oh! que de soirs je vais me rendre infâme
En ton honneur!

Ses yeux clignaient: »Comprenez-vous?
»Pourquoi ne comprenez-vous pas?«
Mais nul n'a fait le premier pas
Pour tomber ensemble à genoux. Ah! ...

La Lune se lève,
O route en grand rêve! ...
On a dépassé les filatures, les scieries,
Plus que les bornes kilométriques,
De petits nuages d'un rose de confiserie,
Cependant qu'un fin croissant de lune se lève,
O route de rêve, ô nulle musique ...

Dans ces bois de pins où depuis
Le commencement du monde
Il fait toujours nuit,
Que de chambres propres et profondes!
Oh! pour un soir d'enlèvement!
Et je les peuple et je m'y vois,
Et c'est un beau couple d'amants,
Qui gesticulent hors la loi.

Die Jahre gehen drüber hin,
Ein jeder härtet sich derweil.
Und oft — ich seh mich schon dabei —
Wird man sich sagen: »Hätt ich gewußt ...«
Doch hätten wir, als Ehepaar, nicht auch gesagt:
»Hätt ich gewußt, hätt ich gewußt! ...«
Ah, Unstern beim Zusammenkommen!
Ah, keinen Ausweg weiß mein Herz! ...
Ich hab mich schlecht benommen.

Wir Glücksbesessenen,
Was tun wir nun? Ich mit meiner Seele,
Sie mit ihrer fehlbaren Jugend!
O alternde Sünderin,
O manchen Abend werd ich niederträchtig sein
Zu deiner Ehre.

Sie blinzelte: »Verstehen Sie?
Warum denn nicht? verstehn Sie nun?«
Doch keiner tat den ersten Schritt,
Daß man zusammen fiel aufs Knie. Ah! ...

Der Mond geht auf,
O Straße hoch im Traum! ...
Wir sind an Spinnereien, am Sägewerk vorbei,
Nur noch die Kilometersteine,
Kleine Wolken aus rosa Konfekt,
Da eine feine Mondsichel aufgeht,
O Straße voll Traum, o Nicht-Musik ...

In diesen Tannenwäldern, wo schon seit
Dem Anbeginn der Welt
Nichts war als Dunkelheit,
Was für reine, tiefe Kammern!
O um einen Abend der Entführung!
Ich fülle sie mit Menschen, seh mich selber da,
Und es ist ein schönes Liebespaar,
Das sich bewegt, und weiß nichts von Gesetz.

Et je passe et les abandonne,
Et me recouche face au ciel.
La route tourne, je suis Ariel,
Nul ne m'attend, je ne vais chez personne,
Je n'ai que l'amitié des chambres d'hôtel.

La lune se lève,
O route en grand rêve!
O route sans terme,
Voici le relais,
Où l'on allume les lanternes,
Où l'on boit un verre de lait,
Et fouette postillon,
Dans le chant des grillons,
Sous les étoiles de juillet.

O clair de Lune,
Noce de feux de Bengale noyant mon infortune,
Les ombres des peupliers sur la route ...
Le gave qui s'écoute, ...
Qui s'écoute chanter ...
Dans ces inondations du fleuve du Léthé ...
O Solo de lune,
Vous défiez ma plume.
Oh! cette nuit sur la route;
O Étoiles, vous êtes à faire peur,
Vous y êtes toutes! toutes!
O fugacité de cette heure ...
Oh! qu'il y eût moyen
De m'en garder l'âme pour l'automne qui vient! ...

Und ich fahre vorbei und laß sie hinter mir
Und streck mich wieder aus, Gesicht zum Himmel,
Die Straße biegt ab, ich bin Ariel,
Keiner erwartet mich, zu keinem geh ich hin,
Ich hab nur die Freundschaft im Stundenhotel!

Der Mond geht auf,
O Straße hoch im Traum!
O Straße ohne Ende,
Und hier die Poststation,
Da leuchten Laternen,
Man trinkt ein Glas Milch
Antreibt der Postillon,
Beim Gesang der Grillen,
Unter den Juli-Sternen.

O Mondenschein,
Hochzeit bengalischer Feuer, die mein Unglück ertränkt
Die Schatten der Pappeln auf der Straße ...
Der Sturzbach, der sich selber lauscht ...
Der sich belauscht beim Singen, ...
In diesen Überschwemmungen des Lethe-Flusses, ...
O Solo bei Mondschein,
Ihr übersteigt die Kraft meiner Feder.
O diese Nacht auf der Straße,
O Sterne, ihr seid da mir zur Angst,
Ihr seid da, alle, alle!
O Flüchtigkeit dieser Stunde ...
O gäb es ein Mittel,
Ihre Seele mir zu bewahren im Herbst, der kommt! ...

Voici qu'il fait très, très frais,
Oh! si à la même heure,
Elle va de même le long des forêts,
Noyer son infortune
Dans les noces du clair de lune! ...
(Elle aime tant errer tard!)
Elle aura oublié son foulard,
Elle va prendre mal, vu la beauté de l'heure!
Oh! soigne-toi, je t'en conjure!
Oh! je ne veux plus entendre cette toux!

Ah! que ne suis-je tombé à tes genoux!
Ah! que n'as-tu défailli à mes genoux!
J'eusse été le modèle des époux!
Comme le frou-frou de ta robe est le modèle des frou-frou.

BÄNKELSANG VOM KÖNIG IN THULE: Eine Art psychologische Parodie des Goetheschen Gedichts. Der völlig keusch lebende König in Thule leidet an »Verdrängungen« und »sublimiert« seine Triebe, wie es die Psychoanalyse einige Jahrzehnte später nennen wird. Da er, ungleich seinem glücklichen Vorgänger, keinen Becher der Geliebten in seiner Sterbestunde ins Meer werfen kann, muß er sich, folgerichtig, selber ins Meer stürzen, um seine metaphysische Geliebte zu erreichen. Er ist also keine komische Figur, sondern eine der Rollen, die Laforgue für sich erfindet.

LITANEIEN VON DEN ERSTEN MONDVIERTELN: Aus dem zweiten Gedichtbuch, das unter dem Titel DIE NACHFOLGE UNSERER LIEBEN FRAU MOND im Jahre 1885 erschien und zumeist Gedichte enthält, die Laforgue auf der Insel Mainau schrieb, wohin er die deutsche Kaiserin Augusta, deren Vorleser am Hofe zu Berlin er von 1881 bis 1886 war, begleitet hatte. Mond und Pierrot, hier zum ersten Male vereint, bilden das Grundthema der Gedichte. Die Litanei rankt sich von Assoziation zu Assoziation über die Mondscheibe, seltene, reichtönende fremde Worte (wie schon die »Metempsychose« beim König in Thule) sollen unvermutete Verbindungen und reich reimende Überraschungen herstellen, aus denen der Mond als kosmische Trösterin hervorleuchtet.

Nun wird es sehr sehr kühl,
O wenn sie zur selben Stunde
Auch an den Wäldern entlanggeht,
Ihr Unglück zu ertränken
In dieser Hochzeit des Mondscheins! ...
(Sie irrt so gerne durch die Nacht!)
Sie hätte ihr Halstuch vergessen,
Und wird davon krank, weil die Stunde so schön ist!
O ich beschwör dich, gib auf dich acht!
O diesen Husten will ich nicht mehr hören!

Ah, daß ich dir nicht je zu Füßen fiel!
Und nicht, ohnmächtig, mir zu Füßen du!
Ein Muster wär ich dann im echten Gattenstil,
Wie das Froufrou von deinem Kleid das Muster von Froufrou.

BÄNKELSANG VON DER VERGESSENHEIT DER TOTEN: Die ganzen Bänkelsänge sind unter anderem auch Studien zur differenzierten Behandlung verschiedener Rhythmen und Klänge. Die behäbigen Bürger, die so schnell ihre ihnen lästigen Toten vergessen, erscheinen im beruhigten Rhythmus der längeren Zeilen; die sich nur leise regenden Toten in den schüchternen kurzen.

SOLO BEI MONDSCHEIN: Die Erzählung eines traurig-sinnlosen völlig unromantischen Liebesromans ist hier kunstvoll mit der ganzen großen Eichendorff-Romantik eines modernen Taugenichts verknüpft. Das Thema des ironischen Schlusses hat T. S. Eliot in einem seiner frühsten, Laforgue bewußt nachahmenden, Gedichte aufgenommen. In seinem Sonett NOCTURNE läßt Eliot Romeo sprechen und darüber glücklich sein, daß er Julia so früh verloren hat, da er dadurch dem faden Geschick entgeht, in einer jahrelangen Ehe das große Gefühl abnützen zu müssen. Auch in Eliots ÖDEM LAND ist Laforgues Thematik, Versbehandlung und Entromantisierung noch bemerkbar. Ob es ein Zufall ist, daß das Motto zu Laforgues NACHFOLGE UNSERER LIEBEN FRAU MOND auch der Titel eines bedeutenden Werks von W. B. Yeats ist? Es ist der lateinische Satz PER AMICA SILENTIA LUNAE.

Werner Vordtriede

Ghaselen

Kapitel aus einem unveröffentlichten Roman

Das beerkerte Haus aus der Gründerzeit sollte abgerissen und durch ein vielstöckiges Bankgebäude ersetzt werden. Innen war es noch gut instand. Nur von außen bemerkte man, daß das Haus sich in den letzten Jahren lieblos selbst überlassen worden war. Mitten durch die Gesichter der müde gewordnen Karyatiden liefen tiefe Risse, die ihrem Gesichtsausdruck, dem ehedem etwas Geistlos-Zufriednes anhaftete, etwas Hämisches gab, so als freuten sie sich heimlich schon darauf, in dicken Brocken auf ahnungslose Passanten herabzustürzen, um sie zu zermalmen. Die Balkengitter bogen sich verrostet. Bei starkem Wind schepperte immer etwas. Den Bewohnern, in den letzten Jahren vorwiegend Studenten, war auf den 1. Juni gekündigt worden. Allmählich entstandne Wohnräume der Lebenshoffnung, ausprobierte Klausen der Heimischkeit, sahen ihrer Vernichtung entgegen.

Ruppel mußte sich ein Zimmer suchen, ja, er mußte jetzt gleich, am besten sofort. Alle andern waren schon ausgezogen. Jetzt müßte er aufstehn, obwohl es, er sah auf die Uhr, noch früh war, erst sieben. Komm, steh auf, ich muß ja, jedenfalls müßte ich. Eigentlich. Oder doch noch etwas liegen bleiben? Und vor sich hin träumen? Ruppel ging (oder flog er ein wenig?) durch die Stadt auf der Suche nach einem neuen Zimmer. Dabei nahm er sich vor, manche Stadtteile, die er nicht oder nur ungenau kannte, zu durchschlendern. Es war heiß und die Sonne stach etwas. Er bog in eine Prachtstraße ein, die dem Fluß entgegenlief. Museums- und Bankgebäude wechselten mit gediegenen Mietshäusern und Nebenstellen irgendwelcher Ministerien ab. Da wurde es von einer Minute auf die andre dunkel, dann kalt, und bald fing es an zu regnen, dann zu gießen. Ein Wolkenbruch von nicht gewöhnlicher Unbändigkeit goß Wasser vom Himmel. Ruppel, der nur leicht bekleidet war, versuchte sich vor einem Hauseingang zu retten, den er durch die Wasservorhänge nur undeutlich wahrnahm und der ihm vorkam, als sei er Teil eines Stadtpalais. Das vorspringende Dach über der Haustür war aber nur kurz und gab ihm wenig Schutz. Seine Füße konnte er kaum vor der Traufe retten. Er stemmte sich gegen die Tür und winkelte die Arme an im Versuch, dem Regen zu entkommen. Dabei mußte er mit dem Ellbogen gegen die Klingel gedrückt haben, denn er hörte durch das Tosen hindurch einen schrillen Ton, der aus dem Hause kam. Die Tür ging auf, eine heitre Matrone mit straffer Schürze über ihren gut gebändigten Formen erschien: »Um Gottes willen, Sie sind ja ganz durchnäßt«, rief sie und führte ihn ins Haus.

Da war eine geräumige Halle, aus der hinten eine Treppe nach oben führte. Ruppel hinterließ große Pfützen auf dem Teppich, was aber kein Anlaß zu Tadel wurde. »Ich führe Sie zum Grafen«, sagte die Frau und fügte mit etwas leiserer Stimme und komplizenhaftem Lächeln hinzu: »Er ist heute in orientalischer Stimmung.« Sie klopfte an einer hohen Tür und ließ Ruppel eintreten. Der sah als erstes ein ziemlich starkes Feuer in einem offnen Kamin in der linken hintren Zimmerecke. Der große Raum war ungewöhnlich warm, das Feuer mußte schon lange gebrannt haben (große, halbverglühte Scheite bekundeten es), obwohl doch bis vor einer halben Stunde draußen die Sonne geschienen hatte. Aber von einem Draußen war nichts zu erkennen, denn die hohen Fenster waren verdunkelt durch stoffreiche Portieren, hinter denen, nach der völligen Lichtlosigkeit zu schließen, sich wohl noch andre Gardinen, wenn nicht gar Fensterläden, befanden. Auf einem Sofa, vermutlich einer Ottomane, rechts neben dem Kamin lag inmitten vieler Kissen hingestreckt ein älterer hagrer Mann, der glucksend aus einer Wasserpfeife rauchte, während er, ohne aufzublicken, in einem sehr großen Buch, vermutlich einem Lexikon, ohne Hast blätterte. Er trug eine halb orientalische Tracht, einen Kaftan und auf dem Kopf einen lose gewundnen Turban, dessen Ende hinterm Kopf herunterhing. Er fuhr fort, in seinem Buch zu blättern, schrieb auch etwas auf und fragte mittendrin: »Ja, liebe Dragendorff?« Dann sah er auf. Sein Blick traf auf den triefenden Ruppel, der nicht recht wußte, was er sagen sollte, teils aus Verblüffung, teils, weil er sich als ein besonders uneingeladner Gast vorkam.

»Welch guter Wind weht Sie zu mir?« rief der Graf und stand mit einer elastischen Bewegung auf. Erst jetzt sah Ruppel, wie groß er war und bemerkte sein Gesicht. Ein schütterer Kinnbart gab diesem etwas von einer noblen Ziege.

»Kein guter Wind, ein Wolkenbruch«, sagte Ruppel. »Ich bin Ruprecht Scheubrand.«

»Sie kommen wie gerufen. Eben übersetz ich Ghaselen und habe wieder einmal alle Reimwörter verbraucht. Es sind reimfressende Gebilde und wollen immer weiter tönen. Vielleicht sollt ich mir doch einmal ein Reimlexikon anschaffen, eigentlich find ich das immer unter meiner Würde. Man muß der Sprache von selbst auf ihre Schliche kommen. Wissen Sie, was Ghaselen sind?«

»Nicht genau«, sagte Ruppel und wischte einen Tropfen von der Nasenspitze.

»Ah, ich erklär es Ihnen. Die Keimzelle ist das sogenannte Rubaij, im Plural sagt man Rubaijat, das ist ein Vierzeiler mit nur einem Reim, das heißt der erste und zweite Vers reimen sich. Dann kommt ein dritter ungereimter Vers, von dem man nun, jedenfalls im Deutschen, erwartet, daß er sich als zweiter Reimklang einnistet. Dann aber wird das Ohr überrumpelt. Der vierte Vers reimt sich nämlich wieder auf die ersten beiden, während der dritte reimlos bleibt. Das Ohr ist entzückt, zu dem unvermuteten Wohllaut zu kommen. Kennen Sie einen guten Reim auf Türkis?«

»Verlies«, sagte Ruppel.

»Nein, das ist zu alltäglich.«

»Ich meinte Verlies mit großem V, im Sinne von Kerker.«

»Das gibt der Sache eine ganz andre Wendung«, sagte der Graf entzückt. »Verlies als Kerker. Ja, es paßt. Ich fange noch einmal an:

       Was mir der Kerker lange schon verhieß,
       Die Ritze öffnet sich in dem Verlies,
       Die Sonne trifft dein Aug, ein runder Stein,
       Der sieht mich an als strahlender Türkis.«

»Aber Herr Graf«, sagte Frau Dragendorff vorwurfsvoll, »unser Gast ist völlig durchnäßt.«

»Ach wirklich.« Ruppel klebten die Kleider so am Leibe, daß alle Formen und jeder Muskel deutlich wurde, als ob er nackt und fest in dünne Tücher eingewickelt wäre. Der Graf betrachtete ihn lange und sah ihm dann in die Augen. »Legen Sie ein paar Scheite nach und geben Sie dem jungen Herrn den grünen Flausch. Sie wissen ja, wo er hängt.« Er ging auf Ruppel zu und reichte ihm die Hand. »Seien Sie willkommen.«

Als Ruppel mit der Haushälterin das Zimmer verlassen hatte, sagte er: »Ich glaube, der Graf verwechselt mich mit jemand.«

»Wenn auch«, sagte Frau Dragendorff munter, »das Wichtigste ist jetzt, daß Sie so schnell wie möglich trocken werden. Sonst werden Sie sich noch erkälten.« Sie holte von irgendwoher einen langen Morgenrock aus grünem weichen Stoff mit blauen Bordüren und ein paar Hausschuhe aus zitronengelbem weichen Leder, die etwas geschnabelt waren. Dann gab sie ihm ein Bündel Frottiertücher und wies ihn in ein großes Badezimmer.

Ruppel zog seine Kleider aus und den Morgenrock an, nachdem er sich abgetrocknet hatte. Die Pantoffeln saßen gut am Fuß. Herrlich verkleidet kam er sich vor und strich mit der Hand über die blauen aufgenähten Kordeln. Die Haushälterin war verschwunden. Sollte er wirklich in diesem vielleicht doch nicht ganz schicklichen Aufzug zum Grafen zurückgehn? Er hockte sich auf den Teppich im Gang gegen die Wand, verlor sich in deren verschlungnem Muster und versuchte nachzudenken. Er kam sich wie eine Mischung aus Kaspar Hauser und falschem Demetrius vor. »Seis drum«, sagte er schließlich und mußte lachen, weil er sich der Rhetorik des Grafen, wie er bemerkte, schon so gut angeglichen hatte. »Seis drum, ich gehe zu ihm zurück.«

»Vortrefflich«, rief der Graf, als Ruppel eintrat. »Das erinnert mich aufs angenehmste an eine Reise durch Griechenland, die ich vor vielen Jahren mit einem Freunde unternahm. Welche Nächte, wenn wir um ein loderndes Feuer lagerten und die riesige Flasche mit Wein, an dessen bittern Pechgeschmack wir uns bald gewöhnt hatten, in die Runde ging! Eine wollene Decke, auf das kahle Felsgestein gebreitet, diente uns zum Lager, auf dem wir besser schliefen, als später auf den weichsten Ruhebetten.«

Neidvoll nahm Ruppel die Adjektive des Grafen wahr und dachte über sie nach. Das lodernde Feuer, die riesige Weinflasche, das kahle Felsgestein, das weichste Ruhebett: man mußte sich den Grafen am murmelnden Bach, nein, besser am donnernden Wasserfall unter dem rauschenden Laub eines altehrwürdigen Baumes vorstellen. Dem Grafen waren Beiwort und Hauptwort noch herzlich vermählt, als hätte es nie eine Scheidung aus unüberwindlicher Abneigung gegeben. Ruppel wollte eine Zeit lang in die Bibliothek gehn, um das Trocknen seiner abgelegten Kleider abzuwarten, die, angenehme Vorstellung, wohl schon unter Frau Dragendorffs Bügeleisen dampften. Der Graf wollte weiter an seinen Ghaselen arbeiten. »Ich esse spät«, sagte er, »um drei Uhr treffen wir uns im Speisezimmer.«

Auch die Bibliothek lag im Dämmer. Ruppel sah sich inmitten von vier Wänden, die bis oben zur Decke mit Büchern vollgestellt waren. Unmöglich, irgendwo anzufangen, um sich zurechtzufinden. Eine köstliche Verzagtheit kam über ihn, die ihm wohlvertraut war. Immer, wenn er sich in öffentlichen Bibliotheksräumen von den hohen Büchergestellen umzingelt sah, ergriff ihn diese zugleich drohende und lockende Beunruhigung, alles in richtiger Ordnung erkennen und lesen zu wollen oder zumindest die kostbarsten Schätze unter all diesen Büchern herauszugreifen. Aufs Geratewohl zog er einen Band heraus, der durch seine Abgegriffenheit bedeutete, daß er viel gelesen worden war. »Ghaselen« von Friedrich Rückert. Das Ex libris, ein Apoll mit Leier, verriet Ruppel den Namen des Hausherrn. Friedrich Anton Graf von Hauck. Er schlug das Buch irgendwo auf und las:

    Ums reine Licht hab ich die Flamme liebgewonnen,
    Ums goldne Schwert hab ich die Schramme liebgewonnen.
    Aus Liebe zu dem Hirten, der mein Leben weidet,
    Hab ich das Glöcklein an dem Lamme liebgewonnen.
    Ich hab aus Liebe zu der Frucht am Baume
    Das rauhe Moos an seinem Stamme liebgewonnen.
    Ich hab um deiner jugendlichen Schönheit willen
    Das welke Alter deiner Amme liebgewonnen.
    Weil mir der Duft des Lebens haucht aus deinen Locken,
    Hab ich den toten Bux am Kamme liebgewonnen.
    Ich habe, weil die Perle ruht im Meeresgrund,
    Das Körnlein Sand am Meeresdamme liebgewonnen.
    Weil Tau zu Liebesschminke wird im Rosenantlitz,
    Hab ich das Tröpflein Flut im Schlamme liebgewonnen.

Ruppel fühlte sich erfaßt, ein Rausch, ein Taumel kam über ihn. Das waren also Ghaselen. Über das nichttönende Zeilenende hinweg schwingen sie sich immer reimend weiter, bis zur Erschöpfung. Nein, er wollte es nicht zu Ende sein lassen, wollte weiterdichten:

    Weil aus dem warmen Stall die Kuh mich freundlich anblickt,
    Hab ich die faltenreiche Wamme liebgewonnen.

Aber er verwies es sich sogleich mit schlechtem Gewissen, weil er zu erkennen glaubte, daß man ein Ghasel, das man ganz zu Ende dichtet, nur noch parodieren kann. Er hätte seinem Hang, im allzu Feierlichen gleich die Möglichkeit zum komischen Schlenker zu sehn, nicht nachgeben sollen, schon um der einen Kostbarkeit willen nicht, die in diese Verskette eingeknotet war. Er mußte das immer wieder lesen und vor sich hinsagen:

    Ich hab um deiner jugendlichen Schönheit willen
    Das welke Alter deiner Amme liebgewonnen.

Das war wunderbar und könnte in einem Sonett von Shakespeare stehn. Er befahl sich, seinen Wammenanhang sogleich zu vergessen, wodurch er ihn sich umso tiefer einprägte. Vielleicht ist das doch keine Parodie, dachte er dann. Ob man nicht dadurch, daß man alle Gleichklänge, die die Sprache bietet, zusamenstellt, durch geheimen Zauber eine Ordnung in der Welt stiften kann, die sonst verborgen bliebe? Wäre das der eigentliche Sinn der Ghaselen, einen noch einmal möglichen Sinnzusamenhang im Chaos stiften zu können dadurch, daß man alles, was sich aufeinander reimt, zu einem großen Tönen zusammenfügt, zusammenzwingt, und dadurch die Welt neu erlebt? da man das scheinbar Disparate sinnreich aufeinander bezieht? Eine große Sehnsucht nach Ordnung kam plötzlich über ihn, ein ihm ganz neues Gefühl. Am liebsten hätte er sogleich mit einem passenden Reimwort eine solche Ordnung hergestellt, eine Ghaselenordnung. Was sollte er wählen? Das Wort »wohnen« kam ihm in den Sinn, das wär ein guter Anfang. Er ging das ganze Alphabet durch: Äonen, Bohnen, Drohnen, Epigonen, fronen, lohnen, zwischen Mohnen, Nonen, schonen, vertonen, wohnen, Zonen. Vielleicht gäbe das, wenn man es im Ghasel zusammenfügte, ein ordentliches Haus, in dem man wohnen könnte.

Um drei Uhr wurde zum Essen gerufen. Es gab Lammbraten mit Rosinenpillaff. »Lamme liebgewonnen« murmelte Ruppel vor sich hin. Hauck schien es darauf abgesehen zu haben, keine persönlichen Fragen an seinen Gast zu richten. Stattdessen erzählte er zwischen den Bissen und einzelnen Gängen von den wunderlichen Sprachausflügen des Orientalisten Hammer-Purgstall. Dieser sei jeden Morgen um vier Uhr früh aufgestanden und habe von Bergen orientalischer Handschriften Blatt für Blatt abgehoben und sofort seinem Sekretär eine deutsche Fassung, oft schon in gereimter Form, diktiert. Persisch habe er gut gekonnt, aber fast kein Arabisch. Da es aber die Gewohnheit persischer Dichter war, ganze Verse auf arabisch in ihre Gedichte einzuflechten, wodurch sich das Verständnis der Zusammenhänge oft unsäglich erschwere, habe Hammer munter über sie hinweg radebrechend, dabei Metrum und Reimschema einhaltend, sonderbare Gebilde vor sich hingesprochen. So habe er viele schwierige Stellen, die seither die Gelehrten zu subtilen Deutungen veranlaßt hätten, unbekümmert vom Blatt weg übersetzt. Vom ursprünglichen Inhalt dieser Dichtungen könne man sich in Hammers Versionen, die er unablässig auf eigne Kosten in vielen Bänden drucken ließ und freigebig verschenkte, keine Vorstellung mehr machen. Diese ungeheure Übersetzungswut habe er Tag für Tag betrieben und, wenn er sich mit seinen Hausgästen zum Frühstück setzte, schon seine ganze Tagesarbeit hinter sich gebracht, jeweils hunderte von teilweise unverständlichen Versgebilden, um, nun von Worten satt, sich hungrig dem Frühstück hinzugeben. Diese matt schimmernden falschen Perlenketten wieder aufzudröseln und korrekt mit unabgebrauchten Klängen wieder zusammenzufügen, sei seine, Haucks, liebste Beschäftigung. Natürlich wolle er die großen Verdienste Hammers um die Erschließung der orientalischen Poesie nicht schmälern. »Um der verschütteten Ghaselen willen, Hat er sogar den Hammer liebgewonnen«, dachte Ruppel, und erfuhr aus diesem Gespräch, daß das Ghaselengeheimnis und die in ihm verborgne Möglichkeit einer sinnvollen Ordnung nicht ohne weiteres zu lösen sei. »Den Kaffee nehmen wir bei mir«, sagte der Graf am Ende der Mahlzeit.

Erst jetzt, beim Kaffee vor dem immer noch brennenden Kamin, forderte Hauck seinen Gast auf, etwas von sich zu berichten. Also auf Zimmersuche sei er. Graf Hauck läutete. Als Frau Dragendorff erschien, sagte er: »Können Sie für den jungen Herrn das Waldzimmer herrichten? Er muß nämlich ausziehn und weiß nicht, wo er sich betten soll.« Und zu Ruppel gewendet: »Sie sollen mir noch manches Reimwort liefern.«

Das Waldzimmer, in das Ruppel geführt wurde, wirkte im ersten Augenblick wie ein grünes Gewölbe. Möbliert war es spärlich, aber die Wände waren vollgehängt von Bildern verschiedner Größe, wobei manchmal Rahmen an Rahmen stieß, alles Waldbilder. Ruppel betrachtete das ihm zunächst hängende: ein Durchblick zwischen astreichen Eichenstämmen mit weitgestrecktem Wurzelwerk tat sich da auf, an dessen Ende, im Vordergrund, sich unter einem vorhängenden Fels ein Quellteich gebildet hatte. In diesem schwammen zwei offenbar sehr naturverbundne junge Frauen, die sich von dem links unten wuchernden Farnkraut einige Rispen geholt und sie sich als Kranz umgewunden hatten. Sie hielten einem sich arglos herabbückenden Hirsch eine Trinkschale entgegen. »Ich hoffe, Sie haben keine Jagdgelüste«, sagte Hauck. Ruppel beruhigte ihn. Er könne morgen einziehn und brauche nur noch seine Sachen, Kleider und Bücher, aus seinem verurteilten Zimmer zu holen. Man erwarte ihn für den nächsten Tag.

Ruppel richtete sich dann im Waldzimmer ein, verstaute sein geringes Besitztum und folgte mit den Augen einigen Waldpfaden, Hauck sann in seinem Zimmer über Ghaselen. Abends war die Zeit für Gespräche, zu denen Hauck bald in andalusischer Tracht erschien, da er sich mit der Dichtung der Abencerragen, der spanischen Mauren, befaßte. Die Alhambra, erzählte er, war sein Lieblingsort. Dort hatte er sich in seiner Jugendzeit einmal von den Wärtern einschließen lassen, um bei Vollmond durch die Gärten und Hallen zu schweifen und die kalligraphischen Lobessprüche über den Marmorarkaden zu übersetzen. Der Graf war ein Liebhaber, und für alle seine schöngeschwungenen oder leuchtenden Liebschaften kannte er die prangenden Adjektive, die ihm immer zur Hand waren. Nicht nur auf Plätzen, in Parkanlagen und in Museen, auch am Himmel hatte er viele Lieblinge, »vor allen den prächtigen Orion, den rötlich funkelnden Aldebaran und die matt schimmernden Plejaden«. Seine Erzählungen wurden immer angeregter, und es schien, als wolle er von allen Friesen die besten

Reliefs, vom Himmel die besonderen Sterne, aus alten Dichtungen die prunkvollsten Strophen pflücken, um sie im vertraulichen Geplauder Ruppel darzureichen. Da er so viel in heißen und tropischen Ländern gereist war, ertrug er das nordisch temperierte Klima nicht mehr und hatte deshalb immer ein Feuer im Kamin brennen. Erst wenn dieses zu später Stunde ganz in sich verknistert und zusammengefallen war, setzte Hauck sich gerne ans Klavier und spielte die großen Konzertstücke, die er in seiner Jugend lieben gelernt hatte, vor allem Liszts Fantasie über die Arie aus Paccinis Niobe und die über das spanische Volkslied *El Contrabandista*, oder die von Thalberg über das Gebet Moses. Da donnerte er nach Herzenslust, so daß die Wasserpfeife in der Ecke mitklirrte.

All dies Dröhnen, Preisen und Verkleiden verbarg, das merkte Ruppel bald, eine grimmige Unlust an der Welt, wie sie geworden war. Nicht immer durch üble Absichten, das gab Hauck zu, auch den unheilvollen Zufall ließ er gelten. Er sprach gern über den Zufall und schien ihn als balsamischen Wickel für sein verletztes Gefühl zu verwenden. Die ins Phantastische gehenden Möglichkeiten, die zufällig herbeigeführt oder verhindert worden waren, rissen ihn manchmal fort zu ausschweifenden Gedankenketten.

Eines Abends erschien der Graf in Schwarz. Diesmal war es kein Kostüm, sondern ein einfacher dunkler Anzug. Auf der Brust hatte er einen Diamantenschmuck befestigt, den Ruppel bald als Orden erkannte. Es war ein großer Stern unter einem Halbmond, der beim Kerzenlicht in allen Farben glitzerte. Der Graf bemerkte Ruppels erstaunten Blick und erklärte: »Dies ist der Nischan el Iftikhar, ein Orden des türkischen Sultans für hervorragende Fremde. Er wurde meinem Urururgroßvater verliehen auf einer seiner Reisen durch die Türkei. Ich trage ihn nicht in der Öffentlichkeit, da er mir ja nicht zusteht, ich hab ihn von meinem Doppelur geerbt. Nur manchmal, zuhause, wenn ich in feierlicher Stimmung bin, leg ich ihn an.« Ruppel ahnte nicht, was den Grafen in eine solche Stimmung versetzt haben könnte. In der Welt, draußen, wurde an diesem Tage jedenfalls nichts gefeiert. Ob es ein familiärer Geburtstag war? Ruppel mochte nicht fragen. Auch auf dem Tisch hatte sich etwas verändert. Ruppel bemerkte es erst undeutlich, erkannte aber nach einiger Zeit, was es war: statt des silbernen Bechers, aus dem Hauck abends seinen Wein zu trinken pflegte, stand heute ein etwas abgestoßner Tonkrug bei seinem Teller, der irgendeinem Tierkopf glich. Hauck war schweigsam. Als Ruppel nach der Suppe die Weinkaraffe ergriff, um wie er es sich angewöhnt hatte bei den Gelegenheiten, ein, zwei Mal die Woche, wenn er gebeten wurde, mit dem

Grafen zu essen, diesem einzuschenken, hielt Hauck die Hand über den Tonkrug, sah Ruppel an und skandierte mit einer gewissen Feierlichkeit:
»Kein Silberbecher! Einen irdenen Scherben
Brauch ich, ich rede jetzt vom Sterben.
Wenn du ihn, Schenke, reichst, wird Wein mir süß,
Kredenz ihn nicht, ich trinke heut vom herben.«
Damit nahm er Ruppel die Karaffe aus der Hand und schenkte sich selber ein. Dann schwieg er wieder. Ruppel dachte nicht daran, seinem Tischgenossen das Sterben ausreden zu wollen. Wollte er denn wirklich von seinem nahenden Tode sprechen? Ruppel glaubte, ihn anders zu verstehn. Die dritte, die ungereimte, Zeile war doch wohl die eigentliche Keimzelle des Rubaijs (oder sollte es ein Ghasel werden?), um derentwillen die andren komponiert worden waren und der Nischan el Iftikhar so schimmerte. Ruppel antwortete nichts, auch Hauck sprach nicht weiter, und sie aßen die Mahlzeit schweigend zu Ende. Auch hinterher blieb es still zwischen ihnen. Der Graf setzte sich im andern Zimmer an den Flügel und spielte in rasendem Tempo feurige Weisen von Manuel de Falla, die in ihrem Glanz mit dem Sultansorden zu wetteifern schienen. Ruppel dachte beim Zuhören darüber nach, wie es nun weitergehen könnte. Eigentlich müßte er nun, bevor er das Zimmer verließ, mit einem zierlichen Ghasel antworten, aus dem hervorgehen mußte, daß er die Huldigung verstanden habe. Aber kein passender Vers wollte ihm einfallen, so verzweifelt er auch in der Ghaselenschmiede im Geiste umhereilte.

In den folgenden Tagen bewegte sich Ruppel viel außer Hauses, um der leichten Beklemmung, die sich dort ausgebreitet hatte, zu entkommen. An einem der folgenden Abende hielt Grauf Hauck eine kleine Rede: »Sie halten mich wohl für einen abgeschiednen Geist, einen all zu selbstbezognen Arrangeur des Lebens. Die Fensterläden sind geschlossen und ich schwimme in einem Ozean vergilbter Reime, während ich Sie, den einzigen, den ich eingelassen habe, in einem künstlichen Walde hausen lasse, dessen vielgestaltige Blätter nicht rauschen. Nein, nein, sagen Sie nichts. Das denken Sie doch wohl. Aber es ist anders. Morgen sollen Sie es sehn, falls die Junisonne scheint. Das wäre nämlich das richtige Wetter, um nach Harfing zu fahren und die Brüder zu besuchen, die wieder auf ihren Türmen hängen werden. Das sind nur zwei, für die ich sorge. Von anderen sprech ich nicht. Aber sie sollen doch erfahren, daß mich mein Gewissen auf mancherlei Art mit der Welt verknüpft.«

Am nächsten Tag, es war ein Samstag, schien wirklich die Sonne, und die Reise nach dem nahen Ort wurde unternommen. Harfing, fast eine kleine Stadt, deren alte Häuser sich mit Staffelgiebeln zierten, sammelte sich um eine mittelgroße Kirche, die, in dieser Gegend ungewohnt, zwei gedrungene gotische Türme aufwies. Als Ruppel und Hauck sich zu Fuß der Kirche nahten, winkte der Graf zu den Türmen hinauf, und Ruppel sah, daß auf jedem ein Mann saß oder kauerte. Beide waren altdeutsch verkleidet, mit geschlitzten Ärmeln und sonderbaren Kopfbedeckungen. Der auf dem linken Turm trug ein dunkles Samtwams, von dem ein Waldhorn herunterhing. Er klammerte sich in mühsamer Stellung zwischen die Eisensprossen eines glaslosen Fensters und schien voller Verachtung auf den andern Mann vom gegenüberliegenden Turm zu blicken. Dieser saß weit bequemer auf einem Fenstersims und spielte auf einer Geige. Aber er wurde vom andern immer wieder durch schepperndes Blasen seines Waldhorns unterbrochen, was ihn nur zu immer hastigerem Weiterfiedeln veranlaßte. »Es sind zwei Wahnsinnige, Quirinus und Aloys«, erklärte Hauck, »Zwillingsbrüder, die sich auf den Tod hassen, aber nicht ohne einander sein wollen. Der Linke glaubt, er wäre ein Türmer und müsse den Menschen von Harfing alle fünf Minuten die Zeit durch Blasen verkünden, der Rechte mit dem schmucken Barett hält sich für die Wiedergeburt Tartinis. Es ist ein großes Glück, daß sie ihren gegenseitigen Haß nur auf diese harmlose musikalische Art ausleben, statt sich an die Gurgel zu gehn. Übrigens werden Sie gleich hören, daß der Türmer noch ein andres Störinstrument zur Hand hat.«

Wirklich bemerkte Ruppel, daß der altdeutsche Türmer ein Seil von der obern Fenstersprosse losknüpfte und an ihm zog, es war eben die volle Stunde, worauf eine dünnklingende Glocke ertönte. Sein schneeweißes Hemd, das sich aus dem Wams bauschte, gab ihm dabei etwas Elsterhaftes. Der wiedergeborne Tartini geriet nun sichtbar in Harnisch, er zog den viel zu langen Geigenbogen noch hurtiger über die Saiten und ließ seinen mantelartigen Überwurf im Winde flattern. Wenn sich die Gesichter der beiden einmal auf wenige Sekunden nicht in hämischen Grimassen verzogen, sah man, daß sie eigentlich hübsche, sanfte Gesichter hatten. Ein besonders weiches Kinn und die schwärmerischen Augen unter den dunklen Locken verrieten eher Angst als Angriffslust. Als die Zwillingsbrüder den Grafen bemerkten, hörten sie auf zu spielen und begrüßten ihn mit fröhlichen Gesten und Ausrufen. Der Türmer läutete dann stürmisch zum Willkomm die Glocke und ließ es zu, daß der andre eine melodische, wenn auch krächzende Kadenz geigte.

»Die Familie wollte die beiden ins Irrenhaus stecken«, erklärte Hauck. »Dabei sind sie im Grund arglose und daher auch harmlose Gesellen. Als ich durch freundliches Zureden erkannte, daß die Brüder sich von der Welt weggedrängt fühlten und nur den einen Wunsch hatten, ein gewisses Aufsehen zu erregen, kam mir der Gedanke, ihnen diese Kleidung schneidern zu lassen, ihnen eine vermeintliche wichtige Rolle zuzuerteilen und sie auf diese Kirchtürme zu setzen, von wo aus sie sich nun Tag für Tag, wenn es das Wetter nur irgend erlaubt, als unentbehrliche Stützpunkte des Dorfes vorkommen können. Ich sorge für ihren Lebensunterhalt. Dem einen sagt man, er verdiene sich sein Geld als Türmer, dem andern, er erfiedle sich sein Brot dadurch, daß er sein Genie zum Ohrenschmaus der Mitbewohner einsetze. Alle Menschen, haben Sie das nicht auch schon erkannt?, sehnen sich nach einer Rolle, und die wenigsten finden die ihnen gemäße. Man müßte ein Welttheater im eigentlichen Sinne schaffen, ich meine: eines ohne moralische Zwänge, dann könnte man viele Menschen glücklich machen. Vielleicht werden Sie noch andre Rollen kennenlernen, die ich als geheimer Regisseur in Szene gesetzt habe.« Sie stiegen dann die Türme hinauf, zuerst einen, dann den andern und wurden von Quirin und Aloys herzlich begrüßt. Das Gespräch mußte allerdings hastig geführt werden, da Quirin alle fünf Minuten durchdringend blies, wobei Aloys ihn durch verzweifelt schnarrendes Gefiedel zu stören suchte. Nach ihren musikalischen Ausbrüchen wandten sie sich jeweils sogleich den beiden Besuchern zu, sahen sie mit seelenvollem Blick an und sprachen von der Wichtigkeit ihrer Aufgabe. Durch diesen Ausflug erkannte Ruppel, daß auch ihm der Graf eine Rolle zuerkannt hatte. Welche wohl? Er dachte nach und kam, durch die Lektüre mancher Ghaselen geleitet, zu dem Schluß, daß es die des Schenken sei, die er beschloß anmutig zu spielen.

Nach einger Zeit aber verlangte etwas andres, eine schwierige Seminararbeit, Ruppels ganze Kraft und Phantasie, jene besondre Art von bildlicher Einbildungskraft ohne die die Wissenschaft zu öder oder schlauer Faktensuche mit kaum verhehlter Rechthaberei werden muß. Er brachte viele Bücher mit nach Hause und bemerkte, daß der Tisch im Waldzimmer für sein Vorhaben viel zu klein war. Er nahm sich ein Herz und bat, ob er sich gleich vorgenommen hatte, nie an die Großmütigkeit des Grafen in eigner Sache zu appellieren, diesen darum, sich einen großen Schreibtisch besorgen zu dürfen. So etwas bekam man zuweilen billig bei einem Trödler. Der Graf wußte sofort Rat. Deutlich erfreut darüber, den ghaselenspendenden Gast noch genauer an sein Haus zu fesseln, teilte er Ruppel mit, daß auf dem Speicher ein Ungetüm von Schreibtisch stände, den der weitgereiste Ururgroßvater, der oft besprochne Doppelur, ihm hinterlassen hatte, der ihn aber, eben seiner Wuchtigkeit willen, beim Ghaselenschreiben nur bedrängt hätte. Das Möbelstück wurde von zwei herbeibeorderten Wuchtern nach unten geschafft, von Frau Dragendorff gründlich gesäubert und im Waldzimmer aufgestellt. Ruppel breitete seine Bücher und Papiere zu beziehungsreichen Landschaften geordnet auf der großen Tischfläche aus. Die vielen Schubladen sinnvoll anzufüllen, ließ er sich Zeit. Er erfand dazu ein Assoziationssystem, das es ihm erleichterte, rasch und mit Schwung die geeignete Schublade aufzuziehn, in der das Material für den zu schreibenden neuen Abschnitt seiner Arbeit gebündelt lag. Nur die zweitunterste Lade rechts wollte sich nicht recht öffnen lassen. Sie klemmte, ohne abgeschlossen zu sein. Ruppel zog und rüttelte, sprach ihr gut zu, erhitzte sich und fühlte seinen Stolz herausgefordert, dieses störrische alte Ding zur Raison zu bringen. Erst ein von Frau Dragendorff angefordertes langes Küchenmesser, das in die obere Schubritze eingeführt wurde, brachte einen ersten Erfolg. Nach manchem weitren Stoßen und Zerren gab die Lade nach. Es zeigte sich, daß sie durch eine eingeschobne dünne Holzwand in zwei Hälften geteilt war, deren vordere leer und dessen hintere mit blauen Heften so prall gefüllt war, daß diese sich gegen die obere Lade gepreßt hatten.

Ruppel nahm die ziemlich dicken Hefte, die obenauf lagen, heraus und sah, daß sie mit einer leicht dahinfliegenden anscheinend gut leserlichen Schrift vollgeschrieben waren. Die Diskretion verbot Ruppel, darin zu lesen. Abends brachte er dann die obersten fünf Hefte zu seinem Gastfreund. »Es müssen die Tagebücher des Doppelur sein«, sagte dieser, nachdem er darin geblättert hatte. Freude und Erregung erfüllten den Grafen, und erst jetzt wurde klar, daß der Ururgroßvater, auf den sich so vieles in diesem Haus bezog, der eigentliche Schutzpatron, die Hausgottheit, der Formenspender war. Er war seinerzeit ein bekannter Mann gewesen und hatte durch seine Reise manche Fürstenhöfe in eifersüchtiger Rivalität verknüpfen helfen. »Es war früher die Rede davon gewesen, daß er jahrelang Reisetagebücher geführt habe, von denen aber niemand je etwas zu sehen bekommen hatte. Sie galten als verloren, man trauerte diesem unauffindbaren, zweifellos wichtigen Kulturdokument nach, und schließlich sprach keiner mehr davon.« Hauck nahm sich sogleich vor, im ersten Heft zu lesen. Ruppel wollte ihn nach einiger Zeit seiner Lektüre überlassen, als der Graf, eben als sein Gast sich entfernen wollte, rief: »Nein, bleiben Sie noch. Das müssen Sie erfahren. Das ist ja eine unglaubliche Geschichte. Was sag ich unglaublich, es ist im Gegenteil eine äußerst glaubliche Geschichte, die mir nur wieder einmal zeigt, in welch geistiger Enge unsre aristokratischen Damen leben. Die Komtessen, die ich kenne, scheinen sämtlich auf eine

Dauerdiät von Gänseklein gesetzt zu sein. Sie können nur über Verwandtschaftsbeziehungen reden und sprechen sie dann mal über das sogenannte Geistige, wünscht man allemal, sie kehrten zu ihren Vettern und Basen zurück. Eine echte Geschichte! Haben Sie schon einmal von der Prinzessin Augusta von Homburg gehört?«

»Ich weiß nicht«, sagte Ruppel. »Eine Prinzessin Auguste von Hessen-Homburg hat es gegeben. Sie hat als zarte und edle Erscheinung in Hölderlins Leben eine Rolle gespielt. Er hat ihr eine Geburtstagsode gewidmet. Meinen Sie die?«

»Eben dieselbe. Sie muß wenig Verständnis für Dichtung gehabt haben, die gute Dame. Trifft in ihrer Jugend einen Dichter wie Hölderlin und kann sich später überhaupt nicht mehr daran erinnern.«

»Das kann nicht sein. Sie haben wohl etwas falsch gelesen. Soweit ich mich erinnre, hat Hölderlin ihr ein Buch gewidmet. Das wird sie doch nicht vergessen haben.«

»Aber sie hat es vergessen und alles andre auch. Was ahnen Sie denn von den sublimen Vergessenskünsten hochgeborner Damen! Sie war eben mit Hölderlin nicht verwandt und hat ihn nicht als Vetter gesprächsweise konservieren können. Nein, ich habe nichts falsch gelesen. Der Doppelur schreibt sehr leserlich. Er hat sie im Jahre 1847 besucht, da war sie wohl schon alt, wir wollen ihr das zugute halten. Den Namen Hölderlin behauptete sie nie gehört zu haben.«

»Und die Geburtstagsode?«

»Von der weiß sie nichts«, rief Hauck triumphierend. »Da, lesen Sie selbst.« Er reichte Ruppel das Heft und dieser las. Unter der Überschrift »Im Herbst 1847« berichtet der Doppelur, wie er nach Heidelberg fährt und dort von Gedanken und Erinnerungen an seine Studienzeit heimgesucht wird:

»Die Erinnerung an die Vergangenheit wird mir durch den Vergleich zwischen dem Ehmals und dem Jetzt tief schmerzlich. Glücklich bin ich, wenn ich mich den quälenden Gedanken, die mich beschleichen, so weit zu entreißen vermag, um mich dem Genuß des Dichters, den ich mir zum Begleiter auf meinen Wanderungen erlesen habe, hinzugeben. Es ist Hölderlin, mein Liebling von früher Jugend her.«

Ruppel war erstaunt. Da hatte einer sich Hölderlin, der zu jener Zeit weitgehend vergessen war oder allenfalls als harmloser schwäbischer Idylliker galt, zum Leitstern erkoren. Durch Hölderlins Ode auf Heidelberg läßt er sich durch die Stadt leiten. Dann erzählt er in schwärmerischen und elegischen Worten das Leben Hölderlins, über das er für die Zeit, in der er schreibt, erstaunlich gut unterrichtet ist. Dann fährt er fort:

»Mit Hölderlin ist für mich noch eine persönliche Erinnerung verbunden. Sein Freund, der ihm die Bibliothekarstelle in Homburg verschaffte, hieß Sinclair und hatte am Hof dieses Ländchens ein einflußreiches Amt inne. Sinclair war selbst Poet und hat zwei jetzt ganz verschollene Bände von Gedichten, sowie eine Trilogie von Trauerspielen herausgegeben, deren Stoff der Geschichte der Cevennenkriege entlehnt ist. Er selbst vertrat den Landgrafen von Homburg auf dem Wiener Kongreß und starb dort plötzlich auf noch ungeklärte Weise. Seine Schwester aber habe ich gekannt, sie war, oder ist noch jetzt, Hofdame der verwitweten Erbgroßherzogin von Mecklenburg-Schwerin, einer geborenen homburgischen Prinzessin. Wie wenig wirkliche und allgemeine Teilnahme in Deutschland für wahre Dichtung vorhanden ist, geht aus folgendem Falle hervor. Fräulein von Sinclair ist eine gebildete Dame, sie schlägt die Augen gen Himmel, wenn Goethe und Schiller genannt werden. Als ich sie kennen lernte, hielt ich für sicher, daß sie mit mir in Bewunderung für Hölderlin aufgehen, mir vielleicht auch Näheres über den Freund und Schützling ihres Bruders mitteilen könnte. Wie sehr war ich jedoch enttäuscht, als ich erfuhr, daß sie gar nichts von demselben wußte, auch, obgleich sie bei Hölderlins Aufenthalt in Homburg schon ein erwachsenes Mädchen gewesen war, nie von demselben gehört zu haben behauptete. Nach langem Nachsinnen erinnerte sie sich nur, daß ihr Bruder viel mit einem jungen Manne aus Württemberg, welcher Custos der kleinen landgräflichen Bibliothek gewesen, verkehrt habe. — Unter Hölderlin's Gedichten findet sich eine schöne, noch keine Spur von Irrsinn tragende Ode auf den Geburtstag der Prinzessin Augusta, das heißt der jetzigen Erbgroßherzogin. Auch letztere ist, wie ihre Hofdame, eine Frau von einiger literarischen Bildung; ich glaubte daher, sie werde auf jenes Festgedicht stolz sein, es noch in ihrem Alter auswendig wissen und mir Mitteilungen über den Verfasser, der sie so schön verherrlicht, machen können. Indes fand ich, daß auch ihr der Name Hölderlin fremd war; ich mußte ihr erst die vor vierzig Jahren an sie gerichtete Ode bringen, und sie schien nun, wenn sie auch etwas ungläubig lächelte, eine Freude daran zu haben, als ich sie versicherte, sie werde durch dieselbe unsterblich werden.«

»Verzeihen Sie«, sagte Ruppel, nachdem er das gelesen hatte, »aber diese Geschichte kann nicht wahr sein.«

»Nicht wahr? Nicht wahr?« rief Hauck empört. Ruppel sah ihn zum erstenmal in solcher Erregung, die fast wie Zorn schien. »Sie wollen sagen, daß mein Ururgroßvater, ein hoch geachteter Mann, ein Lügner war?«

»Sie müssen doch bemerken, daß die Geschichte einen Haken hat«, sagte

Ruppel kleinlaut. »Ihr Vorfahr ist in einem fremden Haus, spricht über Hölderlin, keiner kennt ihn dort, und dann holt er geschwind ein Buch mit Hölderlins Gedichten, um der Großherzogin daraus vorzulesen. Woher hat er das? In der herzoglichen Bibliothek kann es kaum gestanden haben, und der Vorfahr hätte es auf jeden Fall nicht sofort finden können.«

»Vielleicht trug er es in der Rocktasche«, sagte Hauck kurz. Er war verstimmt. Er ging zur Zimmertür, öffnete sie und rief: »Frau Hedwig!« Als Frau Dragendorff erschien, sagte Hauck verdrossen: »Liebe Dragendorff, wir spielen vierhändig. Der junge Herr dort glaubt, daß mein Ururgroßvater ein Gascogner war.«

»Ein Gascogner?« frage Frau Dragendorff und sah Ruppel verwundert an. »Ich dachte, er käme aus Mecklenburg.«

»Der Herr Graf meinen, ich hielte seinen erlauchten Vorfahr für einen Aufschneider«, sagte Ruppel, wobei er nicht ohne kleine Perfidie das Verbum in den unterwürfigen Plural verstieß. Seufzend setzte sich die Haushälterin an den Flügel, wobei sie deutlich zu verstehen gab, sie habe eigentlich Dringlicheres zu tun, als mit dem Grafen vierhändig zu spielen. Aber schon hatte Hauck mit grimmiger Hast ein Heft ergriffen, das Webers Polonaisen und die Aufforderung zum Tanz enthielt, schlug es auf und gab seiner Mitspielerin kaum Zeit, sich die Röcke zurechtzuzupfen. Dann spielten die beiden dröhnend, wobei Frau Dragendorffs wohlgeschnürte Brustpartien in ein sympathetisches Hüpfen gerieten. Ruppel schlich sich fort. Noch lange hörte er in seinem Zimmer immer feurigere Weisen ertönen, die ihm immer unbekannter waren. Die Ouvertüren zum Freischütz und zu Egmont erkannte er noch, danach nichts mehr. Erst später fand er heraus, daß die beiden letzten Donnerstücke Haucks Lieblinge waren, nämlich die Ouvertüren zu Cherubinis Wasserträger und Faniska.

Einige Tage lang vermied Ruppel, mit dem Hausherrn zusammenzutreffen. Er benutzte sie, um sich mit Munition für den bevorstehenden Kampf über das Gascognertum des Doppelurs zu rüsten. Er holte verschiedne Bücher aus der Bibliothek, um sich über Hölderlins Homburger Zeit und die Prinzessin Auguste zu informieren. Die Geschichte vom totalen Vergessen war zu unglaublich. Sie konnte einfach nicht wahr sein, obwohl der Vorfahr sie in so glaubwürdigen Worten berichtete, daß man andrerseits an seiner Erzählung nicht zweifeln mochte. Bevor Ruppel die Hölderlinliteratur wirklich genauer vornehmen konnte, fing Hauck ihn eines Abends ab und fragte ihn mit etwas drohender Höflichkeit: »Sie geruhen immer noch zu glauben, daß mein Doppelur ein gewissenloser Phantast ist und daß ich ein leichtgläubiger Schwachkopf bin?«

Ruppel wurde rot. »Ich habe mir einige Bücher über Hölderlin besorgt. Darf ich sie mit Ihnen zusammen durchsehen?« Er brachte die Bücher, und die beiden waren bald schon wieder geeint in der gemeinsamen Tätigkeit, die sie unversehens zu zwei Studenten machte, die zusammen eine Seminararbeit vorzubereiten hatten.

»Es sieht schlecht für den Vorfahr aus«, sagte Ruppel, nachdem er eine Weile in den Büchern gelesen hatte.

»Bitte keine Meinungen. Fakten!« Hauck zeigte sich seiner Sache noch ganz gewiß.

»Hier also die Fakten. Hölderlin war nicht nur kurze Zeit in Homburg, sondern mehrere Jahre. Zuerst 1798 bis 1800 und dann ein zweites Mal 1804 bis 1806. Der erste Teil des Hyperion war schon 1897 erschienen und am Hof des Landgrafen bekannt. Hölderlin schickte der Prinzessin den 1799 erschienenen zweiten Teil des Romans. Zum 23. Geburtstag der Prinzessin, das war am 28. November 1799, überreichte Hölderlin ihr seine Ode.«

»Das ist alles nichts Neues. Aber die Prinzessin geruhte, das zu vergessen.«

»Aber sie dankte ihm in einem Brief, wahrscheinlich im folgenden Monat, für seine Ode und hoffte darin, seines ›schmeichelhaften Liedes nicht unwürdig zu sein‹.«

»So, so«, murmelte Hauck, »aber dem Doppelur versicherte sie, von solch einem Gedicht wisse sie nichts.«

»Hölderlin widmete der Prinzessin Auguste den Druck seiner Übersetzung der Trauerspiele des Sophokles mit einem Vorwort fünf Jahre später. Das kann ihr ja nicht verborgen geblieben sein, da ein Dichter für eine solche Widmung die Erlaubnis der hohen Person einholen mußte.«

»Allerdings einigermaßen singulär. Aber der Doppelur berichtet aus ehrlicher und unbezweifelbarer Erinnerung.«

»Außer dem Dankbrief schickte die Prinzessin Hölderlin auch ein Klavier, damals ein Gegenstand von nicht geringem Wert. Sie machte sich Abschriften von Hölderlins Gedichten und legte sich ein privates Archiv an, für das sie sich seine Gedichte aus Almanachen kopierte, hat sich also immer wieder und auf längre Zeit mit ihm beschäftigt. Es steht immer schlechter um den Doppelur.«

»Hm«, brummte Hauck.

»Halt«, rief Ruppel. »Hier beginnt das Rätsel. Die Aktien des Doppelur beginnen zu steigen. Alle Briefe der Prinzessin sind erhalten geblieben, aber in keinem einzigen erwähnt sie Hölderlin, so als hätte sie ihn nie gekannt oder als hätte er nicht den geringsten Eindruck auf sie gemacht. Er verschwindet aus ihrem Leben.«

»Ein Fall prinzeßlicher Flatterhafigkeit, sie wurde zur Künstlerin an Gedächtnisschwund, ich sagte es ja gleich.«

»Nein, nein, es ist nicht zu fassen«, sagte Ruppel, der inzwischen weitergelesen hatte, aufgeregt. »Es ist doch alles ganz anders. Sie hat ihn nicht vergessen, konnte ihn gar nicht vergessen. Hören sie nur, was ihre Schwester Marianne ihr im Dezember 1816, also siebzehn Jahre nach der Überreichung der Ode, schreibt: ›Wage ich zu viel, wenn ich nun noch um etwas bitte, nachdem Du mir so viel gegeben hast, liebe Schwester, und Du das einmal ausgesprochen hast, so darf ich vielleicht? wo nicht antworte nicht darauf. Wie hattest Du Hölderlin geliebt? −‹«

»Wie, das schreibt sie? Geliebt, schreibt sie? Geliebt? Und dem Doppelur gegenüber hat sie den Namen noch nie gehört? Wie erklärt man das?« Der Graf war vor Eifer rot geworden, vergaß alle Feindschaft gegen Ruppel und sah sich nur noch als Verbündeten vor einem großen Rätsel.

»Nicht nur das schreibt die Schwester. Sie sagt auch: ›So, wie ich mirs denke, war es die einzige Leidenschaft Deines Lebens.‹«

Die beiden sahen sich an. Leidenschaft, gar noch die einzige Leidenschaft ihres Lebens, das erlaubte keinen Zweifel mehr. Der erlauchte Vorfahr des Grafen, der vielgereiste, viel verehrte Mann, war gerichtet. Es war, als ob ein Fallbeil niederfiel. Warum nur hatte er so unnötig und mit solchen Einzelheiten gelogen? Nie wieder konnte der Graf den diamantenen Orden des türkischen Sultans tragen, Wer weiß, ob dieser flunkernde Vorfahr, dieser Münchhausen, den Orden nicht selber aus billigem Glas herstellen ließ? Vielleicht war er nie in der Türkei gewesen? Auch am Hof der alten Großherzogin von Mecklenburg-Schwerin dürfte er kaum gewesen sein. Keiner der beiden sprach das aus.

»Und wie geht es weiter?« fragte der Graf mit nobler Schwäche.

»Die Prinzessin, sie war nun vierzig Jahre alt, hat die Frage ihrer Schwester beantwortet«, sagte Ruppel und las weiter. »In einem sehr langen Brief, Ende Dezember 1816, den sie ihr Testament nannte.« Ruppel las schweigend weiter, stieß nur von Zeit zu Zeit kleine ohs aus, als sei er entrüstet. Endlich blickte er auf: »Es ist schrecklich. Verwirrungen eines bigotten Gehirns. Es ist nicht zu glauben, aber die Ehre des Doppelur ist gänzlich wiederhergestellt. Ich erhebe mich, um ihm Abbitte zu leisten und sein Gedächtnis zu ehren, im zwiefachen Sinne, einmal, um seiner in Verehrung zu gedenken und dann auch, um sein genaues und untrügliches Gedächtnis in seinem Tagebuch zu bewundern.« Ruppel tat es. Auch

Hauck stand auf und schien ein unsichtbares Gewandende triumphierend über die Schulter zu werfen.

»Aber was schreibt sie denn?« fragte er.

»Niemand dürfe ihr Geständnis sehen, erst nach ihrem Tod dürfe man es erfahren. Sie wurde vierundneunzig Jahre alt, starb erst 1871, aber auch dann hat niemand von ihrem Geständnis etwas erfahren. Es wurde erst im Jahre 1934 gefunden und zwei Jahre darauf veröffentlicht. Zuerst erzählt die Prinzessin, wie sie durch lange Zeit hindurch einzig im Hyperion gelebt habe, den sie wohl zwanzigmal las. Alles, was sich auf das Buch bezog, wurde ihr heilig.«

»Das ist ein schöner Zug an ihr«, sagte Hauck.

»Oh, nein, gar nicht. Sie gebraucht das Wort heilig in einem ganz engen Sinn. Sie macht Hölderlin zu einem Heiligen, die schrullige Person. Sie hätte, schreibt sie, Hölderlin wenig gesehen und gesprochen (hier lügt sie vermutlich, um nur ja keinen fleischlichen Verdacht aufkommen zu lassen), aber ihre Einbildungskraft hätte dauernd um ihn gekreist, und das hatte das sonderbare Ergebnis, daß sie in immer neue und heftigere religiöse Schwärmereien verfiel, aus denen sie den einzigen Entschluß zog, ›Christum nachzufolgen!‹ Hölderlin wurde ihr zu einer ›idealischen Person‹, zu einem ›Wesen der Phantasie‹. Hören Sie, was sie über Hölderlin schreibt: ›Dies belebte Bild nährte das Verlangen nach Liebe in mir – ohne welchem (ihre Grammatik ist nicht die beste) man doch, glaube ich, nicht Mensch werden kann – und bewahrte mich wohl zugleich durch Gottes Barmherzigkeit vor Mißgriffe in der Wirklichkeit – die meine Seele vernichtet hätten. –‹«

»Was meint sie nur damit?«

»Da bin ich ziemlich sicher. Da sie über die Sexualphantasien, mit denen sie Tag und Nacht Hölderlin umkreiste, erschrak und die sie deshalb ins Heiligmäßige umstilisierte, wodurch ihr Hölderlin zum Christusmäßigen Seelenbräutigam wurde, schwor sie sich, immer Jungfrau zu bleiben. Das meint sie.«

»Trotzdem hat sie den Erbgroßherzog von Mecklenburg-Schwerin geheiratet.«

»Ja, aber das war erst zwei Jahre später. Da war sie zweiundvierzig und heiratete den Witwer ganz ohne Liebe, nur, um seine Kinder zu betreuen. Er scheint ihr geradezu widerwärtig gewesen zu sein, und nach anderthalb Jahren war sie selber verwitwet, sicherlich eine jungfräuliche Witwe. Hölderlin als Groß-Hymenbewahrer, eine gräßliche Vorstellung.«

»Sie scheint mir eine rechtschaffne Frau gewesen zu sein«, sagte der

Graf. »Ich bin erleichtert, daß der Doppelur die reine Wahrheit gesagt hat.«

»Ja, das hat er. Die Prinzessin selber gibt den Schlüssel dazu. Sie schreibt: ›Diese Periode meines Lebens ist geschlossen — ich weis es, denn ich kann das aussprechen, was ich nie im Stande war — eigentlich — zu fassen — und wohl darum mir nie möglich war, je eine Sylbe mit irgend Jemand darüber zu sprechen — auch weil es mir zu heilig war und ist und bleiben wird, um eine Unterhaltung je daraus zu machen oder machen zu sehen, —‹«

»Sie hatte etwas Großes erfahren und wollte es nicht profaniert sehn. Das kann ich verstehn. Eines aber bleibt mir trotz allem unerklärlich. Sie selbst, lieber Ruppel, haben mich darauf hingewiesen. Wieso konnte der Doppelur der Prinzessin, die so tat, als habe sie noch nie von der Geburtstagsode etwas gehört, so mir nichts dir nichts diese Verse zeigen?«

»Lassen Sie mich sehen«, sagte Ruppel und blätterte in einem andern Buch. Nach einiger Zeit sagte er: »Ich habs. Die Erklärung ist einleuchtend. Im Jahre 1821 wurde eine erste Sammlung Hölderlinscher Gedichte veranstaltet und dafür gab Prinzessin Auguste alle Gedichte her, die in ihrem Besitz waren, das heißt, eben doch nicht alle, denn die Ode an sich behielt sie zurück, so daß niemand sie kennenlernte, auch Ihr Vorfahr nicht. Erst in einer größeren Ausgabe der Gedichte, die Schwab herausgab, stand die Ode zum erstenmal. Und das war im Jahr 1846. Damit ist auch der Besuch des Doppelurs bei der Großherzogin datierbar. Seine rückblickende Erinnerung ist aus dem Herbst 1847. Also lag das Ereignis ein Jahr zurück. Im Jahre 1846 hatte sich der Hölderlinbegeisterte Doppelur sofort die erste umfassende Ausgabe der Gedichte gekauft und trug sie auf seiner Reise, die ihn an die Stätte seiner Jugend führen sollte, im Gepäck, wahrscheinlich in der Rocktasche. Was Wunder, daß er die ehemalige Prinzessin Auguste auf die Ode hin ansprach, die er soeben in dem Buch zum erstenmal kennenlernte? Vermutlich hat er eigens um dieser Ode Willen die alte Großherzogin aufgesucht, in der Hoffnung, nähere Auskünfte von ihr zu erhalten.«

»Nun, der arme nichtsahnende Doppelur ist da mit seiner Frage in einen geheimen Tempel geraten, und es mußte der Herzogin scheinen, als wolle er mit keckem Griff den Schleier vom Kultbild reißen und eine gesellige Unterhaltung darüber beginnen, was sie nur als Mysterium zelebrieren wollte. Ich kann ihr das nicht übelnehmen, wie Sie es, scheint mir, tun.«

»Ja, ich nehme es ihr übel«, sagte Ruppel voll Eifer. »Da hat sich die feinsinnige Madam ihren Hölderlin aus lauter unterdrücktem Geschlechtstrieb zu einer Heilsfigur umgedeutet. Eine ewige Jungfrau wollte sie bleiben trotz ihrer späten Ehe und hat sich aus lauter Unerfülltheit heraus den Geliebten zu einem Wegweiser in die Frömmigkeit umgemodelt. Was sag ich Wegweiser, in Spiritus eingelegt hat sie ihn wie einen mißgeschaffnen Embryo.«

»Kind, Kind, mäßigen Sie sich«, sagte Hauck, der dennoch, es war nicht zu verkennen, Ruppels eifernde Reden mit einigem Wohlgefallen anhörte.

»Und welches Recht hatte die verschrobne Person, auch ihre arme Hofdame aus lauter Eigensucht dazu zu verdonnern, nun auch ihrerseits völligen Gedächtnisschwund vorzutäuschen? Sie in eine geistige Versklavung zu drängen? Fräulein von Sinclair, vermutlich von ihrer Herrin auch zur ewigen Jungfernschaft verurteilt, hätte sicher gern über ihren Bruder und seine Freundschaft mit Hölderlin gesprochen, ja, hatte vielleicht manches noch Unbekannte in sich verwahrt, Zartes und Wichtiges, Behutsames und Schweres, das sie gerne in Worte gefaßt hätte, nicht nur ihrer verhutzelten Vestalin gegenüber, sondern im Gespräch mit einem, der den Dichter, wie damals nur wenige, auf reine Art liebte, wenn ihr der Pergamentdrache nicht ewiges Stummsein vorgeschrieben hätte.«

»Sie gehen zu weit. Es gibt doch etwas wie ein heiliges Vermächtnis, das man nicht profanieren möchte. Vielleicht hat jeder Mensch solch ein inneres Sanctissimum, in das er keinem den Eingang erlaubt. Auch ich besitze ein solches.«

Ruppel war oder stellte sich harthörig. Er hätte heraushören müssen, daß der Graf im Begriff war, Ruppel, ihn sacht bei der Hand führend, vor sein Tempelgeheimnis hinzuleiten und sich ihm zu offenbaren. Ruppel sagte nur: »Sie meinen, daß der Doppelur ihr nicht würdig genug erschien, um in diese hehren Hallen einzudringen?«

»Das wollte ich eben nicht sagen«, antwortete Hauck leicht verstimmt. »Niemandem wollte sie Zutritt gönnen in das größte Ereignis ihres Lebens. Vielleicht hätte sie, bei einem besondren Glücksfall, eine Ausnahme gemacht.«

Ruppel blieb ungerührt: »Ich glaube, sie verleugnete Hölderlin aus der kleinlichen Furcht heraus, man möchte ihre geheiligte Jungfernschaft anzweifeln. Sie hat an ihrem Heiland nicht besser gehandelt als Petrus an seinem Herrn, ja, eigentlich viel schlimmer, denn Petrus mußte um sein Leben fürchten. Die Herzogin hat den armen Holder mit Fleiß dem Vergessen anheimgegeben, dem er dann auch viele Jahrzehnte lang wirklich verfiel. Daran hat sie auch schuld. Hölderlins Nachleben lag teilweise in ihrer Hand, und da sie so uralt wurde, hatte sie viele Jahre lang Zeit, sein Gedächtnis zu ehren und aufzufrischen.«

»Sie hatte wohl doch eher eine zarte Seele und schreckte vor Berührungen zurück.«

»Gut, dann hätte sie dem Doppelur antworten müssen: ›Wie es mich freut, daß Sie dem Unvergeßnen so die Treue bewahren und einer der wenigen sind, die sich seiner noch mit Liebe erinnern. Mir selber ist die Begegnung zu teuer, als daß ich darüber auf dem Markt und sei es im stillen Kämmerlein darüber sprechen möchte.‹ Sie bemerken, daß ich mich in die Redeweise der Bigotten schon ganz gut eingelebt habe.«

Am nächsten Tag klopfte Ruppel an das Zimmer des Grafen und wurde freundlich hereingebeten. »Die Sommerferien kommen bald, ich werde dieses schöne Haus verlassen. Darf ich Sie zum Abschied um etwas bitten?«

»Um alles«, antwortete Hauck, ohne nachzudenken.

»Machen Sie die Geschichte der Prinzessin Auguste nicht bekannt. Darum wollte ich Sie bitten.«

»Sie meinen, ich soll sie auslassen, wenn ich die Tagebücher des Doppelur veröffentliche?«

»Nein, Sie sollten die Blätter vernichten. Jetzt gleich. Wollen wir sie nicht ins Feuer werfen? Es ist eine schreckliche Geschichte. Niemand darf sie jemals lesen.«

»Eine schöne Bitte, liebster Ruppel. Wissen Sie, daß Sie um alles hätten bitten können? Eine Kostbarkeit, ein Bild aus meiner Sammlung, vielleicht so ein laubreiches Gemälde aus dem Waldzimmer, das Ihnen ans Herz gewachsen wäre. Oder eine Reise, wer weiß wohin? Und nun bitten Sie darum, nicht das Andenken einer Frau zu kränken, der man wahrscheinlich nur das Beste nachsagt.« Ruppel machte eine Handbewegung und wollte etwas sagen. »Ja, ja, ich weiß. Es ist weniger das Andenken dieser Frau, als daß Sie Hölderlin davor bewahren wollen, abermals ins Nichts gestoßen zu werden.« Ruppel nickte. »Ich habe Ihnen die Erfüllung Ihrer Bitte zugesagt.« Hauck stand auf, ging zum Schreibtisch, nahm eine Schere und schnitt die Seiten aus dem Manuskript, das noch aufgeschlagen vor ihm lag. Dann griff er nach einem großen gelben Kuvert, tat die Seiten hinein und verschloß es mit drei Siegeln, wofür er seinen Ring benutzte. Dann schrieb er, Ruppel konnte es von hinten sehn, etwas darauf. Er machte Ruppel ein Zeichen, er solle herkommen und es lesen. »Ich kann die Seiten nicht vernichten. Es wäre pietätlos. Das Tagebuch meines Vorfahrn ist eine Art Vermächtnis, mit derlei geht man nicht zerstörerisch um. Lesen Sie.« Ruppel las die in besonders schwungvoller, großer Schrift geschriebenen Worte: »Ich verfüge, daß mir dieses Couvert uneröffnet in den Sarg gelegt wird.« Darunter mit ausladendem Gestus die Unterschrift und das Datum.

Ruppel wußte nicht, ob er lachen oder weinen sollte. Es war wie die letzte Szene aus einem alten Rührstück. Vielleicht von Kotzebue. Der liebe kindliche Mann und sein Hang zum Faltenwurf. Und dann die Orthographie von »Couvert«. Als aber Hauck leise sagte: »Bist du es so zufrieden?« und ihm dabei übers Haar strich, gewannen die Tränen die Oberhand. Ruppel fühlte sie aufsteigen und ließ sie laufen. Sie setzten sich wieder und sagten nichts. Ruppel hatte nur genickt. »Wie kann es enden? Was kann man sagen?« dachte er bei sich.

Hauck sah Ruppel ins Gesicht, drehte sich dann zum Feuer und sagte im ganz leichten Gesprächston, in dem gleichwohl eine innre Bewegung durchzitterte: »Du kamst zu mir in einem Maigewitter« und machte eine Pause, als suche er nach Worten.

Darauf Ruppel: »Wenns ein Ghasel wird, heißt das Reimwort: bitter.«

Und Hauck: »Das bin ich selber, doch mit großem B.«

Und Ruppel: »Ich bin der Knappe und ihr seid der Ritter.«

Ruppel hörte einen dumpfen Stoß, die Fenster klirrten, und auf der gegenüberliegenden Wand entstand, langsam zuerst, dann ganz rasch vor sich hinlaufend, ein breiter werdender Riß. Er lag noch immer im Bett, den Kopf voller Bilder. Er sah auf die Uhr. Es war neun. Irgendwo rieselte Kalk. Ein Spiegel fiel von der Wand und zersplitterte. Die Hauszertrümmerer waren am Werk. Noch war Ruppel von Bildern und Klängen zu benommen, um davonzustürmen. Ich habe zu vielerlei durcheinandergelesen, dachte er und sann seinen Träumereien nach. Da fuhr ein Riß durch die Decke. Er sprang aus dem Bett. Er hatte Angst. Fort, nur fort! Er zog sich ganz rasch an und rannte aus dem Zimmer, bevor die Decke über ihm zusammenbräche und ihn erschlagen würde. Ob es irgendwo noch ein festes Dach gab, über dem er sich vorm Einschlafen den Nachthimmel vorstellen könnte?

Ulrich war am Ende. Zuerst waren die Freunde etwas verwirrt, da sie sich von Ulrich eine lustige Geschichte, nicht eine, die in Verzweiflung endete, erwartet hatten. Gleich aber hatten sie alle viel zu sagen und sprachen angeregt durcheinander. Jeder wollte der erste sein. Über den Grafen waren sich alle einig. Sie liebten ihn, fanden immer neue liebenswerte Seiten an ihm und lobten Ulrich dafür, ihn, trotz aller Ironie, nie wirklich preisgegeben zu haben. Man empfand den in sich ruhenden Hauck als rechten Kontrapunkt zu Almas Irrwisch. Auch Quirin und Aloys gefielen ihnen über die Maßen. »Vielleicht ist es aber doch bedenklich, daß dem

Grafen durch seine geheimen Wohltaten die Welt zu einem großen Kostümfest gedeiht«, sagte Arnold.

»Besser, als zu einer riesigen Volksküche mit Allerweltssuppen«, sagte Alma.

Lene hielt es mit Frau Dragendorff, die so unermüdlich vierhändig spielte, um eine schwierige Situation zu übertönen.

Nur Lothar hatte etwas einzuwenden: »Es ist allzu unglaubwürdig, daß Ruppel in seinem Tagtraum ein solch akribisches Gedächtnis für Ghaselen, Tagebuchaufzeichnungen und wissenschaftliche Fakten im Kopf hat.«

»Er hat eben ein gutes Gedächtnis«, sagte Ulrich leichthin, »das muß man einfach glauben. Außerdem darf eine ganz unrealistische Geschichte auch mit manchem Unglaubwürdigen spielen.«

Die andern ließen das gelten. »Was es in deiner Geschichte mit dem salpischen Prinzip auf sich hat, ist mir wohl klar«, sagte Arnold. »Du hast zwei Haupterscheinungen des Salpischen herausgegriffen: den Generationensprung und das versagende Gedächtnis. Die Generationen werden ja gleich zweimal übersprungen. Von keinem Vater ist die Rede. Ruppel springt zum Grafen zurück, der sein Großvater sein könnte, und dieser leitet sich direkt von seinem Ururgroßvater ab, das ist ja wohl der Großvater seines Großvaters.«

»Aber warum hast du den Gedächtnisschwund als ein falsches Vergessen geschildert, also ein absichtliches Nichterinnern?« fragte Lothar.

»Weil ich glaube, daß das auch bei den Salpen absichtlich sein könnte. Sie tun nur so vergeßlich. Es wäre jedenfalls eine Möglichkeit. Es gibt so etwas wie eine Salpenschlauheit, sie tarnen dann als biologische Notwendigkeit, was ihnen nur dazu dient, sich selbst zu verwirklichen.«

»Ich habe wohl bemerkt, daß in deiner Geschichte alles auf die Hölderlinanekdote hinausläuft, find es aber eigentlich unverantwortlich, daß du dir für deine Erfindung einen so allbekannten Namen wie Hölderlin einfallen läßt. Ich glaube, alles von Hölderlins Leben und dem der ihn umstehenden Personen zu wissen, aber diese groteske Geschichte ist ganz unbekannt, abgesehn davon, daß die Hölderlinforschung die Prinzessin Auguste immer mit hoher Achtung behandelt«, sagte Lothar. »Dadurch, daß du den Grafen die Geschichte mit ins Grab nehmen läßt, gibst du ja zu, daß es sie nie gegeben hat oder daß zumindest niemand sie kennen kann.«

»Ich habe sie dennoch nicht erfunden. Aber mehr will ich darüber nicht sagen«, sagte Ulrich.

»Mit Ghaselen haben die Salpen aber nichts zu tun«, sagte Alma. »Sie reimen sich anders, immer kreuzweise, also a-b-a-b, wie ein ewiges Volkslied. Das ist die ihnen gehörende Weltordnung, nicht die ghaselische. Ist es nicht schade, daß man sie nicht einmal zwingen kann, zweimal hintereinander die gleiche Form zu entwickeln, um danach dem Ghaselenschema seinen endlosen Lauf zu lassen?«

»Du verlangst zu viel von der Natur«, sagte Ulrich.

»Mir hat das Ghasel von Rückert am besten gefallen«, sagte Judith, »und ich nehme es dir etwas übel, daß du es so leichtfertig weitergedichtet hast. Jedenfalls hab ich beschlossen, Rückerts Gedichte zu lesen.«

»Da muß ich dich warnen«, sagte Ulrich. »Du gerätst ins Uferlose. Aber wenn du gut schwimmst, wirst du im Meer der tausend und abertausend Verse und Reime immer wieder einmal eine selige Insel erklimmen können, es gibt auch einige sublime Archipele. Ich habs, ein bißchen spaßig, was du mir nicht übel nehmen darfst, in ein Ghasel zusammengefaßt, ein Ghasel auf Rückert.

      Friedrich Rückert

Der Lorbeerstrauch umwindet mit dem Geäst ihn nicht,
Der zeitberauschte Nörgler liest aus Protest ihn nicht.
Er schläft im hohen Hause, wo das Vergangne ruht,
Nicht tot, denn das Gedächtnis des Freunds entläßt ihn nicht.
Er hat zuviel gedichtet. Viel Schutt liegt auf dem Bau,
Doch schuf er feste Räume, am Schutt bemeßt ihn nicht!
Im All kreist er mit Rumi, Hafis hat ihn berauscht,
In Biedermeierweisheit verweist und preßt ihn nicht!
Nur Goethe oder Platen kann ihm Geselle sein,
Ein anderer besiegte im ganzen West ihn nicht.
So scheint er unerschöpflich, man liest ihn niemals aus,
Oh Freunde, es ist Spätzeit. Geht heim, vergeßt ihn nicht!«

Werner Vordtriede

Bibliographie

I Philologische Publikationen

1. Buchveröffentlichungen, Abhandlungen, Essays

DIRECT ECHOES OF FRENCH POETRY IN STEFAN GEORGE'S WORK. In: Mod. Lang. Notes LX, Nov. 1945

NOVALIS' HEINRICH VON OFTERDINGEN AS A SOURCE FOR BAUDELAIRE. In: Mod. Lang. Forum XXX/4, Dec. 1945

STEFAN GEORGES PROPHETIE IM »BRAND DES TEMPELS«. In: Deutsche Blätter, Santiago de Chile IV/31, Mayo–Junio 1946

MIT ABEGEWENDETEM BLICK. In: Mod. Lang. Notes LXII, March 1947

THE TRIAL OF THE BOOKS IN GOETHE AND CERVANTES. In: Mod. Lang. Notes LXII, May 1947

THE MIRROR AS SYMBOL AND THEME IN THE WORKS OF STÉPHANE MALLARMÉ AND STEFAN GEORGE. In: Mod. Lang. Forum, March–June 1947

DAS PROBLEM DES DICHTERS IN GOETHES »TRIUMPH DER EMPFINDSAMKEIT«. In: Monatshefte XL/3, March 1948

GRATUITOUS ACTION IN RABELAIS, STENDHAL AND GIDE. In: The University of Kansas City Review XV/1, Autumn 1948

ZU GOETHES MORPHOLOGIE. In: Trivium VI/3, 1948

DER TOD ALS EWIGER AUGENBLICK. In: Mod. Lang. Notes LXIII, Dec. 1948

WILHELM HEINSE'S SHARE IN THE GERMAN INTEREST IN SPANISH LITERATURE. In: Journal of English and Germanic Philology XLVIII/1, Jan. 1949

KUNST UND NATUR IN WERTHERS SCHWEIZERBRIEFEN. In: Monatshefte XLI/5, May 1949

CLEMENS BRENTANO'S NOVALIS EXPERIENCE. In: Mod. Lang. Quarterly, March 1950

ZU EINEM GEORGE-GEDICHT. In: Monatshefte XLIII/1, Jan. 1951

GRILLPARZERS BEITRAG ZUM POETISCHEN NIHILISMUS. In: Trivium IX/2, 1951

LITERATURE AND IMAGE. In: Monatshefte XLV/1, Jan. 1953

ÜBER RUDOLF BORCHARDT. In: Akzente I/5, Oktober 1954

»VOM WEICHEN PFÜHLE«, METAMORPHOSEN EINES GEDICHTS. In: Monatshefte XLVII/3, March 1955

A DRAMATIC DEVICE IN FAUST AND THE IMPORTANCE OF BEING EARNEST. In: Mod. Lang. Notes LXX, Dec. 1955

DAS SCHÖPFERISCHE AUGE: ZU HOFMANNSTHALS BESCHREIBUNG EINES BILDES VON GIORGIONE. In: Monatshefte XLVIII/4, April–May 1956

AUS EDITH LANDMANNS BRIEFEN. In: Castrum Peregrini XXV, 1956

BETTINAS ENGLISCHES WAGNIS. In: Euphorion LI, 1957

EIN UNVERÖFFENTLICHTER BETTINA-BRIEF. In: Monatshefte L/5, Oct. 1958

RICHARD WAGNERS »TOD IN VENEDIG«. In: Euphorion LII, 1958

FRANZ KAFKA. THE WRITER AS ADVOCATE OF HIMSELF. In: Franz Kafka Today. Madison: University of Wisconsin Press 1958
TAUCH HINAB IN DEN STROM. In: Castrum Peregrini XXXIV, 1958
A CASE OF TRANSPOSED HEADS. In: Mod. Lang. Notes LXIV, Jan. 1959
VERSUCH ÜBER RUDOLF BORCHARDT. In: Neue Deutsche Hefte LXI, Aug. 1959
CLEMENS BRENTANOS ANTEIL AN DER KULTSTÄTTE IN EPHESUS. In: Deutsche Vierteljahrsschrift XXXIV, 1960
ALBRECHT SCHAEFFER ODER DIE SYMBOLE IM EXIL. In: Neue Deutsche Hefte LXXVIII, Jan. 1961
DIONYSOS IN AMERIKA. In: Neue Deutsche Hefte IX, Sept./Okt. 1962
DAS VERHÄNGNIS DES DEUTSCHEN EXPRESSIONISMUS. In: Imprimatur. Ein Jahrbuch für Bücherfreunde. Neue Folge III, 1962
ACHIM VON ARNIMS »KRONENWÄCHTER«. In: Die Neue Rundschau LXXIII/1, 1962
DIE ENTSTEHUNG DES SYMBOLS IN DER DICHTUNG. In: Deutsche Rundschau LXXXVIII, Aug. 1962
BETTINA VON ARNIMS ARMENBUCH. In: Jahrbuch des freien deutschen Hochstifts 1962
NOVALIS UND MALLARMÉ. In: Antaios V/1, Mai 1963
JACOB GRIMM. ZUM 100. TODESTAG. In: Merkur XVII/11, Nov. 1963
THE EXPRESSIONISM OF GEORG HEYM: A NOTE AND TWO TRANSLATIONS (THE MORGUE UND UMBRA VITAE AUF ENGLISCH). In: Wisconsin Studies in Contemporary Literature vol. 4 No. 2, Autumn 1963
NOVALIS UND DIE FRANZÖSISCHEN SYMBOLISTEN. Stuttgart: Kohlhammer 1963
DIE AKTUALITÄT DES UNZEITGEMÄSSEN. ERICH VON KAHLER ZUM ACHTZIGSTEN GEBURTSTAG. In: Merkur XIX/211, Okt. 1965
DIE MASKEN DES VLADIMIR NABOKOV. In: Merkur XX/2, Febr. 1966
DER JUNGE T. S. ELIOT. In: Neue Deutsche Hefte XV/4, Jan. 1968
VORLÄUFIGE GEDANKEN ZU EINER TYPOLOGIE DER EXILLITERATUR. In: Akzente XV/6, 1968
WILLIAM BUTLER YEATS. URBILD UND GEGENWART. In: Neue Deutsche Hefte XVI/4, 1969
ACHIM VON ARNIM. In: Deutsche Dichter der Romantik. Hrsg. v. Benno von Wiese. Berlin: Erich Schmidt 1971
HOFMANNSTHAL, GOTTFRIED KELLER UND DIE WEISHEIT DER SPINNE. In: Texte und Kontexte, Festschrift für Norbert Fuerst, Francke, Bern 1973
DAS NIHILISTISCHE GEBURTSTAGSKIND. In: Der Nihilismus als Phänomen der Geistesgeschichte. Hrsg. v. Dieter Arendt. Wege der Forschung CCCLX. Darmstadt: Wiss. Buchges. 1974
DER BERLINER SAINT-SIMONISMUS. In: Heine-Jahrbuch 1975
DREI HEINE-MISZELLEN. In: Deutsche Vierteljahrsschrift L, 1976
EIN SONETT PETRARCAS ALS MÖGLICHE QUELLE FÜR CLEMENS BRENTANO. In: Colloquia Germanica 1976/77
RUDOLF BORCHARDT UND DIE EUROPÄISCHE TRADITION. In: Jahrbuch der deutschen Schillergesellschaft XXII, 1978
HERMANN BROCH ALS VOLKSERZIEHER. In: Broch heute. Hrsg. v. Joseph Strelka. Bern: Francke 1978
RUDOLF BORCHARDTS BEGEGNUNG MIT HUGO VON HOFMANNSTHAL. In: Literatur und Kritik 135, Juni 1979
BETTINA VON ARNIMS ARMENBUCH. Frankfurt: insel taschenbuch 541, 1981
RUDOLF BORCHARDT UND SEINE »JAMBEN«. In: Hofmannsthal Blätter 27, Frühjahr 1983

2. Editionen

ACHIM UND BETTINA IN IHREN BRIEFEN. 2 Bde. Frankfurt: Suhrkamp 1961
CLEMENS BRENTANO, GEDICHTE. Frankfurt: Insel-Bücherei 117, 1963
BETTINA VON ARNIMS BRIEFE AN JULIUS DÖRING. In: Jahrbuch des freien deutschen Hochstifts 1963
JACOB GRIMM, ÜBER SEINE ENTLASSUNG. Frankfurt: Insel-Bücherei 806, 1964
KINDERLIEDER AUS DES KNABEN WUNDERHORN. Frankfurt: Insel-Bücherei 60, 1964
ACHIM VON ARNIM, ISABELLA VON ÄGYPTEN. Stuttgart: Reclam Universal-Bibliothek 8894, 1964
BETTINA UND GOETHE IN TEPLITZ. In: Jahrbuch des freien deutschen Hochstifts 1964
QUIRINUS KUHLMANN, AUS DEM KÜHLPSALTER. Berlin: Henssel 1966
HEINRICH HEINE, SÄMTLICHE WERKE. Hrsg. v. W. V. und Uwe Schweikert. 4 Bde. München: Winkler 1969–72
DICHTER ÜBER IHRE DICHTUNGEN. Hrsg. v. Rudolf Hirsch und W. V. München: Heimeran 1969–81
Darin: CLEMENS BRENTANO. DICHTER ÜBER IHRE DICHTUNGEN. München: Heimeran 1970
THERESE VON BACHERACHT UND KARL GUTZKOW. UNVERÖFFENTLICHTE BRIEFE (1842–1849). München: Kösel 1971
WILLIAM BUTLER YEATS, WERKE. 6 Bde. Neuwied: Luchterhand 1970–73
STEFAN GEORGE, WERKE. AUSGABE IN VIER BÄNDEN. München: dtv 1983

II Übersetzungen

ZWEI GEDICHTE VON WILLIAM BUTLER YEATS. In: Deutsche Blätter, Santiago de Chile IV/32, Julio-Agosto 1946
VERMÄCHTNIS (Aus dem Englischen und Spanischen). In: Castrum Peregrini XXX, 1952
ZWEI GEDICHTE VON CONSTANTIN TRYPANIS. In: Castrum Peregrini XXXVIII, 1959
WILLIAM BUTLER YEATS, WERKE (siehe unter Editionen). Darin 69 Gedichte (Bd. I), Das beßre Land (Bd. III), Der Kater und der Mond (Bd. IV)
JOHN DONNE, METAPHYSISCHE DICHTUNGEN. Frankfurt: Insel 1961
ANDREW MARVELL, GEDICHTE. Berlin: Henssel 1962
VIER GEDICHTE VON C. TRYPANIS. In: Merkur XVII/12, Dez. 1963
GEORGE SANTAYANA, ÜBER UNSTERBLICHKEIT. In: Der Aquädukt. C. H. Beck 1763–1963. München 1963
EDITH SITWELL, GEDICHTE. Frankfurt: Insel 1964
JOHN DONNE, EKSTASE. In: Leo Spitzer, Eine Methode Literatur zu interpretieren. München: Hanser 1966
WILLIAM BUTLER YEATS, LAPISLAZULI. In: Süddeutsche Zeitung, 29. Oktober 1967
STEFAN GEORGE, THE REJECTED ONE (DER VERWORFENE). In: Stefan George in fremden Sprachen. München: Küpper 1973
DREI GEDICHTE VON JULES LAFORGUE, DEUTSCH. In: Für Rudolf Hirsch zum siebzigsten Geburtstag. Frankfurt: S. Fischer 1975
W. B. YEATS, LIEBESGEDICHTE. Darmstadt: Sammlung Luchterhand 218, 1976

III Literarische Arbeiten

GESPRÄCHE MIT BEER-HOFMANN. In: Die Neue Rundschau LXIII/1, April 1952
DER NEKROMANT. TEXT FÜR EINE OPER. München: Heimeran 1968
DAS VERLASSENE HAUS. TAGEBUCH AUS DEM AMERIKANISCHEN EXIL 1938—1947. München: Hanser 1975
BESUCH BEI CLARA RILKE. In: Castrum Peregrini CXXIX/CXXX, Sept. 1977
GEHEIMNISSE AN DER LUMMER. Roman. Wien: Rhombus 1979
DER INNENSEITER. Roman. München: Steinhausen 1981
ULRICHS ULRICH ODER VORBEREITUNGEN ZUM UNTERGANG. Roman. München: List 1982
AUS DEM TAGEBUCH. In: Für Christiane. Blätter für Christiane Zimmer. Frankfurt: S. Fischer 1982
EIN TRAUM. In: Hofmannsthal Blätter Heft 25, Frühjahr 1982
ALL DIE VORÜBERGEHENDEN. In: Stadtbesichtigung. München: Schneekluth 1982

Vollständigkeit wurde nicht angestrebt. Nicht aufgenommen wurden in der Regel Vorabdrucke aus entstehenden Büchern, Zweitdrucke, Feuilletons und die über hundert Buchbesprechungen.